Klartext

Veröffentlichungen des Instituts zur Erforschung
der europäischen Arbeiterbewegung
Schriftenreihe A: Darstellungen
Bd. 1

Helga Grebing / Peter Brandt
Ulrich Schulze-Marmeling (Hg.)

Sozialismus in Europa – Bilanz und Perspektiven

Festschrift für Willy Brandt

CIP-Titelaufnahme der Deutschen Bibliothek

Sozialismus in Europa – Bilanz und Perspektiven : Festschrift
für Willy Brandt / Helga Grebing ... (Hg.). – 1. Aufl. – Essen :
Klartext-Verl., 1989
   (Veröffentlichungen des Instituts zur Erforschung der Europäischen
   Arbeiterbewegung : Schriftenreihe A, Darstellungen ; Bd. 1)
   ISBN 3-88474-138-1
NE: Grebing, Helga [Hrsg.]; Brandt, Willy: Festschrift; Institut zur
Erforschung der Europäischen Arbeiterbewegung [Bochum]:
Veröffentlichungen des Instituts zur Erforschung der Europäischen
Arbeiterbewegung / A

1. Auflage Dezember 1989
Umschlaggestaltung: Kornelia Flieher
Ausstattung und Satz: Klartext, Essen
Druck: Fuldaer Verlagsanstalt, Fulda
© Klartext Verlag, Essen 1989
ISBN 3-88474-138-1
Alle Rechte vorbehalten

Inhalt

Sozialismus in Europa – Bilanz und Perspektiven. Einleitung 7

I. Das Subjekt der sozialistischen Bewegung

Helga Grebing
Arbeiterbewegung und sozialer Wandel in
kapitalistischen Industriegesellschaften 14

Frank Deppe
Der Sozialismus und die geistige Situation am Ende des Jahrhunderts   26

Heinz-Dieter Kittsteiner
Was kann „Sozialismus" heute heißen? 43

Gudmund Hernes
Arbeitsmarkt gegen Arbeiterbewegung
Neuere Erfahrungen aus Norwegen und Schweden 50

André Gorz
Der zentrale Konflikt und seine alten und neuen Akteure 67

Frigga Haug
Zur Aktualität von Marxismus-Feminismus 77

II. Die Linksparteien und die Gewerkschaften Westeuropas am Ende des 20. Jahrhunderts

Georgio Napolitano
Die Kräfte der Europäischen Linken 92

Bruno Trentin
Überlegung zu neuen Aufgaben der Gewerkschaften 104

III. Krise und Umgestaltung des real existierenden Sozialismus in Osteuropa

Svetozar Stojanović
Kommunistischer Etatismus und Demokratischer Sozialismus 120

Wolfgang Fritz Haug
Die „zweite sowjetische Revolution" und der Marxismus 131

Juri Mazikin
Das Projekt der Perestroika in der UdSSR
und seine Verwirklichung 148

Jiří Kosta
Reformperspektiven im real existierenden Sozialismus 156

Wolfgang Templin
Die Emanzipation der DDR und die hilflose westdeutsche Linke . 162

IV. Ein gemeinsames europäisches Haus?

Peter Bender
Europa und die „deutsche Frage" –
Perspektiven der Entspannungspolitik 170

Günter Minnerup
Deutschland, Rußland und die Zukunft des Sozialismus in Europa 179

Andrei S. Markovits
Die westeuropäische Linke und die öffentliche Meinung
in den Vereinigten Staaten 191

Klaus Misgeld
Schwedens Sozialdemokratie und Europa 200

Johan Galtung
Überlegungen zum norwegischen Referendum von 1972 208

V. Die ökologische Herausforderung

Iring Fetscher
Ökologie und Demokratischer Sozialismus 216

Martin Jänicke
Über die Widersprüchlichkeit des Staates in der Umweltpolitik ... 225

Clarita Müller-Plantenberg
Die Verantwortung der Bürger europäischer Demokratien
für die ökologische Zerstörung der Dritten Welt 232

VI. Der Nord-Süd-Konflikt

Jean Ziegler
Die Prinzipien der Französischen Revolution
und die Ausbeutung der Dritten Welt 242

Willy Brandt
Der Nord-Süd-Gegensatz als globale Herausforderung 250

Elmar Altvater
Auf der Suche nach entwicklungspolitischen Alternativen 255

Detlev Albers
Der Nord-Süd-Gegensatz und die Linke in der Ersten Welt 264

VII. Zur negativen Identität deutscher Sozialisten

Peter Brandt
Die deutsche Linke, die Arbeiterklasse und die
nationalsozialistische „Volksgemeinschaft" in der
Kriegs- und frühen Nachkriegszeit 272

Die Autoren 299

Sozialismus in Europa – Bilanz und Perspektiven
Einleitung

Unter Konservativen und Liberalen ist die Meinung weit verbreitet, der Sozialismus in allen seinen Ausprägungen sei am Ende seiner Erfolgsgeschichte angekommen: als eigenes staatliches und gesellschaftliches System des „real existierenden Sozialismus" im Osten, als Politik sozialstaatlicher und demokratischer Korrektur des Kapitalismus im Westen, als Programm und als soziale Bewegung. Dabei werden einerseits ökonomisch-soziologische Veränderungen in der kapitalistischen Welt und – damit verbunden – der allgemeine Wertewandel und der Legitimitätsverlust des wohlfahrtsstaatlichen Modells, andererseits die unübersehbaren Krisenerscheinungen des realen Sozialismus ins Feld geführt.

Diejenigen, deren Denken und Handeln in der Tradition der sozialistischen Arbeiterbewegung steht, vertreten gewiß unterschiedliche und vielfach – bis ins Grundsätzliche gehend – konträre Standpunkte. Dennoch hat die Bereitschaft zu einem wirklichen Dialog in den letzten Jahren insgesamt zweifellos zugenommen. Zudem ist die Einsicht gewachsen, daß die Linke keinesfalls eine rein defensive Haltung zu den vor sich gehenden, auch die eigene Position in der Gesellschaft betreffenden Veränderungen einnehmen darf, sondern diese – ohne oberflächliche Anpassung an die veröffentlichte Meinung – selber thematisieren und politisch berücksichtigen muß.

Solche Diskussionen müssen sich nicht nur mit den Argumenten nichtsozialistischer Gesellschaftswissenschaftler und Gesellschaftspraktiker ernsthaft auseinandersetzen, sie sollten heute auch die (historisch begründete und berechtigte) Trennungslinie der parteipolitischen Lager durchbrechen. Damit ist nicht gesagt, daß die Unterscheidung von sozialdemokratischen und kommunistischen Standpunkten keinerlei Bedeutung mehr besäße, aber in einer Zeit, da wichtige kommunistische Parteien der östlichen und der westlichen Hemisphäre – nicht zuletzt die KPdSU und die KPI – die Unabdingbarkeit der Demokratie im Sozialismus unterstreichen, ist der Begriff des „demokratischen Sozialismus" weniger denn je ein Synonym für die Sozialdemokratie. Außerdem haben auch linkssozialistische und grüne Formationen ebenso wie linke Nonkonformisten dazu beigetragen, die einstmals starre Frontlinie innerhalb des sich dem Sozialismus in der einen oder anderen Weise zurechnenden Spektrums in Bewegung zu bringen. Andererseits ist offenkundig, daß sozialdemokratisch-sozialistische Parteien im Westen Europas, namentlich in der Bundesrepublik Deutschland, die Hauptkraft der demokratischen und sozialistischen Linken bilden. Diese Tatsachenfeststellung erfordert auch von denen, die sozialdemokratischer Politik insgesamt oder teilweise kritisch gegenüberstehen, eine konstruktive Haltung.

Es scheint so, als ob der Sozialismus derzeit in einem seiner epochalen Umbrüche steht – und zwar in beiden Teilen Europas. Gingen Sozialdemokraten und Kommunisten zwischen den Weltkriegen davon aus, das „höchste Stadium" des Kapitalismus („Organisierter Kapitalismus" bzw. „Imperialismus") sei erreicht und seine Fortschrittspotenz ausgeschöpft – danach könne nur noch Sozialismus oder historischer Rückschritt kommen –, so haben gerade die Jahrzehnte nach dem Zweiten Weltkrieg eine historisch einmalige Dynamik des Kapitalismus durch mehrere Wellen der permanent gewordenen wissenschaftlich-technischen Revolution mit sich gebracht, die zu einer früher undenkbaren Reallohnsteigerung in den Metropolen geführt und in Westeuropa die Installation sozialer Sicherungssysteme neuer Qualität ermöglicht hat. Zwar konnte die Krisenhaftigkeit des Kapitalismus, entgegen der in den 1950er und 1960er Jahren verbreiteten Annahme, nicht überwunden werden; der Boom der Rekonstruktionsperiode machte einer Phase deutlich langsameren Wachstums mit erheblicher, teils struktureller, teils konjunktureller Arbeitslosigkeit Platz, aber der Wohlfahrtsstaat blieb bisher trotz der Deregulierungsstrategie der britischen Tories und einiger schüchterner Nachahmungsversuche auf dem Kontinent im wesentlichen intakt. Wo er durchlöchert wird, geschieht dies im Namen – und teilweise auch im kurzfristigen Interesse – der relativ besser gestellten Mehrheit der Gesellschaft, nicht einer kleinen kapitalistischen Oligarchie.

Der Durchbruch der neuesten Technologien, namentlich der Mikroelektronik, wird die Arbeitswelt radikaler verändern als alles seit der Einführung der mechanisierten Großindustrie. Die Klassenteilung zwischen Kapital und lohnabhängiger Arbeit bleibt „objektiv" bestehen, wird aber noch „unübersichtlicher", der traditionelle Typ des industriellen Handarbeiters endgültig eine – schrumpfende – Minderheit, neue Gruppen von abhängig Beschäftigten, meist im Angestelltenverhältnis, werden die Mehrheit bilden. Die zunehmende Segmentierung gesellschaftlicher Erfahrung, das Ausscheiden immer größerer Bevölkerungsgruppen aus dem – gerade in der traditionellen Sicht der Arbeiterbewegung – "normalen" Status lebenslanger Vollerwerbstätigkeit stellen die Gewerkschaften und die Parteien der Linken gleichermaßen vor große Anpassungsprobleme.

Ohne voreilige Schlußfolgerungen zu ziehen, läßt sich schon jetzt sagen, daß sozialistische Parteien, die ganz oder vorwiegend Arbeiterparteien alten Typs sind, sein wollen oder als solche gelten, sich mittelfristig auf der Verliererstraße befinden, und zwar weitgehend ungeachtet ihres Standorts auf der Links-Rechts-Achse. Das Beispiel der französischen Kommunisten zeigt ebenso die Entwicklungsrichtung wie die jahrelangen Schwierigkeiten der britischen Labour Party, über den armen Norden hinaus verlorene Anhänger zurückzugewinnen. Lediglich in den jungen Demokratien Südeuropas, in Portugal, Spanien und Griechenland, wo sozialdemokratisch-sozialistische Parteien zugleich die Funktion einer – im dortigen Bürgertum nicht sehr stark verankerten – bürgerlich-liberalen oder nationaldemokratischen Modernisierungsfraktion wahrnehmen, könnten sich traditionelle linke Arbeiterparteien als größere Minoritätsparteien mit Gewerkschaftseinfluß noch länger behaupten oder sogar Einfluß gewinnen. Diese Feststellung ist kein Plädoyer für die Ausrichtung der europäischen Linken am Typus des „Yuppies" und für die Vernachlässigung der alten Arbeiterschaft, sondern für die nüchterne Analyse der sozioökonomischen Trends und ihre Berücksichtigung in der einen oder anderen Form. Nicht nur die Nach-Godesberger SPD und andere sozialdemokratisch-sozialistische Parteien, sondern z.B. auch skandinavische Linkssozialisten und italienische Kommunisten und natürlich die europäischen Gewerkschaften bemühen sich um die neuen lohnabhängigen Schichten und sind um eine Öffnung für die „neuen sozialen Bewegungen" bemüht, unter denen der Frauenbewegung eine ganz besondere Bedeutung zukommt.

Auch wenn man daran festhalten will, daß „die arbeitsteilige Industrieorganisation ... die angemessene Ausdrucksform einer komplexen Gesellschaft auf hoher Zivilisationsstufe"[1] ist und daß voraussichtlich nur die von ihr hervorgebrachten wissenschaftlichen und technischen Mittel eine Lösung der globalen Menschheitsprobleme – nicht zuletzt der anhaltenden Verelendung großer Teile der Dritten Welt – ermöglichen werden, erfordert die sich abzeichnende ökologische Katastrophe eine grundlegend neue Einstellung zur Wirtschafts- und Gesellschaftspolitik. Nicht nur die Leitvorstellung der Produktivkraftsteigerung ist in ihrer ursprünglichen Selbstverständlichkeit überholt, sondern auch die ganze Frage der Steuerungsmechanismen und der Eigentumsformen stellt sich unter globalökologischen Gesichtspunkten neu. Es mutet fast makaber an, wenn heute über das Verhältnis von Markt und Planung gesprochen wird, ohne die Gefährdung nicht nur der Zivilisation, sondern der Gattung schlechthin einzubeziehen. Nirgendwo ist der Begriff des „neuen Denkens" so angebracht wie auf dem Feld des teilweise bereits irreversibel zerstörten ökologischen Gleichgewichts, dessen Wiederherstellung radikale Verhaltensveränderungen bis in die Alltagskultur erfordert. Auch in diesem Zusammenhang erweist sich das eurozentrische Weltbild immer mehr als Hindernis, das in der Vergangenheit den Sozialismus geprägt hat.

Dabei ist offensichtlich, daß der „real existierende Sozialismus" mit seinem Alternativmodell zum Kapitalismus in der Sackgasse gelandet ist. Konnten seine Repräsentanten in den 1950er und teilweise den 1960er Jahren noch angesichts hoher Wachstumsraten annehmen, daß das System seine Überlegenheit unter Beweis stellen werde, so wird heute kaum noch bestritten, daß der technologische Anschluß verpaßt wurde und mit den bestehenden politischen und wirtschaftlichen Lenkungsmethoden nicht herzustellen ist. Die derzeitigen Reformen in Osteuropa unterscheiden sich von früheren Ansätzen hauptsächlich durch die Einbeziehung der politischen Sphäre: Demokratie nicht als Luxusgegenstand für sichere Zeiten, sondern als einziges Mittel, die notwendige Mitwirkung der Volksmassen am Reformprozeß zu gewährleisten und die Gefahr von Fehlentscheidungen zu verringern. So ist die Demokratie zum Hauptthema der Krise und möglichen Renaissance des „realen Sozialismus" in Osteuropa geworden.

Nach der Sowjetunion sowie – in unterschiedlicher Ausprägung – Ungarn und Polen hat die Welle der Umgestaltung jetzt auch die DDR erreicht. Welches Resultat die Veränderungen in Osteuropa schließlich haben werden, hängt nicht nur von der Eigengesetzlichkeit ökonomischer Liberalisierungsmaßnahmen ab, sondern vor allem von der Auseinandersetzung lebendiger politisch-sozialer

Kräfte. Daß die gängige Unterscheidung von „Reformern" und „Konservativen" im Parteiapparat nicht ausreicht, haben die chinesischen Ereignisse auf grauenhafte Weise demonstriert. Darüber hinaus wird die in manchen Ländern immer noch bestimmende Frontlinie zwischen dem Regierungslager und der „antitotalitären" Opposition nach und nach an Bedeutung verlieren und neuen Unterscheidungskriterien weichen. Möglicherweise wird die in diesem Band noch sichtbar werdende Kontroverse zwischen den in der Tradition des Marxismus und Leninismus stehenden Erneuerern und den Vertretern eines nichtkommunistischen, wenn auch marxistisch inspirierten Humansozialismus durch die im Verlauf des Reformprozesses vermittelten praktischen Erfahrungen an grundsätzlicher Bedeutung einbüßen.

Gleichzeitig mit der Demokratisierungsbewegung im Osten sind kritische Diskussionen über den Ausbau der Demokratie in Westeuropa im Gange, die sich auf die sich als „Sachzwänge" darstellende Verlagerung von zentralen Entscheidungen in die bürokratisch-administrativen Apparate, auf die grundlegenden wirtschaftlichen Machtstrukturen und das zwingende Interesse der Menschen, die Gestaltung der Zukunft – namentlich in den Bereichen der Umwelt- und Sicherheitspolitik – nicht nur passiv über sich ergehen lassen zu müssen, beziehen. Insofern stellen die „neuen sozialen Bewegungen" nicht nur hinsichtlich ihrer unmittelbaren Anliegen, sondern auch im Hinblick auf ihre Bedeutung für die repräsentative Demokratie eine Herausforderung für die sozialistischen Kräfte Europas dar. Kritik am Etatismus beschränkt sich nicht auf Osteuropa, sondern ist heute auch Bestandteil von Diskussionen der westlichen Linken.

Durch die Teilung des Kontinents in zwei politisch-militärische Blöcke haben außenpolitische Fragen für die europäischen Sozialisten nach dem Zweiten Weltkrieg eine spezielle Bedeutung erhalten. Der Ost-West-Konflikt trug, besonders in der Phase des offenen Kalten Krieges, maßgeblich dazu bei, demokratische Bestrebungen im Osten und sozialistische Ansätze im Westen durch eine Art gegenseitiger Feindbildblockade zu paralysieren. Als Hauptstützpfeiler der politischen Nachkriegsarchitektur Europas fungierten die beiden voneinander separierten deutschen Staaten. Die „deutsche Frage" – aus Sicht der Deutschen das Problem der nationalen Einheit, aus der Sicht der Nachbarvölker das Sicherheitsproblem Deutschland – machte und macht die Ablösung des Status quo so kompliziert. Die Erkenntnis, daß nur ein vereintes Europa den Rahmen für die Überwindung der Blockstruktur bilden kann, verweist auf die derzeitigen, zumindest teilweise konkurrierenden, west- und gesamteuropäischen Integrationsprozesse. Die Vorbehalte, die gegen die EG lange Zeit gerade in den stark sozialdemokratisch geprägten nordischen Ländern bestanden und zum Teil immer noch bestehen, verweisen auf die Gefahren, die mit dem bundesstaatlichen Zusammenwachsen EG-Europas verbunden sind: die Herausbildung eines neuen wirtschaftlichen und politischen Machtzentrums mit zwangsläufig imperialen Tendenzen, die Infragestellung bislang nur national garantierter sozialstaatlicher Errungenschaften und die erneute Errichtung einer Barriere zu Osteuropa und zum östlichen Mitteleuropa. Aber auch hier gilt: erst die politisch-soziale Auseinandersetzung wird darüber entscheiden, ob die Integration Westeuropas in den gesamteuropäischen Entspannungs- und Annäherungsprozeß harmonisiert werden kann.

Eruptive Demokratisierungsprozesse vollziehen sich nicht nur in Europa, sondern ebenfalls in Ländern der Dritten Welt, namentlich Lateinamerikas. Auch dort geht es darum, den Ausschluß von gesellschaftlichen Entscheidungen zu beenden. Anders als in den 1960er Jahren, als die Linke der nördlichen Hemisphäre entweder die Möglichkeit einer schnellen reformerischen Anpassung der industriell zurückgebliebenen Länder an den Norden für möglich hielt oder weltrevolutionäres Heil von der in den Befreiungsbewegungen angestrebten Kombination von nationaler und sozialer Emanzipation erwartete, muß sich die Solidarität mit dem Süden der Welt heute auf viel differenziertere Analysen und Rezepte stützen und vor allem den weltwirtschaftlichen Zusammenhang noch viel stärker als damals thematisieren. Eine Diskussion über Sozialismus in Europa ist ohne Berücksichtigung der Nord-Süd-Problematik ein Unding geworden.

Die meisten der hier abgedruckten Aufsätze gehen auf Referate und Diskussionsbeiträge des von den Herausgebern zusammen mit Hans Mommsen veranstalteten Symposions „Sozialismus in Europa – Bilanz und Perspektiven" zurück, das anläßlich des 75. Geburtstags von Willy Brandt (18.12.1988) vom 23. bis zum 26. November 1988 am Institut zur Erforschung der europäischen Arbeiterbewegung der Ruhr-Universität Bochum stattfand. An dieser Tagung nahmen außer Gesellschaftswissenschaftlern und Historikern verschiedener europäischer Länder als Gäste auch eine Reihe Journalisten, Gewerkschafter, Betriebsräte und sozialdemokratische Funktionsträger aus der Region sowie Studenten der Ruhr-Universität teil. Tagungsteilnehmer und Autoren dieses Bandes vertreten ein breites Spektrum des europäischen Sozialismus. Gemeinsam ist ihnen die Bereitschaft zur offenen, dialogischen Diskussion und der Wunsch, damit das Lebenswerk Willy Brandts zu ehren, das mit der sozialistischen Bewegung, der Demokratie, dem Antifaschismus, der Friedenspolitik und der Dritte-Welt-Solidarität untrennbar verbunden ist. Auch die außerhalb des Rahmens der Sozialdemokratie Stehenden unter den Teilnehmern haben zum Ausdruck gebracht, daß sie ungeachtet aller Meinungsverschiedenheiten im einzelnen durch ihre Mitwirkung dem Repräsentanten des „anderen Deutschland" ihre Reverenz erweisen möchten.

Sozialistische Themen haben auf dem Büchermarkt und in der öffentlichen Diskussion – verglichen mit den 1970er Jahren – nicht gerade Konjunktur. Sie gelten eher als verstaubt. Angesichts des atemberaubenden Umgestaltungsprozesses im Osten des Kontinents und angesichts der auch gesellschaftspolitischen Dynamik der zwischenstaatlichen Entspannung (deren erste mühsame Schritte um 1970 maßgeblich von Willy Brandt eingeleitet wurden) wird der Sozialismus in absehbarer Zeit vermutlich so oder so wieder ein größeres Interesse auf sich ziehen. Wir versuchen mit diesem Band, einen – sicherlich nicht flächendeckenden – Überblick über den Reflexionsstand von Sozialisten unterschiedlicher Provenienz am Ausgang des 20. Jahrhunderts zu geben. In diesem Sinne ist unser im Untertitel formulierter Anspruch zu verstehen, zu bilanzieren und

Perspektiven aufzuzeigen. Es geht uns weder um eine handbuchartige, detaillierte Darlegung der Ergebnisse sozialistischer Politik in den verschiedenen Ländern Europas noch um Aktionsprogramme und Handlungsanweisungen, sondern um eine Art Bestandsaufnahme von politisch engagierten Wissenschaftlern sowie Politikern und Publizisten der Linken.

Neben dem allgemeinen geistigen Klima, wie es sich in den vergangenen zehn bis fünfzehn Jahren entwickelte, war auch die Zersplitterung der politisch-wissenschaftlichen Diskussion der Linken in eine Reihe von einzelnen Problemen – entsprechend der Auffächerung der politischen Praxis in diverse, allenfalls personell verbundene Ein-Punkt-Bewegungen – dafür verantwortlich, daß der Sozialismus, wenn auch sicher nicht in demselben Maß wie in den 1950er und frühen 1960er Jahren, wieder zu einer Geheimwissenschaft wurde. Wir hoffen, durch unsere Sammlung, deren Beiträge nicht nur dem Fachwissenschaftler und dem theoretisch bewanderten Sozialisten, sondern jedem Interessierten verständlich sein sollen, dem berechtigten Bedürfnis nach problematisierenden Übersichten entgegenzukommen, und einem breiteren Publikum zu demonstrieren, daß kritisches sozialistisches Denken durchaus zeitgemäß ist.

Anmerkungen

1 Brandt, W., Demokratischer Sozialismus, in: T. Meyer u.a. (Hg.), Lexikon des Sozialismus, Köln 1986, S. 123

I. Das Subjekt der sozialistischen Bewegung

Helga Grebing

Arbeiterbewegung und sozialer Wandel in kapitalistischen Industriegesellschaften

1. Schon seit geraumer Zeit ist vom „Ende der Arbeiterbewegung", vom „Ende des sozialdemokratischen Zeitalters", zumindest aber vom Ende der Arbeiterbewegung in ihrer klassischen Gestalt die Rede, neuerdings auch vom Ende der Gewerkschaftsbewegung. Die Diskussion darüber will nicht aufhören, und dies kann nicht verwundern, denn es geht doch um nicht weniger als den Abschied von der alternativen Gestaltungskraft zum industriellen Kapitalismus im „Projekt Moderne". Dieses zielt immer noch auf eine aufgeklärte, menschenwürdige und möglichst gerechte Formung unserer globalen Lebenswelt. Würde darin die Arbeiterbewegung als Gestaltungskraft fehlen, drängte sich die Frage auf, wer denn künftig die gesellschaftliche Macht, die die Arbeiterbewegung dargestellt hat, ersetzen könnte. Da sich in der Gegenwart in vielerlei Hinsicht Fragen und Probleme stellen, die ohne historische Erfahrungen beantwortet werden müssen, erscheint die Situation dramatische Problemlösungen zu erfordern, also gesellschaftliche Innovationen auf der Grundlage analytischer Verfahren. Hierfür bestehen anscheinend Chancen, weil sich historisch einmalige Instrumentarien für die gesellschaftliche Dimension der Zukunftsgestaltung anbieten, wie etwa das weltweit hohe Informationsniveau. Auf der anderen Seite gibt es jedoch anscheinend Sachverhalte, die der Erwartung gesellschaftlicher Innovationen im Wege stehen. So scheinen die politischen Institutionen und ihre Träger weniger denn je in der Lage zu sein, auf die drängenden Fragen der Zeit auch entsprechende Antworten zu geben. Dazu waren sie selten in der Lage. Aber die Menge der Ungleichzeitigkeiten in der Gleichzeitigkeit ist größer geworden. Außerdem hat das angesprochene hohe Informationsniveau nicht zu mehr analytisch strukturierter Aufklärung über Realität geführt, sondern die Neigung verstärkt, über Realität hinweg in Metaphern oder plakativen Kurzformeln zu reden, die mehr ver- als entschlüsseln: Postindustrielle, postmaterialistische, postsozialistische Gesellschaftszustände werden teils antizipiert, teils als bereits gegeben angesehen, „jenseits von Stand und Klasse" sollen wir uns angeblich befinden, und eine „neue Unübersichtlichkeit", die offenbar eine alte ablösen soll, umgibt uns.

Die Zeit für große, die gewaltige Komplexität der Lebensumstände der Menschheit konzentrierende und Orientierung vermittelnde Theorien ist vorbei. Auf einen neuen Hegel-Marx-Schopenhauer wartet man schon seit langem vergeblich. Diejenigen, die sich für einen solchen hielten, haben inzwischen die Segel gestrichen. Schon einmal Durchdachtes zu wiederholen und bereits Abgelegtes neu aufzulegen, erwies sich als unproduktiv und langweilig. Übrig bleiben deshalb nur Perspektiven mittlerer Reichweite: Wem es um die Beseitigung oder zumindest optimale Reduzierung von sozialer Ungleichheit geht, die durch nichts anderes legitimiert ist als durch direkte oder vermittelt strukturelle Gewalt, der kann seinen Orientierungspunkt als Historiker und Zeitgenosse durchaus in der europäischen Arbeiterbewegung und ihrer Geschichte finden.

Eine europäische Arbeiterbewegung gab und gibt es streng genommen nicht, wohl aber Arbeiterbewegungen in Europa in vielfältigen Formen und Ausprägungen. Wie kann man aber zu einer vergleichenden Deutungskapazität gelangen, wenn die übergreifende theoriegeladene Deutungsperspektive fehlt? Vergleichsgeschichte zu betreiben kann sich nicht im bloßen Nebeneinanderstellen von Forschungsbefunden und in ihrer Addition erschöpfen. Sie bedeutet mehr als die Geschichte von Beziehungen sozialer Gruppen oder anderer historischer Kräfte. Wer ihre Postulate einlösen will, kann sich nicht damit begnügen, sehr allgemein angesetzte Erwägungen über sozial-anthropologische und sozial-moralische Grundmuster menschlichen Verhaltens mit inhaltlich begrenzten Beispielen ohne Vergleichskraft zu illustrieren. Vergleichsgeschichte läßt sich auch nicht betreiben ohne die genaue Bestimmung der Vergleichbarkeit; doch die Kriterien dafür gewinnt man erst im Forschungsprozeß selbst; man kann sie schwerlich vorab einfach setzen. So bleibt mit der Bestimmung des Erkenntniszieles und der Entwicklung der notwendigen Fragestellungen zunächst nur ein Programm der Vorläufigkeit.

2. Wie hat die Arbeiterbewegung in den wichtigsten europäischen Ländern sozialen Wandel politisch, programmatisch-theoretisch und organisatorisch-institutionell verarbeitet, einen Wandel, der im Kontext der Modernisierung sich industrialisierender kapitalistischer Gesellschaften stand und den sie teilweise selbst mitbewirkt hat? Existierten übereinstimmende Bedingungen für Handeln, gab es Handlungsvorstellungen und eine handlungsrelevante Pragmatik, aus der möglicherweise eine Handlungsmotivation für die Gegenwart bezogen werden könnte? Mit der kapitalistischen Industrialisierung setzt sich das Lohnarbeitsverhältnis als allgemein vorherrschendes Prinzip der Produktionsweise durch. Dies war die Voraussetzung für den Prozeß der Bildung der Arbeiterklasse. Mit dieser Aussage ist allerdings nur eine Tendenz, wenn auch eine mit folgenschweren Auswirkungen angesprochen. Zu keinem Zeitpunkt der Klassenbildungsprozesse hat sich nämlich eine Homogenisierung der verschiedenen und teilweise recht unterschiedlichen Formen von Arbeiterdasein zu einer einzigen gesellschaftlichen Klasse durchgesetzt, weder in England, wo sich der Konstituierungsprozeß des Proletariats, je nach dem, welchen Autor man heranzieht, zwischen 1820 und 1870 vollzogen hat, noch in Deutschland, wo er für den Zeitraum zwischen 1860 und 1900 angesetzt wird, und erst recht nicht in Frankreich, wo er sich erst seit der Jahrhundertwende mit kontinuierlicher Dynamik durchsetzte. Es gab viel zu viele anders- und gegenläufige Tendenzen und Faktoren, die sich zum Teil kontinuierlich resistent gegenüber der Kondensierung der Arbeiterschaft zur Klasse verhielten: Konfession, Nationalität, Berufstraditionen, um nur einige zu nennen. Von Anfang an bestanden auch in-

nerhalb der Arbeiterklasse selbst erhebliche Differenzierungen: Bereits vorhandene blieben erhalten, neue setzten sich durch, und zwar im Hinblick auf die Situation am Arbeitsplatz, auf Qualifikation, Lohnniveau und Aufstiegsmobilität. Diese Unterschiede erlauben für Deutschland und England die Feststellung, daß es „Arbeiteraristokratien" in Form qualifizierter Facharbeitergruppen gab. Diese soziale Ungleichheit konnte jedoch tendenziell durch die relative Beteiligung der Unterschichten in der Arbeiterklasse am Erfolg der qualifizierten Facharbeitergruppen bei Verteilungskonflikten kompensiert werden. Von dieser endogenen sozialen Ungleichheit ist die auf Einkommens- und Vermögensverteilung, auf Ausbildung, Wohnen, Gesundheit und Lebenserwartung bezogene exogene Ungleichheit zwischen Arbeiterklasse und Bürgertum zu unterscheiden, welche den Klassenbildungsprozeß im Fluß hielt. Auch dürfen in dieser frühen Phase bereits vorhandene „Entklassungs- und Devolutionsprozesse" nicht übersehen werden, obwohl sie ein meßbares Gewicht erst in einem späteren Abschnitt der Geschichte der Arbeiterbewegung in Europa gewinnen konnten und nicht schon in der Konstituierungsphase. Gemeint ist mit dem Topos der Devolution von Klassenbildungsprozessen der Zuspruch, den die Arbeiterbewegungen von Teilen der Mittelschichten erhielten, von Intellektuellen, Kleingewerbebetreibenden, Kleinbauern, aber auch von Landarbeitern, in späteren Phasen, meist in Krisenzeiten, auch von Angestellten, und zwar besonders von weiblichen. Diesen Zuspruch verloren sie allerdings meistens wieder. Wenn nun trotz dieser Vorbehalte von Arbeiterklasse und Arbeiterklassenbewußtsein gesprochen werden kann, so bedeutet dies nicht, daß eine Art notwendiger Reflex auf ökonomische Bedingungen angenommen wird. Bedeutsamere Kriterien für die Herausbildung der Arbeiterklasse und für ein ihr zuzuschreibendes Klassenbewußtsein sind die andauernde Erfahrung einer gemeinsamen sozialökonomischen Lage, eine Angleichung bewirkende Sozialmentalität und die verbreitete Einsicht, gemeinsam für die Verbesserung der Lebenschancen kämpfen zu müssen, weiterhin der Antrieb einer diesen Kampf legitimierenden Weltanschauung. Gemeint sind also mit Arbeiterklasse und Arbeiterklassenbewußtsein idealtypische Zuspitzungen im Rahmen einer historischen Klassenanalyse, die allerdings von der Existenz gesamtgesellschaftlicher Klassenverhältnisse ausgeht.

Unter der Voraussetzung solcher Differenzierungen einerseits und genereller Zurechnungen andererseits lassen sich die Entstehungsgründe für die autonomen Arbeiterbewegungen in Europa, die sich in ihren Intentionen, wenn auch zeitlich verschoben, so doch durchaus gleichgerichtet konstituierten, wie folgt systematisieren: a) Die Gewerkschaftsbewegung erwies sich, ungeachtet ganz verschiedener Rekrutierungsweisen und organisatorischer Ausprägungen, als die quasi naturwüchsige Organisationsform der Arbeiter auf dem Wege von der „Klasse an sich" zur „Klasse für sich". b) Es war eine Minderheit meist hochqualifizierter Arbeiter, die zum Motor der Aktivitäten und mithin zur Trägerin des Klassenbewußtseins wurde. c) Überall blieben die Unterschichten der Arbeiterklasse, die von den industriellen Produktionsformen hervorgebracht wurden, lange sprachlos und nur schwer kontinuierlich aktivierbar. d) Überall war die Arbeiterbewegung der Repression der herrschenden Klassen und des Staates ausgesetzt. e) Früher oder später kam es überall zu Ablösungsprozessen von der bürgerlichen Emanzipationsbewegung und, entsprechend dem Stand der Entfaltung der industriell-kapitalistischen Produktionsweise, zu Klassenpolarisierungen. Wer die Trennung der deutschen Arbeiterbewegung vom Bürgertum als unnötig oder zumindest verfrüht kritisiert, der verkennt die Härte der Klassenauseinandersetzungen bereits in den sechziger Jahren des 19. Jahrhunderts, die die betroffenen Arbeiter zwang, zwischen den Klasseninteressen der Bourgeoisie und denen der Arbeiterklasse zu unterscheiden.

Selbstverständlich gab es in den hochindustrialisierten Ländern und auch an ihren Rändern in allen fünf Punkten jeweils spezifische Ausprägungen, aber eben auch der Intention nach eine gleiche Motivation und Orientierung der sozialen Bewegung. Es entstanden Massenbewegungen, zwischen denen die Übereinstimmungen überwogen. Nirgendwo bildeten sich jedoch bis 1914 reine Arbeiterklassenparteien heraus, obwohl Theorie und Praxis dieser Parteien ganz auf das Proletariat zugeschnitten waren. Viele sozialdemokratische Parteien waren vom Erscheinungsbild Volksparteien mit proletarischem Kern, denkt man etwa an die französische Sozialistische Partei oder mehr noch an die skandinavischen Sozialdemokraten. Selbst die proletarisch erscheinende SPD blieb immer auch ein wenig Protestpartei der aufmüpfigen „kleinen Leute", ja selbst bürgerlicher Schichten, gegen die Willkür der Herrschenden.

Zu den Faktoren der Vereinheitlichung der Arbeiterbewegung in Europa zählt trotz aller Differenzierungen ihrer Entstehungsgeschichte auch die Arbeiterbewegungskultur. Sehr unterschiedlich waren einerseits das Maß ihrer Einbindung in die demokratische Tradition der jeweiligen Länder, waren andererseits aber auch die Tendenzen zur Ghettoisierung, oder besser ausgedrückt: zur Bildung einer autonomen Klassenkultur. Aber in allen Ländern bildete sie gewissermaßen das Wasser, in dem die Proletarier das Schwimmen lernten. Ein eng verflochtener kultureller Nexus, ob parteinah oder nicht, verstärkte die Klassensolidarität. An diesem Punkt wird einmal mehr deutlich, daß nicht unbedingt nur das gleiche Lebensgefühl und der gleiche Lebensstil die sozialistische Lebensgemeinschaft zusammenhielten, sondern vor allem die gemeinsam geteilten Werte und Ziele.

Alle Arbeiterparteien haben sich schließlich weltanschaulich-programmatisch zum Sozialismus bekannt; die dies nicht taten, blieben – teilweise langlebige – Übergangsphänomene. Zwar war diese programmatisch-theoretische Orientierung meist Sozialismus marxistischer Prägung, doch darf nicht übersehen werden, daß der Marxismus dort am stärksten in der Arbeiterbewegung in Europa an Bedeutung gewann, wo er kompensatorisch den demokratischen Kampf des Bürgertums und die fehlende oder mangelhafte bürgerlich-emanzipatorische Ideologie ersetzen mußte, wie in Deutschland, Österreich, Belgien, Italien und Rußland. Der Marxismus verlor jedoch bereits am Ende der Vorweltkriegs-Periode an Einfluß, eine Folge der Integration der Arbeiterklasse, ihrer politischen Organisationen und eines Teiles ihrer Funktionäre in die bürgerliche Gesellschaft. Das galt auch für das Deutsche Reich vor 1914, wo die Arbeiterbewegung die Funktion einer Fundamentalopposition gegen den monarchischautoritären Staat parallelisieren konnte mit der den kapitalistischen Produktionsverhältnissen immanenten Erfolgsstrategie des europäischen Reformismus. Dieser erwies sich als erfolgreich, unabhängig davon, ob er, je nach ursprünglicher Prägung, korporativistische oder konfrontative Züge trug, ob er stärker die unabhängige Stellung im Produktionsprozeß betonte oder die Kampf- und Finanzstärke zentralistischer Organisationen zur Grundlage hatte. Auf jeden Fall trug seine radikale Hier-und-Heute-Orientierung im jeweils gegebenen nationalen Staat dazu bei, die Klassengrenzen zu verwischen, ohne sie wirklich durchlässig machen zu können.

3. Bereits vor dem Ersten Weltkrieg waren also Prozesse in Gang gekommen, die dann in der Zwischenkriegszeit dominant wurden. Mit dem sozialen Wandel, der durch Technisierung und Rationalisierung der Produktionsmethoden, durch Konzernbildung und allgemein höhere Organisationsformen des Kapitals sowie durch die rapide Erweiterung des tertiären Sektors vorangetrieben wurde, veränderten sich die Konturen der Arbeiterbewegung in Europa erheblich.

Die gegenwärtige in der Historiographie vorherrschende These lautet: Bereits in den zwanziger Jahren verlor mit der Technisierung der Arbeitsplätze und der Rationalisierung der Produktionsabläufe die Klassenspezifik der Arbeitsexistenz an Gewicht und gab einem Strukturwandel der Arbeiterklasse Raum, den man mit einer Entproletarisierung des Proletariats gleichsetzen könne. Insbesondere die deutsche Gesellschaft der zwanziger Jahre wird von H.A. Winkler als eine „Klassengesellschaft im Übergang" bezeichnet: Höchstens zu einem Drittel habe die Arbeiterklasse aus klassenbewußten Proletariern bestanden, zwei Drittel hätten den Klassenkampf in jedweder Form abgelehnt.¹

Ich halte diese These in ihrer generalisierenden Form für unzutreffend, nur als Beschreibung einer Tendenz könnte man ihr zustimmen, zumal es auch aus europäischer Sicht Hinweise gibt, die eine solche bestätigen. Zwischen 1920 und 1940 näherten sich die west- und mitteleuropäischen Gesellschaften in ihrer Produktions- und Beschäftigungsstruktur, mit Ausnahme des Agrarsektors, einander an, und auch die Berufsstruktur zeigte Angleichungstendenzen. Besonders deutlich habe sich der Wandel in der Struktur der Arbeiterklasse nach Auffassung von Winkler und Tenfelde in der Arbeiterbewegungskultur gezeigt. Dabei sei ihr unpolitischer Dienstleistungscharakter eindeutiger hervorgetreten. Auch sei der Typ des Arbeiters mit dem entpolitisierten familiären und außerfamiliären Privatleben häufiger geworden. Ferner habe es Grenzüberschreitungen ins bürgerliche Lager des Vereinslebens gegeben. Die Autoren räumen zwar auch Verdichtungen in der Arbeiterkultur ein, doch ändert diese Konzession nichts an ihrer Hauptthese, daß nämlich die soziale Grundlage der traditionellen Arbeiterkultur an Gewicht verloren habe und damit die Arbeiterbewegungskultur das Signum einer historisch abgeschlossenen Zwischenphase erhalten müsse.

Dies sei durch die Strukturveränderungen der Gesamtgesellschaft und die Konkurrenz der modernen Freizeit-Massenkultur bedingt. Dem stünde ein funktionslos gewordener Traditionsüberhang in der sozialdemokratischen Subkultur gegenüber, der die relative Begrenztheit des sozialistischen Wählerpotentials mit bewirkt habe.²

Nach meinem Verständnis sind diese Thesen Ausdruck eines mechanistischen Kurzschlusses, dem ungewollt eine vulgärmarxistische Prämisse zugrundeliegt: Die Verhältnisse ändern sich, also auch das Verhalten der Menschen und vor allem ihr Bewußtsein. Aus mehr als einem Zusammenhang kennen wir jedoch die Realitätsrelevanz von Werten, Normen, Verhaltensweisen, Ideengehalten und weltanschaulich verankerten Grundstimmungen, die keine Entsprechung mehr in einer sozialen Basis haben, wenn sie überhaupt je eine hatten. Überdies läßt sich begründet darauf hinweisen, daß die Arbeiterbewegungskultur der Zwischenkriegszeit zumindest in Deutschland, und zwar sowohl trotz als auch wegen der Spaltung der Arbeiterbewegung, eine Ausbreitung und Ausdifferenzierung erfuhr, deren Ausmaß bisher noch weitgehend unerforscht ist.³ Bedenken müssen auch gegen die These vom Paradigmenwechsel der europäischen Sozialdemokratien von der Fundamentalopposition zur integrationistischen Staatspartei erhoben werden.⁴ Allein am Beispiel der deutschen Sozialdemokratie läßt sich zeigen, daß die Partei weder in ihrer Gesamtheit noch in den einzelnen Mitgliedern sich vorbehaltlos mit der Weimarer Republik identifizierte. Daran hinderten sie der labile Gleichgewichtszustand der Klassenkräfte als Ergebnis der Revolution, die fragilen sozialen Kompromisse und die Erfahrung der Lohnabhängigkeit als Klassenschicksal. Aus dieser Sicht konnte es vor 1933 nicht Aufgabe der deutschen Sozialdemokratie sein, sich zu einer breiten linken Volkspartei mit Mittelschichtenpräferenz zu mausern, sich also – diesmal positiv akzentuiert – zu „verfrühen", sondern sie hätte versuchen müssen, eine Integrationspartei der Arbeiterklasse zu werden, eine sozialistisch-demokratische Einheitspartei, die auch die christlichen, die liberalen und die Masse der der KPD folgenden radikalen Arbeiter und Angestellten in sich vereinigt hätte. Das war jedenfalls zeitgleich der österreichischen Sozialdemokratie als Aufgabe deutlich.

In Zusammenhang mit Interpretationsmodellen, die den „Traditionsüberhang" oder auch das Problem der „Integration" in den Vordergrund stellen, werden die theoretischen und konzeptionellen Anstrengungen der europäischen Arbeiterbewegung als steril bezeichnet, als Ausnahme gilt die Sozialistische Partei Österreichs. Das kann man nun angesichts der Heroen der marxistischen Tradition der Zwischenkriegszeit – ich nenne nur Lukacs, Block, Gramsci, Korsch, Sternberg, Bauer, Hilferding – nicht behaupten. Sie alle waren ja nicht abgehobene Theoretiker, sondern auf ihre Weise auch Praktiker der sozialistischen Bewegung. Erst recht kommt man zu anderen Ergebnissen, wenn man Theoriegeschichte nicht als bloße Dogmen- und Rezeptionsgeschichte versteht, sondern sie im Kontext der Sozialgeschichte erarbeitet, Theoriegeschichte also als gesellschaftlichen Ausdruck der emanzipatorischen Gestaltungskraft der Arbeiterbewegung begreift. Dann wird man allerdings auch zugeben müssen, daß der Marxismus durch seine bolschewistische Perversion in seiner ursprünglichen Substanz für immer schwer geschädigt wurde, und gleichzeitig mit der sozialstaatlichen Ausstattung des industriellen Kapitalismus auch einen beträchtlichen Teil seiner Wirkungskraft einbüßte. Dennoch wurde er auch in den zwanziger Jahren zu keinem Randphänomen; die Anstrengungen für seine Revitalisierung fanden ein breites Diskussionsspektrum, in dem eine übereinstimmende Grundmelodie herrschte: „Es ist Marxens Methode, die über Marxens Thesen hinweg weiterführt; es ist Marx, der Marx überwindet", wie es Otto Bauer ausdrückte.[5] Aus solcher Sichtweise war das strikt marxistische Heidelberger Programm der SPD aus dem Jahre 1925 kein Rückfall in die marxistische Vorzeit der SPD, sondern Ausdruck der Realitätserfahrungen der Sozialdemokratie nach dem Ersten Weltkrieg, daß nämlich der Kapitalismus gar nicht so schnell und so wirkungsvoll gebogen werden konnte, bevor er sich zerbrechen ließ.

Ohne Einschränkung muß festgestellt werden, daß die Arbeiterbewegungen in Europa gegenüber dem Radikalismus von rechts hilflos blieben. Die Hinwendung von Minderheiten in der Führungselite zu einem national-integralen Sozialismus unterstreicht dies nur. Überall, nicht nur in Deutschland, stießen die reformistische und die radikale Arbeiterbewegung an ihre ökonomischen, sozialen und politischen Grenzen, gerieten in eine Krise und büßten dramatisch ihre legendäre organisatorische Kraft ein. So verlor z.B. die westeuropäische Gewerkschaftsbewegung zwischen 1920 und 1940 fast zwei Drittel ihrer Mitglieder,[6] unabhängig davon, ob sie nach dem korporatistischen Funktionsmodell, wie in Deutschland, oder nach dem Modell der Multistruktur auf Betriebsebene, wie in England, organisiert war.

4. Daher verwundert es nicht, wenn die nach den verheerenden Zerstörungen durch den Faschismus sich neu formierende nachfaschistische Arbeiterbewegung mit ihrer Spaltung in verschiedene Richtungen, ihrer Verzweigung aufgrund unterschiedlicher Entwicklungsströme als „überlieferte Hülse" gekennzeichnet, der berühmte „Ruck nach links" zur bloßen „Scheinhegemonie" erklärt wird.[7] Gegen eine solche Betrachtungsweise scheint sich mit Blick auf die vierziger und fünfziger Jahre unseres Jahrhunderts nicht viel einwenden zu lassen. Dennoch sollte man sich durchaus in Erinnerung rufen, daß es zwischen 1944 und 1946 überall in Europa nach der Niederschlagung des Faschismus eine vorrevolutionäre Situation gab oder doch Faktoren vorhanden waren, die eine gesellschaftliche Transformation hätten bewirken können. Es gab eine bis in das Bürgertum hineinreichende politische Linke, die gesellschaftliche Veränderungen bewirken wollte; es existierten im Kern identische Transformationskonzepte, und eine Mehrheit der Bevölkerung teilte den Willen zur Veränderung der kapitalistischen Wirtschaftsordnung. Schließlich waren das Großkapital und die Träger des alten bürgerlichen Staates wegen ihrer Kooperation mit dem Faschismus schwer diskreditiert, und das nicht nur in Deutschland. Daß diese Konzepte 1947 bereits Makulatur waren, hatte in der Hauptsache zwei Gründe: Die britische Labour-Party konnte die ihr zugedachte Rolle eines sozialistischen Vorreiters für Europa nicht annehmen, außerdem zerstörte die restlose Stalinisierung der kommunistischen Parteien nach beachtenswerten Kooperationsansätzen in Italien und Frankreich schließlich alle Voraussetzungen für gemeinsame Aktionen der nachfaschistischen Arbeiterbewegung. Nur scheinbar in Wider-

spruch hierzu standen Bemühungen um die Revitalisierung des alten sozialdemokratisch/sozialistischen Milieus. Sie waren aus naheliegenden Gründen in Westdeutschland besonders intensiv, als wolle man nun endlich verwirklichen, wozu man sich vor und nach 1933 fast verzweifelt verschworen hatte: „Nach Hitler – wir!" Die herrschende Historiographie ist allerdings der Meinung, daß es zu dieser Milieurestituierung gar nicht gekommen sei, vor allem habe es kaum einen Versuch gegeben, die alten Kulturorganisationen wieder zu gründen. Die einen, wie etwa Theo Pirker, bedauern dies, weil für sie eine bloße Konzentration auf politisches Handeln den Anfang vom Ende der Arbeiterbewegung darstellt.⁸ Andere, wie etwa Klaus Tenfelde, meinen, daß diese Absage an die alte Arbeiterbewegungskultur als „eine bedeutende Morgengabe der Arbeiterbewegung an die aufzubauende Demokratie" zu werten sei.⁹ Wieder anderen ging die Kappung des Traditionsüberhanges in der SPD auf ihrem unvermeidlichen Weg zur linkeren der beiden Volksparteien noch nicht schnell genug, und sie sehen bis weit in die fünfziger Jahre sich selbst genügende Traditionskompanien in der Partei am Werke.¹⁰

Aufgrund der Überlieferungslage schlage ich jedoch eine andere Argumentationsweise vor: Trotz der durch den deutschen Faschismus erschütterten Kulturmission der Arbeiterbewegung knüpfte diese nach 1945 zunächst an die Vorstellungswelt der Zwischenkriegszeit an. Die SPD als Parteiorganisation verkörperte bis zu ihrem Godesberger Programm in Habitus und Außenwirkung die alte Arbeiterbewegung und Arbeiterbewegungskultur. Nach dem Kriege wurden zunächst arbeiterkulturelle Organisationen milieuspezifisch wiederaufgebaut, und zwar in größerem Umfang, als vielfach angenommen wird: Ob Frauenarbeitsgemeinschaften, Arbeiterwohlfahrt, Jugend- und Bildungsarbeit, Arbeitersamariterbund, Naturfreunde, Falken oder Freidenkerbewegung – überall herrschte der nach innen altvertraute Stil aus Weimarer Tagen, der aber, wie man aus vielen regionalen Beispielen beweisen könnte nicht einfach 'fröhliche Urständ' feierte. Diese Rückbesinnung war zur Stärkung des angeschlagenen Selbstbewußtseins durchaus notwendig, denn schließlich hatte man ja einst der ganzen Welt versprochen, den Faschismus an der Macht verhindern zu können; sie war ein notwendiger Durchgang, ehe dann zu neuen Ufern aufgebrochen werden konnte. Es wäre übrigens ein Irrtum anzunehmen, daß das proletarische Erscheinungsbild der Sozialdemokratie bis zum Godesberger Programm im Gegensatz zur Entwicklung der Sozialstruktur gestanden hätte: Diese war von der „nivellierten Mittelstandsgesellschaft" noch weit entfernt, die Arbeiterschaft bewahrte sich in ihrem Alltagsleben weiterhin proletarische Prägungen, und die Rekrutierungsfelder der SPD wiesen bis in die sechziger Jahre hinein eine bruchlose Kontinuität auf.

Wie schnell sich dann aber in den sechziger Jahren soziale Lage und Bewußtsein ändern konnte, mag der Hinweis auf die vertriebenen Bauern und Gewerbetreibenden aus den ehemaligen deutschen Ostgebieten deutlich machen, und dies wäre zugleich ein Beispiel für Klassen-Entbildungsprozesse. Durch Flucht und Vertreibung wurden sie erst pauperisiert, dann in den fünfziger Jahren und zu Beginn der sechziger Jahre über die Integration in die industriellen Arbeitsprozesse proletarisiert, um sich dann ab dem Ende der sechziger Jahre selbst und/oder zumindest in der nächsten Generation im Sozialverhalten, wenn auch nicht immer dem beruflichen Status nach, wieder 'mittelständisch', nun aber zunehmend mit modernen Akzentuierungen, zu orientieren. So weit sich überhaupt gesicherte Aussagen treffen lassen, kann man diesen sozialen Entwicklungsprozeß mit dem Wandel der politischen Orientierungen parallelisieren.[11] Nach einem kurzen Zwischenspiel bei der SPD als Ansprechpartner für die Geschlagenen und Entrechteten erfolgte die Orientierung zur CDU als Partei der Besitzerhaltung und -wiedergewinnung. Mit dem angesprochenen Proletarisierungsprozeß, d.h. der Integration in die Industriegesellschaft wurde die SPD wieder als Interessenverwertung mit nachhinkendem Effekt akzeptiert. Ab dem Ende der sechziger Jahre wurden dann die politischen Voten 'normal', d.h. sie entsprachen dem Wahlverhalten der Gesamtbevölkerung.

Diese Bemerkungen haben nur scheinbar einen beiläufigen Charakter und sollen auch nicht auf deutsche Besonderheiten hinweisen. Über die angedeuteten Entwicklungen hinweg lief nämlich ein verblüffender Angleichungsprozeß der europäischen Gesellschaften. Selbst in England, wo die langen Schatten des 19. Jahrhunderts bis weit in die 2. Hälfte des 20. Jahrhunderts reichten, ist inzwischen die Arbeiterklasse eine Minderheit und der Weg zur Zweidrittelgesellschaft eingeschlagen. Frankreich hat in seinen glorreichen 30 Jahren, die von 1945 bis 1975 zählen, den Durchbruch zur modernen Industriegesellschaft auf demselben Weg zurückgelegt wie die anderen hochentwickelten westlichen Industrieländer. Die Arbeiter haben die Modernisierung des Produktionsapparates akzeptiert und erhielten entsprechende Verbesserungen des Realeinkommens und zusätzlich indirekten Lohn über die breit ausgebaute sozialstaatliche Umverteilung. So entstanden in Frankreich wie in den anderen erwähnten Ländern als Effekt der Modernisierung eine neue Zwischenschicht und eine Gesellschaft, in der die Angestellten die Mehrheit sein werden und sie sich „jenseits von Stand und Klasse" definieren möchten.[12]

In allen hochindustrialisierten Ländern vollzog sich ein gewerblich-struktureller Wandel mit möglicherweise ähnlichen sozial-strukturellen Folgen. Jedenfalls hat dieser Wandel die klassischen Trends der Hochindustrialisierungsphase umgedreht: In England hat er in den achtziger Jahren eindeutig bestimmbar zu einer Neuauflage der „two nations" mit dem prosperierenden Süden, und hier vor allem mit dem „Bauch von London", und dem verarmenden Norden geführt, ein Prozeß, der in ähnlicher Weise auch in den USA zu beobachten ist und seit den siebziger Jahren in der Stilisierung des Nordens als Rost- und des Südens als Sonnengürtel zum Ausdruck kommt. In der Bundesrepublik ist das klassische Nord-Süd-Gefälle in ein Süd-Nord-Gefälle umgekehrt worden, wobei insbesondere Bayern seit den fünfziger Jahren in schnellem Tempo die Entwicklungsstationen von einem noch stark agrarisch-kleingewerblich strukturierten Land über die Durchindustrialisierung zum nachindustriellen deutschen „silicon valley" absolvierte. Für Frankreich, Belgien, Schweden und Italien gibt es Hinweise auf ähnliche Prozesse. Regionen mit klassischer, das heißt vor allem textil- oder schwerindustrieller Prägung, erliegen einem Strukturwandel, der für sie das endgültige Aus für ökonomische Modernisierung bedeutet. Dazu gehören Lothringen, Nord-Pas de Calais in Frankreich und entsprechende Regionen in Belgien. Es konnte aber auch zu produktiven Anstößen für erfolgreiche Umstrukturierungen, wie etwa in Südschweden oder in der Region Prato-Florenz in Italien, kommen. Auch gibt es Hinweise auf Mischlagen, wo vom Wandel destrukturierte Regionen auf Modernisierungsversuche positiv reagieren, wie die englischen Midlands oder das Ruhrgebiet, wenngleich dies noch nicht als Anzeichen für eine Trendumkehr gewertet werden kann.

Mit dem erwähnten Strukturwandel korrespondiert neuerdings wieder eine stärkere Neigung der Arbeitnehmer in Europa, sich gewerkschaftlich zu organisieren, was auch die Angestellten einschließt. Dies ist nur scheinbar ein Widerspruch: Die am Arbeitsplatz gefragte qualifizierte Autonomie des leistungsbereiten Arbeitnehmers mag zunächst dessen Kooperationsbereitschaft mit dem Arbeitgeber/Unternehmer gestärkt haben; auf lange Sicht fördert eine solche Eigenständigkeit offensichtlich Eigensinn für Alternativen zum Unternehmerkonzept zu Tage; diese Eigensinnigkeit sucht nolens volens in den Gewerkschaften einen institutionellen Rahmen für mögliche Umsetzungschancen. Abgesehen davon besitzen die Gewerkschaften nach wie vor die Funktion eines Schutzraumes, für den mehr denn je eine Klientel vorhanden ist.

Parallel dazu lassen sich auf der organisatorischen Ebene Angleichungen der Gewerkschaftsbewegungen einzelner europäischer Länder beobachten. Eine solche besteht etwa zwischen den englischen und denen in der Bundesrepublik. In Frankreich und Italien scheinen aus Richtungsgewerkschaften tendenziell Fraktionen von Einheitsgewerkschaften zu werden. Betrachtet man außerdem die Entproletarisierung und Versozialisierungsdemokratisierung der Arbeiterparteien Europas, also einschließlich einer Reihe kommunistischer Parteien, und die Herauskristallisierung der linken Volkspartei als „Euro-Norm", dann kann man bezogen auf die Arbeiterbewegung gewiß von dem unaufhaltsamen Ende aller Sonderexistenzen in Europa sprechen. Die Durchsetzung der „Euro-Norm" erfolgt dort mit erhöhter Geschwindigkeit, wo der Angleichungsprozeß wie in Spanien und Portugal historisch die weiteste Strecke zurücklegen muß. Doch Rückständigkeit in diesem Sinne ist inzwischen ein relatives Phänomen: Im klassischen Land der erfolgreichen Arbeiter-Emanzipationsbewegungen, in Großbritannien, wird nach einem Jahrzehnt Thatcherismus für die Labour Party die Fülle ihrer zeitgleichen Ungleichzeitigkeit zu einer zerreißprobenartigen Belastung, haben doch bei den letzten Wahlen bereits 60 % der Gewerkschafter für die Konservativen votiert.[13]

5. Die Auffassung, daß wir bereits in einer Gesellschaft „jenseits von Stand und Klasse" leben, ist verbreitet, allerdings auch nicht unumstritten. Diese Gesellschaft könnte man als „Risikogesellschaft" mit sich verschärfenden sozialen Ungleichheiten bezeichnen, die sich nicht einfach an den alten Klassenlinien markieren lassen, so daß unter Umständen Kapital gegen Kapital und Arbeit gegen Arbeit stehen. Aber ist dieser Kapitalismus ohne Klassen auch einer ohne Ar-

beiterbewegung? Schafft sich nun die Arbeiterbewegung durch die von ihr errungene gesamtgesellschaftliche Akzeptanz des Sozial- und Verteilungsstaates ab, wie sich einst das „Proletariat" durch die Arbeiterbewegung selbst abgeschafft hat?

Man kann die Trends auch anders deuten. Nach wie vor bestehen gesellschaftliche Grundverhältnisse, die den Fortbestand antagonistischer Klassenkonstellationen im Prinzip widerspiegeln könnten, würde sich nicht über sie ein wirkungsvoller Überbau von individuell-subjektiven Ausformungen erheben, die bis in weite Teile der noch klassischen Arbeitnehmerschaft hineinreichen. Um im Bild zu bleiben, könnte man auch sagen: Der Überbau wird zur Basis, die hier früher, dort später die ersten zwei Drittel der Gesellschaft ausmachen mag. Es fragt sich, ob sich die europäischen Gesellschaften mit einer Zuspitzung des Trends zur „Zweidrittelgesellschaft" nicht zwangsläufig ein neues Proletariat, zumindest proletarisierte Schichten, zulegen, bestehend aus einer marginalisierten Dienstleistungsintelligenz, aus arbeits- und berufslosen jungen und alten Menschen, aus Alten, Kranken, Kleinrentnern, Sozialhilfeempfängern usw., tendenziell aus einem Drittel der Gesellschaft mit nur geringer oder sogar ganz ohne Anbindung an die Arbeiterbewegung. Die Existenz dieser proletarisierten Schichten ist der Ausdruck für die Abwälzung der Anpassungskosten der Modernisierung auf die schwächsten Gruppen der Gesellschaft. Solche extremen Verschärfungen der Ungleichheit riefen im 19. Jahrhundert die Arbeiterbewegung ins Leben, die dann die sozialen und die humanen Kosten der industriellen Revolution korrigierte.[14]

Wer wird in Zukunft diese Korrekturfunktion wahrnehmen? Für die bestehenden Organisationen der Arbeiterbewegung ist es verlockender, sich den „Gewinnern" zuzuwenden und weniger den „Verlierern". Europabezogen bedeutete dies eine Vergrößerung der sozialen Abstände unter den Arbeitnehmern der verschiedenen Länder. Selbst wenn die Gewerkschaften dies in Europa nicht wollen, stellt sich doch die Frage, ob sie gegenüber den Unternehmern in Europa überhaupt konfliktfähig sind. Während diese sich längst auf europäischer Ebene organisatorische Bastionen geschaffen haben, befinden sich die europäischen Gewerkschaften noch in einem Stadium, in dem sie sich darauf beschränken, bereits aus den fünfziger und sechziger Jahren bekannte Forderungen erneut vorzubringen.

Große Irritation verursacht gegenwärtig der gewaltige Individualisierungsschub der letzten zwei Jahrzehnte, den manche bereits mit dem der Renaissance vergleichen möchten. Für viele nachdenkliche Zeitgenossen scheint deshalb das Spannungsverhältnis zwischen Individualisierung als Signum der Zeit auf der einen und Solidarität als dem klassischen Grundwert der Arbeiterbewegungen in Europa auf der anderen Seite unaufhebbar. In dieser Situation nützt die Erinnerung des Historikers „als einzig verläßliche Erfahrung" (Wehler): Solidarität hat nichts zu tun mit Kollektivismus, sondern bedeutet gemeinsames Handeln der vielen Einzelnen, doch nicht zu Lasten anderer, wie denn auch Gleichheit nichts anderes sein kann als die gleiche Freiheit für möglichst viele.

Anmerkungen

1 Winkler, H.A.: Der Schein der Normalität. Arbeiter und Arbeiterbewegung in der Weimarer Republik 1924 bis 1930, Bonn 1985, S. 165 und S. 173
2 Tenfelde, K.: Vom Ende und Erbe der Arbeiterkultur, in: Susanne Miller/Malte Ristau (Hrsg.): Gesellschaftlicher Wandel – Soziale Demokratie. 125 Jahre SPD, Köln 1988, S. 155 ff
ders.: Geschichte der deutschen Arbeiter und der Arbeiterbewegung – ein Sonderweg, in: Der Äquadukt: 1763-1988, S. 469-483
3 Vergl. Walter, F.: Konfliktreiche Integration. Arbeiterkultur im Kaiserreich und in der Weimarer Republik, in: Internationale wissenschaftliche Korrespondenz zur Geschichte der deutschen Arbeiterbewegung, 24, 1988, H. 1, S. 54-88
4 Langewiesche, D.: Kultur der Arbeiterbewegung im Kaiserreich und in der Weimarer Republik, in: ergebnisse, 26, Oktober 1984, S. 19
5 Bauer, O.: Marx als Mahnung. Zu Marxens vierzigstem Todestag. Der Kampf, sechzehnter Band, Wien 1923, in: Otto Bauer, Werkausgabe, Band 9, Wien 1980, S. 51
6 Vergl. Kaelble, H.: Auf dem Weg zu einer europäischen Gesellschaft. Eine Sozialgeschichte Westeuropas 1880 – 1980, München 1987, S. 83
7 Niethammer, L.: Strukturreform und Wachstumspakt. Westeuropäische Bedingungen der einheitsgewerkschaftlichen Bewegung nach dem Zusammenbruch des Faschismus, in: Heinz-Oskar Vetter (Hrsg.): Vom Sozialistengesetz zur Mitbestimmung, Köln 1975, S. 303-358
8 Pirker, Th.: Vom „Ende der Arbeiterbewegung", in: Rolf Ebbinghausen/Friedrich Tiemann (Hrsg.): Das Ende der Arbeiterbewegung in Deutschland?, Opladen 1984, S. 39-51
9 Tenfelde, Vom Ende, S. 167
10 So z.B. Klotzbach, K.: Der Weg zur Staatspartei. Programmatik, praktische Politik und Organisation der deutschen Sozialdemokratie 1945 bis 1965, Berlin, Bonn 1982.
11 Vergl. hierzu: Grebing, H.: Flüchtlinge und Parteien in Niedersachsen. Eine Untersuchung der Prozesse der politischen Meinungs- und Willensbildung und der Formen der Durchsetzung politischen Handelns während der ersten Nachkriegszeit 1945 – 1952/53 (Monographie, in Kürze abgeschlossen).
12 Dies.: Gesellschaftlicher Wertwandel und die Suche nach einer neuen Parteiidentität in den Sozialdemokratischen Parteien Europas seit den 70er Jahren, erscheint in: Archiv für Sozialgeschichte, Band XXIX, 1989
13 Kröncke, G.: Auf der Suche nach einem „Godesberg", in: Süddeutsche Zeitung, 15.6.1988
14 Vergl.: Alheit, P.: Arbeit, Lebensweise und Kultur. Zur Veränderung der sozialen Reproduktionsbedingungen der Arbeiterklasse, in: Beiträge, Informationen, Kommentare, herausgegeben vom Forschungsinstitut für Arbeiterbildung, Recklinghausen 1988

Frank Deppe

Der Sozialismus und die geistige Situation am Ende des Jahrhunderts

1. Am Ende des 20. Jahrhunderts scheint sich überall eine Art „fin-de-siècle"-Stimmung auszubreiten. Obwohl es kein Geschichtsgesetz gibt, wonach solche Tendenzen oder gar „lange Wellen" der ideologischen Depression zum Ende eines Jahrhunderts erzeugt und reproduziert werden, ist das Phänomen solcher Stimmungen keineswegs neu. Am Ende des 15. Jahrhunderts überschwemmte eine Welle von Predigern die europäischen Städte. Sie prophezeiten das bevorstehende Ende der Welt und beschworen ein katastrophisches Gottesgericht, das bald über eine Gesellschaft des moralischen Verfalls hereinbrechen werde. Unter den Menschen, die, von den apokalyptischen Bußpredigern angezogen, die Kirchen füllten, befanden sich nicht nur Plebejer und Kleinbürger, sondern auch Renaissance-Intellektuelle. Es herrschte ein weit verbreitetes Gefühl der Unsicherheit und Angst, welches nicht allein durch die politischen Tagesereignisse, die italienischen Kriege seit 1492, erzeugt worden war, sondern gleichzeitig einen tiefgreifenden gesellschaftlichen Wandel widerspiegelte. Die neue Freiheit des Individuums, die durch die ersten Formen einer noch vom Handels- und Bankkapital dominierten Marktwirtschaft erzeugt worden war, zerstörte traditionelle gesellschaftliche und ideologische, und hier vor allem religiöse Bindungen. Daher artikuliert sich die Suche nach einer Weltanschauung, die dem Individuum zu einer neuen Sinngebung und zu einer neuen, stabilen Identität verhelfen sollte, auch in verschiedenen Mythen einer mehr oder weniger archaischen „Theologie der Befreiung". Diese frühe Form einer „fin-de-siècle"-Stimmung stand deutlich mit der „großen Transformation" vom Spätfeudalismus zum Frühkapitalismus in Verbindung, genauer gesagt: mit dem Wandel von Strukturen der mittelalterlichen Kultur zu ersten Schritten der Säkularisierung/Rationalisierung der Lebensweise und der Weltanschauung. Hinzu kamen verschiedene Formen jenes „Nach-uns-die-Sintflut"-Bewußtseins bei Teilen der herrschenden Klassen und ihrer intellektuellen Unterhalter. „Wir wissen nicht, was morgen sein wird" (di doman, non c'certezza) – also laßt uns den Augenblick genießen. Diese Worte aus der berühmten Hymne des Lorenzo de Medici fassen die wachsende Erfahrung zusammen, „daß das Rad der Fortuna sich wie verrückt im Kreise dreht: darin symbolisierte sich noch das weit verbreitete Gefühl unter den Italienern, daß sie die Kontrolle über ihre Lebensbedingungen verloren hatten."[1]

2. Die „fin-de-siècle"-Atmosphäre am Ende des 19. Jahrhunderts war natürlich nicht ein bloßes Wiederanknüpfen an frühere Strömungen und Tendenzen, ob-

wohl Burckhardts Wiederentdeckung der italienischen Renaissance und ihrer Heldengestalten, die z.B. den „Nihilismus" eines Friedrich Nietzsche beeinflußte, eine gewisse Rolle spielte. Nunmehr finden wir unter verschiedenen Intellektuellengruppen ein tiefes Bewußtsein der Dekadenz, der Stagnation und der Krise, dessen konkrete Artikulation jeweils durch spezifische lokale bzw. regionale Kulturen gefiltert wurde. Dabei handelte es sich wesentlich um die depressive Stimmung von bürgerlichen und kleinbürgerlichen Intellektuellen. Die neuen Mächte, die die kapitalistischen Gesellschaften in der Periode des Übergangs zum Imperialismus beherrschen, waren das Geld, die Technologie, die Massenorganisatioen und der Staat mit seiner wachsenden Bürokratie. Die bürgerliche Klasse konnte nicht länger als eine Klasse von dynamischen und risikobereiten Unternehmern und Erfindern/Erneuerern angesehen werden, sondern zunehmend als eine fette und feige Kaste von nichtarbeitenden Rentiers. Auf der anderen Seite wurde die Entwicklung der sozialistischen Arbeiterbewegung zu Massenorganisationen und ihr Eindringen in die Parlamente als die fortschreitende Zerstörung der Individualität, der „natürlichen" sozialen, politischen und kulturellen Hierarchien und schließlich der gesamten Gesellschafts- und Staatsordnung wahrgenommen. Im neuen „Zeitalter der Massen" sei nunmehr alles und jedes „vulgär" geworden (Nietzsche). Die Verachtung, mit der man von der „Massengesellschaft" sprach und mit der man auch das parlamentarische Regierungssystem mit seinem allgemeinen Wahlrecht kritisierte, beinhaltete daher nicht allein Kritik an kapitalistischer Kultur und Politik, sondern verband sich zugleich mit einer düsteren Antizipation bevorstehender Katastrophen, die entweder in Form eines neuen internationalen Krieges zwischen den Weltmächten oder – im schlimmsten Fall – in einer sozialen Revolution hereinbrechen würden.

Als einer der sozialistischen Intellektuellen sprach beispielsweise Karl Kautsky im Jahre 1909 von einer „allgemeinen Unsicherheit" als der vorherrschenden Erscheinung der Zeit, als Ausdruck einer Periode der Krise und des Übergangs: „Sicher, daß wir in eine Periode allgemeiner Unruhe, steter Machtverschiebungen eingetreten sind, die, wie immer ihre Formen auch sein mögen, nicht eher mehr in einen Zustand länger dauernder Ruhe enden kann, als bis das Proletariat die Kraft erlangt hat, die Kapitalistenklasse politisch und ökonomisch zu expropriieren und damit eine neue Ära der Weltgeschichte zu inaugurieren".[2] Diese Wahrnehmung hatte jedoch überhaupt nichts mit dem Übergang in ein neues Jahrhundert zu tun, sondern reflektierte die neuen Herausforderungen, mit denen sich die Arbeiterbewegung und der Sozialismus in einer Periode des Übergangs zu einer neuen Phase kapitalistischer Entwicklung und des Klassenkampfes konfrontiert sahen.

3. Eine der gegenwärtigen Hauptströmungen der westlichen Philosophie, die „kulturelle Internationale" des Postmodernismus, artikuliert deutlich jene neuen Formen der Enttäuschung, des Pessimismus und des Antirationalismus, die für die „fin-de-siècle"-Stimmungen unserer Zeit charakteristisch sind, und ihrerseits von Schopenhauer-, Nietzsche- und Heidegger-Renaissancen begleitet wer-

den. Die geistige Situation zum Ende des Jahrhunderts ist daher von einer extremen „Unübersichtlichkeit" (Habermas) gezeichnet. Gleichzeitig feiern Theoretiker des Neokonservatismus und der „neuen Rechten" Niederlagen und Rückschläge der Linken auf dem Gebiet der Politik wie der Theorie und beklagen, daß die neokonservative Politik in den führenden kapitalistischen Staaten noch immer nicht zu einer grundlegenden Wende geführt habe. Unter den Massen und den Eliten scheint die Dekadenz weiter verbreitet als ein „konterrevolutionärer" Geist, der die Fesseln der Sozialstaatlichkeit, des kulturellen Hedonismus, des Bürokratismus usw. zu sprengen vermöchte.

Das postmoderne Denken stellt vorerst die „großen Erzählungen" in Frage: die Philosophie der Aufklärung und der Vernunft, den Idealismus, den Sozialismus und den Positivismus. Diese Denksysteme seien mehr und mehr unglaubwürdig geworden, schlimmer noch: Da sie instrumentelle und legitimatorische Funktionen für die Logik der modernen Gesellschaft und Politik ausüben, seien sie zugleich verantwortlich für den Totalitarismus und die fortschreitende Zerstörung der Welt. Sie hätten sich in „Todesmaschinen" verwandelt.[3] Der Abschied von den „großen Erzählungen" geht mit dem emphatischen Bekenntnis zur „Pluralität der Paradigmen", zur „Koexistenz des Heteronomen" einher.[4] Je mehr aber dieser Triumph des neuen Pluralismus oder des „anything goes" zum Gegenstand intellektueller Selbstreflexion wird, um so mehr wird sich der Pessimismus, der in einigen Ländern, wie etwa in Frankreich, von gescheiterten 68ern stark beeinflußt wird, vertiefen und dabei den Weg freimachen für Formen einer dezisionistischen politischen Philosophie. Zur gleichen Zeit verstärkt sich jedoch der Eindruck von einer allgemeinen „Unübersichtlichkeit" als Signum der geistigen Situation am Ende des Jahrhunderts auch durch die Krise der Linken, der sozialistischen und marxistischen Theorie und Praxis. Unübersichtlichkeit bedeutet daher auch, daß es zumindest gegenwärtig kein Programm, keinen Block von politischen und sozialen Kräften, keine Strategie gibt, die für sich mit Überzeugung beanspruchen könnte, als progressive, hegemoniale Kraft zu wirken, um einen Ausweg aus den Widersprüchen der gegenwärtigen Welt zu weisen. Der spanische Kulturphilosoph Eduardo Subirats hat diese Konstellation so charakterisiert: „Offensichtlich befinden wir uns in einer gesellschaftlichen Situation, in der das Fehlen von Ideen und Lösungsmöglichkeiten in Bezug auf die Konflikte unserer Zeit sich in das Identitätsmerkmal unserer Epoche verwandelt hat. Genau dieses Vakuum wird als Postmodernität bezeichnet".[5] Es wird also anfangs zu untersuchen sein, ob der Marxismus und der Sozialismus zur Herausbildung dieses Vakuums beigetragen haben; danach wird zu fragen sein, welches die Bestandteile eines „neuen Denkens" zu sein hätten, die einen Weg zur Überwindung dieser Konstellation aufweisen könnten.

4. Die heutige Debatte über die „Krise des Marxismus" hat inzwischen eine ziemlich lange Vorgeschichte. Vor fast 15 Jahren wurde sie von dem französischen Philosophen Louis Althusser eröffnet.[6] Diese Krise, so Althusser, materialisiere sich in den bürokratischen Organisationsformen von Parteien und Gewerkschaften, die sich reformistischen Programmen und Strategien verschrie-

ben hätten. Althusser beurteilte den Charakter dieser Krise jedoch außerordentlich optimistisch und begrüßte ihren Ausbruch emphatisch, weil er die historisch-politische Situation um die Mitte der siebziger Jahre als eine quasi vorrevolutionäre ansah. Niemals zuvor, so betonte er, seien die Arbeiter- und Volksbewegungen so stark, so reich an Mitteln und Initiativen gewesen. Diese Bewegungen, die Dialektik des Klassenkampfes selbst, wurden von ihm als ein „Fegefeuer" angesehen, durch das die Krise des Marxismus überwunden werde. Althusser war keinesfalls der einzige, der eine solche Konzeption der „Krise des Marxismus" und ihrer Überwindung vertrat.[7] Doch nur wenige Jahre später wurden zunehmend pessimistischere Stimmen laut. So sprach etwa Nicos Poulantzas davon, daß die Arbeiterbewegung im Westen in einer tiefen Krise stecke: Die regierenden sozialdemokratischen Parteien hätten sich als unfähig erwiesen, die Wirtschaftskrisen des Kapitalismus und das Ansteigen der Massenarbeitslosigkeit zu verhindern. Die euro-kommunistischen Parteien hätten nicht nur ihr traditionelles Modell des „realen Sozialismus" aufgegeben, sondern würden auch mit wachsenden Widersprüchen und Rückschlägen konfrontiert: Ihr Politikmodell, das sich weitgehend auf die bewußten Teile der Arbeiterklasse sowie auf die „Fabrik" bezogen habe, sei in Widerspruch zu sozialen und politischen Bewegungen geraten, die sich außerhalb der Produktionssphäre entwickelten und einen klassenübergreifenden, universalistischen Charakter annähmen.[8]

Selbst innerhalb der kommunistischen Weltbewegung, vor allem der Sowjetunion und in der KPdSU, wurde eine radikale Debatte über geschichtliche und gegenwärtige Deformationen und Widersprüche des „realen Sozialismus" eröffnet. Die Notwendigkeit, die ökonomischen, politischen und kulturellen Strukturen in den sozialistischen Gesellschaften grundlegend zu verändern, verbindet sich mit dem Bemühen, die internationalen, globalen Widerspruchskonstellationen theoretisch und strategisch neu zu bewerten und dabei ein neues Modell der internationalen Politik zu entwickeln. Die internationale kommunistische Bewegung befindet sich daher gegenwärtig in einem äußerst schwierigen und widersprüchlichen Prozeß. Der sowjetische Gesellschaftswissenschaftler Juri Krassin ist der Überzeugung, daß die Überwindung der Krise nur vermittels eines „Durchbruchs in der Theorie, der vielleicht mit dem zu vergleichen wäre, was Lenin zu Beginn dieses Jahrhunderts leistete", möglich sei.[9]

Bis vor einigen Jahren wurde die kommunistische Strategie, soweit sie sich auf die „führende Rolle" der Sowjetunion und der KPdSU bezog, von einer relativ kohärenten Konzeption des weltrevolutionären Prozesses geleitet, die die Strukturen der Weltgesellschaft und -politik nach dem Ende des Zweiten Weltkrieges aufnahm: Die sozialistischen Länder, die antiimperialistischen Befreiungsbewegungen in der „Dritten Welt" zusammen mit anderen Kräften aus der Gruppe der sogenannten nicht-paktgebundenen Länder und schließlich die demokratischen und Arbeiterbewegungen in den entwickelten kapitalistischen Gesellschaften bilden danach gleichsam die progressiven „Abteilungen" des weltrevolutionären Prozesses. Die Transformation der „Weltgesellschaft" in Richtung Sozialismus wurde daher als ein Prozeß des Ineinandergreifens folgender Teilprozesse verstanden: erstens der Konsolidierung sowie des schnellen ökonomischen

Wachstums des Sozialismus; zweitens weiterer Siege der antiimperialistischen Befreiungsbewegungen in der „Dritten Welt", die ihrerseits von der wachsenden materiellen und politischen Kraft des sozialistischen Staatensystems positiv beeinflußt würden, und drittens der Konzentration von sozialökonomischen und politischen Widersprüchen in den Metropolen des Kapitalismus/Imperialismus, die die Klassenkämpfe vorantreiben und die Möglichkeit von antimonopolistischen Veränderungen in die Richtung des Sozialismus eröffnen würden. Die Welle der Klassenkämpfe z.B. in Westeuropa zwischen 1968 und den frühen siebziger Jahren schien den Realitätsgehalt dieser Konzeption zu bestätigen.

Diese relativ kohärente Konzeption des „weltrevolutionären Prozesses" ist in den letzten Jahren zum Gegenstand selbstkritischer und skeptischer Interpretationen und Neubewertungen geworden. Die politischen Erfahrungen seit der Mitte der siebziger Jahre haben neue Lektionen erteilt. Obwohl der Kapitalismus weltweit in eine Periode der krisenhaften Entwicklung übergegangen ist, wurde gerade diese Konzeption mit Rückschlägen, Niederlagen und Widersprüchen konfrontiert: Das Basisaxiom, das gleichsam als Naturgesetz ein kontinuierliches Fortschreiten der Macht, der Stabilität, der Produktivität etc. des realen Sozialismus unterstellte, ist seit Anfang der achtziger Jahre durch die politischen und sozialökonomischen Stagnations- und Krisenprozesse in diesen Ländern gründlich erschüttert worden. Die polnische Krise war insofern nur die Spitze des Eisberges. Tiefgreifende Reformen und Umgestaltungen sind notwendig, deren Ergebnisse freilich höchst ungewiß sind. Die Dynamik der antiimperialistischen Befreiungsbewegungen in der „Dritten Welt" ist deutlich langsamer und komplizierter geworden, als noch Mitte der 70er Jahre, vor allem nach dem Sieg der vietnamesischen Revolution und anderen Erfolgen, etwa in Afrika, angenommen wurde. Befreite Länder sind mit außerordentlichen Schwierigkeiten und Rückschlägen konfrontiert. Imperialistische „Kontras" erweisen sich als eine wirkungsvolle Waffe, nicht so sehr für einen entscheidenden, konterrevolutionären Sieg, sondern im Sinne einer lang andauernden Blockade der ökonomischen Rekonstruktion und der sozialen Transformation. Gleichzeitig hat die Afghanistan-Katastrophe die Grenzen eines Modell-Denkens illustriert, das die besonderen Traditionen und Bedingungen dieses Landes und der gesamten Region mißachtet hat. In den Zentren des entwickelten Kapitalismus haben die politischen und ideologischen Erfolge des Neokonservatismus seit dem Ende der 70er Jahre nach einer Periode der intensiven Klassenauseinandersetzungen und des Machtzuwachses der Arbeiterbewegung etwa zwischen 1965 und 1975 eine grundlegende Veränderung der Bedingungen linker Politik bewirkt. Sozialistische und kommunistische Parteien haben Wahlniederlagen hinnehmen müssen. Die Gewerkschaften, vor allem diejenigen, die in Großbritannien bzw. in den südeuropäischen Ländern als „Avantgarden" an der Spitze der Klassenbewegungen standen, haben nicht nur Streiks, sondern auch Mitglieder verloren. Die Daten der internationalen Streikstatistik zeigen für die achtziger Jahre einen kontinuierlichen Rückgang der Streikaktivität, der erst 1988/89 mit einer erneuten Zunahme der Streiktätigkeit aufgehalten worden zu sein scheint. Natürlich folgen diese Prozesse nicht einem eindimensionalen Schema. Einige nationale Gewerkschaftsverbände, etwa in Skandinavien oder auch in der BRD, blieben relativ stabil und entzogen sich dem allgemeinen Trend.

Entscheidend ist jedoch, daß die Krise des traditionellen Typs einer linken Klassenpolitik in einer Periode der tiefen Krise des kapitalistischen Wirtschafts- und Gesellschaftssystems an die Oberfläche trat, welche u.a. in einem dramatischen Anstieg der Zahl der Arbeitslosen in den entwickelten kapitalistischen Staaten zum Ausdruck kommt. Obwohl also die Arbeiterbewegung noch im Jahre 1975 stärker als in den Jahren zuvor war und obwohl die kapitalistische Krise traditionelle Widersprüche reproduziert hat, blieb eine spontane Radikalisierung der Arbeiterklasse aus. Keine kommunistische Partei im Westen vermochte erfolgreich Massenbewegungen zu organisieren und zu führen, die sich gegen die Massenarbeitslosigkeit, die neue Armut und die konservativen Angriffe auf den Sozialstaat richteten. Im Gegenteil, die relative Stabilität der neokonservativen Hegemonie profitiert von der wachsenden Segmentierung und Aufspaltung der Klassenerfahrung. Die „neuen Aristokratien" der Arbeiterklasse, Facharbeiter der Wachstums- und High-Tech-Sektoren in sicheren Normalarbeitsverhältnissen, sowie große Teile der lohnabhängigen Mittelschichten sind zur Massen- und Wählerbasis konservativer Politik geworden, die ihre relativ privilegierte soziale Position zu schützen scheint.

Diese Erfahrungen haben zumindest eine Lektion erteilt: Alle ökonomistischen Konzeptionen, die eine Radikalisierung der Arbeiterklasse und des Klassenkampfes als Folge der Wirtschaftskrise und der sozialen Polarisierung erwarteten, haben sich bislang als falsch erwiesen. Die wirtschaftliche Krise des Kapitalismus hat im Gegenteil zu seiner Revitalisierung geführt. Sie wirkt als „Reinigungskrise", in der die Proportionen der Profitproduktion und der Entwicklung der Produktivkräfte restrukturiert werden. Zugleich begünstigt sie die Etablierung eines neuen Modus der kapitalistischen Regulierung/Deregulierung, der die Schwächung des Sozialstaates sowie gewerkschaftlicher Gegenmachtpositionen einschließt. Innerhalb der sozialistischen und marxistischen Tradition müssen nicht nur die Krisenerfahrungen des vergangenen Jahrzehnts, sondern auch die Anforderungen an eine Neudefinition von wesentlichen Bestandteilen des Sozialismus aufgearbeitet werden. Vor allem die Entwicklung in der Sowjetunion, in Polen und Ungarn, aber auch in der Volksrepublik China wirft dabei ständig neue Fragen auf und konstituiert eine eigentümliche Mischung aus Innovation auf der einen sowie Ungewißheit, Resignation und Fragmentierung auf der anderen Seite.

5. Der Pessimismus, der die neokonservativen, postmodernen Diskurse durchdringt, ist davon strukturell unterschieden. Zunächst reaktiviert er die Tradition eines konservativen Pessimismus, der seit dem frühen 19. Jahrhundert die theoretische Reaktion auf die Aufklärungsphilosophie sowie – seit 1789 – auf den Druck zunächst der bürgerlichen, dann der sozialistischen Revolution darstellte. Der konservative Pessimismus reflektiert stets eine Dekadenzerfahrung. Er verwirft den Anspruch des modernen Vernunftdenkens, das die Notwendigkeit wie die Möglichkeit postuliert, durch gesellschaftlichen, politischen sowie

geistig-moralischen Fortschritt, durch Bildung und Erziehung die Menschheit von ökonomischem Elend, politischer Unterdrückung und geistiger Unmündigkeit zu emanzipieren. Die radikale Ablehnung einer am Fortschreiten der Vernunft orientierten Geschichtsphilosophie, eine negative Anthropologie (schlechte Menschennatur) sowie der Haß auf die kritischen Intellektuellen, die „Doktoren der Menschenrechte", zeichnen den konservativen Angriff auf die Aufklärung und die Revolution aus, wie er von Edmund Burke eröffnet wurde. Vor allem im 20. Jahrhundert implizierte dieser Angriff auf das Rationalitätspostulat der Moderne stets einen Angriff auf die Sozialwissenschaften als Bezugsrahmen für politische Praxis. Der Marxismus bzw. der historische Materialismus wurden dabei als der gefährlichste Gegner identifiziert.

Für einige konservative Intellektuelle unserer Zeit haben die postmodernen Diskurse vor allem die Funktion, die – besonders nach 1968 realisierte – Hegemonie der kritischen Sozialwissenschaften sowie deren Anspruch auf den Zusammenhang von kritischer Gesellschaftsanalyse und gesellschaftspolitischer Praxis infragezustellen und zu verdrängen. Die Restauration der staatlichen Ordnungsmacht sowie der traditionellen Wertesystems wie Familie, Religion, Nation usw. erscheint so als eine mögliche und notwendige Folge des Hegemonieverlustes von „kritischer Theorie".[10]

6. Jürgen Habermas hat den gemeinsamen Bezugsrahmen für die kulturpessimistischen Stimmungslagen der Gegenwart mit dem Hinweis auf die „Erschöpfung der utopischen Energien", die sich in der Vergangenheit „um das Potential der Arbeitsgesellschaft kristallisiert" haben, bestimmt.[11] Die Widerspruchspotentiale konzentrieren sich in Hochrüstung, Armut in der Dritten Welt, in Massenarbeitslosigkeit und neuen Formen der sozialen Ungleichheit in den entwickelten kapitalistischen Gesellschaften, in Problemen der Umweltbelastung, katastrophennah operierenden Großtechnologien und der dazu in Kontrast stehenden Ratlosigkeit von Intellektuellen und Politikern. Habermas hebt zwei Gesichtspunkte besonders hervor: Erstens haben die Produktivkräfte ihre Unschuld verloren. Zweitens hält er das Projekt des „Wohlfahrtsstaates" für gescheitert. Dieses Projekt, tief verwurzelt in der Tradition der arbeitsgesellschaftlichen Utopien von Marx bis Weber, fungierte nach dem Zweiten Weltkrieg in den entwickelten kapitalistischen Gesellschaften als Hebel für die Regulierung und Pazifizierung des Klassengegensatzes. Dennoch konnte es die ökonomische und soziale Krise seit den siebziger Jahren nicht verhindern. Zugleich sind die Institutionen des Wohlfahrtsstaates zweideutig geworden. Sie fungieren durch die Mittel des Geldes und der Macht als Medien des sozialen und politischen Systems und „kolonialisieren" durch ein Netzwerk von rechtlichen Normen und bürokratischen Institutionen die Lebenswelten. Daher konzentrieren sich neue Konflikt- und Protestpotentiale nicht länger auf die traditionellen Kampffelder der Arbeiterbewegung wie soziale Gleichheit, Veränderungen im Arbeitsprozeß, Demokratie. Sie haben eher an der „Peripherie" ihren Ursprung, entstehen aus der Kritik am Wachstumsmodell der Industriegesellschaften und aus dem Widerstand gegen die „Kolonialisierung" der Lebenswelten, der kulturellen Re-

produktion, der sozialen Integration und der Sozialisierung. In dieser Perspektive erscheinen die „neuen sozialen Bewegungen" als die neuen Subjekte, die ein dissentierendes Bewußtsein artikulieren, zugleich aber auch einen neuen Typ der Kommunikation, der zumindest Formen unbeschädigter Intersubjektivität bewahrt hat. Autonome und selbstorganisierte Öffentlichkeiten sollten eine kluge Vermittlung von Macht und ihrer Kontrolle und Selbstbeschränkung praktizieren, um auf diese Weise – so Habermas – ein neues Gleichgewicht zwischen den regulierenden Instrumenten des Staates und der Ökonomie (System) auf der einen und den Lebenswelten, die gegen „systematische Übergriffe" geschützt werden müssen, auf der anderen Seite herzustellen.[12]

Die politischen Schlußfolgerungen, die Habermas aus der Analyse der gegenwärtigen Krise des Projektes „Moderne" zieht, sind ziemlich bescheiden und defensiv. Gegen die neokonservative und postmoderne Rationalitätskritik verteidigt er das Erbe des westlichen Rationalismus, aber auch den von der Französischen Revolution 1789 proklamierten demokratischen Verfassungs- und Nationalstaat. Sein Appell an eine neue europäische Identität schließt daher die Vision ein, daß den selbstreproduzierten, systemischen Zwängen die „mentalitätsbildende Kraft" genommen werden kann. Auf diesem Wege könnte der Verwirrung ein Ende gesetzt werden, derzufolge sich der normative Inhalt der Moderne in immer komplexeren Systemen realisiert, die die Lebenswelt durch ökonomisches Wachstum, Staatintervention und Hochrüstung rationalisieren.[13]

Ulrich Becks Analyse der „Risikogesellschaft"[14] geht dagegen sehr viel konkreter auf die neuen Gefährdungspotentiale der industriellen Zivilisation sowie auf deren politische Implikationen ein. Seine zentrale These lautet: Die Moderne ist selbstreflexiv geworden. Das heißt: im 19. Jahrhundert setzte sich die Modernität über die Transformation der traditionellen Agrargesellschaft mit ihren ständischen Sozialstrukturen in die industrielle Klassengesellschaft durch. Heute bedeutet dagegen Modernisierung, daß die Prämissen und funktionalen Imperative der Industriegesellschaft selbst getroffen und „modernisiert" werden. Nach Beck verlieren in der Folge die traditionellen Konfliktmuster und Antagonismen der industriellen Klassengesellschaft an Bedeutung. Soziale Ungleichheit und Klassenkampf seien nicht länger die zentralen gesellschaftlichen und politischen Themen. Wirtschaftliches Wachstum und der Sozialstaat hätten eine Stillegung des Klassenkampfes sowie die Integration der Arbeiterbewegung in den entwickelten kapitalistischen Gesellschaften bewirkt („Kapitalismus ohne Klassen"). Daher sei das soziale und politische Bewußtsein nicht länger durch die Erfahrung von objektiver sozialer Ungleichheit determiniert, obwohl diese nach wie vor bestehe und sich sogar in den letzten Jahren verschärft habe. Ein neues Modell der Individualisierung – als der in der Risikogesellschaft bestimmende Typus der Vergesellschaftung – sei an die Stelle der traditionellen Formen der Klassen-Sozialisation getreten.

Das zentrale Argument von Beck bezieht sich jedoch auf die neuen Dimensionen der Risiko- und Katastrophenpotentiale, die aus der Entwicklung der Produktivkräfte, der Technologie und Wissenschaft, aber auch aus der Dynamik des spezifischen Typs der modernen industriellen Zivilisation, des Massenkonsums, der Massenkommunikation, des Verkehrs usw. hervorgehen. Die entwickelten kapitalistischen Gesellschaften befänden sich derzeit im Übergang zur „zweiten Phase der Modernisierung". Jetzt bedrohen die destruktiven Tendenzen, die mit der fortschreitenden Zerstörung der natürlichen Grundlagen der gesellschaftlichen Reproduktion sowie mit den Katastrophenpotentialen der neuen Technologien verbunden sind, das Leben und die Gesundheit aller Menschen, unabhängig von ihrem gesellschaftlichen oder Klassen-Status („Smog ist demokratisch"). Zur gleichen Zeit seien diese Risiken in globale Dimensionen hineingewachsen, die ihrerseits eine neue internationale Gegenstrategie erforderten, ein neues Modell der internationalen Politik. „Die Menschheit (wird) in der einheitlichen Lage zivilisatorischer Selbstgefährdungen zusammengezwungen..."[15]

Der Modernisierungsprozeß tendiert nach Beck daher nicht nur zur Unterminierung der materiellen und natürlichen Basis der Industriegesellschaft. Zugleich würden neue Felder der Risiko- und Katastrophenerfahrung politisiert. Die Politik (nach dem traditionellen, staatsfixierten Politikbegriff) sei jedoch zentrumslos geworden. Moderne Gesellschaften besitzen – so Beck – kein kontrollierendes und regulierendes Zentrum mehr. Die relevanten Entscheidungen, die die katastrophische Dynamik der Risikogesellschaft bestimmen, würden nicht mehr vom Staat, sondern von privaten Unternehmungen und innerhalb von wissenschaftlichen Institutionen außerhalb der staatlichen Bürokratien getroffen. Diese Tendenz zum Primat der „Subpolitik" erfordere – auf der gleichen Ebene – Institutionen und Bewegungen der „Gegen-Kontrolle". Daher werde die Politisierung der Wissenschaft, aber auch die Ausweitung demokratischer Kontrolle „von unten", durch Gegenöffentlichkeiten, Gerichtsverfahren, Gegen-Gutachten, Bürgerbewegungen usw., zum Feld einer „differentiellen Politik"[16] Für die Gewerkschaften sieht Beck dabei eine wichtige und neue Aufgabe: Wie sie in der Vergangenheit etwa die Streikfreiheit erkämpfen mußten, so sollten sie heute für das Recht eintreten, die technologische Entwicklung auf der Ebene des Arbeits- und Produktionsprozesses selbst zu kritisieren und zu kontrollieren.[17]

Habermas und Beck sympathisieren nicht mit dem Sozialismus. Beide kritisieren und verwerfen ein Projekt des Sozialismus, wie es durch die sozialistischen Länder und durch die sozialistische Arbeiterbewegung des Westens repräsentiert wird. Der „reale Sozialismus" sei zum Staatsbürokratismus degeneriert. Die sozialistische Theorie und Politik in den entwickelten Gesellschaften des Westens bezögen sich immer noch auf ein Modell der Gesellschaft und des sozialen Fortschritts, das im Grunde durch den Industriekapitalismus des 19. Jahrhunderts vorgegeben worden sei. Habermas und Beck, gewiß mit unterschiedlichen Akzentuierungen, sehen sich eher in der Tradition der radikalen Demokratie als dem progressiven Element der westlichen politischen Kultur. Diese Tradition schließe natürlich auch Elemente der sozialistischen Tradition, vor allem des reformistischen Sozialismus, ein. Dennoch sei sie nicht länger an irgendeine „Klassenbasis" gebunden. Daher identifizieren beide insbesondere die „neuen sozialen Bewegungen" als die wichtigsten politischen und sozialen

Subjekte für die Verteidigung der Lebenswelten gegen deren „Kolonisation" (Habermas) oder eines neuen Typs der „Subpolitik", die sich um die Katastrophenpotentiale der „Risikogesellschaft" zentriere (Beck).

Diese Beziehung zwischen Gesellschaftsanalyse und Politik enthält jedoch zugleich eine Reihe von Defiziten, vor allem im Hinblick auf die Strukturen und Entwicklungsprozesse des gegenwärtigen kapitalistischen Weltsystems. Dieses funktioniert nach wie vor nach einer Entwicklungslogik, die durch Kapitalakkumulation und -verwertung bestimmt wird. Diese hat ihrerseits im vergangenen Jahrzehnt ökonomische Krisen und Massenarbeitslosigkeit hervorgebracht, den Sozialstaat unterminiert (exekutiert durch die neokonservative Politik) sowie die Widersprüche zwischen den kapitalistischen Metropolen und der Peripherie in der Dritten Welt verschärft. Die Dynamik der wissenschaftlich-technischen Revolution und ihrer sozialen und ökologischen Konsequenzen wird wesentlich durch die „Gesetzmäßigkeiten" der Profitproduktion und der internationalen Konkurrenz bestimmt. Das politische Machtsystem befindet sich keineswegs in einem Prozeß der unaufhörlichen Dezentralisierung, vielmehr wird die Deregulierung durch einen Prozeß der Zentralisation von politischer Macht sowie von Entscheidungsprozessen auf nationaler und internationaler Ebene begleitet.

Selbstverständlich bestehen die Widersprüche zwischen System und Lebenswelt ebenso wie die Gefahren der „Risikogesellschaft". Gleichwohl bleibt die Frage, ob diese Widersprüche durch die Gesellschaftsanalyse von den grundlegenden sozialen und ökonomischen Widersprüchen des Kapitalismus abgetrennt werden können. Denn ohne eine solche Analyse ergeben sich zumindest zwei Defizite: Zum einen wird auf diese Weise die programmatische Perspektive einer Demokratisierung der Ökonomie und des politischen Systems gegenwärtiger kapitalistischer Gesellschaften ausgeblendet. Auf der anderen Seite wird die politische Perspektive der Formierung eines neuen „hegemonialen Blocks", der für ein alternatives Modell der sozialökonomischen Entwicklung sowie der politischen und kulturellen Reproduktion eintreten könnte, erheblich reduziert. Die Konzentration auf die „neuen sozialen Bewegungen" deutet diese Defizite einer hegemonialen Perspektive an; denn diese würden eine soziale Basis zur Voraussetzung haben, die weit über die Mittelschichten hinaus in die Arbeiterklasse selbst hineinreicht. Dieser Einwand wird schließlich durch den Sachverhalt unterstützt, daß sich die „neuen sozialen Bewegungen" gegenwärtig im Vergleich zu den späten siebziger und frühen achtziger Jahren eher in einer Phase der Stagnation denn in einer der Expansion befinden.

7. Wir haben die geistige Situation am Ende des Jahrhunderts mit Begriffen wie Unübersichtlichkeit, Unordnung, Pessimismus, Vakuum etc. charakterisiert. Diese Begriffe spiegeln jedoch die historisch-politische Situation eines radikalen Umbruchs wider, dessen Resultate freilich noch offen für positive oder negative „Lösungen" sind. Wir haben die Alternative zwischen dem nuklearen „Holocaust" oder der Herstellung eines dauerhaften positiven Friedens, zwi-

schen einer dramatischen Verschärfung von Unterentwicklung, Hunger und Massenarbeitslosigkeit in der Dritten Welt oder Lösung ihrer Lebensprobleme durch Abrüstung und die Verwirklichung einer neuen internationalen Wirtschaftsordnung, zwischen irreparablen Schädigungen der natürlichen Umwelt und der Herstellung eines neuen ökologischen Gleichgewichts, zwischen „der Katalysatorentwicklung eines neuen, wissenschaftsintensiven Produktivkrafttyps bei der Zuspitzung oder Lösung aller Globalprobleme, zwischen der Verkehrung der Hochtechnologien in Mittel der Hochrüstung und Vehikel der Massenarbeitslosigkeit oder ihrer Nutzung für Wohlstand und wahrhaft menschliche Verhältnisse".[18] Zugleich ist die geistige Situation durch das Bewußtsein charakterisiert, daß angesichts dieser historisch neuen und offenen Konstellationen von nationalen und globalen Widersprüchen die sozialistische Theorie und Praxis sich einer Reihe ungeklärter Probleme stellen muß, denn traditionelle „Modelle" sozialistischer Theorie und Strategie scheinen sich erschöpft zu haben; die Kontrolle und schließlich die Lösung der globalen Risikopotentiale verlangt einen neuen Typus der internationalen Politik; ferner ist die gegenwärtige Situation nach wie vor offen im Hinblick auf die Formierung eines neuen hegemonialen Blocks sozialer und politischer Kräfte; sie ist nach wie vor offen für die Beantwortung der Frage, welches der Inhalt, die Zentren, die Subjekte und „Avantgarden" des politischen Kampfes für die Überwindung der neokonservativen Hegemonie sein werden.

8. Wenn der Sozialismus eine relevante Rolle bei der Formierung eines solchen Blocks spielen soll, dann reicht die Öffnung für Selbstkritik, für eine kritische Neubewertung seiner Geschichte und ihrer Widersprüche nicht aus. Das Projekt des Sozialismus muß zugleich durch eine gründliche Analyse und strategische Reflexion des Charakters der gegenwärtigen Umbruchkrise neu definiert werden. Selbstverständlich wird der neue hegemoniale Block nicht das Ergebnis reiner Theoriearbeit sein, sondern zugleich von Kämpfen und Massenbewegungen. Die zukünftige Rolle des Sozialismus wird in hohem Maße von seiner Fähigkeit abhängen, auf die anstehenden Fragen programmatische und politische Antworten zu geben, und dies vor allem auch in den sozialistischen Ländern. Wie schwierig bzw. unmöglich es auch sein mag, Szenarien für die Herausbildung einer solchen progressiven hegemonialen Kapazität zu entwerfen, so ist es doch offenkundig, daß die zukünftige Entwicklung in diesen Ländern, ihre Fähigkeit, eine neue Beziehung zwischen ökonomischem Wachstum, wissenschaftlicher und technischer Innovation sowie sozialer und kultureller Gleichheit und Demokratie zu realisieren, einen entscheidenden Faktor für das künftige Schicksal des Projektes Sozialismus bilden wird.

In den vergangenen Jahren sind die Bedingungen für die neokonservative Hegemonie in den Metropolen des Kapitals intensiv erforscht und diskutiert worden. Sozialökonomische Analysen stimmen weitgehend darin überein, daß der neue Typ der Kapitalakkumulation und der Produktivkraftentwicklung neue Formen der Segmentierung der gesellschaftlichen Erfahrung in der Arbeiterklasse produziert und reproduziert. Die fortschreitende Auflösung von Formen des gesellschaftlichen und politischen Bewußtsein, die durch die Klassenerfahrung bestimmt werden, wird durch diese Segmentierungsprozesse noch beschleunigt. Die Distanz zwischen den „Gewinnern" und den „Verlierern" des neuen Akkumulationstyps und der neokonservativen Politik ist größer geworden. Unter den Gewinnern befinden sich eben nicht nur Kapitalisten, Manager, Bankiers oder Angehörige der oberen Mittelschichten; bedeutende Teile der lohnabhängigen Mittelschicht sowie der Arbeiterklasse selbst können sich durchaus ebenfalls zu den „Gewinnern" des sozialen, technologischen und politischen Umbruchs rechnen.

Auf der anderen Seite bilden die „Verlierer" eine äußerst heterogene Gruppierung: Frauen, die in „ungeschützten" Beschäftigungsverhältnissen ohne arbeits- und sozialrechtlichen sowie gewerkschaftlichen und tarifvertraglichen Schutz tätig sind, Arbeiter in den sog. „Altindustrien", die ihrerseits in den „Problemregionen" liegen, ausländische Arbeitskräfte und Immigranten, marginalisierte Gruppen, die unter den Bedingungen der „neuen Armut" leben. Diese Segmentierung gesellschaftlicher Erfahrung schwächt die Arbeiterbewegung, die große Schwierigkeiten hat, ein einheitliches und allgemeines „Klasseninteresse" zu artikulieren. Sie äußert sich zugleich in der Unterstützung der neokonservativen Politik durch relevante Teile der lohnabhängigen Mittelschichten sowie der Oberschichten der Arbeiterklasse, den neuen „Arbeiteraristokratien".

Diese Analyse veränderter Arbeits- und Sozialverhältnisse erfaßt nur Teilbereiche jener Entwicklungsdynamik, die das kapitalistische Gesamtsystem auszeichnet. Die Herrschaft des Kapitals reicht weit über die Organisation des Arbeits- und Produktionsprozesses hinaus. Das ist natürlich nicht neu; neu ist aber in der Gegenwart, daß die Dynamik der kapitalistischen Akkumulation in Dimensionen hineingewachsen ist, die einerseits das kapitalistische Weltsystem als Ganzes restrukturieren, andererseits die Alltagserfahrungen der Menschen verändern. Dieser neue Modus der kapitalistischen Vergesellschaftung scheint in hohem Maße für die zurückgehende Bedeutung der „Arbeitserfahrung" für das Bewußtsein und Verhalten der Arbeiterklasse verantwortlich zu sein. Auch die Entwicklung neuer sozialer und politischer Bewegungen, die die Risikopotentiale des neuen Vergesellschaftungstyps sowie eine qualitative Erweiterung demokratischer Partizipation ins Zentrum rücken, bestätigen, daß die Entwicklung des politischen Bewußtseins dieser Bewegungen nicht mehr ausschließlich oder auch nur überwiegend auf die „ökonomischen Klasseninteressen" bzw. auf die „Arbeitserfahrung" reduziert werden kann. Wenn die These von der verminderten Bedeutung der Arbeitserfahrung richtig ist, dann erfordert dies eine gründliche Reflexion und Neudefinition sozialistischer Programme und Strategien.

Der Kapitalismus ist heute mehr denn je internationaler Kapitalismus. Kapitalakkumulation und Wirtschaftswachstum, die Dynamik der wissenschaftlich-technischen Revolution, der Charakter des sektoralen Wandels in den kapitalistischen Ökonomien, aber auch wesentliche Ziele der Wirtschafts- und Geldpolitik der nationalen Regierungen werden durch die Entwicklung des Weltmarktes und der internationalen Konkurrenzverhältnisse bestimmt. Diese Internationalisierung erzeugt jedoch nicht allein neue Strukturen der Verflechtung, der Interdependenz und des Wettbewerbs, sondern zugleich neue Widerspruchskonstellationen und Ausbeutungsverhältnisse. Die Schuldenkrise der Dritten Welt, die „Sanierungsstrategien" des IWF, irreparable ökologische Schädigungen in der Dritten Welt mit globalen Wirkungen bilden Elemente dieser neuen Verflechtungsstrukturen. Dies gilt auch für die Beschäftigungskrise in den Zentren des Kapitals, die sich in den traditionellen Industrieregionen konzentriert. Diese werden einerseits durch die Weltmarktkonkurrenz marginalisiert, andererseits werden ihre Probleme durch eine nationale Politik verschärft, die sich auf Modernisierung, Hochtechnologien, Finanzkapital und Exportförderung orientiert. Für den vorliegenden Argumentationszusammenhang liegt der wesentliche Aspekt freilich darin, daß das gegenwärtige Niveau der internationalen Vergesellschaftung ein System der kapitalistischen Herrschaft herausgebildet hat, das auf der Ebene der nationalstaatlichen Politik die Möglichkeiten und die Reichweite nationaler wirtschafts- und gesellschaftspolitischer Alternativstrategien eingeschränkt hat. Demgegenüber gibt es noch keine effektiven Gegenmachtstrukturen der internationalen Arbeiterbewegung, über die sich eine alternative Gestaltungskonzeption etwa im Sinne einer neuen Weltwirtschaftsordnung artikulieren und durchsetzen könnte. Der sozialistische und kommunistische Internationalismus ist heute schwächer als in früheren Phasen dieses Jahrhunderts.

Die Akkumulation des Kapitals ist heute in hohem Maße an die Beherrschung von Wissenschaft und Technik sowie von Information und Kommunikation gebunden. Die Gesetze der Produktivität, die die internationale Konkurrenz regulieren, verlangen eine noch intensivere Anpassung der Wissenschaft an die Bedürfnisse der Profitproduktion. Die neuen Informations- und Kommunikationstechnologien sind jedoch nicht allein unverzichtbare Instrumente der Internationalisierung des Kapitals. Zugleich sind sie zu den wichtigsten Sektoren der Kapitalinvestition geworden. Der gegenwärtige Kampf um die Beherrschung der internationalen Informationsmärkte zwischen den großen transnational operierenden Medienkonzernen könnte in seiner Bedeutung mit dem Kampf für die Beherrschung der Transportsysteme in der zweiten Hälfte des 19. Jahrhunderts verglichen werden. Dieser Prozeß impliziert zum einen fundamentale Veränderungen in der Struktur der Produktivkräfte sowie in den Machtstrukturen des internationalen Systems. Zum anderen bewirkt er Strukturwandlungen des Beschäftigungssystems und – noch wichtiger – der Alltagskulturen der Menschen, die die Konsumenten der neuen Informations- und Kommunikationstechnologien sind. Die kapitalistische Herrschaft – auch im Sinne der ideologischen Hegemonie – wird daher, über die Sphäre der Produktion und des Arbeitsprozesses hinaus, durch diesen neuen Typus einer extrem individualisierten Kommunikation, die mit ihrer internationalen technologischen und ökonomischen Infrastruktur hoch vergesellschaftet ist, reproduziert.

Die kapitalistische Herrschaft hat sich mehr und mehr in die Sphäre der sog. „Freizeit" ausgedehnt. Das Ansteigen der Einkommen und die Verminderung der Arbeitszeit sind ein Ergebnis des Kampfes der Gewerkschaften in den Zentren des Kapitalismus; in den achtziger Jahren waren dabei die erfolgreichen Kämpfe der DGB-Gewerkschaften der Bundesrepublik für die Verkürzung der Wochenarbeitszeit ein bedeutender Schritt, auch im Hinblick auf die internationalen Wirkungen. Die „Freizeit" ist zu einem wichtigen Feld für das höchst dynamische Wachstum der privaten Dienstleistungen und der „Kulturindustrien" geworden. Deren Produkte, zusammen mit dem neuen Typ der Massenkommunikation, beeinflussen und standardisieren immer mehr die Lebenskonzepte von Angehörigen der Mittelschichten und der Arbeiterklasse. Vor dem Hintergrund solcher Veränderungen muß sich der Stellenwert von traditionellen Orientierungen sozialistischer Politik, die sich vorwiegend auf den Produktions- und Arbeitsprozeß bezogen, wandeln. Solche Forderungen, die z. B. die Sicherheit der Arbeitsplätze, die Entwicklung der Einkommen und der sozialen Sicherheit betreffen, sind, wie die Erfahrungen der vergangenen Jahre zeigen, keineswegs obsolet geworden. Sofern diese Forderungen aber nicht mit dem Kampf für ein neues Modell demokratischer Kultur verbunden werden, tendieren sie zu einem abhängigen subalternen Korporatismus, der seinerseits konservative Strömungen in der Arbeiterbewegung, vor allem bei den relativ privilegierten Facharbeiter-„Aristokratien", befördert.

9. Die Frage nach der Rekonstruktion der hegemonialen Fähigkeit des Sozialismus kann gewiß nicht so beantwortet werden, daß wir eine möglichst umfassende Liste von alten und neuen Aufgaben und Herausforderungen zusammenstellen. Bei zahlreichen linken Analysen der Umbruchperiode, die z. B. von einer neuen Qualität des internationalen Kapitalismus oder vom Übergang vom „Fordismus" zum „Postfordismus" und deshalb von der Notwendigkeit eines „neuen Denkens" sprechen, handelt es sich zunächst einmal um den Versuch, „Haltepunkte in einer Welt der Unübersichtlichkeit zu finden, in der zwar ökonomische Tendenzen, soziale Konflikte und politische Subjekte einer anderen als der 'fordistischen' Logik zu folgen scheinen, diese aber keineswegs zu einem neuen Modell der Industrialisierung oder gar einem Projekt jenseits des Industriemodells gebündelt sind. Die gegenwärtige Krise besteht eben genau in dem Umstand, daß das Alte stirbt, aber das Neue (noch) nicht entsteht..."¹⁹

Die gegenwärtige Periode ist offen für Katastrophen bis hin zur Bedrohung der Existenz der Menschheit und des Planeten, sie ist aber auch offen für gesellschaftliche und politische Lösungen, die einen neuen Modus der gesellschaftlichen Kontrolle der Produktivkraftentwicklung, der Beziehungen der Menschen zur Natur, der Abrüstung, einer neuen Definition der internationalen Arbeitsteilung und einer neuen demokratischen Kultur als reale Möglichkeit, als gleichsam konkrete Utopie, zur Voraussetzung haben. Sie ist aber auch offen für eine Neubestimmung von Aufgaben der Arbeiterbewegung, die insbesondere mit der „Freisetzung" von lebendiger Arbeit durch die wissenschaftlich-technische Revolution verbunden sind. Schon Marx hatte in den „Grundrissen der Kritik der politischen Ökonomie" auf die Tendenz der „großen Industrie" hingewiesen, die „Schöpfung des wirklichen Reichtums" von der „Arbeitszeit und dem Quantum angewandter Arbeit" zu emanzipieren. Vielmehr hänge sie ab vom „allgemeinen Stand der Wissenschaft und dem Fortschritt der Technologie, oder der Anwendung dieser Wissenschaft auf die Produktion". Daraus ergeben sich zwei Folgerungen: 1. Der Mensch „tritt neben dem Produktionsprozeß (als Wächter und Regulator), statt sein Hauptagent zu sein". 2. „Die Surplusarbeit der Masse hat aufgehört, Bedingung für die Entwicklung des allgemeinen Reichtums zu sein... Damit bricht die auf dem Tauschwert ruhende Produktion zusammen, und der unmittelbare materielle Produktionsprozeß erhält selbst die Form der Notdürftigkeit und Gegensätzlichkeit abgestreift. Die freie Entwicklung der Individualitäten, und daher nicht das Reduzieren der notwendigen Arbeitszeit, um Surplusarbeit zu setzen, sondern überhaupt die Reduktion der notwendigen Arbeit der Gesellschaft zu einem Minimum, der dann die künstlerische, wissenschaftliche etc. Ausbildung der Individuen durch die für sie alle freigewordene Zeit und geschaffenen Mittel entspricht".[20]

Obwohl Marx – zu seiner Zeit – noch nicht jene Widerspruchskonstellationen zu erkennen vermochte, die aus dem stofflichen Charakter der Produktivkraftentwicklung hervorgehen, so hat er doch recht klar jene Tendenzen der kapitalistischen Entwicklung antizipiert, die in der Gegenwart mehr und mehr den Inhalt der sozialen und politischen Auseinandersetzungen strukturieren. Zum ersten Mal in der Geschichte ist die Möglichkeit real geworden, die Arbeit von den Zwängen schwerer körperlicher Anstrengung und Monotonie zu befreien, die Produktivität bei gleichzeitiger Verminderung der Arbeitszeit zu steigern, „verfügbare Zeit" zu schaffen und damit die Bedingungen für die Entfaltung der „reichen Individualität". Gleichzeitig erzeugt der Kapitalismus neue Formen der Massenarmut; „verfügbare Zeit" realisiert sich als Unterbeschäftigung und Massenarbeitslosigkeit; die Produktivkräfte verwandeln sich in Destruktivkräfte; neue Formen der Entfremdung und der Ausbeutung im Reproduktionsbereich breiten sich aus.

Ob der Sozialismus bis zum Ende des Jahrhunderts zu einer hegemonialen geistigen und politischen Kraft werden kann, hängt von einer Vielzahl von Faktoren und Prozessen ab, die sowohl mit den globalen Widersprüchen als auch mit spezifischen nationalen und regionalen Entwicklungsvarianten verbunden sind. Die Weltgesellschaft ist ebensowenig wie die „Menschheit" eine globale Einheit, die als Handlungsrahmen oder gar als Subjekt politischen Handelns angesprochen werden könnte. Die Weltgesellschaft bildet ein äußerst komplexes Netzwerk von verschiedenen sozialökonomischen Formationen, Klassenkräften und Konfliktzentren. Die realen Subjekte der Politik sind nach wie vor Nationen, Regierungen, Klassen, politische Organisationen und soziale Bewegungen. Gleichzeitig ist die Menschheit aber auch zum Objekt globaler Risiken und Widersprüche geworden, die durch das Wettrüsten, die Zerstörung der Natur und der Umwelt, durch die sozialen und ökologischen Katastrophen in der Dritten Welt erzeugt werden. Insofern existiert in der Tat eine Tendenz, die Menschheit als reales gesellschaftliches Subjekt zu konstituieren.

Daraus folgt freilich nicht, daß der Sozialismus nunmehr eine Priorität der allgemeinen menschlichen Werte gegenüber den Klasseninteressen anerkennen muß. Die Aufgabe besteht vielmehr darin, die neuen Vermittlungen/Synthesen von nationaler und internationaler Politik, von formations- und damit klassenspezifischen Determinanten von Krisenprozessen und den stofflichen Grenzen der Reproduktions- und Entwicklungsmöglichkeit der Menschheit zu bearbeiten und die neuen Formen der Vernetzung der verschiedenen Handlungsfelder politisch zu konkretisieren. Die Zukunft des Sozialismus wird daher mit harten Auseinandersetzungen verbunden sein, bei denen es – in den verschiedenen Sektoren der „Weltgesellschaft" – darum gehen wird, bestehende Herrschaftsverhältnisse zu verändern, einen neuen Typus der Vergesellschaftung durchzusetzen.

Die Überwindung der ökonomischen und politischen Krisen in den sozialistischen Ländern wird notwendig darüber entscheiden, ob diese Länder und deren Regierungen eine wichtige Rolle bei der Durchsetzung eines neuen Modells internationaler Politik spielen können. Die Lösung der Probleme der Länder der Dritten Welt wird zweifellos harte Auseinandersetzungen und starke Volksbewegungen gegen die Vorherrschaft der internationalen Konzerne und des internationalen Finanzkapitals erfordern. In den Zentren des Kapitalismus wird die Auseinandersetzung um die Massenarbeitslosigkeit und um die Wirtschafts- und Sozialpolitik der neokonservativen Regierungen zentrale Aufgabe der Arbeiterbewegung bleiben. Die Forderungen, die dabei zu entwickeln und zu vertreten sind, transzendieren notwendig die gegenwärtigen Strukturen der Produktion und Reproduktion: Arbeitszeitverkürzung, Beschäftigungsprogramme mit einem Schwerpunkt in den nichtmarktwirtschaftlichen Sektoren der Wirtschaft, Abrüstung, gesellschaftliche und politische Kontrolle der wissenschaftlichen und technologischen Entwicklung, Rekonstruktion der Umwelt und internationale Zusammenarbeit auf der Basis von Gleichheit.

Anmerkungen

1 L. Martines: Power and Imagination, Harmondsworth 1983, S. 420
2 K. Kautsky: Der Weg zur Macht, Berlin 1909, S. 104
3 Vergl. D. Kamper/W. van Reijen (Hrsg.): Die unvollendete Vernunft: Moderne versus Postmoderne, Frankfurt/Main 1987, S. 37
4 Vergl. u.a. W. Welsch: „Postmoderne". Geneaologie und Bedeutung eines umstrittenen Begriffs, in: P. Kemper (Hrsg.), „Postmoderne" oder Der Kampf um die Zukunft. Frankfurt/Main 1988, S. 9 ff
5 in: El Pais vom 8.8.1988, S. 10
6 L. Althusser: Die Krise des Marxismus, Hamburg 1978
7 Vergl. u.a. P. Anderson, Über den westlichen Marxismus, Frankfurt/Main 1978, bes. S. 139 ff
8 „Es geht darum, mit der stalinistischen Tradition zu brechen!" Interview mit Nicos Poulantzas zum autoritären Etatismus und zur Strategie der Arbeiterbewegung, in: Prokla, Heft 37, 1979, S. 134
9 Vergl. Probleme des Friedens und des Sozialismus (Prag), 3/1988, S. 385
10 Vergl. dazu u.a. K. Lenk: Deutscher Konservatismus, Frankfurt/New York 1989
11 J. Habermas: Die neue Unübersichtlichkeit, Frankfurt/Main 1985, S. 144 f

12 Vergl. ders.: Theorie des kommunikativen Handelns, Bd. 2, Frankfurt/Main 1981, S. 575 ff
13 Vergl. ders.: Der philosophische Diskurs der Moderne, Frankfurt/Main 1985, S. 423 ff
14 U. Beck: Risikogesellschaft. Auf dem Weg in eine andere Moderne, Frankfurt/Main 1986
15 Ebenda, S. 63
16 Ebenda, S. 368 ff
17 Ebenda, S. 373; zur kritischen Diskussion der Thesen von Beck vergl. K. Dörre: Risikokapitalismus, Marburg 1987 (2. Auflage)
18 D. Klein: Friedenssicherung und politische Ökonomie des Kapitalismus, in: Humboldt-Journal zur Friedensforschung, Berlin, 3/1988, S. 19
19 E. Altvater: Sachzwang Weltmarkt, Hamburg 1987, S. 23
20 K. Marx: Grundrisse der Kritik der politischen Ökonomie, Berlin 1953, S. 592 f

Heinz-Dieter Kittsteiner

Was kann „Sozialismus" heute heißen?

1. Kleiner Rückblick auf Karl Marx

Marx spricht in der „Deutschen Ideologie" nicht von „Sozialismus", sondern von „Kommunismus"; um sich vor Augen zu führen, von welchen Vorstellungen man sich heute verabschieden sollte (und von welchen nicht), könnte es aber ganz nützlich sein, sich diese noch einmal zu vergegenwärtigen:

„Der Kommunismus unterscheidet sich von allen bisherigen Bewegungen dadurch, daß er die Grundlage aller bisherigen Produktions- und Verkehrsverhältnisse umwälzt und alle naturwüchsigen Voraussetzungen zum ersten Mal mit Bewußtsein als Geschöpfe der bisherigen Menschen behandelt, ihrer Naturwüchsigkeit entkleidet und der Macht der vereinigten Individuen unterwirft. (...) Das Bestehende, was der Kommunismus schafft, ist eben die wirkliche Basis zur Unmöglichmachung alles von den Individuen unabhängig Bestehenden, sofern dies Bestehende dennoch nichts als ein Produkt des bisherigen Verkehrs der Individuen selbst ist."[1]

Das heißt, Marx ging davon aus, daß sich in der Gesellschaft und in ihrem Produktionsprozeß Mächte und Institutionen herausbilden, daß sich historische Prozesse und Abläufe entfalten, die von den Individuen nicht kontrolliert werden können, sondern denen umgekehrt die Menschen unterworfen sind. Der „Kommunismus" sollte diese Entwicklung beenden und Gesellschaft und Geschichte der Macht der „vereinigten Individuen" unterstellen. Marx unterschied eine unkontrollierbare „naturwüchsige" Geschichte von einer eigentlichen, planvollen Entwicklung der Menschheit, die mit der sozialistischen Revolution beginnen sollte. Um die gleiche Dichotomie von Macht und Ohnmacht, von blinder Entwicklung und humaner Kontrolle geht es auch noch im „Kapital", in der berühmten Stelle von dem „Reich der Freiheit" und dem „Reich der Notwendigkeit": Produktion bleibt immer eine Notwendigkeit, aber die „assoziierten Produzenten" sollen „diesen Stoffwechsel mit der Natur rationell regeln, unter ihre gemeinschaftliche Kontrolle bringen, statt von ihm als von einer blinden Macht beherrscht zu werden."[2]

Sozialismus – das war die Rückeroberung der Macht über die eigene Geschichte und insofern die Vollendung des Programms der neuzeitlichen Selbstbehauptung des Menschen. Marx' lebenslange theoretische Anstrengung galt der Analyse jener „fremden Macht", die sich anstelle des Menschen zum „Subjekt" der Geschichte aufgeschwungen hatte: dem Kapital. Er war nicht der erste, der diese Verkehrung von Subjekt und Objekt in das Zentrum einer Theorie stellte, englische Nationalökonomen und deutsche Geschichtsphilosophen hatten das schon vor ihm getan. Aber indem er diese beiden Traditionen zusammenführte, gelangte er zu der klaren Einsicht: Diese „fremde Macht" ist nicht ein mystisches Subjekt, kein „Weltgeist", wie ihn Hegel noch konzipiert hatte, es ist der „Weltmarkt".³ Und ebenso klar wie seine Einsicht war seine Konsequenz: Ein Kommunismus ist nur möglich als die Tat der herrschenden Völker „auf einmal und gleichzeitig".⁴ Marx ging also davon aus, daß ein Sozialismus/Kommunismus von der Arbeiterklasse in den entwickeltsten Industrienationen in Gang gebracht werden müsse; er war gedacht sozusagen als die Eroberung des Weltmarktes.

Ohne nun die ganze Geschichte des Sozialismus nacherzählen zu müssen, kann man dennoch mit guten Gründen feststellen: Eine solche Revolution hat niemals stattgefunden. Was es an „erfolgreichen" Revolutionen gab, waren Bewegungen an den Rändern des weltkapitalistischen Systems, halbe Bauernrevolten gegen die kapitalistische Durchdringung noch unterentwickelter Länder. Der Erfolg war zugleich ein Pyrrhussieg: Sie wurden in die Konkurrenz mit einem überlegenen Industriesystem getrieben und dadurch im Innern autoritär deformiert. (Wie Außendruck, Parteistruktur und autoritäre Mentalitäten zusammengespielt haben, wird hoffentlich die neue Leninismus-Debatte in der Sowjetunion zutage fördern.) Die Arbeiterklasse in den Industrienationen hat in Gewerkschaft und Partei gelernt, ihre ökonomischen und politischen Interessen zu verteidigen; weiterreichende Konzepte einer Umgestaltung der Gesellschaft im Sinne von Marx haben sich als nicht realisierbar erwiesen. Mit der Abkehr vom Marxismus sind in der Sozialdemokratie Konzepte von einem „Demokratischen Sozialismus" und einer „Wirtschaftsdemokratie" entstanden, die hier nicht diskutiert werden können.

In aller Deutlichkeit sollte nur eines hervorgehoben werden: Alle diese Nachfolgekonzepte lösen natürlich nicht das von Marx unerledigt hinterlassene Problem: die Eroberung der eigenen Geschichte als Eroberung des Weltmarktes, die Rückgewinnung einer bewußten Kontrolle über den „Stoffwechsel mit der Natur". Nun kann man sich zu diesen Nachfolgeproblemen der sozialistischen Theoriegeschichte in zweierlei Weise verhalten:
1. Man kann versuchen, sie unter veränderten Bedingungen wieder aufzunehmen, was meistens zu einer etwas hilflosen „linken" Rhetorik führt.
2. Man kann sie als falsch gestellte Zielsetzungen aufgeben.

Da der Verfasser dieses Beitrags zu der zweiten Lösung neigt, ergeben sich einige Konsequenzen für die Bestimmung dessen, was heute „Sozialismus" noch heißen kann: Sozialismus ist nicht mehr definierbar als ein Endstadium des historischen Prozesses. Die Zweiteilung der Geschichte in eine „naturwüchsige" Vorgeschichte und eine darauf folgende „sozialistische", eigentliche Entfaltung der Menschheit in eigener Verfügung kann verabschiedet werden, ebenso das letztlich theologische Denkmodell von der Entfremdung und der Aufhebung der Entfremdung. An die Stelle der theoretisch geschlossenen Geschichte tritt wieder ein offener historischer Prozeß, blind, dynamisch und krisenhaft vorangetrieben vom Kapitalverhältnis, aber nicht ohne Einwirkungsmöglichkeiten seitens der in ihm Gefangenen. Der Rückblick auf Marx hätte dann erbracht:

Marx hat das Problem der Unterwerfung der Menschen unter ihre eigene, nicht kontrollierbare Geschichte gesehen und eine illusionäre Lösung vorgeschlagen, dialektisch verpackt in die Argumentation, dieser Prozeß selbst treibe auf seine Lösung zu. Die Abkehr von seinen Illusionen macht wieder den Blick frei auf die Realität dieses Prozesses.

2. Sozialismus als „dritte Stufe der inneren Mission"

Diese Definition erscheint etwas seltsam, und sie bedarf einer Erklärung. Die Kulturgeschichte hat sich im letzten Jahrzehnt verstärkt den Beziehungen zwischen einer „Volkskultur" und einer „Kultur der Eliten" zugewandt und den Kulturtransfer in beide Richtungen untersucht. Dabei sind auch jene Mittelschichten in den Blickpunkt geraten, die an der Nahtstelle beider Kulturen arbeiten, was zumeist darauf hinausläuft, daß sie mit der Ausbreitung des von ihnen für richtig gehaltenen durchschnittlichen Wissens ihrer Zeit beschäftigt sind. Sie können sich sowohl systemstabilisierend als auch subversiv verhalten; in jedem Fall betrachten sie die von ihnen verbreiteten Kulturtechniken als Problemlösungen für gesellschaftliche Krisen. Der französische Historiker Jean Delumeau hat in einem seiner Werke ihr Einwirken auf die noch magisch geprägte Mentalität des Volkes im Sinne einer Christianisierung als „innere Mission im 17. Jahrhundert" bezeichnet.[5] Nimmt man dieses Modell auf und führt es für die folgenden Jahrhunderte durch, so kommt man zu einem Gliederungsschema für die Europäische Geschichte, das von dem Verhältnis der intellektuellen Eliten zur Mentalität des „Volkes" ausgeht. Ein grobes Raster:
16./17. Jh. Reformation/Gegenreformation: Durchsetzung der konfessionellen Christianisierung
18./19. Jh. Aufklärung als Volksaufklärung
19./20. Jh. Organisation und Akkulturation der Arbeiterklasse
20./21. Jh. Probleme der sozialen und ökologischen Weltverflechtung

Natürlich lassen sich diese Stufen nicht strikt voneinander abgrenzen, sie durchdringen sich. Es kann hier jedoch deutlich gemacht werden, warum unter diesem Aspekt die handwerklich/proletarisch/intellektuelle Mischkultur der „Arbeiterbewegung" als „dritte Stufe" dieser „inneren Mission" erscheinen kann. Mit jeder dieser Stufen ändern sich auch die Diskurse, in denen die Intelligenz auf das Volk einpredigt und einredet. (Zum Trost sei gesagt, daß das Volk gar nicht daran denkt, das alles für bare Münze zu nehmen, sondern nur selektiv rezipiert, was zu eigenen Überlebenstechniken paßt.)

Die Inhalte dieser Diskurse waren: Moraltheologie, Moralphilosophie, Ökonomie und Technologie. Carl Schmitt hat 1929 eine Begründung des Diskurswandels vorgeschlagen. Danach verständigen sich die intellektuellen Eliten über das, was sie als das „Zentralgebiet" ihres Jahrhunderts ansehen. Geraten sie in nicht mehr lösbare Widersprüche, so suchen sie ein „neutrales Terrain" auf, in dem eine Verständigung wieder möglich ist.[6] Das heißt aber zugleich: Die Lösungen im vormaligen Zentralgebiet haben zu „Nebenfolgen" geführt, die nun ihrerseits zum Zentrum der Debatte werden.

Denkt man dieses Modell weiter, so kommt man für den Übergang vom 19. zum 20. Jahrhundert (mit einem scharfen Einschnitt aber erst in den letzten 20 – 30 Jahren) zu einem Übergang von einem primär ökonomischen zu einem technologischen Diskurs. Marx beispielsweise hat keineswegs die vom Kapital produzierten Gebrauchswerte als unproblematisch betrachtet, den Schwerpunkt seiner Krisenanalyse aber auf die Wertseite der Kapitalverwertung gelegt. Dagegen wurde im späten 19. und frühen 20. Jahrhundert die Technikkritik zumeist in zivilisationskritischer Absicht von konservativer Seite geführt. Heute sind beide Strömungen zusammengeflossen, und diese Verbindung bezeichnet eigentlich ganz gut unsere gegenwärtige Situation: Wir befinden uns zwischen der „dritten" und einer erst in Umrissen absehbaren „vierten" Stufe der „inneren Mission". Die Problemlagen überschneiden sich, die sozialen Konflikte sind noch nicht gelöst (am allerwenigsten in der 3. Welt; dort treten sie mit der fortschreitenden Subsumtion unter den Weltmarkt erst richtig hervor), da werden wir schon mit neuen, zum größten Teil unvorhergesehenen Auswirkungen des massenhaften technischen Einsatzes konfrontiert, der selbst wiederum zur Befriedigung sozialer Konflikte beigetragen hatte. Die Entwicklung der industriellen Gesellschaften im späten 20. Jahrhundert hat eine neue Grundkategorie aufgedeckt. Marx war vom Grundbegriff der „Arbeit" ausgegangen; heute müssen wir überlegen, ob nicht der Begriff des „Lebens" in den Mittepunkt zu rücken beginnt, Leben als bloßes Überleben. Wer aus dieser ungemütlichen Situation einen Ausweg sucht, braucht eine ökonomische, eine soziale und eine ökologische Kompetenz. Diese drei sich z.T. widersprechenden Bereiche müssen ausbalanciert werden, was ohne Abwurf von ideologischem Ballast nicht abgeht. Die traditionale Mentalität des Sozialismus mit seinem Geschichtsidealismus, aber auch mit seinen liebgewonnenen Feindbildern reicht da nicht mehr aus. Unter der Prämisse, daß es weder pragmatisch möglich, noch letztlich geschichtstheoretisch wünschenswert ist, den Kapitalismus als Ganzes zu überwinden (beides jedenfalls nicht in einer heute überschaubaren Zeitspanne), könnte man einen Begriff des „Sozialismus" so definieren: Sozialismus in Europa ist diejenige politische Kraft, die unter Wahrung der sozialen Ansprüche einen ökologischen Umbau der Produktionsstruktur anstrebt. Diese Aufgabenstellung ist nur transitorisch; es geht nicht mehr darum, der Geschichte einen Endzustand zuzuweisen.

3. Angst und Interesse

Auf die Wirtschaft bezogene Absichtserklärungen sozialistischer Bewegungen scheinen schon deshalb zur Wirkungslosigkeit verurteilt, weil ihnen die Macht zur Durchsetzung fehlt. Auch der demokratische Staat kann nur Rahmenbedingungen vorgeben. Die erste Reaktion – was die Ökologie betrifft – ist daher die der etatistischen Tradition des Sozialismus nächstliegende: „Überwachen und Strafen". Das kann ein erster Schritt sein, reicht aber auf Dauer nicht aus. Denn wie schon Nietzsche (und auch Karl Marx) wußten, reizt ein unbequemes Gesetz nur zu einer einzigen Verhaltensweise, nämlich es zu umgehen. Veränderungen im Prozeß der Zivilisation erreicht man nicht durch das bloße Auferlegen neuer Normen, sondern durch ihre Verinnerlichung. Dazu ist es notwendig, daß alte Feindbilder abgebaut werden. Auch dafür kann Marx hilfreich sein; die in der Geschichte des Sozialismus wohl am gründlichsten übersehene Passage aus dem „Kapital" lautet:

„Zur Vermeidung möglicher Mißverständnisse ein Wort. Die Gestalten von Kapitalismus und Grundeigentümer zeichne ich keineswegs in rosigem Licht. Aber es handelt sich hier um die Personen nur, soweit sie die Personifikation ökonomischer Kategorien sind, Träger von bestimmten Klassenverhältnissen und Intcressen. Weniger als jeder andere kann mein Standpunkt, der die Entwicklung der ökonomischen Gesellschaftsformation als einen naturgeschichtlichen Prozeß auffaßt, den einzelnen verantwortlich machen für Verhältnisse, deren Geschöpf er sozial bleibt (...)"⁷

Das ist eine nicht zu unterschätzende Entlastungsstrategie, die in der Logik seines Geschichtsdenkens liegt: Wenn das Zentrum des historischen Prozesses ein wertblinder Konkurrenzmechanismus ist, kann der einzelne, der diesen Sachzwängen unterworfen ist, nur bedingt für sein Handeln verantwortlich gemacht werden. Eine politisch-moralische Freund-Feind-Unterscheidung ist zwar menschlich verständlich, den gesellschaftlichen Strukturen aber wenig angemessen.

Dazu kommt ein zweiter Punkt. Der Soziologe Ulrich Beck gibt ernsthaft zu bedenken, ob sich die latente Angst vor einer Gefährdung des Lebens nicht auch politisch nutzen läßt: „Der Typus der Risikogesellschaft markiert in diesem Sinne eine gesellschaftliche Epoche, in der die Solidarität aus Angst entsteht und zu einer politischen Kraft wird. (...) Angst war bisher keine Grundlage rationalen Handelns. Gilt auch diese Annahme nicht mehr?"⁸ Auf unsere Argumentation bezogen würde das bedeuten: Wenn der Begriff des „Lebens" als Überleben gleichrangig neben den der „Arbeit" getreten ist, wäre es dann auch möglich, den Begriff der „Menschheit" (trotz weiterbestehender sozialer Unterschiede) zugleich auch klassenunspezifisch in einer Solidarität der Angst zu denken mit einer Umsetzung dieser Angst in eine rationale Politik? Das würde einen Bruch mit traditionellen sozialistischen Denkmustern bedeuten, in denen die „Menschheit" immer nur mit der eigenen „Partei" identifiziert wurde; die anderen blieben außen vor. Da prinzipiell uneinsichtig, mußten sie gezwungen werden. So äußerte sich an zentraler Stelle Rudolf Hilferding in seinen Ausführungen über den „Organisierten Kapitalismus" auf dem Kieler Parteitag der SPD 1927: „das heißt nichts anderes, als (die) Einwirkung durch eine einzige bewußte und mit Zwangsgewalt ausgestattete Organisation der Gesellschaft, (die) Einwirkung durch den Staat."⁹

Die heute anstehende sozial-ökologische Doppelstrategie muß differenzieren. Die klassische Lohn- und Sozialpolitik kommt ohne Konfrontation nicht aus; statt vieler Worte helfen da nur starke Gewerkschaften, die schließlich selbst nur ein Bestandteil des Konkurrenzmechanismus sind. Auf ökologischem Gebiet muß eine Kooperation angestrebt werden. Das kann bedeuten: Kontrolle für eine Anlauf- und Übergangszeit, dann Freisetzung der Kapitalverwertung für eine ökologische Produktion. Ansätze dazu sind im Entwurf für ein neues Grundsatzprogramm der SPD enthalten: „Das ökologisch Notwendige muß Prinzip ökonomischen Handelns werden. Wenn wir rechtzeitig mit ökologischer Erneuerung beginnen, nutzen wir unsere Chancen auf den Märkten der Zukunft und stärken die Wettbewerbsfähigkeit unserer Wirtschaft."[10] Aussagen dieser Art treten aber als politische Linie nicht deutlich genug hervor und werden von den traditionellen Kontrolldrohungen überwuchert, vor allem in dem Abschnitt über die (ja nun auch schon herzlich betagte) „Wirtschaftsdemokratie".

Eine Kooperation aus der Solidarität in der Angst um das „Leben" setzt eine intensive Aufklärungsoffensive voraus, die über das Katastrophengejammer hinausgehen und vor allem eine Verteufelung des „Gegners" vermeiden muß. Eine solche Aufklärung wäre nichts anderes als die Rückgewinnung einer „kulturellen Hegemonie". Kulturhistorisch könnte man zeigen, daß die kulturelle Hegemonie immer denjenigen Gruppen zufällt, die die plausibelste Lösungsstrategie für gesellschaftliche Krisen anbieten. Darin liegt auch eine Gefahr, denn bekanntlich funktioniert auch das *irrationale* Ausnutzen von Ängsten. Es funktioniert oft sogar besser als eine rationale Argumentation, die immer Gefahr läuft, allzu elitär über Interessen, Handlungsspielräume und Lebensgewohnheiten hinwegzusehen. Diese neue Welle der Aufklärung muß nicht nur bei der Kapitalseite, sondern auch bei den Konsumenten ansetzen. Es sieht so aus, als habe die Bevölkerung in hochindustrialisierten Nationen die kapitalistisch produzierten Waren in ganz anderer Weise in ihre Überlebenstechniken einbezogen, als den linken Zivilisationskritikern lieb ist. Hier herrscht ein gewisser Asketismus und eine Konsumfeindlichkeit vor, hinter der sich oft nichts anderes verbirgt als der Gebrauch höherwertiger Waren. Der „gedankenlose Konsumismus" dagegen wird kritisiert. Zu bedenken ist, daß alle Waren neben ihrer Gebrauchs- zugleich eine symbolische Funktion haben. Sie gelten als magisch besetzte Helfer im Überlebenskampf; über sie definiert sich die Identität und das Selbstwertgefühl. Die „Personen" bauen um sich einen Schutzpanzer aus Waren; wird diese Panzerung kritisiert oder zerstört, reagieren sie begreiflicherweise mit Angst.

Zusammenfassend: „Sozialismus" kann heute nur definiert werden im Rahmen eines weiterbestehenden Kapitalismus. Das gilt sowohl für den östlichen Sozialismus (von dem hier nicht die Rede war), als auch für den westlichen. Umbauten müssen derzeit in beiden Bereichen vorgenommen werden. Der westliche Sozialismus bleibt glaubwürdig, wenn er traditionelle Versuche zur Kontrolle des Gesamtsystems aufgibt (auch Kontrolle ist eine Form der Angst), und wenn er sich als einwirkender Faktor in einem offenen historischen Prozeß begreift. Neben die beiden herkömmlichen Bereiche: Verteidigung des Werts der Ware Arbeitskraft und Sicherung der demokratischen Rechte, tritt als neue Herausforderung der ökologische Umbau der Produktion. Er ist – längerfristig betrachtet – nur mit den Marktkräften durchzusetzen, nicht gegen sie. Wem das nicht streng moralisch und „sozialistisch" genug ist, dem sei Mandevilles „Bienenfabel" zur Lektüre empfohlen, worin es heißt:

„So klagt denn nicht: für Tugend hats
In großen Staaten nicht viel Platz
(...)
Von Lastern frei zu sein, wird nie
Was anderes sein als Utopie.
Stolz, Luxus und Betrügerei
Muß sein, damit ein Volk gedeih.[11]

Anmerkungen

1 Marx, K.: Die Deutsche Ideologie, in: Karl Marx, Friedrich Engels, Werke, Band 3, Berlin (DDR) 1958, S. 70 f
2 Marx, K.: Das Kapital, Dritter Band; Karl Marx, Friedrich Engels, Werke, Band 25, Berlin (DDR) 1964, S. 828
3 ders.: Die Deutsche Ideologie, a.a.O., S. 37
4 ebd., S. 35
5 Delumeau, J.: Un Chemin d'histoire. Chrétienté et christianisation, Paris 1981
6 Schmitt, C.: Das Zeitalter der Neutralisierungen und Entpolitisierungen, in: ders.: Der Begriff des Politischen, Berlin 1963
7 Marx, K.: Das Kapital, Erster Band; Karl Marx, Friedrich Engels, Werke, Band 23, Berlin (DDR) 1964, S. 16
8 Beck, U.: Risikogesellschaft. Auf dem Weg in eine andere Moderne, Frankfurt am Main 1986, S. 66
9 Sozialdemokratischer Parteitag 1927 in Kiel. Protokoll mit dem Bericht der Frauenkonferenz. Unveränderter Nachdruck der Ausgabe Kiel 1927, Glashütten im Taunus, Berlin-Bonn-Bad Godesberg 1974, S. 168
10 Das neue Grundsatzprogramm der Sozialdemokratischen Partei Deutschlands. Entwurf März 1989, Satz 319
11 Mandeville, B.: Die Bienenfabel oder Private Laster, öffentliche Vorteile, Frankfurt am Main 1980, S. 92

Gudmund Hernes

Arbeitsmarkt gegen Arbeiterbewegung
Neuere Erfahrungen aus Norwegen und Schweden

1. Eine Kernthese in der Marxschen Theorie über die Entwicklung der industriell-kapitalistischen Gesellschaft besteht darin, daß das kapitalistische Unternehmertum die Arbeiter als Klasse hervorbringt und als revolutionäres Potential vergrößert. Dabei handelt es sich natürlich um ein bewußt verfolgtes Ziel, sondern um ein unbeabsichtigtes Ergebnis unternehmerischen Strebens, um das unvermeidbare Resultat verschiedener, aber gleichzeitig ablaufender Prozesse, die durch die Marktkonkurrenz verursacht werden.

Die Errichtung eines Weltmarktes bedeutete eine ungeheure Ausweitung der Industrie.[1] Doch in dem Ausmaß, in dem Kapital akkumuliert wird, entwickelte sich eine Klasse von Arbeitern. Durch den Vormarsch der Industrie werden ganze Gruppen von ehemals Selbständigen proletarisiert. Daher ist der erste Effekt der Konkurrenz eine ständige Vergrößerung der Zahl der Proletarier. Die Konkurrenz bewirkt, daß die Bourgeoisie die Produktion in immer größeren Fabriken mit immer mehr Arbeitern konzentriert.

Eine solche Ansammlung erleichtert die Kommunikation unter den Proletariern, und zwar sowohl innerhalb der einzelnen Fabriken als auch zwischen ihnen. Die Arbeiter begreifen sich selbst und ihre Identität in den anderen Proletariern, die in der gleichen Weise von den Kapitalisten ausgebeutet werden, sie entwickeln dadurch ein Gefühl der Solidarität auf der Basis von Gleichberechtigung und beginnen sich zu organisieren. Mit einem Wort: Zusammenballung des Kapitals förderte proletarische Organisation.

Konkurrenz zwingt die Eigentümer von Produktionsmitteln, mit möglichst geringen Kosten zu produzieren. Daher ist eine Dequalifizierung der Arbeit aus ihrer Sicht wünschenswert, da ungelernte Arbeit nicht nur billiger ist, sondern auch leichter kontrolliert werden kann. Da Fertigkeiten mehr und mehr nivelliert werden, wird für die Arbeit immer weniger gezahlt, sie wird gleichzeitig von Inhalten entleert und zunehmend monoton. Die Proletarier verarmen existentiell und auch materiell.

Marx kam zu dem Ergebnis, daß diese die große Mehrheit in industriellen Gesellschaften bilden werden und als revolutionäres Potential das Gesetz des Handelns an sich reißen werden. Die gemeinsame Erfahrung von Ausbeutung und Entbehrung werde ein Gefühl der Solidarität erzeugen und damit die wichtigste Voraussetzung für den Aufbau einer Kommunikation und gemeinsamen Organisation. Marx faßte dies in zwei Sätzen zusammen:

„Aber mit der Entwicklung der Industrie vermehrt sich nicht nur das Proletariat; es wird in größerem Maße zusammengedrängt, seine Kraft wächst, und es fühlt sie mehr. Die Interessen, die Lebenslagen innerhalb des Proletariats gleichen sich immer mehr aus, indem die Maschinerie mehr und mehr die Unterschiede der Arbeit verwischt und die Löhne überall auf ein gleich niedriges Niveau herabdrückt."²

Marx' Analyse konzentriert sich auf umfassende – organisatorische, psychologische und soziale – Variablen und entwickelt ein Modell, das ihre Veränderung als Konsequenz der Marktkonkurrenz aufzeigt. Aus empirischer Sicht hat er insofern recht, als die Zahl der Lohnempfänger stetig gestiegen ist und daß immer mehr von ihnen in größeren Betrieben arbeiten. Als falsch erwiesen sich dagegen seine Annahmen im Hinblick auf die zeitliche Perspektive von Ausbeutung und Nivellierung.

Was man jedoch aus Marx' Untersuchung lernen kann, sind weniger seine Schlußfolgerungen, als seine Methode der Analyse, nämlich wie Veränderungen in der Art der Arbeit und in den Strukturen des Arbeitsmarktes Organisation, Identität, Verhalten und Einstellungen beeinflussen. Marx entwickelte eine spezielle Theorie über den Wandel der Struktur des Arbeitsmarktes, nämlich daß ein einziger großer „Ricardianischer" Markt entstehen werde, bestehend aus Arbeitern, die infolge des Verlustes von Qualifikationen zunehmend egalisiert seien. Was passiert nun aber, wenn die Struktur des Arbeitsmarktes sich in eine ganz andere Richtung bewegt, und welche Einflüsse wird dies auf Organisierung, Motivation und Aktion haben? Eine „marxistische" Analyse muß heute zu einer nichtmarxistischen Schlußfolgerung führen. Der Wandel in der Struktur des Arbeitsmarktes stellt ein besonderes Problem dar, mit dem sich die Gewerkschaften konfrontiert sehen. Gleichzeitig bringt diese Entwicklung auch sozialistische Parteien in eine schwierige Situation und ruft Spannungen zwischen den Gewerkschaften und dem politischen Arm der Arbeiterbewegung hervor.

Obwohl hier nur von Trends in Norwegen und Schweden innerhalb des letzten Jahrzehntes die Rede sein wird, sind die hier zur Sprache kommenden Prozesse wahrscheinlich allgemeiner und auch in anderen Industriegesellschaften anzutreffen.

2. Die Ausweitung des technischen und technologischen Wissens und seine verstärkte Anwendung im Bereich der industriellen Produktion bilden den Kern der Modernisierung. Gleichzeitig zwingt die internationale Konkurrenz viele Firmen, sich aus dem Massenmarkt für Standardgüter zurückzuziehen und sich auf Spezialprodukte von hoher Qualität und sogar halbfertige Güter zu konzentrieren, die von qualifizierten Facharbeitern mit Hilfe von Allzweckmaschinen hergestellt werden.³

Auch in den Teilen der Wirtschaft, die keiner Konkurrenz unterliegen, wie der öffentlichen Verwaltung, den sozialen Diensten, der Gesundheitsversorgung und dem Bildungswesen, sind die Qualifikationsanforderungen ständig gestiegen.

Diese in allen Industriestaaten zu beobachtende Entwicklung wurde von den sozialdemokratischen Parteien in den skandinavischen Ländern aktiv gefördert. Ihre Bildungspolitik zielte auf gleiche Bildungschancen und eine quantitative und qualitative Ausweitung der Schulausbildung. Für Forschung wurden staatliche Gelder zur Förderung des technologischen Fortschritts bereitgestellt, der durch eine entsprechende Wirtschaftspolitik in neue Produktionsverfahren umgesetzt werden sollte.

Die wichtigste Wirkung dieser Entwicklung auf den Arbeitsmarkt steht im Gegensatz zu Marx' Erwartungen und denen seiner Anhänger.[4] Es kam nämlich zu keiner allgemeinen Nivellierung beruflicher Qualifikationen. Einige Beispiele können dies veranschaulichen. In der Nachkriegszeit stieg die Zahl der Berufe im Gesundheitswesen in Norwegen von 30 auf über 100, so gibt es allein 13 verschiedene Arten spezialisierter Tätigkeiten von Krankenschwestern! Berufe wurden zunehmend differenziert: Bezeichnungen wie Kupferschied, Küfer oder Stellmacher finden sich zwar nicht mehr im norwegischen Wörterbuch der Berufe, dafür gibt es aber eine zahlenmäßige Zunahme neuer Berufsbezeichnungen, vom Fischereigutachter bis zum Videotechniker. Die Tendenz geht dabei nicht immer zur Nivellierung von Fachkenntnissen und Unterschieden. Anstelle von zunehmender Angleichung ist eine zunehmende Differenzierung zu beobachten. Was viele dieser neuen Berufe charakterisiert, ist die spezielle Ausbildung, die benötigt wird, um sie auszuüben, kaum eine dieser Qualifikationen ist durch eine andere einfach ersetzbar. Ich kann meinen PC nicht selbst programmieren, und ich traue keinem Chirurgen, der sich seine Kenntnisse im Selbststudium beigebracht hat. Ein Spezialist kann nicht ohne weiteres an die Stelle eines anderen treten. Dies bedeutet, daß der Arbeitsmarkt zunehmend segmentiert wird.[5] Spezialisierte Fachkenntnisse erzeugen Zugangsbarrieren und entsprechende Differenzierungen haben zur Folge, daß mehr und kleinere Spezialarbeitsmärkte entstehen, Angehörige bestimmter Spezialberufe bleiben an die jeweiligen Bereiche gebunden, ein Hinüberwechseln in andere Berufssparten wird schwieriger.

Diese Zergliederungs- und Zersplitterungstendenzen auf dem Arbeitsmarkt bedeuten für Arbeitnehmerorganisationen eine neue Herausforderung.

In den skandinavischen Ländern ist die Zahl der Einzelgewerkschaften innerhalb der nationalen Arbeitervereinigung (LO) von 44 im Jahre 1960 auf 25 im Jahre 1975 gesunken und beträgt heute 24. In Norwegen gingen die entsprechenden Zahlen von 43 im Jahre 1960 über 35 im Jahre 1973 auf heute 33 zurück.[6] Dies geschah beispielsweise dadurch, daß alte Handwerkergewerkschaften fusionierten, wie die der Maurer mit der der Bauarbeiter oder die der Schuhmacher mit der der Textilarbeiter.

Der Rückgang der Zahl traditioneller Industrie- oder Handwerkergewerkschaften wurde jedoch mehr als ausgeglichen durch den Anstieg verschiedener Angestelltengewerkschaften. In der Nachkriegszeit ist ihre Zahl von Jahr zu Jahr größer geworden. Gleichzeitig tendieren sie dazu, kleinere Gruppen zu umfassen: Schulleiter, Zahntechniker, Ergotherapeuten, Inhaber höherer Abschlüsse in der biologischen Produktion, im Bereich Konsum, Planung, etc. Es gibt in Norwegen mittlerweile 62 solcher Gewerkschaften außerhalb der LO und 44 in Schweden. Viele von ihnen sind Vereinigungen auf nationaler Ebene, von denen eine Reihe selbst wiederum aus Einzelgewerkschaften bestehen, in denen verschiedene Berufsuntergruppen als Mitglieder organisiert sind. Aber diese Gewerkschaften, deren Zahl angestiegen ist, sind von der Größe her kleiner als die traditionellen Arbeitergewerkschaften. Aufgrund des allgemeinen Bildungsniveaus und klar definierter Berufsgrenzen ist es für sie einfach, sich zu organisieren.

Es existiert jedoch keine einfache Entsprechung zwischen Arbeitsmarktzergliederung und beruflicher Selbstorganisierung, denn es gibt auch Gegentendenzen. Denn bei den traditionellen Arbeitergewerkschaften besteht das Bestreben, untereinander zu fusionieren. In vielen Fällen bedarf es einer gewissen Zahl, um bei den Arbeitgebern als Gesprächspartner anerkannt zu werden. Nach der norwegischen Gesetzgebung etwa benötigt eine Organisation mindestens 10.000 Mitglieder, um als Verhandlungspartner auftreten zu können. Andere Regelungen wurden nicht so sehr mit dem Ziel, einer Reduzierung der Zahl der Berufsverbände getroffen als vielmehr, um ihren Zusammenschluß bei Verhandlungen zu erreichen. Diese Gegentendenzen haben vor allem mit den Größenanforderungen der Arbeitgeberorganisationen zu tun. Auf der anderen Seite überlassen es die meisten Gewerkschaften ihren Berufsuntergruppen, spezielle Verhandlungen zu führen, etwa über die Lehrverpflichtungen von Professoren.

3. Bei den Organisationen außerhalb der LOs gibt es in den skandinavischen Ländern beachtliche Unterschiede hinsichtlich des gewerkschaftlichen Organisationsgrades der Arbeitnehmer. Der Hauptgrund dafür liegt in den verschiedenen sozialen Aufgaben der Gewerkschaften. In Dänemark und Schweden etwa wird im Gegensatz zu Norwegen die Arbeitslosenunterstützung über die Gewerkschaften ausgezahlt. In den 25 Jahren zwischen 1958 und 1983 gab es in Norwegen einen beträchtlichen Anstieg der absoluten Zahl der gewerkschaftlich organisierten Arbeiter, wohingegen der prozentuale Anteil ungefähr gleich blieb, und während die Zahl der Mitglieder, die in den Gewerkschaften der LO auch aktiv waren, stieg, sank ihr Anteil an den gewerkschaftlich organisierten Arbeitern. Traditionelle Industrien, wie die Textilindustrie, spielen heute nicht mehr die Rolle, die Zahl der dort Beschäftigten ist zurückgegangen. Der Löwenanteil der in Büros tätigen Arbeitnehmer, insbesondere Angehörige neuer akademischer Berufe, wie etwa Physiochemiker, hat sich außerhalb der LO organisiert. Diese Tendenz ist auch in den anderen skandinavischen Ländern zu beobachten. Der Hauptgrund für diesen Trend liegt in der Spezialisierung und dem technologischen Fortschritt, der zu dem oben beschriebenen segmentierten Arbeitsmarkt geführt hat. Da sozialdemokratische Parteien zu den vorrangigen Befürwortern der Bildungsexpansion gehörten, entsteht nun ein Dilemma. Führen nicht verbesserte Möglichkeiten für eine qualifizierte Ausbildung tendenziell dazu, Menschen aus der Arbeiterbewegung gewissermaßen herauszubilden?

Eine wichtige Konsequenz der Segmentierung besteht in einer Vervielfachung der gegenseitigen Abhängigkeiten. Wenn die Zahl der Spezialisten sich stark erhöht, wird jeder von ihnen wiederum abhängig von den Gütern und Dienstleistungen anderer Spezialisten. Wenn etwa der Lifttechniker streikt, wird ein Krankenhaus schnell funktionsunfähig. Die Möglichkeit einer spezialisierten Gruppe, bestimmte Abläufe zu lähmen, kann auf technischem Know-how basieren (Flugzeuge fliegen nicht, wenn Piloten streiken oder wenn Flugzeugtechniker streiken), oder auf einer gesetzlichen Monopolstellung, die bestimmte Dienste unverzichtbar macht (man braucht ein unterschriebenes ärztliches Attest, um einen Führerschein machen zu können). Große Möglichkeiten zur Durchsetzung eigener Interessen bestehen auch da, wo enorme Geldströme im Spiel sind, was sowohl für das Bruttosozialprodukt als auch für die Außenhandelsbilanz negative Auswirkungen haben kann. Als Beispiel seien diejenigen erwähnt, die die Ölproduktion in der Nordsee blockieren können, und es gibt viele davon, von den Bohrarbeitern angefangen bis zu den Hubschrauberpiloten.

Kurz, segmentierte Arbeitsmärkte, die auf wichtigen spezialisierten Fachkenntnissen basieren, was oft noch durch gesetzliche Regelungen oder durch die Kontrolle kritischer Knotenpunkte im Produktionsprozeß ergänzt wird, bedeuten mehr Macht für die entsprechenden Berufsgruppen. Aus diesem Grund gewinnen Berufsorganisationen, die Dienstleistungen zurückhalten können, aufgrund der gegenseitigen technischen, gesetzlichen und wirtschaftlichen Abhängigkeit verschiedener Produktionsprozesse überproportionale Macht. Diese Abhängigkeiten haben auch wichtige psychologische Konsequenzen. Wenn sich eine Identität daraus entwickelt, wo und wie man seine Probleme lösen kann, wo man Kameradschaft und Unterstützung findet, wenn also ein fester Begriff von Identität von der Zuversicht in die eigenen Möglichkeiten abhängt, Probleme zu lösen,[7] dann werden mehr Menschen herausfinden, daß ihre Probleme im Rahmen ihres Berufes eher konstruktiv gelöst werden können als im Rahmen ihrer Klasse. Diese Identifikation mit dem Beruf wird durch die Ausbildung bestätigt, sie wird durch einen gegenseitigen Austausch bei beruflichen Treffen, durch Seminare zur Weiterbildung und auch durch entsprechende Fachjournale bestärkt und erzeugt das Gefühl der Zugehörigkeit zu einer Berufsgemeinschaft.

Wenn also die beruflichen Funktionen für den Einfluß von Arbeitnehmern wichtiger werden als Zahlen, so ist hier eine Entwicklung im Gange, die im Gegensatz zu dem steht, was Marx erwartet hatte. Klassensolidarität bekommt einen geringeren Wert als berufliche Solidarität. Anstelle des „Ricardianischen" Arbeitsmarktes mit nivellierten Fachkenntnissen und einer egalisierten großen Masse von Arbeitern mit nur sehr geringen oder ganz ohne berufliche Qualifikationen finden wir die entgegengesetzte Entwicklung, in der berufliche Spezialisierung zu organisatorischer Fragmentierung und zu Konflikten führt, wenn Einzelgruppen ihre Macht benützen, um ihre Position zu verbessern. Berufliche Loyalität (für die „Gruppenegoismus" der negativ beladene Terminus ist) wird weiter durch Dienste gefördert, die die Berufsvereinigungen für ihre Mitglieder zu bieten in der Lage sind, so z.B. Kredite für Wohnungsangelegenheiten oder andere Zusatzvergünstigungen aufgrund besonderer Vereinbarungen.

Ein Resultat dieser Entwicklung kann darin gesehen werden, daß Klassenbewußtsein und Klassenidentität sowohl in Norwegen als auch in Schweden zurückgegangen sind, besonders bei den gebildeten und bei den jungen Arbeitnehmern.[8]

Gleichzeitig hat sich auch die Streikstrategie der Gewerkschaften gewandelt. Anstelle der Mobilisierung großer Gruppen von Arbeitern, was schwere Belastungen für die Streikkassen bedeutet, bevorzugen sie Schwerpunktstreiks an Schlüsselpunkten einer Industrie. Die Gegenstrategie der Unternehmer tendiert dahin, in solchen Fällen große Gruppen von Arbeitern auszusperren, um die Gewerkschaften unter Druck zu setzen.

Ein weiteres Dilemma für die Arbeiterbewegung liegt darin, daß eine steigende berufliche Differenzierung die Basis für „automatische Solidarität" allmählich aushöhlt. Anders gesagt: Wenn sich die Entfremdung reduziert, da mehr Lohnabhängige ihre speziellen Fachkenntnisse im Arbeitsprozeß anwenden können, so gilt dies auch für die Klassensolidarität.

4. Die neuen Gewerkschaften, aber auch einige der älteren außerhalb der LO, sind militanter geworden. In Schweden zeigte sich dies 1966, als die SACO – die Organisation akademisch gebildeter Arbeitnehmer, die zwei Jahre zuvor das Streikrecht durchgesetzt hatte – eine beispiellose Lohnerhöhung von 20 Prozent mit dem Argument forderte, daß die Gleichstellung im Hinblick auf die Bezahlung viel zu weit getrieben worden sei, und daß die Investitionen der Privathaushalte in Bildung in einem zu geringen Umfang berücksichtigt würden. Sie erreichten tatsächlich eine Gehaltserhöhung von 19 Prozent. Dies wurde in den Medien stolz als Erfolg präsentiert, was bleibende Spannungen mit der LO zur Folge hatte. In Norwegen streikten im Jahre 1976 zum ersten Mal die Bankangestellten, ein erster Ausdruck der neuen Militanz bei Angestelltengewerkschaften. Während des ganzen Jahrzehnts gab es mehrere Konflikte mit Angestelltengewerkschaften, meistenteils mit solchen, die aus neuen Gewerkschaften, die im Bereich der Nordseeölförderung aktiv waren, hervorgegangen waren. Aufgrund der enormen Beiträge, die ihnen aufgrund ihrer Aktivitäten zugeflossen waren, können sie großen Druck ausüben.

Eine wichtige Konsequenz aus dieser neuen gewerkschaftlichen Aktivität ist die gestiegene Komplexität der Struktur von Tarifverhandlungen. Wo früher in den Verhandlungen zwischen LO und der Arbeitgebervereinigung alle Standards gesetzt wurden, haben sich nun die Verhandlungsbeziehungen vervielfältigt. Die wachsende Zahl der Gewerkschaften, aber auch die Zusammenlegung einiger Arbeitgebervereinigungen führt zu zwei Arten von Konkurrenz zwischen den Gewerkschaften: Die eine hat mit der Frage zu tun, wer den Arbeitgebern das meiste abringen kann, die andere, wer auf dieser Basis die meisten neuen Mitglieder gewinnt. Dabei ist es noch wichtig zu bemerken, daß Konkurrenz um Mitglieder auch innerhalb der Dachorganisationen stattfinden kann. Man kann sagen, daß die neueren Akademikergewerkschaften mehr von dezentralisierten Verhandlungen halten als von zentralisierten, da letztere eher dazu tendieren, Gleichstellungsklauseln zu beinhalten. Es überrascht daher wohl auch nicht, daß Gewerkschaften der traditionellen Produktionsbranchen, besonders jene, die einen hohen Prozentsatz an weiblichen Mitgliedern mit niedrigem Einkommen haben, wie etwa im Bereich der Textilindustrie oder des Einzelhandels, meist für umfassende Einkommensvereinbarungen sind, da diese normalerweise ihre Position relativ verbessern. Die Konkurrenz bei der Gewinnung neuer Mitglieder macht die Gewerkschaften zu „Dieben im eigenen Hof". Obwohl verschiedene Grenzlinien gezogen wurden, innerhalb derer Dachorganisationen Gruppen von Arbeitnehmern bestimmter Bereiche rekrutieren konnten, so gibt es doch Streitigkeiten, wenn es darum geht, individuelle Mitglieder zu werben. Die Konkurrenz zwischen Dachverbänden um die Werbung neuer Mitglieder bringt die LO-Gewerkschaften in eine verzwickte Lage: Um neue Mitglieder zu werben, müssen sie Forderungen stellen, die die Lohnungleichheiten innerhalb der Arbeiterklasse ansteigen lassen. Um es anders zu sagen: Traditionelle Gewerkschaften, die mit Gewerkschaften außerhalb der Arbeiterbewegung um Mitglieder konkurrieren, müssen dies tun, indem sie Ziele verfolgen, die den traditionellen Werten der Arbeiterbewegung, nämlich ein höheres Maß an Gleichheit unter den Arbeitnehmern zu erreichen, entgegengesetzt sind. Die solidarische Lohnpolitik gerät unter Druck. Unnötig zu sagen, daß Lohnunterschiede zwischen verschiedenen LO-Gewerkschaften ebenfalls zu Spannungen innerhalb der LO führen. Und das Anwachsen der Zahl konkurrierender Gewerkschaften hat ebenfalls zu verschärften Tarifauseinandersetzungen geführt.

5. Im internationalen Vergleich rangieren die skandinavischen Länder an der Spitze, wenn es um soziale Gleichheit, Lohngleichheit geht. Dies war immer ein wichtiges Anliegen der sozialdemokratischen Parteien, auch wenn dieses noch andere historische Wurzeln hat. Da der Streit um differenzierte Löhne wegen der Konkurrenz zwischen den Gewerkschaften deutlich zunimmt, wächst gleichzeitig die Sorge, es könne zu gravierenden Abweichungen von der bisher erreichten sozialen Gleichheit kommen, sei es in Fragen der Arbeitszeit, der Arbeitsbedingungen, des Lohnes oder anderer Bereiche. Man kann auch anders formulieren: Gewerkschafter wollen immer nur, relativ gesehen, vorwärtskommen, aber niemals Rückschritte hinnehmen. Dies bedeutet, daß bei Verhandlungen immer auch Vergleiche angestellt werden, was angesichts der Zersplitterung der Organisationen wichtige Konsequenzen hat. Zum einen kann die relative Deprivation dadurch verstärkt werden, daß die Zahl der Vergleichsmöglichkeiten, die bei der Existenz vieler Berufsgruppen bestehen, ansteigt. Da alle dazu neigen, das einmal Erreichte zu sichern, macht es die große Zahl der Berufsgruppen auch wahrscheinlich, daß man jemanden findet, der mehr durchgesetzt hat. Zum anderen ist der Inhalt der Vereinbarungen zunehmend komplexer geworden und erstreckt sich von Vereinbarungen über Löhne und Arbeitszeit bis hin zu Klauseln über Berufsweiterbildung und Essenzuschüsse. Ein Verteilungssystem kann als gerecht angesehen werden, wenn das, was man erhält, sich proportional zu dem verhält, was man gibt, so wie die Höhe des Lohns von der Arbeitszeit abhängt. Ein Gefühl der Benachteiligung stellt sich ein, wenn diese stillschweigende Übereinkunft gebrochen wird. Das alte Schlagwort der Arbeiterbewegung: „Gleicher Lohn für gleiche Arbeit" ist ein Ruf für proportionale Gerechtigkeit und gegen Benachteiligungen. Jedoch entsteht die Unproportionalität oder eine Benachteiligung eher, wenn es viele verschiedene Möglichkei-

ten von Vergünstigungen gibt, die eine Gruppe erlangen kann, da die Wahrscheinlichkeit, sich mit bestimmten Forderungen nicht durchsetzen zu können, sich ebenfalls vervielfältigt. Warum sollten etwa jene Arbeitnehmer, deren Betrieb groß genug ist, um eine Cafeteria zu unterhalten, darüber hinaus noch subventionierte Butterbrote erhalten, während kleinere Betriebe, die die gleichen fachlichen Anforderungen stellen, weder das eine noch das andere haben?

Das Gefühl der Benachteiligung kann stärker aufgrund von Änderungen in Zusammenhang von Ausbildung und Beruf empfunden werden: Wenn mehr Menschen ein bestimmtes Bildungsniveau erlangt haben, so wird es weniger wahrscheinlich, einen der gut bezahlten Jobs zu erhalten, wie es früher möglich war. Daher kann höhere Bildung zu Statusfrustrationen führen, die wiederum steigende Militanz bei Angestelltengewerkschaften, z.B. der Lehrer, zur Folge hat. Und schließlich bedeutet das Anwachsen der Zahl der Gewerkschaften und Mitglieder einen proportionalen Anstieg der Zahl der Gewerkschaftsfunktionäre. Denn ihre Aufgabe ist es, quasi als Wachhunde darauf zu achten, welche Erfolge andere Gruppen erzielen. Und je mehr Wachhunde es gibt, desto wahrscheinlicher finden sie eine Gruppe, die mehr erreicht hat, als ihr zusteht. Wenn dies dann bekanntgemacht wird, ist es wahrscheinlich, daß das Gefühl der relativen Deprivation bei der breiten Masse steigt.

Zusammenfassend kann gesagt werden, daß der Anstieg der Zahl der Berufsgruppen einen noch größeren Anstieg der Zahl der Vergleichsmöglichkeiten zur Folge hat, daß komplexere Vereinbarungen die Wahrscheinlichkeit, daß eine Gruppe mehr Vorteile als eine andere erringen konnte, erhöhen, daß Bremsen deutlicher gespürt werden, wenn gebildete Gruppen in ihren Statuserwartungen enttäuscht werden und daß durch den Anstieg der Zahl der hauptamtlichen Mitarbeiter der Gewerkschaften eher zur Sprache gebracht wird, welche Position eine Gruppe innerhalb des Tarifgefüges im Vergleich zu anderen Gruppen einnimmt. Die Gewerkschaftsfunktionäre, die sich dahinter verstecken, werden dies als Aufruf zur Mobilisierung benutzen. Denn alle diese Wahrnehmungen werden wahrscheinlich stärker anwachsen. Sie haben sich während der letzten Jahrzehnte bereits mit relativer Deprivation in Tarifverträgen niedergeschlagen. Die norwegische Metallarbeitergewerkschaft etwa handelte im Jahre 1968 die Vereinbarung aus, daß keines ihrer Mitglieder einen Lohn erhalten sollte, der unterhalb von 80 Prozent des nationalen Durchschnitts liege, wobei für interne Unterschiede eine niedrigere Begrenzung angesetzt wurde, die inzwischen jedoch angehoben wurde.

Im Jahre 1986 hat die Gewerkschaft der Staatsbediensteten in Norwegen eine Klausel durchgesetzt, wonach Verhandlungen wiedereröffnet werden sollten, für den Fall, daß irgendeine andere Verhandlungsgruppe innerhalb eines Jahres günstigere Bedingungen aushandeln sollte. Auch in Schweden gibt es solche „Anpassungsklauseln", die beinhalteten, daß die Lohnentwicklung der einen Gruppe an die einer anderen angehängt wird. Solche Klauseln spielen eine immer wichtigere Rolle nicht nur zwischen den Gewerkschaften, sondern auch in bezug auf so unterschiedliche Gruppen wie Bauern und Rentner. Ihre Auswirkungen sind vierfach.

Erstens koppeln sie die Lohnsysteme enger aneinander, wenn die Gewinne der einen Gruppe auch auf die anderen übertragen werden müssen. Besonders im öffentlichen Bereich werden Lohnverhandlungen im Sinne relativer Differenzen und zeitlicher Veränderungen abgeschlossen – ob z.B. Universitätsprofessoren in ihrer Lohnentwicklung hinter Spitzenbedienstete im öffentlichen Dienst zurückfallen sollen. Zweitens machen sie den Verhandlungsprozeß komplexer, da die Rückwirkungen der Verhandlungsabschlüsse auf die anderen Gruppen immer berücksichtigt werden müssen. Die enge Verknüpfung der verschiedenen Verträge könnte als „Reißverschlußeffekt" des Verhandlungssystems bezeichnet werden: Jede Veränderung in der „relativen Position" einer Gruppe schafft neue politische Blockaden. Bei einem wachsenden öffentlichen Sektor erfährt nur eine Minderheit von Erwerbstätigen den klassischen Kampf zwischen Arbeitern und Kapitalisten, und zwar vor allem da, wo die Preise dem Konkurrenzniveau internationaler Märkte ausgesetzt sind, aber sogar diese Gruppe kann versuchen, unter Berufung auf entsprechende Anpassungsklauseln öffentliche Subventionen zu erlangen. Der Rest besteht im Grunde aus gegenseitigen Verhandlungen über relative Einkommensunterschiede. Was augenscheinlich wie eine direkte Unterhandlung zwischen Arbeitnehmern und ihren Arbeitgebern aussieht, ist in Wirklichkeit eine Aushandlung der „relativen Position" zwischen verschiedenen Gruppen von Arbeitnehmern, wobei der Staat oft als Vermittler auftritt.

Drittens steigert ein Lohnkampf, der darauf bedacht ist, die Relationen zu bewahren, die Möglichkeiten für Trittbrettfahrer. Die Erfolge der einen Gruppe werden sofort auf die Vergünstigungen einer anderen durch die Anpassungsklauseln angeglichen. Schließlich muß betont werden, daß das, was bei den jährlichen Verhandlungsrunden im Vordergrund steht, nämlich die Frage von mehr oder weniger Gleichheit, taktisch bestimmt sein kann. So könnte eine Gewerkschaft in einem Jahr fordern, daß eine Untergruppe ihrer Mitglieder eine spezielle Erhöhung aus einem besonderen Grund erhalten soll, um dann ein paar Jahre später zu fordern, daß alle Mitglieder dieselbe Erhöhung erhalten, um Ungleichheiten zu beseitigen. Man kann also mit „gleichem Lohn für gleiche Arbeit" argumentieren, während man gleichzeitig versucht, eine soziale Stichhaltigkeit und politische Akzeptanz für einen Vergleich der eigenen Gewerkschaft mit einer anderen Berufsgruppe, die besser bezahlt wird, zu erlangen, wie z.B. durch die Verbindung von Metallarbeitern und Metalltechnikern. In der Tat wird die Frage, wie die Unterschiede zu legitimieren seien, zu einem überwältigenden Problem des ganzen Systems. Dies ist immer weniger ein Wetteifern um den gewerkschaftlichen Erfolg als vielmehr um die Unterstützung durch die öffentliche Meinung. Das Ausfechten der Kämpfe zwischen den Tarifparteien in den Medien, wobei der Staat, repräsentiert durch den Finanzminister, eine wichtige dritte Kraft darstellt, ist vorherrschend geworden.

Innerhalb des letzten Jahrzehnts sind die gewerkschaftlichen Dachverbände geschwächt worden. Dafür gibt es mehrere Gründe. Die wachsende Unabhängigkeit der Berufsgruppen und ihr Machtgewinn, welcher auf ihrer Funktion innerhalb des Produktionsprozesses beruht, haben zur Folge, daß die Gewerkschaften weniger auf breite Unterstützung und eine große Anzahl von Mitgliedern angewiesen sind, um effektive Streikandrohungen auszusprechen. Gleichzeitig reduziert die Strategie des Schwerpunktstreiks, bei dem nur „Schlüsselpersonal" die Arbeit niederlegt, die Kosten des Konflikts. Beispielsweise konnte in Norwegen im Frühling 1980 die Stromversorgung im ganzen östlichen Teil des Landes lahmgelegt werden, indem die Gewerkschaft nur sieben Techniker aus den Kraftwerken in den Ausstand treten ließ. Gewerkschaften, die demselben Dachverband angehören, können diesen schwächen, wenn sie um dieselben Mitglieder werben. Wenn konkurrierende Gewerkschaften, die zu verschiedenen Dachverbänden gehören, um dieselben Mitglieder werben, ist es für die Dachverbände schwieriger, sie daran zu hindern. Wettbewerb auf der Grundlage größerer Ungleichheit bedeutet also, daß man den Gewerkschaften freie Hand geben muß, und zwar besonders denen, die Mitglieder der LO sind. Ein weiterer Grund für die Schwächung gewerkschaftlicher Dachverbände ist die Tendenz einiger Verbände, Tarifverhandlungen dezentral zu führen. Dabei gewinnen die Gewerkschaften der mächtigen (halb-)akademischen Berufe am meisten, während zentralisierte Verhandlungen mehr den Interessen der Angehörigen unterer Lohngruppen entsprechen. Es ist auch bemerkenswert, daß die LO in Norwegen und Schweden mehr Macht über ihre Mitgliedsgewerkschaften bei zentralisierten Verhandlungen hat als die neueren Dachverbände. Sie kann Entscheidungen für ihre Mitgliedsgewerkschaften bindend machen, während die anderen lockerer miteinander verbunden sind. Schließlich bedeutet der Anstieg der hauptamtlichen Mitarbeiter bei den spezialisierten Gewerkschaften ein Gegengewicht zu der intellektuellen und bürokratischen Macht ihrer Dachverbände. Sachkenntnisse sind weit verbreitet, was zu manchen Konflikten führt. Die Auswirkungen, die weniger starke Dachverbände haben, sind sehr unterschiedlich. Auf der einen Seite kommt es häufiger zu dezentralisierten Verhandlungen, sogar bei LO-Mitgliedsgewerkschaften. Die steigende Anzahl von Verhandlungspartnern bedeutet auch, daß der Verhandlungsprozeß länger dauert, was eine Quelle für Schwierigkeiten darstellt, zumal dann, wenn jeder fest entschlossen ist, zumindest soviel zu bekommen wie jeder andere auch. Geschwächte Dachverbände haben wegen lokal geführter Verhandlungen auf Firmen- und Fabrikenbasis ein stärkeres Lohngefälle zur Folge. Betriebliche Leistungen verstärken wiederum die Loyalität zum Betrieb und machen es für die Arbeitgeber leichter, zuverlässige und engagierte Arbeitskräfte zu halten. Auf der anderen Seite ermöglichen lokale Vergünstigungen, den Funktionären sinnvolle Forderungen zu stellen, über die sie verhandeln können. Wenn zentrale Verträge zustande kommen, die in ihrer Reichweite beschränkt sind, wird eine beträchtliche Erfindungsgabe aufgebracht, lokale Lösungen zu ersinnen, welche den Betriebsangehörigen bestimmte Vergünstigungen bringen.

Die Tendenz zur Betriebsgewerkschaft wurde in Schweden und Norwegen durch Demokratisierungsbestrebungen gefördert, welche den Beschäftigten ein wachsendes Mitspracherecht bei der Führung der Betriebe gegeben hat und so ein Geflecht von Beziehungen zwischen dem Management und den Arbeitern etabliert hat. Die wachsende Zusammenarbeit qualifizierter Betriebsangehöriger hat auch die Beteiligung der Arbeiter an der Entwicklung von Produkten erhöht und ebenso ihren Einfluß auf den Produktionsprozeß; beides vermehrt die Zusammenschlüsse innerhalb des Betriebes.

Daher konvergieren mehrere Trends, die die Macht der Dachverbände schwächen. Die Kontrolle spezialisierter Arbeitnehmer über wichtige Abläufe gibt den spezialisierten Gewerkschaften mehr Macht. Daher ist es schwer, sie zurückzudrängen, wenn sie mit anderen Gewerkschaften, die zu anderen Dachverbänden gehören, um Mitglieder konkurrieren. Geschulte hauptamtliche Mitarbeiter fördern das Selbstbewußtsein gegenüber den Dachverbänden und gruppenspezifische Einstellungen. Schließlich haben die Mitbestimmungsmöglichkeiten der Arbeiter in ihren Firmen, die zentral durch die LO ausgehandelt worden sind, zur Untergrabung der vereinheitlichenden Auswirkungen von Verhandlungsergebnissen für einen gesamten Industriezweig beigetragen, und dies hat wohl nicht nur die Dachverbände, sondern auch die landesweiten Mitgliedsgewerkschaften geschwächt.

Einige der oben beschriebenen Trends fördern inflationäre Tendenzen. Gewerkschaften, welche um Mitglieder werben, müssen mindestens so viel fordern wie ihre Konkurrenten. Die Kriterien des Erfolges für die Gewerkschaftsführer sind die erzielten Ergebnisse, und diese können nur in vergleichbaren Begriffen abgeschätzt werden. Bei Vollbeschäftigung – die Arbeitslosenzahlen sind mit die niedrigsten im OECD-Bereich – gibt es oft einen Wettbewerb zwischen den Firmen um die knappen Arbeitskräfte. Aber wenn auf nationaler Ebene nur begrenzte Vereinbarungen erreicht werden, bewirkt gemeinsames Interesse auf lokaler Ebene, daß bestimmte Sonderabsprachen zustande kommen, die vertraglich nicht abgesichert sind. Mit beträchtlichem Scharfsinn ersinnt man Vorteile, an die die Zentrale nicht gedacht hat, oder verdeckt sogar Erfolge, damit nicht Widersprüche zu den nationalen Abmachungen sichtbar werden. Die Sorge vor Benachteiligungen und daraus resultierende Tarifverhandlungen haben ebenfalls inflationäre Wirkungen. Denn Veränderungen in einem Teil des Arbeitsmarktes müssen schnell ausgeglichen werden aufgrund der vielen Angleichungsklauseln. Schließlich müssen im Falle eines Tarifkonflikts die Kosten zu großen Teilen vom Staat getragen werden. Wenn ein Streik oder eine Aussperrung zu einer Arbeitsunterbrechung außerhalb des Konfliktbereichs führt, so daß die Arbeiter zeitweilig ohne Arbeit sind, erhalten sie Arbeitslosenunterstützung vom Staat, und zwar in einem höheren Ausmaß, als sie von den Konfliktpartnern getragen würde.

Zusammengefaßt bedeutet dies, daß die moderne Struktur der Produktion – die einen zersplitterten Arbeitsmarkt und zersplitterte Organisationen zur Folge hat – dazu tendiert, ein Ergebnis hervorzubringen, welches weder von den Kapitalisten noch von den Arbeitern beabsichtigt oder gewünscht ist: steigende Preise, geringeres Wachstum und eine höhere Arbeitslosenquote. Der Grad der Zentralisierung und der Einbeziehung der Beschäftigten durch die Dachverbände hat im letzten Jahrzehnt abgenommen. Dies ist zu keinem geringen Teil auf den segmentierten Arbeitsmarkt und die immer mehr zersplitterte Organisationsstruktur zurückzuführen. Der schwedische Premierminister Ingvar

Carlsson betonte im schwedischen Reichstag am 22. Oktober 1986 angesichts einer Streikdrohung des öffentlichen Dienstes, daß die Wirtschaft sich eine Reihe von Extravorteilen für einige Gruppen wie die Krankenschwestern erlauben könne. Aber dies habe zur Voraussetzung, daß die anderen nicht das gleiche verlangten. Es könne nicht jeder das meiste bekommen. Erforderlich sei ein gewisses Maß an Solidarität. Sonst werde man schnell wieder in einen inflationären Teufelskreis hineingeraten.

Eine mehr zersplitterte Organisationsstruktur tendiert dazu, neue Konflikte zu produzieren und alte zu verstärken. Veränderungen in der Tarifstruktur, welche aus dezentralisierten Verhandlungen hervorgehen, erhöhen die Spannungen sowohl innerhalb der Gewerkschaften als auch zwischen ihnen. Zwischen den Gewerkschaften im öffentlichen und im privaten Sektor wirken sich hier die Angleichungsklauseln verschärfend aus. In Norwegen und Schweden ist es im allgemeinen die Industrie, die bei Lohnerhöhungen eine Vorreiterrolle spielt und so die Maßstäbe für Lohnerhöhungen setzt. Dies beruht teilweise auf der Tatsache, daß dieser Sektor auf den internationalen Märkten wettbewerbsfähig sein muß, teilweise aber auf der mehr oder weniger stillschweigenden Annahme, daß es die Industrie ist, die „Werte schafft", die im Dienstleistungssektor, besonders im öffentlichen „ausgegeben" werden, eine Unterscheidung, in der die alte marxistische Unterscheidung von produktiver und unproduktiver Arbeit wieder auftaucht. In populären Darstellungen wird dies so geschildert, daß die Industriearbeiter nicht nur ihren eigenen Lebensunterhalt verdienen müssen, sondern noch zusätzlich den eines Bürokraten. Seit sich dieses nicht nur konkret in den Steuern manifestiert, sondern auch in der sowohl relativ als auch absolut abnehmenden Zahl der Industriearbeiter, liegt das Konfliktpotential klar auf der Hand. Die bisher schärfste Auseinandersetzung zwischen dem öffentlichen und privaten Sektor gab es im September 1986 auf dem Kongreß der schwedischen LO. Der Vorsitzende der Metallarbeitergewerkschaft attackierte in scharfer Form die Angestellten im öffentlichen Sektor, weil diese unverantwortlicherweise soviel verlangten. Er verglich sie sogar mit „dem Kuckuck, der seine Mutter verschlingt". Dem hielt der Vorsitzende der Gewerkschaft der Gemeindeangestellten entgegen, daß man nicht mehr verlange als andere, aber auch nicht weniger. Man akzeptiere keine Unterscheidung zwischen privat und öffentlich Beschäftigten. Bei diesen Auseinandersetzungen ging es in Wirklichkeit um Strategie und Inhalt einer solidarischen Lohnpolitik, ohne daß man eine endgültige Lösung finden konnte, obwohl die schwedische LO entschied, eine nach Schwierigkeitsgraden gestaffelte Arbeitsstatistik zu entwickeln, so daß alle Berufe und ihre Vergütung quantitativ verglichen werden können.

Konflikte zwischen den Gewerkschaften desselben Dachverbandes können auch entstehen, wenn einige der Meinung sind, die Angleichung der Löhne sei zu weit gegangen, d.h. diejenigen würden benachteiligt, die eine lange Ausbildung absolviert hätten. Dann kann eine entsprechende Lohnangleichung eine Quelle für relative Benachteiligungen sein und Konflikte zwischen den Gewerkschaften hervorrufen. Wenn Arbeiter im privaten Sektor Vorteile wie Gewinnbeteiligung oder die Möglichkeit des Erwerbs von Wertpapieren durchsetzen können, von denen der öffentliche Sektor ausgeschlossen ist, gibt es Strategien, die öffentliche Angestellte verfolgen können, um einen gewissen Ausgleich herbeizuführen. Sie können häufig eher verbesserte Arbeitsbedingungen als Lohnerhöhungen erreichen. Einige solcher Verbesserungen sind sehr kostspielig und führen zu einer quantitativen Einschränkung öffentlicher Dienstleistungen. Aber schließlich können die Beschäftigten des öffentlichen Dienstes schwarzarbeiten und die gleichen Dienstleistungen während ihrer Freizeit anbieten. Mit anderen Worten: Vergünstigungen für die öffentlichen Beschäftigten fördern indirekt Privatisierung. Regeln für die öffentliche Arbeit bereiten die Grundlage für Marktstrategien außerhalb des Marktes. In einem gewissen Sinn kann man sagen, daß fehlende öffentliche Leistungen eine Nachfrage nach privat angebotenen Dienstleistungen schaffen. Es ist nicht schwer zu verstehen, warum dies Konflikte zwischen Arbeitern im öffentlichen und privaten Sektor mit sich bringt. Aber es gibt auch innerhalb der Sektoren Konflikte, so etwa kürzlich zwischen LO-Gewerkschaften von Beschäftigten im staatlichen und kommunalen Dienst. Der Hauptgrund war die Verteilung der Mitglieder verschiedener Einkommensklassen, wobei die Gewerkschaft der in kommunalen Diensten Beschäftigten einen größeren Anteil bei den unteren Lohngruppen hat. Deshalb wird von den „Brudergewerkschaften" unterschiedlich bewertet, was als gerechte Verteilung oder relative Deprivation zu betrachten ist.

6. Das Emblem der skandinavischen Arbeiterbewegung ist die Rose, ein viel zarteres Symbol als der alte Hammer. Neuerdings sind jedoch die Verbindungszweige zwischen dem politischen und gewerkschaftlichen Arm der Arbeiterbewegung, den sozialdemokratischen Parteien und der LO, gelegentlich etwas dornig gewesen. Der Konflikt zwischen den Parteien und der LO, welcher „Krieg der Rosen" genannt wurde, hat seine strukturellen Wurzeln in den oben beschriebenen Entwicklungen. Das primäre Ziel der Politik der sozialdemokratischen Parteien war die Vermeidung von Arbeitslosigkeit, weil diese gleichzeitig zu sozialen Problemen und zu Machtverlust der Arbeiter führt. Gleichzeitig wollte man aber auch den Wohlfahrtsstaat ausbauen, d.h., das öffentliche Erziehungswesen erweitern, das Gesundheitswesen verbessern, Rentenprogramme entwickeln, die Künste und die Wissenschaften fördern usw., alles durch den Einsatz öffentlicher Mittel. In Wachstumsperioden war es möglich, Beschäftigung zu sichern und gleichzeitig die öffentlichen Dienstleistungen auszuweiten und die Mittel für privaten Verbrauch zu steigern. In Perioden mit abnehmenden Wachstumsraten, bei gleichzeitigem Anstieg der Arbeitslosigkeit und wachsenden öffentlichen Ausgaben für die Gewährung der Renten aufgrund einer veränderten demografischen Struktur können neue Programme nicht verwirklicht werden, und bei bereits in Angriff genommenen müssen Abstriche gemacht werden. Ein Strukturproblem besteht darin, daß in dem Maße, wie konkurrierende Gewerkschaften Vergünstigungen für ihre Mitglieder erreichen, der daraus resultierende Inflationsdruck und die abnehmende Wettbewerbsfähigkeit auf den internationalen Märkten das Risiko der Arbeitslosigkeit und des geringeren Wachstums erhöhen. Auch sozialdemokratische Parteien müssen, wenn sie

unter solchen Umständen die Regierung stellen, einen großen Teil des Erreichten wieder zurücknehmen, um die Inflation zu zügeln und die Vollbeschäftigung zu sichern. Daraus sind in Norwegen und Schweden wiederholt Konflikte entstanden, am bekanntesten ist wohl das Scharmützel zwischen dem schwedischen Finanzminister, Kjell-Olof Feld, und dem Vorsitzenden der LO, Stig Malm.[9]

Ein weiterer Aspekt dieses Problems taucht bei Tarifverhandlungen für die Beschäftigten des öffentlichen Dienstes auf. In diesem Bereich ist es schwierig, die Rolle des Staates als Arbeitgeber von der des Verantwortlichen für die Wirtschaftspolitik zu trennen. Das Dilemma besteht darin, daß das, was man analytisch unterscheiden kann, wirtschaftlich nicht voneinander zu trennen ist. Hinzu kommt, daß ein Ansteigen der Kosten für den Sozialstaat nicht automatisch verbesserte öffentliche Dienstleistungen nach sich zieht. Es ist ausgerechnet worden, daß nur ca. 10 Prozent der Zunahme im letzten Jahrzehnt für entsprechende Verbesserungen aufgewandt wurden, alles andere jedoch entweder für Lohnerhöhungen oder für den Ausgleich für Arbeitszeitverkürzung bei den akademischen Berufen des öffentlichen Dienstes. Ein zentraler Punkt sozialdemokratischen Politik besteht darin, die Sozialleistungen auszudehnen. Dies führt natürlich zu einem Anstieg öffentlicher Ausgaben. Da die Mittel als Ganzes begrenzt sind, bleibt für den privaten Verbrauch relativ wenig übrig. Es ist daher interessant festzustellen, daß in Schweden und Norwegen führende Gewerkschaftsvertreter eine nur begrenzte Ausweitung sozialpolitischer Ausgaben empfehlen, so etwa Sig Malm, der Vorsitzende der schwedischen LO. Umstritten zwischen den Gewerkschaften und den sozialdemokratischen Parteien sind auch die Geldzuwendungen und Subventionen, die an verschiedene Industrien gezahlt werden. Diese werden zwar von den entsprechenden Gewerkschaften stark befürwortet, von den sozialdemokratischen Regierungen jedoch als unzweckmäßig abgelehnt, weil man der Meinung ist, auf diese Weise würden mangelnde Leistungsfähigkeit und überholte Produktionsverfahren konserviert. Auch Schwerpunktstreiks, die wichtige Sektoren der Wirtschaft lahmlegen können und die Streikkassen der betroffenen Gewerkschaften schonen, aber enorme indirekte soziale Kosten verursachen, stoßen auf wenig Gegenliebe. Denn betroffen sind nicht nur die Arbeitgeber, sondern gleichzeitig auch Unbeteiligte, und zwar oft in beträchtlichem Ausmaß. In Norwegen darf die Regierung in solche Konflikte intervenieren und per Gesetzgebung die Parteien zwingen, den Spruch eines Schiedsgerichtes als bindend zu akzeptieren. Innerhalb des letzten Jahrzehnts hat sich die sozialdemokratische Regierung wiederholt verpflichtet gefühlt, auf dieses Mittel zurückzugreifen. Man braucht wohl nicht zu sagen, daß das auf beiden Seiten zu Verstimmungen geführt hat: Die Gewerkschaften fürchten Eingriffe in ihr Streikrecht, während die Arbeiterpartei sich unter Druck gesetzt sieht. Um das Risiko eines staatlichen Eingriffs zu vermeiden, lautet die neue Devise „Stiche versetzen, aber nicht lahm legen". Die einfallsreichste Streiktaktik wurde wahrscheinlich von den schwedischen Zugschaffnern praktiziert. Sie erfüllten ihre Pflichten, so daß niemand daran gehindert wurde, zur Arbeit zu kommen, weigerten sich aber, das Fahrgeld zu kassieren. Spannungen entstehen auch zwischen der sozialdemokratischen Partei und der LO aufgrund ihrer sehr engen Kooperation. Auf der einen Seite führt die Rivalität um die Gewinnung neuer Mitglieder zwischen Gewerkschaften, die der LO angehören, und solchen, die ihr nicht angehören, dazu, daß trotz der engen politischen Verbindung mit der Sozialdemokratie versucht wird, auch Nichtsozialdemokraten als Mitglieder zu gewinnen. Dies hat die alte Institution der „kollektiven Mitgliedschaft" der Gewerkschaften in den Parteien ins Wanken gebracht. Auf der anderen Seite werden die Sozialdemokraten, wenn sie an der Macht sind, regelmäßig kritisiert, daß sie LO-Angehörige kooptieren, während gleichzeitig bemängelt wird, die Regierung werde von der LO „ferngesteuert". Reibungen treten auch bei Streiks im öffentlichen Dienst auf, weil diese dazu tendieren, die traditionellen sozialdemokratischen Sozialstaatsinstitutionen zu untergraben. Beispielsweise argumentiert der neue Vorsitzende der konservativen Partei Schwedens, Carl Bildt, daß Streiks unter den Beschäftigten im öffentlichen Dienst zu „steigender Nachfrage nach privatwirtschaftlichen Alternativen" führen.[10]

Die Beziehungen zwischen der LO und der sozialdemokratischen Partei in Norwegen und Schweden sind und bleiben sehr eng. Sie sind dadurch institutionalisiert, daß der Vorsitzende der LO immer auch Mitglied des Parteivorstandes ist. Diese enge Verbindung wird durch gegenseitige Einladungen und programmatische Reden auf den jeweiligen Kongressen immer wieder stabilisiert. Dennoch haben strukturell bedingte Interessenunterschiede vermehrt Streit produziert, der durch die Medien in die Öffentlichkeit getragen wurde, so daß es zunehmend schwierig wird, die „schmutzige Wäsche intern zu waschen". Die Veränderungen auf dem Arbeitsmarkt haben nicht nur die organisatorischen, sondern auch die politischen Bedingungen der Arbeiterbewegung verändert.

7. Marx erwartete, daß durch die Entwicklung des Kapitalismus die Zahl der Proletarier ständig anwachsen werde und damit auch die Zahl derjenigen, die ausgebeutet würden, daß sie sich aber als Klasse zusammenfinden und organisieren würden. Die Entwicklung des modernen Kapitalismus und des Sozialstaates hat in der Tat die Zahl der Arbeitnehmer erhöht und sie in größeren Unternehmen konzentriert, sie hat aber auch ihren Lebensstandard erhöht und ihre Arbeitsmärkte segmentiert. Bedingt durch diese segmentierten Arbeitsmärkte, welche teilweise in den mannigfaltigen Dienstleistungen wurzeln, die der sozialdemokratisch geprägte Wohlfahrtsstaat zur Verfügung stellt, ist eine zersplitterte Organisationsstruktur entstanden, welche die Arbeiterklasse zu desorganisieren droht. In dem Maße wie die Anzahl der Arbeitgeber- und Arbeitnehmerorganisationen gestiegen ist, sind auch die Anzahl und Art der Beziehungen zwischen ihnen gestiegen. Nicht nur zwischen den Gewerkschaften, sondern auch zwischen den Gewerkschaften und dem politischen Arm der Arbeiterbewegung sind die Spannungen gewachsen. In einem gewissen Sinn hat sich die Situation dahingehend gewandelt, daß man von einem Problem der schwachen Mehrheiten sprechen könnte, was bedeutet, daß sich die Bewegung für ein allgemeines soziales Wohl in starke und einflußreiche Organisationen von Minder-

heiten auflöst, deren Identität durch Berufszugehörigkeit definiert und deren Interessen durch Berufsorganisationen verteidigt werden. Es gibt zwar größere Möglichkeiten sich zu organisieren, die Fähigkeit aber, Sonderinteressen dem Gemeinwohl unterzuordnen, hat nachgelassen. In ihrem Bestreben, für ihre Mitglieder spezielle Vorteile zu erreichen, können solche Organisationen, darunter auch die Gewerkschaften, das Wirtschaftswachstum schmälern und das mindern, was verteilt werden kann. Dieser Prozeß, bei dem starke Minderheiten Vorteile auf Kosten der breiten, aber schwächeren Mehrheit durchsetzen können, wird auch dadurch verstärkt, daß der einzelne in widersprüchlichen Rollen stecken kann. So wird man etwa in der Rolle des Lohnempfängers oder Bauern zu Forderungen ermutigt, die, wenn alle sie erheben werden, zu Inflationsraten führen würden, die niemand in seiner Rolle als Konsument wünschen kann. In einer frühen Entwicklungsphase war es das Ziel der norwegischen und schwedischen Arbeiterbewegung, die wachsende Zahl der Arbeiter in einer umfassenden und zentralisierten Gewerkschaft zu organisieren und sich ihre Unterstützung bei Wahlen zu sichern, so daß eine sozialdemokratische Partei genügend Macht erringen könnte, um soziale Veränderungen zu erreichen. Die Voraussetzungen für diese Strategie der Arbeiterbewegung änderten sich nach dem Zweiten Weltkrieg, und zwar vor allem durch den Wandel auf dem Arbeitsmarkt. Für die nun aufkommenden segmentierten Arbeitsmärkte waren die traditionellen Industriegewerkschaften weniger geeignet. Eine große Zahl neuer Organisationen entstand, so daß nun die Beschäftigungsstruktur und die Gewerkschaftsstruktur zwar besser zueinander paßten, die neue Zusammensetzung der Verbände hat jedoch zu einem Mißverhältnis zwischen den zersplitterten Einzelorganisationen und den nationalen Institutionen geführt. Dies hat dysfunktionale Auswirkungen, die von Rivalitäten zwischen den Gewerkschaften, höheren Inflationsraten und Verlust der Wettbewerbsfähigkeit bis zu Konflikten zwischen den sozialdemokratischen Parteien und der LO reichen, dysfunktional auch deshalb, weil das entstandene System nicht mehr kontrollierbare Prozesse in Gang setzen und zu Konsequenzen zwingen kann, die nicht intendiert waren und unerwünscht sind. Daher hat man in den letzten zwei Jahrzehnten nach anderen Wegen in der Einkommenspolitik und nach neuen institutionellen Vereinbarungen gesucht, bis jetzt jedoch ohne Erfolg. Die entstehenden Frustrationen werden auf nationaler Ebene spürbar, wenn die Regierung es als unmöglich ansieht, die Politik auszuführen, die sie für notwendig hält, aber auch auf der persönlichen Ebene, in der der einzelne sich in seiner Rolle als Bürger und Mitglied einer Interessengruppe hin und her gerissen fühlt. Aus dieser Position sendet er widersprüchliche Signale an das politische System. Die Anpassung der Struktur der Interessenverbände an die ökonomischen Strukturen hat zu einer Reihe von Inkongruenzen hinsichtlich der Loyalität und Identität des einzelnen geführt.

Anmerkungen

1 Marx, K./F. Engels: Manifest der Kommunistischen Partei, in: Karl Marx/Friedrich Engels: Werke, Band 4, Berlin (DDR) 1959
2 dies., a.a.O., S. 470
3 Sabel, Charles: Work and Politics, Cambridge 1982
4 Braverman, Harry: Labor and Monopoly Capital. The Degradation of Work in the Twentieth Century, New York 1974
5 Im wesentlichen angeregt durch Peter Doeringer und Michael J. Piore's „Internal Labor Markets and Manpower Analysis", Lexington, Mass. 1971, hat sich eine große Menge an Literatur über zergliederte Arbeitsmärkte entwickelt.
6 vergl. Elvander, Nils: Skandinavisk Arbetarrörelse, Helsingborg 1980, S. 170, und die Statistischen Jahrbücher für Norwegen und Schweden
7 Stinchcombe, Arthur L.: Social Structure and Politics, in: Handbook of Political Science, New York 1975, Bd. 3, S. 557-662
8 Für Norwegen, vgl. Valen, Henry: Valg og politikk, Oslo 1981, S. 130-132. Entgegnung von Walter Korpi in: The Democratic Class Struggle, London 1983, in der er zeigt, daß die schwedische Sozialdemokratische Partei einen beträchtlichen Teil der „Arbeiter mit weißen Kragen" aufgesogen hat. Und er argumentiert zu Recht, daß die Unterschiede in Klassenabstimmungen nicht nur der veränderten Klassenstruktur zugeschrieben werden können, sondern auch einer abgeänderten Position der Partei. Korpi stellt jedoch kein Maß für das abnehmende Klassenbewußtsein zur Verfügung.
9 Englund, Rolf: Rosornas krig, Lund 1984
10 Sverige-Nytt, 28.10.1986

André Gorz

Der zentrale Konflikt und seine alten und neuen Akteure

> „In den entwickelten spätkapitalistischen Klassengesellschaften wird die Wirklichkeit der Klasse als organisierte Kräfte auf dem Boden der Klassengesellschaft zerstört."
>
> Detlev Claussen[1]

> „Die Alltagssolidarität beruht auf der Suche nach einer offenen und herrschaftsfreien Kommunikation. Sie ist daher von vornherein umfassender als die Abeitersolidarität, kennt nicht ihre immer wieder auftretenden Begrenzungen, ja sie hat sogar universalistische Tendenzen."
>
> Rainer Zoll[2]

1. Die sozialistischen Bewegungen und später die sozialistischen Parteien entwickelten sich im Kampf gegen die Ausbeutung und Unterdrückung der lohnabhängigen Massen, aber auch gegen die gesellschaftlichen Zielvorstellungen der bürgerlichen Führungsschichten. Im sozialistischen Entwurf einer neuen Gesellschaft war anfänglich zweierlei enthalten:

Zum einen der Führungsanspruch einer Facharbeiterklasse, die ihre Fähigkeit, den Produktionsprozeß selber zu leiten, in täglicher Praxis erprobte, und die gleichzeitig entschlossen war, der Klasse der Besitzer, die sie als Schmarotzer und Ausbeuter ansah, die Macht zu entreißen, um die Entwicklung der Produktivkräfte in den Dienst der Emanzipation und der Bedürfnisse der Menschen zu stellen;

und zum anderen der Widerstand eines entrechteten und unterdrückten Proletariats von Frauen, Kindern und Männern, die in Manufakturen und Fabriken zu Hungerlöhnen schufteten und ihre politischen und ökonomischen Menschenrechte erkämpfen mußten.

Dieses Proletariat der ungelernten Arbeitermassen konnte nur aus dem solidarischen Bündnis mit den Facharbeitern die kulturellen und gesellschaftlichen Perspektiven einer Überwindung seiner Unterdrückung gewinnen. Umgekehrt schöpfte die potentiell führende Klasse der Facharbeiter die Legitimität ihres Machtanspruches zu einem Teil aus der unerträglichen Verelendung der proletarischen Massen, für welche die Beseitigung der kapitalistischen Herrschaft eine Lebensfrage war, zu einem anderen Teil gründete sich diese Legitimität aber auf die im Arbeiter, vor allem im vielseitigen Facharbeiter, verkörperte Herrschaft des Menschen über die Kräfte der Natur. Das eigentliche Subjekt dieser Herrschaft war der Arbeiter selbst, nicht nur als „Gesamtarbeiter", sondern auch als individualisierter Träger unersetzlicher menschlicher Fähigkeiten und menschlichen Könnens.

2. Jenseits der Geschichtlichkeit des zentralen Konflikts zwischen Arbeit und Kapital bedeutete Sozialismus jedoch mehr als seine offensichtlichen politischen und sozialen Inhalte: mehr als Emanzipation der Entrechteten, Unterdrückten und Ausgebeuteten, mehr als nur Machtanspruch der unmittelbaren Beherrscher der Natur. Widerstand und Machtanspruch der Arbeiterklasse enthielten eine grundlegende Kritik nicht nur an den kapitalistischen Produktionsverhältnissen, sondern auch an der sich in Waren-, Markt- und Wettbewerbsbeziehungen ausdrückenden ökonomischen Rationalität an sich.

Handeln ist ökonomisch insofern rational, als es auf Leistungsmaximierung abzielt. Dies wird aber erst unter zwei Bedingungen möglich: Die Arbeitsleistung muß von der persönlichen Einzigartigkeit des Arbeitenden getrennt und als berechenbare und meßbare Größe ausgedrückt werden können, und: Das ökonomische Ziel der Leistungsmaximierung darf keinen nicht-ökonomischen gesellschaftlich-kulturellen oder religiösen Zielen untergeordnet sein; es muß rücksichtslos verfolgt werden können. Nur uneingeschränkter Wettbewerb auf einem freien Markt erlaubt diese Rücksichtslosigkeit, ja erzwingt sie sogar. Allein die „freie Marktwirtschaft" gestattet der ökonomischen Rationalität, sich gegenüber den Erfordernissen der Gesellschaftlichkeit, in die sie in allen nichtkapitalistischen Gesellschaften eingebettet ist, zu verselbständigen und sich jeder gesellschaftlichen Kontrolle zu entziehen, ja sogar die Gesellschaft in ihren Dienst zu stellen.

Die sozialistische Arbeiterbewegung entstand als positive Negation der kapitalistischen Entwicklung. Dem Prinzip der Leistungsmaximierung setzte sie das der notwendigen Selbstbegrenzung der von den Arbeitern geleisteten Arbeitsmenge entgegen; dem Prinzip des Konkurrenzkampfes zwischen vereinzelten Individuen das Prinzip der Solidarität und gegenseitigen Unterstützung, ohne welche Selbstbegrenzung praktisch unmöglich wäre. Die sozialistische Arbeiterbewegung zielte also darauf ab, der ökonomischen Rationalität Grenzen zu setzen und sie letzten Endes in den Dienst einer humanen Gesellschaft zu stellen.

Der zentrale Konflikt, aus dem heraus sich die sozialistische Bewegung entwickelt hat, dreht sich also um die Ausdehnung bzw. Beschränkung der Bereiche, in denen sich die ökonomische Rationalität ungehindert in Markt- und Warenbeziehungen entfalten darf. Der kapitalistischen Gesellschaft, die dadurch gekennzeichnet ist, daß die der Kapitalverwertung förderlichen Beziehungen in den Wertvorstellungen, im Alltag und in der Politik überwiegen, stellt die sozialistische Bewegung das Streben nach einer Gesellschaft gegenüber, in der die Rationalität der Leistungs- und Profitmaximierung derartig in gesamtgesellschaftliche Rahmenbedingungen eingebunden ist, daß sie nicht-quantifizierbaren Werten und Zielen untergeordnet ist und ökonomisch rationale Arbeit im gesellschaftlichen wie auch im individuellen Leben nicht mehr die Hauptrolle spielt. Sozialismus als Aufhebung der ökonomischen Rationalität begriffen, setzt folglich voraus, daß diese sich bereits voll entfaltet hat. Wo sie sich mangels der Entwicklung von Markt- und Warenbeziehungen noch nicht durchgesetzt hat, kann kein „Sozialismus" sie in den Dienst eines sie aufhebenden Gesellschaftsentwurfes stellen. Wo sich „Sozialismus" als geplante Entwicklung noch nicht existierender Wirtschaftsstrukturen begreift, verkehrt er sich notgedrungen in sein Gegenteil: Er baut eine Gesellschaft um, damit sie im Dienste der ökonomischen Entwicklung der Kapitalakkumulation steht. Eine solche Gesellschaft kann sich gegenüber der ökonomischen Rationalität nicht selbständig behaupten. Sie ist durch und durch „verökonomisiert".

3. Der zentrale Konflikt um Ausdehnung und Grenzen von ökonomischer Rationalität hat nichts von seiner Schärfe und historischen Bedeutung verloren. Faßt man Sozialismus als eine Gesellschaftsform auf, in der die sich aus dieser Rationalität ergebenden Sachzwänge gesellschaftlich-kulturellen Zielen untergeordnet sind, bleibt die Aktualität des Sozialismus größer denn je. Die konkreten historischen Inhalte sowie die Akteure des zentralen Konfliktes haben sich allerdings geändert. Dieser wurde früher kulturell und politisch auf der Ebene der betrieblichen Arbeitskämpfe ausgetragen, er hat sich allmählich auf andere Bereiche des gesellschaftlichen Lebens ausgedehnt. Der Gegensatz zwischen lebendiger Arbeit und Kapital ist von andersartigen Gegensätzen überlagert und durch sie relativiert. Das Streben nach Emanzipation, Selbstgestaltung des eigenen Lebens und freier Selbstentfaltung der Individualität kann sich ohne gewerkschaftliche Kämpfe für eine Neugestaltung der Arbeit und der Arbeitsbedingungen nicht behaupten, verlangt aber auch Aktionen auf anderen Ebenen und an anderen Fronten, die ebenso wichtig und mitunter sogar noch bedeutender sein können. Die Frage nach dem „Subjekt", das den zentralen Konflikt austragen und die sozialistischen Transformationen praktisch durchführen soll, kann folglich nicht mittels herkömmlicher Klassenanalysen gelöst werden.

4. In der Marxschen Analyse war die Facharbeiterklasse dazu bestimmt, über eine Gesamtheit von Produktivkräften zu herrschen, was dazu führen werde, daß sich in jedem/r Arbeitenden eine Gesamtheit von menschlichen Fähigkeiten entwickeln werde. Das allseitig entwickelte Individuum werde sich folglich zum Subjekt dessen machen können, was es bereit sei, d.h. es werde sich jeder Fremdbestimmung widersetzen, die Herrschaft über den Produktionsprozeß übernehmen und sich die „freie Entfaltung der Individualität" innerhalb und außerhalb der produktiven Zusammenarbeit zum Ziel setzen. Nun hat die tatsächliche Entwicklung diese Voraussagen leider nicht bestätigt. Obwohl in Teilen der Industrie ein „ganzheitlicher Aufgabenzuschnitt" (Kern/Schumann) möglich oder sogar notwendig wird, kann selbst bei den neuen, vielseitigen Produktionsfacharbeitern von einer die Gesamtheit der Produktivkräfte beherrschenden Gesamtheit von Fähigkeiten nicht die Rede sein. Die ganzheitlich zugeschnittene Aufgabe betrifft stets nur die Fertigung von Teilen eines Endproduktes (z.B. von Kurbelwellen, Zylinderköpfen, Schaltkasten) oder dessen Montage und Kontrolle. Infolge seiner immer größeren Komplexität verlangt der gesamtgesellschaftliche Produktionsprozeß auf allen Gebieten eine funktionale Spezialisierung der Aufgaben. Max Weber sprach in diesem Zusammenhang von „Fachmenschentum". Spezialisierung steht aber immer in Widerspruch zur freien und allseitigen Entfaltung individueller Fähigkeiten, selbst wenn sie In-

itiative, Verantwortung und persönliches Einbringen in die Arbeit verlangt. Ein EDV-Fachmann, ein Instandhaltungsspezialist, ein Chemiearbeiter oder ein Postbeamter können sich in ihrer Arbeit nicht als schöpferische, mit Hand und Kopf die sinnlich erfahrbare Welt stofflich gestaltende Menschen erfahren und entfalten. Das kann ihnen nur außerhalb ihrer beruflichen Tätigkeit gelingen. Spezialisierung, d.h. gesamtgesellschaftliche, überbetriebliche Arbeitsteilung, macht den Produktionsprozeß unübersichtlich. Die Entscheidungen, die sich auf die Beschaffenheit, die Bestimmung, den Gebrauchswert und die gesellschaftliche Nützlichkeit der Endprodukte beziehen, können von den Werktätigen innerhalb ihrer Arbeit kaum beeinflußt werden. Ein Prozeßarbeiter unterscheide sich in nichts, so Oskar Negt, von dem Beamten einer Behörde, der auch nur für Teilabläufe und für die exakte Erledigung von Aufgaben, die ihm vorgegeben sind, verantwortlich sei. Er leiste einen Beitrag für die Funktionsfähigkeit von Bereichen, die er in der Regel überhaupt nicht kenne.[3]

Der bei Hegel erscheinende und dann von Marx übernommene Begriff der Arbeit als stoffliche Gestaltung der sinnlich erfahrbaren Welt, durch welche der Mensch zum Erzeuger seiner selbst werde, galt noch vor siebzig Jahren für den überwiegenden Teil der Arbeiterklasse, welcher in nicht formalisierbaren Tätigkeiten beschäftigt war, bei denen persönliches know-how, körperliche Kraft, Planen und Selbstorganisierung der Aufgabeneinteilung eine entscheidende Rolle spielten. Heute arbeitet der überwiegende Teil der Erwerbstätigen in Verwaltungen, Banken, Kaufhäusern, Transport-, Post-, Pflege- und Unterrichtsdiensten, wo individuelle Leistung meistens nicht meßbar ist und die Arbeit ihre Gegenständlichkeit eingebüßt hat.

Die heute an die Stelle der ehemaligen vielseitigen Facharbeiter tretenden „modernen ArbeitnehmerInnen" sind nicht in der Lage, von ihrer unmittelbaren Arbeitserfahrung ausgehend den Sinn und den gesellschaftlichen Zweck der Produktion allein dadurch in Frage zu stellen, daß sie sich mit ihrer Arbeit identifizieren. Die „Verwandlung arbeitsprozeßlicher Macht" in politischen Machtanspruch kann bei den „modernen ArbeitnehmerInnen", wenn überhaupt, nicht mehr über die Identifizierung mit ihrer Stellung im Produktionsprozeß verlaufen. Vielmehr erfordert sie eine von gesamtgesellschaftlichen Zusammenhängen ausgehende Distanzierung von der erfahrbaren Arbeitsaufgabe. Die Fähigkeit hierzu ist in der Sozialisierung der ArbeitnehmerInnen angelegt, nämlich dadurch, daß diese Sozialisierung nicht in erster Linie über das Erlernen der Berufsrolle verläuft. Außerdem entwickelt die berufliche Ausbildung Fähigkeiten, die innerhalb der Arbeit nie voll ausgelastet werden. Diese mag wohl Eigenverantwortung und Selbständigkeit erforderlich machen, jedoch stets nur zur Erfüllung vorbestimmter Funktionen: Sie verlangt „Autonomie innerhalb der Heteronomie".

Die Fähigkeit, die kapitalistischen Produktionsverhältnisse grundsätzlich in Frage zu stellen, schließt jedoch nicht auch gleichzeitig praktische Möglichkeiten ein, die in diese Richtung führen könnten. Solche Möglichkeiten können nicht von den ArbeitnehmerInnen als solchen am Arbeitsplatz wahrgenommen werden (man denke an Instandhaltungsspezialisten automatischer Anlagen, an

Beschäftigte in Atomkraftwerken oder in der Chemischen Industrie) sondern nur von ihnen in ihrer Eigenschaft als Bürger, als Verbraucher, als Mieter oder als Benutzer privater und öffentlicher Einrichtungen; hier haben sie an überbetrieblichen gesellschaftlichen Verhältnissen Anteil und fühlen sich einer viel größeren Gemeinschaft zugehörig als nur ihrem Betrieb.

Es kann bzw. müßte die Aufgabe gewerkschaftlicher Arbeit sein, dieses Gefühl einer erweiterten Zugehörigkeit, Verantwortlichkeit und Solidarität und die damit verbundene Distanzierung zur vorbestimmten Berufsrolle zu beleben. Allerdings müßte sich dabei das Selbstverständnis der Gewerkschaftsbewegung ändern. Ihre Aufgabe bestünde dann nicht mehr allein darin, die Interessen der modernen Arbeitnehmer als solcher zu vertreten und zu verteidigen, sondern auch darin, ihnen die Möglichkeit zu geben, ihre berufliche Tätigkeit in Zusammenhang mit der von der Logik der Kapitalverwertung bestimmten wirtschaftlichen und politischen Entwicklung zu sehen. Dies kann in vielen Formen geschehen: durch Arbeitskreise, durch öffentliche Diskussionen und kritische Untersuchungen, welche die gesellschaftspolitischen Implikationen technischer Innovationen und ihre Auswirkungen auf die Umwelt zum Inhalt haben. Was für die Arbeitnehmer eines Betriebes vorteilhaft sein könne, schreibt Hinrich Ötjen, sei unter Umständen für andere mit Nachteilen oder mit verringerten Zukunftschancen verbunden, und er fährt fort: „Hier müßte mindestens über solche Interessengegensätze (...) vor Ort eine öffentliche Auseinandersetzung organisiert werden, wenn die Gewerkschaften interessant bleiben wollen, denn sonst werden neue Bewegungen, in die sich die Arbeitnehmer mit ihren jeweiligen Interessen einbringen können, für sie interessanter als die Gewerkschaften. Die bisherige gewerkschaftliche Immobilität bietet für die Arbeitnehmer häufig Anlaß, Bürgerinitiativen zu gründen, sie kapitulieren vor den gewerkschaftlichen Schwierigkeiten, einen solchen Dialog innergewerkschaftlich zu organisieren."[4]

Hier wird deutlich: Kapitalismuskritik und sozialistisches Bewußtsein knüpft bei modernen Arbeitnehmern eben meistens nicht direkt an die Arbeitserfahrung an oder ergibt sich aus ihr. Das „Subjekt" eines sozialistischen Gesellschaftsentwurfs entwickelt sich also nicht mehr im kapitalistischen Produktionsverhältnis als Klassenbewußtsein des Arbeitnehmers als solchem, sondern eher bei einem Arbeitnehmer, der als Bürger etwa im Wohnbereich, wie auch die meisten anderen seiner Mitmenschen, durch die Folgewirkungen kapitalistischer Entwicklung seiner sozialen und natürlichen Lebenswelt enteignet wird. Ganz in diesem Sinne schreibt Horst Kern, daß es so etwas wie „die natürliche Widerspenstigkeit des Sachverstandes gegen herrschaftliche Verengungen" nicht gebe. Vielmehr würden die kritischen Erwägungen bei modernen Arbeitnehmern dadurch freigesetzt, daß diese „vorzugsweise nicht inner- sondern außerhalb ihrer eigentlichen Arbeitsrollen mit der Mangelhaftigkeit der kapitalistischen Version des modernen Lebens konfrontiert werden."[5] Auch die These von Alain Touraine mag hier richtig erscheinen, wodurch der zentrale Konflikt nicht mehr in dem Gegensatz zwischen lebendiger Arbeit und Kapital besteht, sondern in dem zwischen den großen wissenschaftlich-technisch-bürokratischen Apparaten,⁶ die ich – in Anlehnung an Max Weber und Lewis Mumford – als „bürokratisch-industrielle Megamaschine" bezeichnet habe, und einer Bevölkerung, die sich durch Expertenkultur, durch Fremdbestimmung ihrer Bedürfnisse, durch berufliche Alleswisser und durch Technisierung der Lebensumwelt ihrer Möglichkeit, das eigene Leben selbst zu gestalten, beraubt fühlt. Nichts sollte allerdings daran hindern, in der bürokratisch-industriellen Megamaschine und ihrer Führungsschicht auch den Ausdruck einer für den Kapitalismus charakteristischen ökonomischen Rationalität zu erkennen, die sich in industriellem Wachstum, Verwertung immer größerer Kapitalmassen, Vergeldlichung und Verberuflichung sozialer und zwischenmenschlicher Beziehungen niederschlägt.

5. Die Unzulänglichkeit einer Analyse, die hauptsächlich auf den in den „neuen sozialen Bewegungen" enthaltenen kulturellen Widerstand gegen die „Kolonialisierung der Lebenswelt" setzt, liegt darin, daß diese Bewegungen die Vorherrschaft der im Kapital verkörperten ökonomischen Rationalität nicht bewußt und konkret angreifen. Diese Bewegungen sind wohl anti-technokratisch, d.h. gegen die kulturelle Vormacht der führenden Schicht der herrschenden Klasse gerichtet, doch treffen sie die Herrschaftsverhältnisse bloß in ihren kulturellen Voraussetzungen und sozialen Folgewirkungen, nicht jedoch in ihrem ökonomisch-materiellen Kern. Die neuen sozialen Bewegungen werden erst dann zu Trägern von sozialistischen Transformationen werden können, wenn sie sich nicht nur mit den „modernen Arbeitnehmern" sondern auch mit dem heutigen Äquivalent des entrechteten, unterdrückten und verelendeten Proletariats verbünden, d.h. mit dem postindustriellen Proletariat der Arbeitslosen, der prekär, gelegentlich, auf Abruf oder in Teilzeitarbeit Beschäftigten, die sich mit ihrer Erwerbsarbeit und ihrer Stellung im Produktionsprozeß weder identifizieren können noch wollen. Schätzungen, wonach diese Gruppe in den 90er Jahren 50 % der Erwerbsbevölkerung ausmachen dürfte, erweisen sich mittlerweile als realistisch: In der BRD wie auch in Frankreich ist mehr als die Hälfte der in den letzten Jahren neu eingestellten Arbeitnehmer auf prekären oder Teilzeit-Arbeitsplätzen beschäftigt. Insgesamt machen Arbeitnehmer, die in dieser Weise berufstätig sind, bereits mehr als ein Drittel der Erwerbsbevölkerung aus. Zusammen mit den Arbeitslosen gibt es also 40-45 % „postindustrieller Proletarier", in Großbritannien und den Vereinigten Staaten sogar 45-50 %. Die Zweidrittelgesellschaft ist damit bereits unterschritten.⁷

Nun wäre es ein Irrtum, in den ca. 40 % vom „normalen", ganzzeitigen Arbeitsverhältnis Ausgeschlossenen nur Menschen zu sehen, die sich alle nach einem Vollzeitarbeitsplatz sehnen. In ihrer jüngsten Untersuchung zum Thema 35-Stunden-Woche⁸ kommt die italienische Metallarbeitergewerkschaft Fiom-Cgil zu denselben Schlüssen wie ähnliche Arbeiten aus Frankreich oder der Bundesrepublik Deutschland. Danach haben wir es mit einem gesellschaftlichen Wandel zu tun, der dazu führt, daß Arbeit nur noch einen bescheidenen Platz im Leben der Menschen einnimmt. Arbeit als Lohnarbeit verliert ihre Zentralität, wobei es sich eher um eine Minderung der Sozialisierungsfunktion der Arbeit als um die Weigerung zu arbeiten handeln dürfte. Gewünscht sei Arbeit nur, wenn sie den Charakter autonomer und kreativer Tätigkeit besitze. Ansonsten werde sie allein in Zusammenhang mit dem durch sie vermittelten Einkommen gesehen, für Frauen auch als Weg, sich von der Familie unabhängig zu machen.

Auch Rainer Zoll gewann aufgrund eingehender Untersuchungen, die sich v.a. auf Jugendliche beziehen, ähnliche Ergebnisse und beschreibt zusammenfassend, wie „das Aufbrechen der alten Identitätsstrukturen" diese „in ihrer Suche nach einer eigenen Identität" auf sich selbst zurückwerfe. Sie könnten nie die totale, starre Identität, die sich aus tradierten familiären und ständischen Berufsrollen ergebe, erlangen, sondern bestenfalls eine offene, in kommunikativem Verkehr legitimierte, niemals definitive, die auf „Selbstverwirklichung" beruhe. Die beruflichen Wahlmöglichkeiten, die sich einem/r Jugendlichen böten, seien größer denn je, aber die Chancen, wirklich zu finden, was er/sie suche, d.h. eine Arbeit mit kreativen und sozial nützlichen Aspekten, in der er/sie sich selbst verwirklichen könne, seien außerordentlich gering. Die Zahl solcher Arbeitsplätze wird auf 5 % geschätzt. Es sei daher verständlich, wenn viele das Rennen darauf bereits aufgegeben hätten, bevor es überhaupt begonnen habe. Die offensichtliche Folge dieser Situation bestehe darin, daß die Individuen die Suche nach Selbstverwirklichung auf andere Terrains als die berufliche Arbeit verlagerten.[9] Es darf also nicht verwundern, daß einer schon älteren italienischen Umfrage zufolge Jugendliche es oftmals vorziehen, Teilzeitarbeit anzunehmen, prekäre oder zeitlich begrenzte Arbeitsverhältnisse einzugehen, und nach Möglichkeit abwechselnd verschiedenen Tätigkeiten nachzugehen; selbst bei Universitätsstudenten mit beschränkten materiellen Mitteln sei die am meisten angestrebte Berufstätigkeit diejenige, die für die eigenen kulturellen Aktivitäten am meisten Zeit lasse.[10] Die Unmöglichkeit, für beinahe die Hälfte der Erwerbsbevölkerung stabile, gesellschaftlich nützliche und ökonomisch rationale Vollzeitarbeitsplätze zu schaffen, entspricht somit dem Wunsch eines bedeutenden Teils der jüngeren Erwerbspersonen, nicht ganzzeitig und lebenslänglich in eine Karriere oder eine berufliche Beschäftigung eingebunden zu sein, die nur höchst selten alle persönlichen Fähigkeiten fordert und nicht als Selbstverwirklichung gelten kann.

Was verbindet nun dieses postindustrielle Proletariat der Erwerbspersonen, die sich nicht mit ihrer Stellung im Produktionsprozeß identifizieren können, mit den „modernen Arbeitnehmern"? Beide Schichten erfahren die Brüchigkeit des auf meßbarer Arbeitsleistung gegründeten Lohnverhältnisses. Sowohl für die nicht ganzjährig und ganzzeitig arbeitenden prekären als auch für die Kernbelegschaften „moderner Arbeitnehmer" gilt, daß ihre effektive Arbeit nicht ständig gebraucht wird. Die erste Gruppe wird für begrenzte, meist nur kurzfristig voraussehbare Zeitabschnitte benötigt, die zweite in oftmals ganz unvoraussehbaren Situationen, die mehrere Male am Tag oder auch nur relativ selten auftreten können. „Prozeßarbeiter", Instandhaltungsspezialisten oder auch Feuerwehr oder Pflegepersonal müssen ständig zur Verfügung stehen und im Notfall auch zwanzig Stunden lang ununterbrochen arbeiten. Sie werden für ihre Disponibilität und nicht nur für ihre Qualifizierung bezahlt. Sie sind im Dienst, auch wenn sie nicht tätig sind. Für die prekär Beschäftigten hingegen wird nur die Zeit bezahlt, in der sie effektive Arbeit leisten, obwohl es für Industrie- und Dienstleistungsbetriebe überaus wichtig ist, auf Abruf über disponible, willige und fähige zusätzliche Arbeitskräfte verfügen zu können. Aus eben diesem Grunde ist auch die Forderung der prekär – meistens weniger als sechs Monate im Jahr – Beschäftigten ganz legitim, ebenfalls während der von ihnen nicht verschuldeten, der Wirtschaft aber förderlichen Unterbrechungen ihres Lohnarbeitsverhältnisses für ihre Disponibilität entlohnt zu werden.

Es geht hier also um eine Entkoppelung von Einkommen und Arbeitszeit und nicht von Einkommen und Arbeit selbst. Diese Forderung ist durchaus rational, da ja infolge der durch technische Innovationen erzielten Produktivitätssteigerungen der gesamtwirtschaftliche Produktionsprozeß immer weniger Arbeit erfordert. Unter diesen Umständen wird es widersinnig, die gesamtwirtschaftlich ausgeschüttete Lohnsumme weiter vom geleisteten Arbeitsvolumen und das individuelle Einkommen von der individuell geleisteten Arbeitszeit abhängig zu machen. Allein aus ideologischen, herrschaftspolitischen Gründen wird daran festgehalten, Arbeitszeit weiter zur Grundlage der Verteilung gesellschaftlich produzierten Reichtums zu machen. Das Lohnverhältnis wird für das nicht mehr ganzzeitig oder ganzjährig beschäftigte postindustrielle Proletariat zum offensichtlichen Ausdruck eines Herrschaftsverhältnisses, welches seine Legitimität früher auf die heutzutage hinfällige ökonomische Rationalität des Leistungsethos gründete. Sich aus diesem Herrschaftsverhältnis zu befreien, ist eine den „modernen Arbeitnehmern" und dem postindustriellen Proletariat gemeinsame Zielsetzung, wobei dieses Ziel allerdings von beiden in höchst differenzierter Weise verfolgt wird. Für das postindustrielle Proletariat der RandarbeitnehmerInnen geht es hauptsächlich darum, die häufigen Unterbrechungen ihres Lohnarbeitsverhältnisses in neue Freiheitsräume umfunktionieren zu können, also zu zeitweiliger Arbeitslosigkeit berechtigt, statt zu ihr verurteilt zu sein. Zu diesem Zweck benötigen sie das Recht auf ein ausreichendes Grundeinkommen, welches neue Lebensstile und Formen der Eigenarbeit und Selbstbetätigung erlaubt. Für die Kernbelegschaften „moderner ArbeitnehmerInnen" sowie für die anderen InhaberInnen gesicherter, ganzzeitiger Arbeitsplätze mögen Formen der Zeitsouveränität, wie selbstgestaltete Flexibilität der Arbeitszeiten oder auch lineare Verkürzungen der wöchentlichen Regelarbeitszeit, attraktiver erscheinen.

Dies mag als eine neue Form der früheren sozialen Schichtung erscheinen mit der Unterscheidung zwischen Facharbeiterschaft auf der einen und Proletariat auf der anderen Seite, wobei wie in früheren Zeiten das heutige Proletariat sich hauptsächlich gegen die Willkürlichkeit der Herrschaftsverhältnisse auflehnt, welche sich in dem absurden Zwang ausdrückt, von Lohnarbeit leben zu müssen, die in nicht genügendem Ausmaß vorhanden ist, während andererseits Autonomie innerhalb und außerhalb des beruflichen Lebens zum zentralen Anliegen der „modernen ArbeitnehmerInnen" wird. Die Grenzen zwischen den beiden Schichten sind folglich viel labiler, als es auf den ersten Blick den Anschein haben mag und könnten auch sehr weitgehend abgebaut werden. Fortschreitende allgemeine Arbeitszeitverkürzungen müssen ja logisch zu einer Umverteilung der Arbeit führen, wobei die qualifizierten Arbeitsplätze einer weit größeren Anzahl der Erwerbspersonen zugänglich werden würden und umgekehrt das Recht und die Möglichkeit auf Unterbrechungen des Lohnarbeitsverhältnisses für alle gelten könnte. Ein Bündnis beider Schichten erscheint somit durchaus möglich, und zwar auf der Ebene der Forderung nach Arbeitszeitverkürzung, vorausgesetzt, daß eine solche nicht zu einer Zwangsjacke wird, sondern die Autonomie innerhalb und außerhalb der Arbeit vergrößert.

Die Verkürzung der durchschnittlichen, zu ungekürztem Einkommen berechtigenden Jahresarbeitszeit oder sogar der Arbeitsmenge, welche im Laufe von vier oder sechs Jahren zu leisten ist, bietet diesbezüglich die größten Spielräume und Wahlmöglichkeiten. Die 30-Stunden-Woche beispielsweise, deren Durchsetzung sich die Gewerkschaften und Linksparteien der meisten europäischen Industrieländer zum Ziel gesetzt haben, entspricht einer Jahresarbeitszeit von ca. 1380 Stunden; mit dem Recht auf ein Sabbatjahr verbunden, einem Durchschnitt von ca. 1150 Stunden im Jahr. In einer Gesellschaft, die alle Arbeitskräfte nicht mehr ganzzeitig und ganzjährig braucht, liegt es auf der Hand, Arbeitszeitverkürzung ohne Einkommensverlust auch in der Form des Rechtes auf längere Unterbrechungen der Arbeit vorzusehen. Dieses Recht haben sich bis zu Beginn des 20. Jahrhunderts Gesellen und Facharbeiter der Industrie stets genommen. Abwechslung, Wandern, neue Erfahrungen zu sammeln gehörten für sie zur menschlichen Würde. Arbeitszeitverkürzung darf folglich „nicht nur als technokratisches Mittel zur gerechteren Verteilung von Arbeit" angesehen werden, die es allen ermöglicht, ein unbestreitbares Recht auf ihren Anteil gesellschaftlichen Reichtums zu erwerben, „sondern als das gesellschaftsverändernde Ziel, den Menschen mehr 'disponible Zeit' zu verschaffen."[11] Diese kann beliebig, je nach Lebenslage genützt werden, zum Experimentieren anderer Lebensstile oder eines zweiten außerberuflichen Lebens. Auf alle Fälle grenzt sie den Bereich der ökonomischen Rationalität ein. Eine sozialistische Bedeutung hat sie insofern, als sie mit einem Gesellschaftsentwurf verbunden ist, der ökonomische Ziele in den Dienst individueller und gesellschaftlicher Autonomie stellt.

Jacques Delores hat darauf hingewiesen, daß vor vierzig Jahren ein 20jähriger Arbeitnehmer darauf vorbereitet sein mußte, ein Drittel seines wachen Lebens bei der Arbeit zu verbringen. Heute beläuft sich seine Arbeitszeit auf nur ein Fünftel seiner wachen Zeit, und sie wird weiter zusammenschmelzen. Ab dem 15. Lebensjahr verbringt man heute mehr Zeit vor dem Fernseher als bei der Arbeit.[12] Wenn sich eine sozialistische Bewegung dem kulturellen, zwischenmenschlichen, gemeinschaftlichen Leben nicht mindestens ebenso intensiv zuwendet wie dem Arbeitsleben, wird sie sich gegenüber der kapitalverwertenden Freizeit und Kulturindustrie nicht durchsetzen können. Eine Chance hat sie nur, wenn sie bewußt darauf besteht, wachsende Freiräume für die Entwicklung einer vielseitigen, kommunikativen, von warenförmigen (Ver-)Kaufbeziehungen befreiten Alltagskultur und Alltagssolidarität zu schaffen.

6. Die Ausdehnung der von ökonomischem Kalkül und ökonomischen Sachzwängen befreiten Bereiche kann nicht bedeuten, daß eine sozialistische oder alternative Ökonomie an die Stelle der kapitalistischen tritt. Es gibt bis heute keine andere Betriebswirtschaftswissenschaft als die kapitalistische. Die Frage ist allein, inwiefern inner- und überbetrieblich die Kriterien ökonomischer Rationalität denen anderer Rationalitätstypen untergeordnet werden sollen. Kapitalistische ökonomische Rationalität ist auf größtmögliche Effizienz angelegt, welche sich am pro Quantum zirkulierenden und fixen Kapitals erwirtschafteten „Surplus" bemißt. Sozialismus muß aufgefaßt werden als die Einbindung kapitalistischer Rationalität in demokratisch ausgearbeitete Rahmenbedingungen, die der Erreichung demokratisch festgesetzter gesellschaftlicher Ziele dienen sollen, und sich natürlich auch in der innerbetrieblichen Begrenzung der ökonomischen Rationalität niederschlagen.

Es kann folglich nicht darum gehen, den öffentlichen oder privaten Betrieben Bedingungen zu diktieren, die die Berechnung ihrer realen Kosten und Leistungen unmöglich machen oder mit auf ökonomische Effizienz abzielenden Initiativen unvereinbar sind und folglich eine ökonomisch rationale Betriebsführung verhindern. Arbeitszeitverkürzung kann, wenn sie allgemein gelten soll – und das muß sie aus Gründen der Gerechtigkeit –, nicht auf rein betrieblicher Ebene erfolgen und von der jeweiligen betrieblichen Produktivitätssteigerung abhängen. Der allen garantierte Einkommensausgleich bei allgemeiner Arbeitszeitverkürzung kann auch nicht durch eine überbetriebliche Besteuerung der betrieblichen Produktivitätssteigerungen (Maschinensteuer) finanziert werden, sondern muß durch für die Betriebe kostenneutrale, in allen Ländern der EG gültige indirekte Steuern garantiert sein. Aber das ist bereits ein anderes Kapitel.

Anmerkungen

1 Claussen, D.: Postmoderne Zeiten, in: Krämer, H.L., C. Leggewie (Hrsg.): Wege ins Reich der Freiheit, Berlin 1989, S. 51
2 Zoll, R.: Neuer Individualismus und Alltagssolidarität, in: Krämer, Leggewie, a.a.O., S. 185
3 Negt, O.: Lebendige Arbeit, enteignete Zeit, Frankfurt/New York 1984, S. 188
4 Ötjen, H.: Krise der Gewerkschaften, MS, Hattingen 1989
5 Kern, H.: Zur Aktualität des Kampfs um die Arbeit, in: Krämer, Leggewie, a.a.O., S. 217
6 Touraine, A.: Un désir d'histoire, Paris 1977
7 Lecher, W.: Zum zukünftigen Verhältnis von Erwerbsarbeit und Eigenarbeit aus gewerkschaftlicher Sicht, WSI Mitteilungen 3, 1986, S. 256 ff
8 so der Bericht von Bruno Vecchi, in: Il Manifesto, 1.7.89
9 Zoll, R.: Nicht so wie unsere Eltern! – Ein neues kulturelles Modell? Opladen-Wiesbaden, 1988
10 Benvenuto, S., R. Scartenazzi: Verso la fine del Giovanilism Inchiesta, Bari, Nov.-Dez. 1981, S. 72
11 Glotz, P.: Die Malaise der Linken, in: Der Spiegel, Nr. 51, 1987
12 Delors, J.: La France par l'Europe, Paris 1988, S. 197

Frigga Haug

Zur Aktualität von Marxismus-Feminismus

1. In der zwischen Arbeiterbewegung und Frauenbewegung bestehenden Blokkade lassen sich am Ende der achtziger Jahre zwei Verschiebungen konstatieren: die „Quotierungsbeschlüsse" der SPD und die im neuen Programmentwurf dieser Partei vorgesehene „Erweiterung des Arbeitsbegriffs", wonach auch Hausarbeit als Arbeit angesehen werden könnte. In beiden Politikvorschlägen sind Einsichten über einen Zusammenhang von Kapitalismus und Patriarchat enthalten, der jedoch weitgehend unbegriffen bleibt; daher kommen diese Reformen als bloße Zugeständnisse angesichts einer nach wie vor unhaltbaren Situation, die dadurch gekennzeichnet ist, daß keine Rechtsvorschrift, kein Modellversuch, keine Selbstverpflichtung nennenswert in die gesellschaftsweite Benachteiligung der Frauen eingreife. Wenn sich trotz siebzigjähriger rechtlicher Gleichheit auf vielen Ebenen der Frauenanteil in keinem nennenswerten öffentlichen Bereich mit Ausnahme des der Prostitution erhöht hat, dann haben wir offensichtlich die Gegenkräfte bislang nicht so begriffen, daß ein erfolgreicher Kampf gegen sie geführt werden könnte. Was wir nicht wirklich verstanden haben, ist der Zusammenhang von Herrschaftsstrukturen in unseren kapitalistischen Gesellschaften. Die Realität beweist, daß die Frauen sich die vorhandenen Strukturen nicht zu eigen machen können. Daraus läßt sich die Hoffnung schöpfen, daß sie die Strukturen ändern, wenn sie auf andere Weise als durch einen Wettkampf mit den herrschenden Männern, der nach recht undurchsichtigen Regeln stattfindet, in diese hineingelangen. Eine Voraussetzung für eine strukturelle Änderung besteht darin, daß die Quotierung auch wirklich durchgeführt wird, daß sie über die Parteistrukturen hinaus die gesellschaftlichen Bereiche bis hin zum Arbeitsmarkt ergreift und alte Strukturen der Arbeitsteilung umbricht. Zweifellos gehört der Quotierungsbeschluß zur „alten Gleichstellungspolitik", schließlich besagt er ja nichts anderes, als daß Frauen den gleichen Anteil an Gesellschaft haben sollen wie Männer. Insofern hat diese Maßnahme mit dem politisch-kulturellen Aufbruch der neuen Frauenbewegung wenig zu tun. Auf der anderen Seite schlägt ein solcher Beschluß jedoch auch der alten Politik der Arbeiterbewegung ins Gesicht, enthält er doch das Eingeständnis, daß es zusätzlich zu den ökonomisch begriffenen Produktionsverhältnissen unbegriffene Geschlechterverhältnisse gibt, die, wenn sie weiterhin ingnoriert werden, im Selbstlauf eine immer schärfere und zugleich immer mehr anachronistische Teilung in eine männliche Öffentlichkeit und eine weibliche Privatheit zur Folge haben. Mit dieser Dimension findet sich der Quotierungsbeschluß mitten in den Diskussionen der neuen Frauenbewegung. Wenn Frauen Parlamente, Parteispitzen, Gewerkschaftsführungen und alle anderen öffentlichen Bereiche der Ge-

sellschaft besetzen, dann müßte es möglich sein, eine andere Politik zu machen, die mehr an den Bedürfnissen der Menschen orientiert und weniger technokratisch, herzlos, verschwenderisch und kriegerisch ist. Hinter solchen Vorstellungen steckt nun keinesfalls der Gedanke, daß Frauen im Gegensatz zum anderen Geschlecht „von Natur aus" warmherzige, weiche, freundliche und friedliche Menschen seien, unsere Hoffnung auf die Frauendimension in der Politik entstammt vielmehr der Analyse der geschlechtlichen Arbeitsteilung.

Trotz der Allgemeinheit, mit der Frauenunterdrückung als Folge von Arbeitsteilung gefaßt ist, kann es sinnvoll sein, zum besseren Verständnis der Verknüpfung von Kapitalismus und Patriarchat mit der Analyse dort anzusetzen, wo die Menschen ihr Leben beginnen. Die Produktionsverhältnisse, die sie eingehen, beziehen sich ja auf die Produktion von Leben und von Mitteln für dieses; Menschen reproduzieren sich selbst als Gattung und als Individuen. Von dieser allgemeinsten Grundlage ausgehend schritt die Menschheit fort, um den Bereich der Produktion der Mittel zum Leben immer weiter auszubauen, zu entwickeln, zu rationalisieren und zu beschleunigen, bis die Lebensmittel paradoxerweise nicht hauptsächlich für das Leben, sondern um des Profites willen produziert und verwaltet werden. Das Leben selbst, seine Herstellung, Pflege und Erhaltung werden diesem untergeordnet. Die Zuordnung der Geschlechter auf die beiden großen Bereiche hat eine schmale biologische Grundlage, nämlich die, daß Frauen Kinder gebären, auf der sich eine stets wachsende soziale Konstruktion vermeintlicher Natürlichkeit historisch erhebt. Dies ist das Zivilisationsmodell unserer Gesellschaften. Es bestimmt nicht nur die Arbeitsplätze und ihre Zuordnung zu den Geschlechtern, sondern auch die gesamte Kultur, die Moral, die Normen und Werte, die Vorstellung vom Lebenswerten, die Stellung zur Natur, die Ökonomie der Zeit, die Wissenschaft. Es erhält Festigkeit u.a. als wechselseitiges Verweissystem, was man an der Bedeutung der Worte gut nachvollziehen kann: Aus der Mühsal der Arbeit geht es nach Hause, und aus der Enge des Heims in die Geselligkeit von Fabrik und Büro. Überhöhungen und Erniedrigungen der Orte können je nach Belieben wechseln und zur Stabilität solcher Teilungsverhältnisse in Dienst genommen werden. Die Möglichkeit, aus den Gesetzmäßigkeiten des einen Bereichs in den anderen überzuwechseln, läßt die jeweiligen Unzulänglichkeiten leichter ertragen. Dies gilt insbesondere für diejenigen, für die ein Wechsel systematisch und zugleich einseitig vorgesehen ist: für die Männer. Auch vom Standpunkt der staatlichen Politik ist diese Bereichstrennung von Vorteil, erlaubt sie doch, jeden Sozialabbau, also die Rücknahme gesellschaftlich verallgemeinerter Sorge für das Leben im Namen seiner besseren Erledigung durch Familie und vor allem durch sorgende Frauen zu legitimieren. Die Harmlosigkeit einer solchen Bereichsteilung und gesellschaftlichen Über- und Unterordnung scheint gegeben, solange sie sich auf die Unterdrückung und Ausgrenzung von Frauen durch Männer beschränkt und daher unter Umständen sogar in ihren Extremformen im häuslichen Raum ausgetragen werden kann. Allerdings spricht alles dafür, daß sich die Frauenfrage, da sie im Fundament des kapitalistischen Zivilisationsmodells steckt, als Menschheitsfrage zeigt. Die derzeitigen sich einander überlagernden Krisen – die ökologischen, die der unbeherrschten Produktivkraftentwicklung, die der Überarbeit bei gleichzeitiger Arbeitslosigkeit und die der Verelendung der Dritten Welt – beruhen allesamt auf einem Gesellschaftsmodell, in dem Produktion und Verwaltung von Lebensmitteln nach Maßgabe von Profiten und nicht nach menschlichen Bedürfnissen sich gegen das Leben selbst verselbständigt haben. Die umstandslose Zuweisung des unentgeltlichen, vom Standpunkt der Hauptprinzipien unserer Gesellschaft unwichtigen Bereichs der Pflege und Erhaltung des Lebens an das weibliche Geschlecht, der dann durch Erwerbsmänner geschützt werden soll, führt noch eine weitere Arbeitsteilung mit sich: die Regelung des so geteilten Gemeinwesens als wiederum abgespalteter Bereich professionalisierter Politik gegen Entgelt – wiederum eine Domäne für Männer. Können Frauen in der offiziellen Politik Erfahrungen aus den konkreten Bereichen ihrer Zuständigkeit einbringen und so das Politische aus den Höhen von Paragraphen und lebensfeindlichen Entschlüssen herunterholen? Ihr Einzug in diese Männerdomäne könnte die Struktur der Arbeitsteilung auf eine Weise durcheinanderbringen, daß sich Herrschaft und Unterdrückung nicht in gleicher Weise sicher reproduzieren würden.

Der zwiespältige Charakter des Quotierungsbeschlusses – zwischen Gleichstellung und radikaler Veränderung – zeigt ihn jetzt als Verdichtung, als Brennpunkt, in dem beide Bewegungen, die der Arbeiter und die der Frauen, sich unbehaglich spiegeln können. Ähnliches gilt für den Vorschlag einer „Erweiterung des Arbeitsbegriffes". Im Modus der Preisgabe geht es hier um das Herz der Arbeiterbewegung, nämlich um die identitätsstiftende Arbeit. Der Kampf um die Erwerbsarbeit und die Stellung der Frauen darin ist Bestandteil der Politik der Arbeiterbewegung, aber nicht zentraler Punkt der neuen Frauenbewegung. Die Einbeziehung der Hausarbeit in die als gesellschaftlich nützlich und notwendig anerkannte Arbeit gehört jedoch zu ihren wichtigsten Forderungen und ist zugleich Nährboden für Kritik, selbst aus den Reihen von Sozialisten, die den Feministinnen wohlwollen.

Um auf solch unsicheren Beinen stehen zu können, ist es geraten, einen Blick zurück zu werfen und einige Etappen aus dem Verhältnis der beiden Bewegungen zueinander und der dabei geführten Diskussion um Marxismus und Feminismus in Erinnerung zu rufen.

2. Für die Organisation der Arbeiterschaft war die seit dem Ende der sechziger Jahre dieses Jahrhunderts sich entwickelnde neue Frauenbewegung zunächst ein Moment, welches man ignorieren konnte und welches dann bei wachsender Stärke und Zeitdauer seiner Existenz einzuverleiben war. Umgekehrt stand die neue Frauenbewegung ihrerseits den Arbeiterorganisationen zum Teil in ignorierender Fremdheit gegenüber. Zum Teil auch mit wachsendem Zorn, weil in sie ein Großteil weiblichen sozialistischen Engagements einging, und zwar mit geringer zeitlicher Differenz durchaus in internationalem Maßstab. Der Zorn richtete sich nicht zuletzt gegen Frauen in den Arbeiterorganisationen, die, wie mit einem Denkverbot versehen, bis in die späten achtziger Jahre ganz unbelehrt im Namen des Marxismus behaupten, die Frauenfrage entstehe aus dem Eigentum

an Produktionsmitteln, mithin sei also „das Kapital der wesentliche Frauenunterdrücker", der Befreiungskampf sei demnach zusammen mit männlichen Arbeitern gegen das Kapital zu führen, die Frauenfrage selbst verschwinde mit der Vergesellschaftung der Produktionsmittel. Umgesetzt in Tagespolitik ergeben sich daraus Forderungen nach der Lohngleichheit und der sozialen Absicherung weiblicher Berufstätigkeit sowie Proteste gegen die Übervölkerung der „Industriellen Reservearmee" mit Frauen. Die entsprechende Forschungstätigkeit richtet sich auf die Daten zur sozialen Lage, die Politik besteht in Forderungen an den Staat, die Strategie ist ein Bestandteil des herkömmlichen sozialistischen Kampfes gegen den Kapitalismus. Die wesentlichen Begriffe aus dem Vokabular der Arbeiterbewegung wie Eigentum, Produktivkräfte, Produktionsverhältnisse, Interesse, Klasse oder – eine Ebene tiefer – Arbeitslosigkeit, Lohn, Mutterschutz, Kindergärten, Renten, beziehen sich auf einen analytischen Zugriff auf die Gesellschaft und deren Mißstände, der die von den „neuen Frauen" gefühlten Zwänge nur sehr unzureichend ausdrückt. Die Perspektive, die sich aus der in der Arbeiterbewegung formulierten Forderung nach der emanzipierten Mutter ergibt und sich in der Losung: „Wir wollen alles: Beruf, Familie, Politik", manifestierte, hat mit den Visionen der neuen Frauenbewegung fast nichts zu tun. Denn hier würden, so die Kritik, die Formen, in denen Frauenunterdrückung fortlebt, einfach beim Alten gelassen, so daß sich kaum mehr als ein Gefühl absoluter Überforderung bei solcher Akkumulation von Beruf, Familie, Politik einstellen könne. Die über 20 Jahre andauernde stetige Wiederholung solcher im Rahmen der Arbeiterbewegung entwickelten Sätze, Forderungen und theoretischen Begründungen hat zweifellos dazu beigetragen, daß es in der neuen Frauenbewegung schließlich eine Abkehr von jeder sozialistischen Perspektive gegeben hat.

3. Da die Frauenbewegung aus der Studentenbewegung entstand, galt feministische Kritik anfangs nicht der Politik der Arbeiterbewegung, sondern dem Marxismus. Der Unmut, der aus dem Gefühl entstanden war, in der Version des Marxismus, die sich in der Studentenbewegung entwickelt hatte, nicht enthalten zu sein, richtete sich anfangs gegen das Geschlecht der klassischen Autoren selbst.[1] Bücher wie „Mann Marx und Engels und Bebel als Märchenonkel der Frauenfrage"[2] bemühten sich, patriarchalische Stile in den Lebensweisen der Lehrmeister aufzudecken und auch ihre verstreuten Äußerungen über Frauen zu sammeln und dem allgemeinen weiblichen Gelächter preiszugeben. In der Tat wird man, einmal auf die Spur gebracht, schnell fündig, liest man etwa einen so geachteten Text wie das Kommunistische Manifest mit feministischen Augen. In Äußerungen wie der, daß „die Bourgeoisie auch die Männer gezeugt hat, die diese Waffen führen werden (die ihr den Tod bringen, F.H.) – die modernen Arbeiter, die Proletarier", sind die Frauen so selbstverständlich herausgefallen, wie sie in der Forderung, es gelte „die Stellung der Weiber als bloße Produktionsinstrumente aufzuheben" als selber Handelnde entlassen sind.[3] Solche Entzifferungs- und Entheiligungstaten sind ebenso entlastend wie auf die Dauer sehr begrenzt. Wir wissen auf diese Weise zwar um die Männlichkeit auch des

Marxschen und Engelsschen Geistes, jedoch noch nichts oder nur wenig über das theoretische Fundament, innerhalb dessen die Frauenfrage zu stellen oder auch nicht zu stellen wäre.

Die feministische Kritik richtete sich in der Folge allerdings auch gegen wesentliche Bestandteile des Marxismus, so etwa gegen den Begriff der Klasse und die damit formulierte Theorie einer Herrschaft, die einen Ursprung und eine Richtung, einen Zusammenhang habe und daher zu ihrer vollständigen Aufhebung „nur" dieses einen Klassenkampfes bedürfe. Dieser Auffassung wurde damit begegnet, daß man den Begriff „Geschlecht" (später auch den der „Rasse") in den gleichen Rang wie den der Klasse erhob und das gesellschaftliche System als doppelköpfig, als kapitalistisch und patriarchalisch zugleich betitelte. Die Vorstellung von Herrschaft wurde damit praktisch durch eine Auffassung ersetzt, wonach man sich diese als netzförmige Struktur von Kräfteverhältnissen zu denken habe. Freilich waren in den ersten Vorstellungen vom Patriarchat auch ebenso einseitige Herrschaftsvorstellungen enthalten, wie sie im Kapitalismusbegriff bekämpft wurden, denn zunächst wurde der Unternehmer einfach durch den Mann ersetzt. Die Annahme, daß Herrschaft nur eine Ursache habe und nicht selbst eine vielgestaltige Praxis auf dem Fundament mehrerer einander überlagernder Bedingungen sei, wie dies etwa Marx in der Deutschen Ideologie formulierte, steht auf diese Weise ebenso an der Wiege der Auffassung vom Patriarchat wie an der von der Totalität des Kapitalismus.

Bald schon wandte sich feministische Kritik den Herzstücken des Marxismus zu, dem Begriff der Arbeit und der Werttheorie. Marx hatte an die zu seiner Zeit schon gängige Vorstellung angeknüpft, daß die Arbeit die Quelle allen gesellschaftlichen Reichtums sei und hatte herausgearbeitet, daß die kapitalistische Ausbeutung darauf basiere, daß Arbeitskraft als eine Ware eingekauft werde, die einzigartigerweise mehr Wert zu schaffen in der Lage sei, als sie selbst zu ihrer eigenen Wiederherstellung brauche. Frauenarbeit, so jetzt die feministische Kritik, existiere ja im wesentlichen auch in diesem Bereich, der mit „Wiederherstellung der Ware Arbeitskraft" nur sehr allgemein bezeichnet werde, diese sei nicht nur gesamtgesellschaftlich weitgehend unsichtbar, sondern eben auch in der Marxschen Theorie geradezu systematisch zum Verschwinden gebracht worden. Die langdauernde, auch international geführte Diskussion wurde zunächst wesentlich mit dem Ziel geführt, den „blinden Fleck in der Kritik der politischen Ökonomie" zu finden und zu beweisen, daß die Hausfrauen produktive Arbeit leisten und in den Wert der Ware Arbeitskraft kostenlos eingehen, da auch Hausfrauen mehr arbeiteten als zu ihrer Reproduktion notwendig sei. Diese permanente kostenlose Aneignung weiblicher Arbeitskraft[4] wurde als ständige „ursprüngliche Akkumulation" verstanden. Daher müsse die Werttheorie umgeschrieben werden, weil sie sich allzusehr auf die industrielle Arbeit gestützt habe[5]. In einem anderen Bereich feministischer Diskussion gibt es Versuche, die hausarbeitenden Frauen in der Ersten Welt mit den Subsistenzwirtschaften der Dritten Welt in einen Zusammenhang zu bringen. So etwa wurde die These formuliert, daß die Hausfrauen die innere Kolonie der Männer in der Ersten Welt seien und die Drittweltländer die externe. Insofern sei das Verhältnis jedes Mannes zu einer Frau in der Ersten Welt ebenso ausbeuterisch wie das der imperialistischen Länder zu den Drittweltländern.[6] Andere Autorinnen vertraten die Ansicht, daß Frauen, Natur und Dritte Welt auf der Seite der Ausgebeuteten, alle Männer auf seiten der Ausbeuter stünden.[7] Solche Verlautbarungen können Erfolg haben, weil sie höchst emotional ein allgemeines Gefühl des Unrechts radikalisieren; gleichzeitig können die aus solchem Vergleich entstehende Wut und Agression sich mit unseren Schuldgefühlen gegenüber der Dritten Welt und unserer aus der Naturzerstörung resultierenden Angst verbinden; hinzu kommt die Begeisterung, unverhofft diese Schuldgefühle aus „persönlicher Betroffenheit" in praktische Solidarität verwandeln zu können. Dennoch ist diese Gleichsetzung problematisch und zweischneidig. Vielmehr ist es notwendig, die Form der Hausarbeit zu anderen existierenden Arbeitsformen ins Verhältnis zu setzen. Hausarbeit in unserer Gesellschaft kann im Verhältnis zur Lohnarbeit begriffen werden. So lassen sich historische Veränderungen erfassen und konkrete Politikschritte unter Einbeziehung der unterschiedlichen Produktionsverhältnisse erarbeiten. Auf diese Weise kann man zu dem Ergebnis kommen, daß Hausfrauenarbeit der Lohnarbeit nicht nur untergeordnet ist, sondern zugleich selbst einen gewissen Anachronismus in einer Gesellschaft darstellt, in der die durchschnittliche Lebenserhaltung über ein eigenes Einkommen geschaffen wird. Hausfrauen sind also Menschen, die in unserer Gesellschaft nicht in der Lage sind, sich in der hier üblichen Weise zu reproduzieren, da sie kein eigenes Einkommen haben und deshalb in der gängigen Münze nicht zahlen können. Sie müssen sich mithin ihren Lebensunterhalt auf eine nicht allgemeine, aber geschlechtsspezifische Weise verschaffen, die auf jeden Fall persönliche Dienstleistungen umfaßt und persönliche Abhängigkeit und Unberechenbarkeit bedeutet. Es gibt keinen positiven Zusammenhang zwischen Arbeit und Unterhalt. Ist der Ehemann beispielsweise arbeitslos, nimmt die Arbeit der Hausfrau zu, der Lebensstandard und das Haushaltsgeld aber nehmen gleichzeitig ab. In der Form der Hausfrau findet sich auf jeden Fall eine strukturelle und subjektive Verhinderung von gesellschaftlicher Gleichberechtigung. Die politische Schlußfolgerung daraus lautet, daß unser Kampf als Frauen zugleich an zwei Linien geführt werden muß. Zum einen gewinnt die alte Forderung, die Hausfrauen in die gesellschaftliche Erwerbsarbeit einzubeziehen, neue Aktualität. Zum anderen ist die Frage der Hausarbeit zur Zeit deshalb ganz allgemein auf der Tagesordnung, weil Umbrüche in folgenden zwei Bereichen erfolgen: Durch die Mikroelektronik vollzieht sich eine Art Umbau der Arbeit, die wir in gewisser Hinsicht auch als „Feminisierung der Arbeit" ansehen können. Automationsarbeit ist informationsverarbeitende Tätigkeit und ihrem Charakter nach der herkömmlichen Büroarbeit vergleichbar. Die Merkmale weiblicher Arbeit passen eher auf sie als die der männlichen. Im Kampf um die Arbeitsplätze geht es jetzt darum, an zwei Punkten zu streiten: gegen Arbeitslosigkeit überhaupt mit dem Mittel der Arbeitszeitverkürzung und gegen die Einnahme der Arbeitsplätze an den technologisch neuen Anlagen ausschließlich durch Männer. Es geht also um eine Veränderung der Ausbildung und der Arbeitskultur und damit um eine offensive Arbeitspolitik für Frauen. Der zweite Bereich, dessen Veränderung ansteht, ist der Haussektor als ganzer. Die in Hausfrauentätigkeit abgespaltenen Bereiche sind in eine Krise geraten. Die konservative Regierung versucht, die einzelnen Sektoren in die Familie zurückzubinden, etwa die Altenpflege, die Behindertenfürsorge, die Kindererziehung bis hin zur Verantwortung für Arbeitslose zu Lasten der Hausfrauen. Gegen diese Strategie gilt es offensiv die krisenhaften Bereiche in gesellschaftliche Verantwortung zu überführen.

4. Obwohl wir mit der Ablehnung des von Marx entwickelten Wertgesetzes und seiner Analyse der Lohnarbeit durch Teile der neuen Frauenbewegung nicht einverstanden sind, ist Marx im Spiegel der Frauenfrage sicherlich als schillernde Gestalt anzusehen; denn es steht außer Frage, daß in den Ausführungen der Klassiker so gut wie nichts über die Bedeutung der Geschlechterverhältnisse für das Funktionieren der kapitalistischen Gesellschaft zu finden ist. Richten wir uns also aus der Verehrungshaltung gegenüber einem Wissenschaftler auf und prüfen, ob uns Marx dennoch von Nutzen sein kann. Hierbei ist es der Komplex Arbeit, der vor allem umstritten ist. Die vielfältigen kritischen Stimmen lassen sich folgendermaßen resümieren: Der Marxsche Arbeitsbegriff tauge nicht für die Frauenbefreiung, schlimmer, er scheine eigens erfunden, um die Frauenarbeit verschwinden zu lassen. Arbeit bei Marx, das sei männliches Tun, Eingriff in die Natur bis zu ihrer Zerstörung, Produktion um der Produktion willen, Entwicklung der Technik bis zur Atombombe, Herrschaft des Geistes, der Rationalität über das Leben. Die Befreiung der Arbeit aus kapitalistischen Zwangsverhältnissen sei als die Befreiung des Arbeiters gedacht, nicht als die der Hausfrau. Feministische Kritik beruft sich insbesondere auf die Marxschen Ausführungen zum Doppelcharakter der Arbeit. Seine Analyse der Arbeit als eine Kraft, die zugleich Gebrauchswerte bilden und Tauschwerte schaffen kann, ist fundamental für seine Analyse des Kapitalismus selbst und dessen Dynamik und damit ebenso grundlegend für seine Revolutionstheorie. Eine Gesellschaft, deren treibendes Motiv darin besteht, lebendige Arbeit in tote zu verwandeln (um in Marxscher Metaphorik zu sprechen) und so die tote Arbeit in ihren Formen von Kapital, Maschinen, Fabriken zur Macht über die lebendige werden zu lassen, eine solche Gesellschaft manövriert sich in eine Katastrophe, wenn kein radikaler Eingriff erfolgt. Dieser muß die Grundstrukturen gesellschaftlichen Handelns umstürzen: den Profit als treibendes Motiv, das heißt, die Herrschaft des sich verwertenden Werts über die lebendige Arbeit auf der Grundlage von Arbeitsteilung und Eigentum. In der Analyse des Doppelcharakters geht es um die Lohnarbeit als dominante Form der Verkehrung der Lebenstätigkeit. Der erste praktische Schritt beinhaltet daher die Abschaffung des Privateigentums an den Produktionsmitteln. Der Protest der Frauen, daß diese Bestimmungen den Blick auf den männlichen Arbeiter in seiner historischen Gestalt als Ernährer der Familie und auf die Arbeiterbewegung als politisches Subjekt verengt hätten, scheint zunächst gerechtfertigt. Denn selbst wenn wir zugestehen, daß es die kapitalistische Gesellschaft ist und nicht die Marxsche Analyse, welche die Positionen in dieser Weise anordnet, bleibt doch in solcher Zurechtlegung eine

eigentümliche Leere und Sprachlosigkeit, wenn über Frauen gesprochen werden müßte. Statt jedoch Marx eilig abzuschwören, sollte man prüfen, ob aus seiner perspektivischen Formulierung für die nichtentfremdete Arbeit als „genußvolle Selbstbetätigung bei der Erzeugung des materiellen Lebens" für die Frauenfrage nicht doch vieles zu gewinnen ist. Tatsächlich stellt Marx selbst Frauenunterdrückung genau in den Kontext von entfremdeter Arbeit: „Die freilich noch sehr rohe, latente Sklaverei in der Familie ist das erste Eigentum, das übrigens hier schon der Definition der modernen Ökonomie entspricht, nach der es die Verfügung über fremde Arbeit ist."[8] Die erste entwickelte Verkehrung geschieht durch die Produktion für den Markt, die die Arbeit vergesellschaftet und zugleich Quantität und Tauschwert der Produkte in den Vordergrund rückt. In diesem Zusammenhang zeigen sich Ungleichheiten in den Arbeiten beider Geschlechter. Sobald die unmittelbare Subsistenzproduktion überschritten ist, arbeiten beide für sich und werfen Überschüssiges auf den Markt. Die besondere Stellung der Frauen rührt hier schon daher, daß ein großer Teil ihrer Produktion – Schwangerschaft, Geburt, Aufziehen der Kinder – nicht vermarktet werden kann. Hier deutet sich heute – in der Gestalt von Leihmüttern und Reproduktionstechnologie – ein Nachholen an.

Enthält nicht die besondere Unterdrückung der Frauen mit ihren naturwüchsigen Momenten und mit den darin enthaltenen Ergebnissen sozialer Herrschaft heute unter dem Blickwinkel des von Marx für die menschliche Gesellschaft und die in ihr lebenden Individuen skizzierten Rahmens eine ungeheure Dynamik? In der Arbeitsteilung zwischen Lebens- und Lebensmittelproduktion und in der letzteren noch einmal zwischen Arbeit und freier Tätigkeit, Genuß, ist die Arbeitsteilung zwischen den Geschlechtern auf eine teuflische Weise festgeschrieben. Der Bereich des Lebens wird vom Standpunkt der gesellschaftlichen Lebensmittelproduktion randständig und mit ihm diejenigen, die ihn in erster Linie bevölkern. Zugleich ist die Tätigkeit im gesellschaftlich zentralen Bereich entfremdet, so daß Hoffnung auf Befreiung sich auf jenen randständigen, aber lebendigen Bereich richtet. Auf Frauen kommt die unzumutbare Belastung zu, im Stadium der Unterdrückung die Hoffnung auf ein besseres Leben darzustellen, auf Genuß, Sinnenfreude. Bei Marx finden wir die Bemerkung, daß der Arbeiter in der Arbeit nicht zu Hause sei und wo er zu Hause sei, er nicht arbeite.[9] Mit einem gewissen Recht wurde auch dieser Satz von feministischer Seite kritisiert, da auch hier die Lage der Hälfte der Menschheit übersehen wird, die sehr wohl zu Hause arbeitet und mithin zu Hause ist, wo sie arbeitet. Bei dieser Kritik wird allerdings die in der Marxschen Version angedeutete Blockierung übersehen, die in der doppelten Entzweiung besteht, in der Trennung der Sinnenfreude und des Lebenssinns von der Arbeit und in der Teilung der Arbeit in solche, die einen Lohn bringt und solche, die in dieser Hinsicht nichts gilt, die in der Metapher vom „Nicht in der Arbeit zu Hause sein" ausgedrückt ist.

In dieser Verkehrung besetzen Frauen das Zuhause, den Randbereich, der gleichwohl Zuflucht ist, ein verkehrter Ort der Hoffnung. Die unterdrückende Überhöhung der Frauen wird überlebensnotwendig für die männlichen Lohnarbeiter. In der familiären Zusammenarbeit beider Geschlechter wird sie dauerhaft befestigt.

Der Streit um den revolutionären, ja nur rechtmäßigen Charakter der Quotierungsforderung etwa kreist um eine wichtige Dimension, die die Bewegung der Frauen von Anfang an mehr oder weniger explizit begleitet hat, um die Frage nämlich der Gleichstellung der Geschlechter oder des Beharrens auf dem Unterschied, dem Anderssein, der Differenz. Die Diskussion wird implizit geführt als eine um Reform oder Revolution. Wo die Frauenfrage als soziale Frage begriffen wird, als eine des ungleichen Lohns, der ungerechten Arbeitsplatzchancen etc., streiten die bewegten Frauen um gesellschaftliche Gleichberechtigung; ihr politisches Mittel sind Forderungen, die zumeist an den Staat gerichtet werden. Diese Forderungen sind solche nach Gleichheit, selbst dann, wenn sie die ungleiche Behandlung aufgrund der schlechteren Startbedingungen einklagen, wie dies bei der Quotierung der Fall ist. Das Ziel scheint eine Gesellschaft zu sein, in der Männer und Frauen gleich behandelt werden, nicht eine veränderte Gesellschaft. Diese Aussage ist offenbar widersinnig: Eine Gesellschaft, in der die Geschlechter gleich behandelt werden, ist eine veränderte Gesellschaft. Dies zu begreifen erfordert eine Analyse des Zusammenhangs von Geschlechterverhältnissen und Reproduktion von Herrschaft in dieser Gesellschaft überhaupt, also auch des Zusammenhangs von Kapitalreproduktion, Ausbeutung und Geschlechterunterdrückung.

Aus den vielfältigen Auseinandersetzungen, die in den letzten 20 Jahren in der Frauenbewegung und über sie geführt worden sind, können wir lernen, daß die direkten Versuche, Frauenunterdrückung im Rahmen der Klassenfrage, der Lohnarbeitsfrage und der Frage kapitalistischer Ausbeutung zu analysieren, zu kurz greifen. Frauenunterdrückung ist älter als der Kapitalismus. Umgekehrt überzeugen die ausschließlich auf die Macht der Männer gerichteten Erklärungsversuche auch nicht, obwohl sie den Vorzug haben, näher am Alltag und näher an der Erfahrung zu operieren. Folgen wir den Aktionen der feministischen Frauenbewegung und ihren Artikulationen in den Wissenschaften, so zeigt sich, daß diese durchweg auf die Geschlechterverhältnisse, auf Fragen des Körpers und seiner Repräsentanz in der Welt des Kulturell-Symbolischen gerichtet sind. Sie greifen historisch zurück in die Entstehung patriarchaler Kulturen und voraus in eine androgyne Gesellschaft. Im Kern handelt es sich jedoch um das Problem der Produktion des Lebens oder der Reproduktion der Gattung, um es mit Marx' Worten auszudrücken. Historisch belegbar ist die „weltweite Niederlage des weiblichen Geschlechts" und damit ein herrschaftliches Verhältnis der Menschen untereinander bei dieser Produktion des Lebens lange vor der Entstehung des Kapitalismus und über ihn hinaus. Die Formen, in denen dies geschieht, die Ehe, die Familie, sind daher wesentliche Kampfpunkte in der Frauenbewegung und – ironisch genug – bis auf wenige Ausnahmen Trutzburgen gegen kapitalistische Ausbeutung, für deren Befestigung die männliche Arbeiterbewegung stritt.

Ihre Legitimation in unserer Gesellschaft ist ein riesiges Feld kultureller Selbstverständlichkeiten; dementsprechend finden sich vielfältige Befreiungsaktivitäten von Frauen in diesem kulturell-symbolischen abgesicherten Feld der Sprache, der Bilder, der Sitten und Gebräuche usw.

Der Zusammenhang zwischen Frauenunterdrückung und Kapitalreproduktion kann nicht aus den Gesetzen des Kapitalismus begriffen werden. Umgekehrt ist der Kapitalismus als ein Zivilisationsmodell zu verstehen, welches das Auseinanderklaffen der Bereiche Lebensproduktion und Lebensmittelproduktion zugespitzt hat und sich der überlieferten Herrschaft in dem einen Bereich für seine Zwecke zu bedienen weiß. Auch können wir davon ausgehen, daß der Kapitalismus selbst durch die vorangegangene Geschlechtshierarchisierung seine besondere Färbung erhalten hat und ein männlicher Kapitalismus ist.

5. Allgemeines Regelungsprinzip kapitalistischer Gesellschaften ist der Profit. Er bestimmt, was produziert wird und damit auch, welche Arbeit „produktiv" ist und bezahlt wird. Festgelegt sind damit auch die Kontrahenten: die Lohnarbeit und das Kapital, welches erstere für seine Zwecke ausbeutet. Was geschieht mit all den Arbeiten, die keinen Profit bringen, weil sie zu zeitintensiv und ohne Möglichkeit der Rationalisierung sind, weil der Bedarf nach ihnen zwar dem Überleben der Menschheit und der Erde dient, aber gerade darum als vermeintlich uneigennützig, individuell, luxuriös eingespart werden kann. Hierbei handelt es sich um Bereiche, in denen tätiges Leben ist, wie die Liebe, die Fürsorge, die Befriedigung von Bedürfnissen all derer, die keine Gegenleistung erbringen können: Alte, Kranke, Behinderte, Kinder. Sie aber sollen gerade nicht bezahlt werden, um dem Makel des Tauschs zu entgehen. Auch diese Tätigkeiten werden von der gesellschaftlichen Gesamtarbeit abgespalten, ausgelagert und an eine Menschengruppe gegeben, die sich angeblich dafür besonders eignet: die Frauen. Die Eignung bezieht sich auf die vorhergehende Marginalisierung, Unterwerfung, Unterdrückung, die aus der Verfügung der Männer über die Gattungsreproduktion und damit über die Frauen stammt. Ihre ideologische Rechtfertigung besteht in der Naturalisierung dieses sozialen Verhältnisses. Fortan wird den Frauen die Eigenschaft zugeschrieben, fürsorglich, zärtlich, liebend zu sein. Dieses ins Kulturell-Symbolische transferierte Unterdrückungsverhältnis muß trotz aller materiellen Begründungen auch im Kulturellen ausgetragen werden. Um sich als Menschen zu befreien, müssen Frauen paradoxerweise gegen ihre Natur kämpfen, soweit diese eine ins Biologische verschobene soziale Unterdrückung festschreibt. Alexandra Kollontai forderte dies u.a. für das Verhältnis der Frauen zur Liebe: „Die neue Frau lehnt sich nicht nur gegen die äußeren Ketten auf, sie protestiert gegen das Liebesgefängnis selbst, sie fürchtet sich vor den Fesseln, die die Liebe bei der unserer Zeit eigenen verkrüppelten Psychologie den Liebenden auferlegt." In ihr „gibt es eine Grenze der Anpassung an den Geliebten und ihre atavistische Neigung zur Selbstverleugnung, zur Selbstentäußerung und Auflösung in der Liebe stößt sich an der schon entwickelten, bestimmten menschlichen Persönlichkeit."[10] Insofern verwischt der Begriff des Geschlechts als Äquivalent zum Klassenbegriff das Unterdrückungsverhältnis. An seine Stelle sollte der Naturname „Frau" als die Form treten, in der das Überleben der Menschheit in der Verkehrung eingesperrt ist und in der

die Unterdrückung des weiblichen Teils der Menschheit festgehalten ist. In der praktischen Einengung der Arbeitsfrage auf die profitbringenden Tätigkeiten stellt sich die Gattungsfrage. Das ist heute doppelt wörtlich zu verstehen. Die Produktion um der Produktion willen hat die Menschheit schließlich dahin gebracht, daß die Erde vernichtet zu werden droht, die Nahrungsmittel vergiftet sind, die Städte unbewohnbar werden. Insofern beinhaltet die Frauenunterdrückung zugleich die Ausbeutung und Vernachlässigung der Natur und gefährdet die Existenz der Menschheit.

Die Abspaltung der individuellen Lebensproduktion und -reproduktion aus der gesellschaftlich bezahlten Arbeit hat noch einen weiteren Nutzen für die Reproduktion der Kapitalverhältnisse. Sie dient auch der Naturalisierung von Arbeitsteilungssystemen in der Erwerbsgesellschaft, die zugleich Herrschaftssysteme sind. Da die Arbeitsteilung zwischen den Geschlechtern mit der Natur des einen Geschlechts begründet wird, wachsen auch andere Arbeitsteilungen den Herrschenden und Beherrschten als Naturbegabungen zu und können selbst die Hierarchie unter den Lohnarbeitern noch als natürliche Unterschiede legitimieren. Die Lohnkämpfe werden in dieser Weise und als Männerkämpfe geführt, gekrönt vom männlichen Ernährerlohn, der das Funktionieren des kapitalistischen Zivilisationsmodells in die individuelle Zuständigkeit verlagert. An dieser Stelle steht der Vorschlag, den Arbeitsbegriff um die Hausfrauentätigkeiten zu erweitern. Daß er als Eingriff in das gesamte Zivilisationsmodell des Kapitalismus verstanden wird, ist selbst eine politische Tat und ein kultureller Kampf, für den in 20 Jahren Frauenbewegung Vorarbeit geleistet wurde. Es ist auch ein Kampf gegen männliche Herrschaft, der wegen des Zusammenwirkens von Kapital und Patriarchat nur gewinnbar wird, wenn Männer als Mitkämpfer gewonnen werden.

Unter der Voraussetzung des Patriarchats ist es nicht mehr so rätselhaft, warum Frauen so große Schwierigkeiten haben, in die Sphären des Politischen einzudringen. Da war nicht nur das Wahlrecht, das ihnen bis ins zwanzigste Jahrhundert hinein verweigert wurde; auch Jahrzehnte danach, bis 1989, sind die Parlamente Ausstellungen von Männergestalten. Politik ist ein Beruf, eine Erwerbsarbeit, fällt also in männliche Zuständigkeit. Frauen davon fernzuhalten, ist eine mit viel ideologischem Aufwand betriebene kulturelle Tat. Daher ist der Schlachtruf, mit dem die neue Frauenbewegung begann, daß nämlich das Private das Politische sei, auch eine Verkehrung der herrschenden Verhältnisse, die u.a. gerade in dieser Weise auch auf den Herrschaftscharakter der Abtrennung der politischen Sphäre verweisen konnte. Politik für Männer zu reservieren ist zudem nützlich für diejenigen, die die Gesellschaft so behalten wollen, wie sie ist, so daß wir auch hier von einem Fall wechselseitiger Stärkung von Kapital und Männerherrschaft sprechen können. Daß das Politische überhaupt als eigenes arbeitsteiliges Geschäft betrieben werden muß, statt alle an der Regelung ihrer Gesellschaft zu beteiligen, wird durch ihre männliche Inbesitznahme naturalisiert und legitimiert. Insofern stellt sich mit der Quotierung der politischen Funktionen zugleich die Demokratiefrage.

Es ist an der Zeit, die gesamtgesellschaftliche Arbeitsteilung neu zu besichtigen und in ihrer krisenhaften Zuspitzung anders zu organisieren. Die pragmatische Forderung nach Arbeitszeitverkürzung wäre ein Ausgangspunkt, an dem die Neuverteilung der Gesamtarbeit auf alle Gesellschaftsmitglieder zumindest diskutiert werden könnte, um dabei zugleich aus der Frauenbewegung lernend, die Frauenbereiche als Teil der gesellschaftlichen Gesamtarbeit anzusetzen und zu gewichten und in unsere Strategie bewußt einzubeziehen. Ein zweiter Schritt wäre die Quotierung aller Arbeitsplätze, sozialen Orte und politischen Felder. Diese so harmlos und reformistisch scheinende Forderung nach einer gleichen Teilhabe der Geschlechter an der Gesellschaft untergräbt alle herrschaftssichernden Selbstverständlichkeiten und ist darum Voraussetzung für jede Gesellschaftsänderung, die ans Fundament geht, in welches zugleich die Herrschaft der Männer eingegossen ist, ökonomisch, politisch und kulturell.

Die Quotierung der Geschlechter in den politischen Funktionen kann nicht als einfache Forderung nach Gleichbehandlung verstanden werden, sondern als Schritt in einer Bewegung für eine andere Gesellschaft. Es sollte endlich möglich werden, das Politische, die Zuständigkeit für das gesellschaftliche Gesamt, in die Normalarbeitszeit für alle einzurechnen. Eine solche Bewegung, die die Selbsttätigkeit aller Gesellschaftsmitglieder herausfordert, verhindert die heute wieder aktuelle Wendung, im begrenzten zugestandenen Do-it-yourself entmündigt steckenzubleiben.

6. Die Selbstverständlichkeit, mit der unter dem Namen „marxistisch-feministisch" die großen Fragen der Menschheit abgehandelt werden, könnte Zweifel aufkommen lassen, ob die Endung „feministisch" nicht eine bescheidene Anmaßung ist. Als dieses Doppelwort vor etwa einem Jahrzehnt als Kampfbegriff auftauchte, war es ein Unwort. Die es für sich reklamierten, wurden bezichtigt, den Marxismus ebenso wie sich selbst lächerlich zu machen. Die kurze Geschichte dieser allseits behinderten Wissenschaft und Politik hat gezeigt, daß die feministische Kritik am Marxismus eine an der bestehenden Lesart des Marxismus ist. Die Verkürzung der sich auf Marx berufenden Kämpfe auf die von Lohnarbeit und Kapital, die Fixierung auf nur eine Herrschaft mit einem einzigen Ausgangspunkt, die Vernachlässigung der Lebensproduktion und der in Kultur und Ideologie enthaltenen Frauenunterdrückung ist selbst das Werk einer männlichen Arbeiterbewegungstradition. Freilich erfährt eine solche Lesart Unterstützung durch Marx da, wo er als Universalist verstanden wird, d.h. wo seine Kritik der politischen Ökonomie zugleich als eine Erklärung über die Menschheit als Ganze gedeutet wird. Seine Vorschläge, von den Praxen der Menschen auszugehen, ermutigt dagegen, durch Hineinnahme des Standpunktes der Frauen mehr Dialektik in den vorhandenen Marxismus zu bringen, ja, durch den expliziten Bezug auf das Besondere (der Frauen), statt einer impliziten Gleichsetzung (des Männlichen) mit dem Allgemeinen, die Fassung des Allgemeinen zu radikalisieren. So bleibt Marxismus-Feminismus eine aktuelle Aufgabe für die kommenden Zeiten. Der Herrschaftszusammenhang von Kapitalismus und Patriarchat wird konkret in allen Lebensbereichen herausgearbeitet, um in praktische Politik übersetzt zu werden. Die gleichzeitige Artikulation

von Erfahrungen aus der individuellen Reproduktion mit den großen Fragen der Gesellschaftsstruktur reißt die Fragen der Gleichstellung über die bloße Gleichberechtigung hinaus in eine befreite Gesellschaft. Sie zieht die individuellen Erfahrungen ins Öffentliche und ermöglicht ihre Einbeziehung in den Traum von einer anderen Gesellschaft.

Anmerkungen

1 Vergl. den zusammenfassenden Bericht von Frigga Haug und Kornelia Hauser: Geschlechterverhältnisse. Zur internationalen Diskussion um Marxismus-Feminismus, in: Projekt Sozialistischer Feminismus: Geschlechterverhältnisse und Frauenpolitik. Argument-Sonderband 110, Berlin 1984
2 Burgand, R., G. Karsten: Mann Marx und Engels und Bebel als Märchenonkel der Frauenfrage, Berlin 1973
3 Marx, K., F. Engels: Manifest der Kommunistischen Partei, in: Karl Marx, Friedrich Engels, Werke, Band 4, Berlin (DDR) 1959, S. 468, 478
4 Vergl. zu dieser Frage insbesondere die von Heidi Hartmann initiierte Diskussion, in: dies.: The unhappy Marriage of Marxism and Feminism, in: Women and Revolution, London 1981
5 Bekannt geworden sind u.a. folgende Arbeiten: dalla Costa, M.R.: The Housewife and her Labour under Capitalism, in: New Left Review 1/2, London 1974; Werlhoff, C.v.: Frauenarbeit: Der blinde Fleck in der Kritik der politischen Ökonomie, in: Beiträge zur feministischen Theorie und Praxis 1, Köln 1978; Bennholdt-Thomsen, V.: Subsistence Production and Extended Reproduction, in: Kate Young u.a.: Of Marriage and the Market, London 1981; Mies, M.: Marxistischer Sozialismus und Frauenemanzipation, Den Haag 1981; Pohl, S.: Frauenlohn und Werttheorie, in: Das Argument 140, 1983
6 v. Werlhoff, a.a.O.
7 So in den Formulierungen von Maria Mies und Veronika Bennholdt-Thomsen über eine Konferenz der Grünen in: Frauen und Ökologie
8 Marx, K., F. Engels: Die deutsche Ideologie, in: Karl Marx, Friedrich Engels, Werke, Band 3, Berlin (DDR) 1958, S. 32
9 Marx, K.: Ökonomisch-philosophische Manuskripte, in: Karl Marx, Friedrich Engels, Werke, Ergänzungsband. Erster Teil, Berlin (DDR) 1968, S. 514
10 Kollontai, A.: Die neue Moral und die Arbeiterklasse, Münster 1977, S. 20, 39

II. Die Linksparteien und die Gewerkschaften Westeuropas am Ende des 20. Jahrhunderts

Giorgio Napolitano

Die Kräfte der Europäischen Linken

1. Wenn man heute von einer Europäischen Linken spricht, so stellt sich zunächst die Frage: Handelt es sich dabei um einen unumstrittenen, allgemein anerkannten und in gleicher Weise verstandenen Begriff? Die Beschäftigung mit dieser Frage, ja mit der Frage einer Europäischen Linken überhaupt, ist angesichts der großen Herausforderungen der Gegenwart, welche die Entwicklung neuer erfolgversprechender Strategien für den politischen und sozialen Fortschritt in Europa und für die Vollendung der „großen Entwürfe" notwendig machen, von zentraler Bedeutung. Untersuchungen, Analysen und politische Positionen, die im Laufe der achtziger Jahre in diesem Zusammenhang erarbeitet worden sind, haben sich hauptsächlich mit den politischen Kräften, meist mit den repräsentativen Parteien der Linken in Westeuropa, befaßt.

Vielfach wird heute bestritten, daß man überhaupt noch von einer „Linken" oder „Rechten" im traditionellen Sinne sprechen könne. Diese Unterscheidungen gehörten der Vergangenheit an, so wird argumentiert, zu groß seien die Vermischungen und Annäherungen aneinander. Im Gegensatz zu solchen Auffassungen, die entweder polemisch gemeint oder an besondere politische Situationen und Absichten gebunden sind, läßt sich feststellen: Seit dem Ende der siebziger Jahre haben wir es mehr als je zuvor mit einer Rechten zu tun, die diesen Namen im vollen Umfang verdient. Dies macht sich auf der politischen, ideologischen und kulturellen Ebene virulent bemerkbar und breitet sich, wenn auch in unterschiedlichem Ausmaße, in den verschiedenen konservativen und gemäßigten Parteien Europas aus, wobei das Ziel darin besteht, die Linke frontal zu treffen. Diese mag zwar mehr oder weniger abwartend reagiert und sich auch zu defensiv verhalten haben, was jedoch nicht bedeuten kann, daß der alte Antagonismus zwischen Rechts und Links verschwunden wäre. Man sollte außerdem nicht übersehen, daß wichtige europäische Linksparteien beträchtliche politische Initiativen ergriffen und innovatorische Anstrengungen unternommen haben.

Viele mißtrauen dem Begriff Europäische Linke, da es sich hierbei lediglich um ein Synonym für die Europäische Sozialdemokratie, d.h. die „Familie der Parteien der Sozialistischen Internationale handle, bzw. um einen doppeldeutigen Begriff, der darauf abziele, den Beitrag der kommunistischen Parteien hervorzuheben, der jedoch über die KPI hinaus nicht als relevant angesehen werden könne.

Hier soll jedoch einem nichtinstrumentellen Gebrauch des Terminus Europäische Linke das Wort geredet werden, und zwar im Sinne einer umfassenden und weniger statischen Auffassung der in Betracht kommenden sozialen, kulturellen und in weitestem Sinne politischen Kräfte, die man nur zum Teil in den großen

Parteien wiederfindet oder in den Parlamenten repräsentiert sieht und die doch die komplexe Dialektik der Bewegungen, Interessen und Positionen mit bestimmen und beleben.

Wenn man von der Europäischen Linken in ihrer umfassenderen Bedeutung spricht, denkt man vor allem auch an die Gewerkschaften. Dabei kann man sich heute nicht mehr darauf beschränken, die großen – historisch gewachsenen – Unterschiede festzustellen, die zwischen den Ländern Mittel- und Nordeuropas mit einem hohen gewerkschaftlichen Organisierungsgrad und einer gegenseitigen Durchdringung von Gewerkschaften und Parteien (sowie Regierungen) der Linken bestehen, und solchen Ländern, in denen nicht nur der gewerkschaftliche Organisationsgrad niedriger liegt, sondern in denen auch die Beziehungen zwischen Gewerkschaften und politischen Kräften problematischer sind. Diese Unterschiede, die sich in den achtziger Jahren noch verstärkt haben, beeinflussen noch immer die nationalen Strategien der Parteien der Linken. Darüber hinaus spielen jedoch vor allem Schwierigkeiten und reale Krisensituationen eine Rolle, die in Verbindung mit großen Veränderungen im Bereich der abhängig Beschäftigten und der Sozialstruktur in ihrer Gesamtheit gesehen werden müssen. Die daraus resultierenden Probleme, ferner die Fragen, die sich aus den Integrations- und Internationalisierungsprozessen auch für die Gewerkschaften ergeben, können nur mit einer couragierten Entscheidung für eine „Europäisierung" der Gewerkschaftsbewegung beantwortet werden, d.h. mit immer engeren Beziehungen und einer Koordinierung gewerkschaftlicher Programme und Kämpfe. Die Praxis des Europäischen Gewerkschaftsbundes liegt bis heute eindeutig unterhalb dieser Erwartungen und Notwendigkeiten. Dennoch bleibt hier ein Punkt von grundlegender Bedeutung für die Chancen einer sich als Subjekt verstehenden Europäischen Linken, die vor allem die Welt der Arbeiter als Bezugspunkt haben sollte.

Ein anderer Bereich, auf den die Aufmerksamkeit zu lenken ist, sind die neuen sozialen Bewegungen, die sich in den siebziger und achtziger Jahren entwickelt haben und thematisch und der Form nach etwas gänzlich Neues darstellen. Man denke hier vor allem an die Umweltbewegung, die Friedensbewegung, die Frauenbewegung mit ihren großen und zugleich vielfarbigen und – wegen der Widersprüchlichkeit ihres Ursprungs und ihrer Positionen – auch ambivalenten Ideen, die sich zwar ungleichmäßig entwickelten, von denen jedoch über einen langen Zeitraum innovatorische Impulse und Antworten auf grundlegende Bedürfnisse ausgingen. Ohne auf jede Bewegung in ihrer Besonderheit eingehen zu können, kann man feststellen, daß auch diese ein wichtiges Element bilden, von dem bei einer Betrachtung der Europäischen Linken nicht abgesehen werden kann, wobei zwei Gesichtspunkte wichtig sind: Zum einen haben sich diese Bewegungen in mehreren Ländern unabhängig von den großen Parteien der Linken, ja sogar in offenem Gegensatz zu ihnen entwickelt, zum anderen erscheinen sie in bestimmter Weise „monothematisch". Dieser Doppelcharakter sollte aufmerksam reflektiert werden, ohne daraus falsche Schlußfolgerungen zu ziehen. Es ist nötig, die Originalität und Unabhängigkeit der neuen Bewegungen zur Kenntnis zu nehmen. Große Teile von ihnen wollen sich nicht mit dem umfassenderen Politikverständnis und irgendeiner bestehenden Partei identifizieren, obwohl aus ihnen selbst inzwischen neue, insbesondere „Grüne Parteien", hervorgegangen sind, sie neigen auch dazu, auf die traditionellen Parteien nur in den klar abgegrenzten Politikbereichen Druck auszuüben, die sie jeweils als entscheidend ansehen. Die Parteien der Linken sollten das Bestreben nach Unabhängigkeit berücksichtigen und sich mit den Positionen einer jeden „monothematischen" Bewegung messen, ohne allerdings die Perspektive einer breiter angelegten Reformbewegung aus den Augen zu verlieren. Man sollte unterscheiden zwischen den „single issue movements", die sich auf Einzelfragen, d.h. wirkliche Spezialfragen, konzentrieren, und den Bewegungen, die Probleme von solcher Tragweite wie Frieden, Umwelt und die Lage der Frau artikulieren, und auch berücksichtigen, daß sie eine generelle Strategie für den Fortschritt beinhalten. In jedem Falle bleibt es für die Parteien der Linken ein zentraler Punkt, die Pluralität der autonomen Bewegungen für spezifische Reformziele politisch zur Geltung zu bringen – als vereinigender Stimulus für eine umfassende Sichtweise und für eine entsprechende Reformtätigkeit von Regierungen. Eine so verstandene Reformbewegung sollte sich ferner darum bemühen, die professionellen Kräfte und sozialen Modelle an sich zu ziehen und zu erschließen, die aus dem differenzierten Bereich selbständiger Arbeit und unternehmerischer Aktivitäten hervorgehen. Sie sollte auch das Gespräch mit solchen Intellektuellen suchen, die sich nicht in eine Parteiorganisation oder in innerparteiliche Diskussionsprozesse einordnen wollen und deren Anregungen für sich nutzbar machen. Sie sollte fähig sein, sich gegenüber allen Bekundungen der Unruhe und Forderungen nach Veränderung zu öffnen unter Einbeziehung solcher Politikformen, die vor allem aus der jungen Generation hervorgehen. Sie sollte sich auch Phänomenen wie der neuen Religiosität und einer sich in unterschiedlicher Art und Weise äußernden Bejahung moralischer Werte nicht verschließen, ebenso sollte sie versuchen, zu der Forderung nach Befreiung von Zwängen der unterschiedlichsten Art eine Verbindung herzustellen.

Diese Kräfte und Potentiale in ihrer Gesamtheit, die historischen sozialen Organisationen und die neuen Bewegungen, sind bei der Bestimmung des Bezugsrahmens der Europäischen Linken von Bedeutung. Innerhalb dieses „Schmelztiegels" sollten sowohl die sozialistischen und sozialdemokratischen als auch die kommunistischen Parteien – sofern es ihnen gelingt, ihren Elan wiederzufinden – ihre Identität neu bestimmen und ihre Fähigkeit zur Repräsentanz und zur politischen Führung im Rahmen eines veränderten politischen Umfeldes im Sinne einer fortschrittlichen Umgestaltung erproben. Die Niederlagen der siebziger und achtziger Jahre und noch mehr die großen Veränderungen, die sich in den europäischen Gesellschaften und der ganzen Welt vollzogen haben, verlangen ein Engagement zur Erneuerung, das nur mit Hilfe einer äußerst mutigen Öffnung erfolgversprechend sein kann.

Dabei dürfen natürlich die von Land zu Land jeweils spezifischen Bedingungen nicht vernachlässigt werden. So haben nicht alle Parteien in gleicher Weise Wahlniederlagen hinnehmen müssen. Vielfach konnte auch verlorengegangenes Terrain zurückgewonnen werden, wie etwa in besonders auffälliger Weise von der Sozialdemokratischen Partei Schwedens. In den Jahren 1981 und auch 1988 konnte die Sozialistische Partei Frankreichs aufsehenerregende Erfolge verbuchen, das zweite Mal lediglich zwei Jahre nach dem Verlust der Regierungsmehrheit. In Griechenland und Spanien war die Rückkehr zum demokratischen Leben von einem außerordentlichen Aufschwung der Sozialisten begleitet. Bemerkenswert ist auch der Wiederaufstieg der Sozialdemokratischen Partei Deutschlands, auch wenn entscheidende Erfolge noch nicht erreicht wurden. Außerordentlich schwierig war jedoch bis jetzt die Lage der britischen Labour Party. Betrachtet man die historische Linke in ihrer Gesamtheit, so sind in einigen Ländern eher innerhalb derselben Veränderungen der Kräfteverhältnisse zugunsten der sozialistischen Parteien zu verzeichnen, wie etwa in Frankreich und auch in Italien, als ein Anwachsen ihres Einflusses insgesamt. Denn bis heute ist es ihr nicht gelungen, in so wichtigen Ländern wie der Bundesrepublik Deutschland und Großbritannien in die Regierungen zurückzukehren; auch in anderen Ländern, wie in den Niederlanden oder in Portugal, blieb sie ausgeschlossen.

Die kommunistischen Parteien Westeuropas haben mit denselben Problemen und Schwierigkeiten zu kämpfen wie die Sozialisten und Sozialdemokraten. Bei ihnen gesellten sich jedoch noch andere hinzu. Bedingt durch die Zerfallserscheinungen des sowjetischen und aller anderen kommunistischen Einparteisysteme gerieten sie in eine tiefe Identitätskrise, dies vor allem dann, wenn sie in der Vergangenheit gezögert hatten, sich vom Mythos eines real existierenden Sozialismus innerhalb dieser Länder und von den dort herrschenden Auffassungen und Modellen zu lösen, und wenn sie auch eine schon längst nicht mehr als verteidigenswert erscheinende Politik nur halbherzig kritisiert hatten, ohne auf einer Autonomie der eigenen Ansätze und der politischen Aktion zu bestehen. Einige kommunistische Parteien des kapitalistischen Europas haben dafür, daß sie an politischen Schemata und Denkstrukturen festhielten, die dann durch die mitleidslose Anklage und den „revisionistischen Kampf" Gorbatschows zum Einsturz gebracht wurden, einen hohen Preis bezahlt. Dies galt auch für ein starrsinniges Beharren auf defensiven, demagogischen und anachronistischen Positionen angesichts veränderter Bedingungen des sozialen und politischen Kampfes in den jeweiligen Ländern selbst und in ganz Westeuropa. Die Folgen waren nicht nur Einbußen bei Wahlen, sondern auch drastische Veränderungen ihrer Rolle als Massenpartei, wie sie etwa bei der Kommunistischen Partei Frankreichs zu verzeichnen waren und auch bei den spanischen Kommunisten, die nach einem vielversprechenden Debut am Morgen nach der Wiederherstellung der Demokratie eine tiefgreifende Spaltung erleben mußten. Im übrigen sind die kommunistischen Kräfte in einem großen Teil Westeuropas schon seit längerem auf eine marginale Rolle reduziert, auch wenn eine solche politisch und kulturell manchmal durchaus wertvoll sein kann. Daraus darf man jedoch nicht den Schluß ziehen, die Europäische Linke werde nunmehr lediglich durch die sozialistischen Parteien repräsentiert, und dies nicht nur wegen der allseits anerkannten Ausnahme, die die Kommunistische Partei Italiens darstellt, sondern auch wegen der politischen und sozialen Bedeutung, die einige andere kommunistische Parteien bewahrt haben. Hierbei sei insbesondere auf ihre wichtigen

Beiträge zur Bildung linker Regierungen verwiesen, und zwar auf nationaler wie auch auf lokaler Ebene. Dies gilt für eben jene französische Partei auch nach den Wahlen von 1988 bis hin zu den schwedischen Kommunisten, während andere, insbesondere die spanische Partei, noch nach einem Weg für einen möglichen Wiederaufstieg suchen. Auch wenn eine kommunistische Bewegung auf der westeuropäischen Ebene nicht mehr existiert, verfügen die einzelnen Kommunistischen Parteien doch über einen reichen Schatz an Erfahrungen und an politischen Einsichten, die auf die besondere Entwicklung der KPI einen fruchtbaren Einfluß ausgeübt haben und noch immer wirksam sind. Eine historische Rekonstruktion der europäischen Linken und eine Betrachtung der sie heute repräsentierenden Kräfte, also der wichtigen sozialistischen und sozialdemokratischen Parteien, kann natürlich nicht von diesem Tatbestand absehen. Nicht nur für die KPI und das, was sie für Italien und auf der europäischen Ebene repräsentiert, ist von großer Bedeutung, wie sich im Lauf der Jahrzehnte die Beziehungen zwischen den beiden großen Flügeln der Arbeiterbewegung entwickelt haben, in die diese sich nach der Gründung der Kommunistischen Internationale im Jahre 1919 gespalten hatte.

2. In den Perioden einer äußerst harten ideologischen Konfrontation zwischen der kommunistischen und sozialdemokratischen Arbeiterbewegung, wie etwa in den fünfziger Jahren, wurden Dinge schematisiert und vereinfacht, die in ihrer ganzen Komplexität hätten ans Licht gebracht werden müssen. Damals überwogen historische Darstellungen mit der Tendenz, alle Aspekte einer äußerst konstruktiven Auseinandersetzung und gegenseitigen Einflußnahme zwischen den beiden Flügeln der Arbeiterbewegung zu vernachlässigen. Statt dessen bezog man sich insbesondere auf die Periode zwischen den beiden Weltkriegen und auf die schweren Konflikte, die auf theoretischer und praktischer Ebene einen tiefen Graben zwischen die kommunistischen und sozialistischen Parteien sowie die entsprechenden internationalen Organisationen gerissen hatten. Davon ausgehend entstanden zwei getrennte und bis zu einem gewissen Punkt auch unkritische Geschichtsschreibungen, die gegenseitige Verflechtungen und Parallelen leugneten und die gleichzeitig allen Versuchen einer umfassenderen und einheitlicheren Geschichtsschreibung jeglichen Mut nahmen. Später änderte sich dies, es erschienen vertiefende und kritische Untersuchungen, wozu italienische Wissenschaftler, von denen nicht wenige der KPI nahestanden, einen beachtlichen Beitrag leisteten. Es handelte sich dabei um eine neue Herangehensweise an die Geschichte der Kommunistischen Internationale und in jüngster Zeit auch an die der Sozialistischen Internationale und der Parteien, die dort eine führende Rolle spielten und spielen. Man begann damit, die vielen Pauschalisierungen und die in propagandistischer Absicht vorgetragenen Behauptungen einer kritischen Überprüfung zu unterziehen.

Wie oft sind die Ereignisse, die am meisten zur Spaltung beigetragen hatten, aufgelistet worden: das anfängliche Auseinanderbrechen, die Spaltungen der frühen zwanziger Jahre, der „Linksschwenk" der Kommunistischen Internationale, der in die Titulierung der Sozialdemokraten als „Sozialfaschisten" ihren Höhepunkt erreichte, die u.a. daraus resultierenden Auseinandersetzungen zwischen Sozialdemokraten und Kommunisten in Deutschland bis zur „Machtergreifung" Hitlers, dann der Schock, den der deutsch-sowjetische Pakt von 1939 hervorrief. Man reihte aneinander, ohne nach den Gründen, die die eine oder andere Seite zu ihrem jeweiligen politischen Verhalten bewogen hatte, zu fragen, ohne aber auch positiven Entwicklungen – Momenten der Wiederannäherung und der Einheit, die es auch gab – Rechnung zu tragen. Man tat dies in einer Weise, die der weitaus umfassenderen Dialektik, die sich im Inneren der beiden Gruppierungen wie auch in den Beziehungen zwischen ihnen entwickelt hatte, nicht gerecht wurde. Gerade unter diesem Gesichtspunkt haben die neuen objektiveren Untersuchungen über jene Periode viel Wertvolles und Klärendes zu Tage gefördert. Es wurde deutlich, daß auch die Parteien der Sozialistischen Internationale Gefangene schematischer und doktrinärer Positionen waren, wenn man so will, ein Effekt der Konditionierung von seiten der Kommunisten. Dabei ging es um Fragen wie „Reform und Revolution", um „Ausübung" und „Eroberung" der Macht, um mögliche Veränderungen vor der „Machteroberung" und einer notwendigen grundlegenden Umgestaltung der Eigentumsverhältnisse. Gleichzeitig wurde offensichtlich, daß bei den Sozialisten klare Diskrepanzen zwischen abstrakten, zum Teil auch sehr „radikalen" Positionen „aus Prinzip" bestanden und einem in der Realität bisweilen „minimalistischen" Politikverhalten auch oder gerade im Falle sozialistischer Regierungsbeteiligungen. Demgegenüber schuf im kommunistischen Bereich die ideologische Starrheit „Maximalismen" und fatale Abschottungen auf der politischen Ebene. Beide Seiten verwiesen auf die jeweiligen Fehler und das Versagen des anderen angesichts des Aufstiegs Hitlers und der NSDAP sowie der Aggressions- und Kriegspolitik von Faschismus und Nazismus. Andererseits darf jedoch die Fülle der Bemühungen und Differenzierungen nicht aus dem Auge verloren werden, die sich in beiden Lagern gezeigt hatte. Sie äußerten sich insbesondere in konstruktiven und neuartigen Entwicklungen, die die Regierungstätigkeit der Linken vor allem als Antwort auf die Weltwirtschaftskrise der zwanziger und dreißiger Jahre entwickelt hatte.

Zwischen den beiden „Flügeln" der einstmals einheitlichen internationalen Arbeiterbewegung gab es in der Periode zwischen den zwei Weltkriegen eine weitaus größere Interaktion, als man im Rückblick zugeben wollte. Die russische Oktoberrevolution, aber auch Erfahrungen, wie die der sowjetischen Planwirtschaft, angefangen mit dem ersten Fünfjahresplan 1929-1933, übten im Westen nicht nur auf den kommunistischen, sondern auch auf den sozialistischen Flügel starken Einfluß aus, daneben auch auf Kreise und Personen völlig anderer politischer Orientierung. In Reaktion darauf entstanden zweifellos jene Konzepte, die in den dreißiger Jahren unter dem Begriff „Wirtschaftsdemokratie" innerhalb des europäischen Sozialismus starken Anklang fanden. Dieses bewirkte und beeinflußte seinerseits wiederum die Ausarbeitung modernerer und realistischerer Strategien in den kommunistischen Parteien des kapitalistischen Europas, im besonderen in der italienischen Partei. Diese Interaktion wiederholte sich – jetzt unter anderen Bedingungen – in der nachfolgenden Periode. Gemeint sind die weitaus substantielleren und länger andauernden gemeinsamen Erfahrungen der Volksfrontregierungen, der Phasen der Übereinstimmung also, die mit dem Jahr 1935 einen Höhepunkt erreichten; gemeint sind schließlich auch die Hoffnungen auf eine Vereinigung der zwei Internationalen im Jahre 1945. Hierzu zählen auch auf der theoretischen Ebene so berühmte Entwürfe, wie die des „Austromarxisten" Otto Bauer, der 1936 vorhersagte, daß die sozialdemokratische und die kommunistische Doktrin in einer neuen Synthese auf höherer Stufe überwunden und vereinigt werden könnten.

Sicherlich hatte sich schon wenige Jahre nach dem Ende des Zweiten Weltkrieges das Bild völlig verändert: Der Nazismus war liquidiert, ähnliches galt für den italienischen Faschismus. Die Kommunistische Internationale war 1943 aufgelöst und 1947 durch das „Kommunistische Informationsbüro" (Kominform) teilweise ersetzt worden, die Sozialistische Internationale befand sich auf dem Wege des Wiederaufbaus, die Position der Sowjetunion als Großmacht war endgültig bestätigt, und schließlich gab es ein zweigeteiltes Europa, in dessen einem Teil die sozialistischen und sozialdemokratischen Parteien faktisch liquidiert und in dessen anderem Teil Sozialisten und Kommunisten von neuem gespalten waren und – wenn auch mit einigen Ausnahmen – gegeneinander standen. Doch bleibt die Tatsache, daß Palmiro Togliatti, in den dreißiger Jahren einflußreiches Mitglied des Sekretariats der Kommunistischen Internationale und nach dem Krieg Sekretär der wiedererstandenen Kommunistischen Partei Italiens, auf Ideen zurückgriff, die in der Periode zwischen den beiden Kriegen herangereift waren: Er entwickelte von 1944 an die Linien einer nationalen und demokratischen Strategie für seine Partei, für einen „italienischen Weg zum Sozialismus". Er tat dies in dem Bewußtsein der historischen, den Ländern Westeuropas eigenen Bedingungen und in der Hoffnung auf eine Artikulierung eigener „nationaler Wege" auch im Prozeß des „Aufbaus des Sozialismus" in den verschiedenen Ländern der sowjetischen Einflußsphäre. Im Licht der Erfahrungen mit der Entwicklung in Spanien, die später durch den Aufstand des Militärs und die Aggression Nazi-Deutschlands und des faschistischen Italiens zerstört wurde, begann Togliatti eine Strategie der „progressiven Demokratie" auszuarbeiten. Diese zielte darauf ab, sich von der alten Dichotomie Reform-Revolution zu befreien, eine kontinuierliche Beziehung zwischen demokratischer Entwicklung und sozialistischen Errungenschaften herzustellen und Etappen auf dem Wege einer schrittweisen Umwandlung der kapitalistischen Strukturen hin zu ökonomischem Wachstum und sozialem Fortschritt gegen die beschränkten Interessen der Monopole festzulegen. Die Politik der KPI übernahm die Forderung nach „Strukturreformen" und einer demokratischen Wirtschaftsplanung, einschließlich eines „Plans der Arbeit", und hielt diese für lange Zeit als charakteristisches Merkmal ihrer Politik aufrecht.

Die Konzepte und Begriffe des am meisten fortgeschrittenen sozialistischen Reformismus der dreißiger Jahre kamen wieder zum Vorschein, sie erstarkten und waren nun in eine organische Perspektive und in eine politische Aktion eingefügt, wenn auch vermieden wurde, sich explizit darauf zu beziehen, und dies war kein Zufall.

In der Tat wurden 1944 mit der Wiedergeburt der KPI als neuer Partei und mit dem unter der Führung Togliattis in den darauffolgenden 20 Jahren beschrittenen Weg die wesentlichen Entscheidungen für eine Strategie stufenweiser demokratischer Reformen gefällt. Diese wurden jedoch ideologisch überformt und fanden ihre Grenzen dort, wo sie mit der Solidarität gegenüber der internationalen kommunistischen Bewegung, die sich auf die Sowjetunion stützte, kollidierten, was dazu führte, daß man eine grundlegende und unmißverständliche Kritik am Sozialismus, wie er in der UdSSR und den anderen sozialistischen Ländern praktiziert wurde und zum Teil noch wird, zurückwies, bei gleichzeitiger pauschaler und instrumenteller Abwertung der sozialdemokratischen Praxis. Togliatti ging somit sicherlich sehr weit, als er, besonders in den letzten Jahren seines Lebens (zwischen 1962 und 1964), Begriffe wie „Revisionismus" und „Reformismus" ausdrücklich rehabilitierte, den Begriff der „Gradualität" wieder aufnahm und die Revolution lediglich als einen Prozeß bezeichnete, der schon heute durch eine Gesamtheit von Aktionen vorangetrieben werde, die alle Bereiche des sozialen Lebens berührten.¹ Dieser Gedankengang wurde in den Jahren nach seinem Tod weiterentwickelt. Nach und nach löste man sich nun aus der Verankerung in der „sozialistischen Welt" und den daraus resultierenden Widersprüchen und befreite sich von dem Vorrang, den die Beziehungen zur KPdSU bisher besessen hatten, bis schließlich auch die Abschirmung gegenüber den sozialistischen und sozialdemokratischen Parteien und Organisationen aufgegeben wurde, die die immer größer werdende substantielle Affinität in der Analyse und in der politischen Praxis bisher verdeckt hatte. Insbesondere Berlinguer verstand es, mit solchen sozialdemokratischen Führern, die bereit waren, über die Grenzen ihrer eigenen Auffassungen und Erfahrungen nachzudenken, in einen Dialog zu treten. In den siebziger Jahren wurde immer mehr die Notwendigkeit einer gemeinsamen Suche nach neuen Antworten auf neue Probleme spürbar, die nun in den Vordergrund getreten waren. Diese Suche war der Anlaß dafür, daß die alten Mauern zwischen Sozialisten und Kommunisten allmählich abgebaut werden konnten und gab zu einer Auseinandersetzung Anlaß, die nicht mehr auf die Schemata der jeweiligen gegnerischen Positionen aus der Vergangenheit reduziert werden konnte.

Ein in diesem Zusammenhang höchst bezeichnendes Dokument – fast das Programm eines „Neuanfangs" – sind der Briefwechsel und die Gespräche zwischen Willy Brandt, Bruno Kreisky und Olof Palme von 1972 bis 1975.² Das Ausmaß der „Besinnungsphase", die als nötig erachtet wurde, beeindruckt ebenso wie der kritische Geist und der Weitblick, mit dem man nicht nur auf die großen traditionellen Themen zurückkam, sondern auch begann, sich neuen Themenkomplexen zuzuwenden, wie Umwelt, Lebensqualität und Modellen der Entwicklung (Erweiterung und Neudefinition von Begriffen wie „Wohlstand" oder „Bruttosozialprodukt"), die Beziehung zwischen technologischer Innovation und Arbeitslosigkeit usw. Besonders beeindruckt die zentrale Bedeutung, die der Notwendigkeit einer „tiefgreifenden Ausweitung der Demokratie" beigemessen wurde. Mit dieser Frage hatte sich auch die KPI in besonderer Weise befaßt und arbeitete mit eigenen Gedanken und Ideen weiter daran.

99

Zieht man eine erste Bilanz all der Überlegungen, die sich auf Übereinstimmungen innerhalb der Europäischen Linken beziehen, so läßt sich feststellen, daß alle im wesentlichen um einen Punkt kreisen, nämlich um die Neudefinition des positiven Fortschrittskonzeptes und dementsprechend um die Formulierung einer neuen Strategie. Die Sozialdemokratische Partei Deutschlands hält eine Erneuerung ihres Grundsatzprogramms von Bad Godesberg in diesem Punkt am meisten für notwendig, auch wenn dies nicht bedeutet, daß man dieses Programm als Ganzes in den Papierkorb geworfen hätte. Hier fanden und finden sich auch in einer kommunistischen Partei wie der italienischen weitgehende Entsprechungen. Man kann nicht umhin, die Geschichte beider Bestandteile der Linken wie auch eines jeden einzelnen noch freier zu erforschen, ohne daß eine Seite zu pauschalen Urteilen kommt oder von der jeweilig anderen „Abschwörungen" verlangt. In Westeuropa können Ansätze von Erfahrungen und Ideen gefunden und zum Tragen gebracht werden, die sich weitaus näher stehen, als es angesichts der Vergangenheit den Anschein haben mag. Für alle lebendigen Kräfte der europäischen Linken gibt es nunmehr nur einen Horizont.

3. Welche Schlußfolgerungen können nun aus einer Betrachtung gezogen werden, die sowohl lange zurückliegende Erfahrungen als auch jüngste Entwicklungen in den Beziehungen zwischen den verschiedenen Teilen der europäischen Linken berücksichtigt und die nicht durch eine eingeschränkte Sichtweise einer Partei verzerrt ist? Welche Konsequenzen ergeben sich daraus, daß sich nunmehr Perspektiven im Weltmaßstab eröffnen, daß objektive Veränderungen und Herausforderungen vorhanden sind, die eine Überwindung der vielen Grenzen und Barrieren als Bedingung für den Wiederaufstieg und die Bestätigung der Linken in Europa notwendig machen? Es ist ganz sicher möglich, das Kräftefeld der Linken zu erweitern und für ihre Neukonstituierung auf europäischem Niveau zu arbeiten. Hier geht es nicht um allzu einfache Lösungen oder eine Flucht nach vorn. Wir befinden uns nicht am Vorabend einer möglichen Vereinigung in einer supranationalen Partei, ja nicht einmal zwischen Mitgliedsparteien derselben internationalen Organisation wäre eine solche im Augenblick denkbar. Andererseits sind pessimistische Bewertungen hinsichtlich des Standes der Beziehungen innerhalb der europäischen Linken durchaus unbegründet und schädlich, dies gilt auch für eine Geringschätzung der bereits erreichten Fortschritte und in Gang gesetzten Prozesse; all dies drängt zu möglichst raschem Voranschreiten auf dem Weg zu einer grundlegenden Einheit. Um diese Überlegungen zu vervollständigen, wäre zu fragen, wie ein neuer einheitlicher Rahmen aussehen könnte.

In diesem Zusammenhang ist es jedoch notwendig, den Unterschied zwischen den Beziehungen der Linken in den Ländern des demokratischen Europas untereinander und dem Dialog mit den Parteien, die in den Ländern des Ostens an der Macht sind, deutlich zu machen. Unter historischem Gesichtspunkt ist die Einteilung in West- und Osteuropa willkürlich, die ideologische Spaltung künstlich. Die Möglichkeit einer grundlegenden Wende in den Beziehungen zwischen den „zwei Europas" steht außer Zweifel. Wenn hier von den „zwei

Europas" die Rede ist, so beruht dies auf den grundsätzlichen Unterschieden zwischen den sozialen und politischen Systemen, die sich im Lauf der Jahrzehnte in dem einen wie auch dem anderen Teil entwickelt haben. Davon muß auch ein offener und vertrauensvoller Dialog mit den – jedenfalls so genannten – kommunistischen Parteien Osteuropas ausgehen. Auch sie haben ihren originären Ursprung in der großen europäischen sozialistischen Arbeiterbewegung; sie hatten in der Periode zwischen den beiden Weltkriegen Anteil an der Entwicklung der Kommunistischen Internationale und damit gleichzeitig an der Entwicklung der Beziehungen zwischen dieser und der Sozialistischen Internationale; sie regieren große und kleine Länder unter Berufung auf die Prinzipien des Sozialismus. Trotzdem wäre es oberflächlich und naiv, schon jetzt Bedingungen für eine Perspektive als gegeben anzusehen, die auf eine gemeinschaftliche Neukonstituierung der Linken des demokratischen Europas und der kommunistischen Parteien des Ostens zu einer gesamteuropäischen Linken hinausliefen.

Das gemeinsame Dokument von SED und SPD, das im August 1987 unterzeichnet wurde, war von großer Bedeutung, und zwar sowohl wegen seines äußerst fruchtbaren Beitrags zur „Kultur des politischen Streits und des Dialogs" als auch wegen der unterschiedlichen Elemente in den Auffassungen einer jeden Partei, die sich in dem Dokument unzweideutig widerspiegeln. Thomas Meyer, der als Vertreter der SPD an der Erstellung dieses Textes gearbeitet hatte, unterstrich in einem anschließenden ausführlichen Kommentar, daß die Sorgen und Intentionen in Grundfragen wie Frieden und Zukunftssicherung nicht nur ein gemeinsames Anliegen der beiden deutschen Staaten, sondern ganz Europas, ja der ganzen menschlichen Zivilisation seien. Dieses gemeinsame Anliegen bei gleichzeitigem Engagement für einen Wettbewerb zwischen den beiden Systemen, der nicht zerstörerisch wirkt, und die Bereitschaft zum Abbau gegenseitiger „Feindbilder" bedeute nicht, daß man nun auch dieselben Werte teile.[3] Dies hat nun nicht nur für die SPD Gültigkeit, sondern auch für andere wichtige Kräfte der Europäischen Linken und sicherlich auch für die KPI. Werte wie Rechtsstaat und demokratischer Pluralismus bilden wichtige Unterscheidungsmerkmale zu kommunistischen Parteien Osteuropas; vernachlässigt werden dürfen auch nicht Errungenschaften einer modernen demokratischen Entwicklung und all das, was aus einem langen Prozeß der Organisierung und des Kampfes der Arbeiterbewegung und der sozialistischen Bewegung des Westens hervorgegangen ist. Man kann auch nicht die konkreten und substantiellen Unterschiede übergehen, die sich aus den jeweiligen Bedingungen ergeben, unter denen die einzelnen Parteien der Linken agieren, von denen die einen in Mehrparteiensystemen mit einem hohen Grad an politischer Konfliktbereitschaft operieren, die anderen aber in Einpartei- oder Blocksystemen an der Macht sind. Es wäre zu wünschen, daß die politischen Reformen in ganz Osteuropa so weitreichend sind, daß sich diese Verhältnisse in Zukunft ändern.

Wie hätte nun aber die Einheit der Europäischen Linken, der nichtkommunistischen Länder auszusehen und wie kann sie erreicht werden. Hier ist ein hohes Maß an Flexibilität vonnöten, hier muß auf Positionen verzichtet werden, die auf vorgeformten Wahrheiten und unversöhnbaren Schemata basieren, hier muß Vertrauen auf eine kontinuierliche Auseinandersetzung und eine freie Dialektik zwischen verschiedenen Richtungen und Erfahrungen vorhanden sein. Dies ist die vernünftigste und geeigneteste Antwort. Betrachtet man die repräsentativen Parteien, in denen die europäische Linke sich heute artikuliert, so wäre es willkürlich und abwegig, sie zu klassifizieren, sie in Massen- oder Richtungsparteien, in Klassen- oder Volksparteien, in Parteien, die sich für Veränderungen engagieren oder solche, die nur an einer Verwaltung des Status quo interessiert sind, einzuteilen. Unsinnig wäre es auch, eine Wahl zwischen dem einen oder anderen Modell zu verlangen. Die realen Unterschiede in den politischen Orientierungen und Praktiken sind durchaus erkennbar. Eine Beurteilung muß jedoch in dem ernsthaften Bemühen für ein gegenseitiges Kennenlernen und in einem Verständnis erfolgen, das den historischen Zusammenhängen und den nationalen Realitäten Rechnung trägt, durch die jede Partei geprägt ist. Man sollte also den Programmen wie auch den realen Verhaltensweisen, die oft auseinanderklaffen, auf den Grund gehen. Es ist insbesondere notwendig, mit großer Besonnenheit die Regierungserfahrungen zu bewerten, die die Parteien der Linken unter oftmals großen objektiven Schwierigkeiten, die auch durch internationale Verhältnisse bedingt sein können, gemacht haben und noch machen. All das geht über pauschale Klassifizierungen, wie z.B. in „Sozialistische Parteien Südeuropas" und „Sozialdemokratische Parteien Nordeuropas", weit hinaus. Hier soll keinesfalls die Legitimität von konkreten und kritischen Analysen und von Auseinandersetzungen über Generallinien bestritten werden. Würde man diesen ausweichen, so verfiele man in eine rein diplomatische Koexistenz, statt offen über Gründe für Ungleichheiten und Uneinigkeiten zu diskutieren und einheitliche Lösungen zu gemeinsamen und strittigen Problemen zu suchen. Vereinfachungen und einseitige Parteinahme sollten wegen der Risiken steriler Diskussionen oder präjudizierender Klassifikationen, die daraus entstehen könnten, vermieden werden. Man kann auch nicht zwischen den Ansprüchen einer Utopie und einer ausschließlichen Regierungsperspektive trennen, das heißt, daß man nicht für eine Perspektive der Veränderung eintreten kann, die nicht in eine Regierungsstrategie übertragbar wäre; umgekehrt gilt auch, daß man nicht um jeden Preis, gleichgültig für welche Politik, Regierungsfunktionen übernehmen und ausüben kann. Die realen Entscheidungen stellen sich für die Kräfte der Linken in jedem einzelnen Land und auf europäischer Ebene jedoch jenseits dieser extremen Gegensätze. Jede Partei muß sich selbst über ihre Geschichte, ihre Tradition bzw. die ihrem gegenwärtigen Zustand innewohnenden Gefahren Rechenschaft ablegen und auch über die Verantwortung, die sie gegenüber ihrem eigenen Land und Volk zu tragen hat.

Für alle gilt, sich mutig weiterzuentwickeln und sich nicht von der Furcht lähmen oder bremsen zu lassen, die eigene Identität zu verlieren, wenn es darum geht, eingefahrene Gleise zu verlassen. Die Identität kann nur über eine grundlegende Erneuerung bewahrt werden. Es gilt, sich mutig auf der Linie der „großen Entwürfe" der Abrüstung und der weltweiten Zusammenarbeit weiterzubewegen, die sich in den letzten Jahren abgezeichnet haben. Hier geht es darum, „pragmatische Utopien" zu entwerfen, diese zu verfolgen und innerhalb unseres historischen Horizontes zu bewahren. Ebenso gilt es, sich mutig auf das Gebiet einer neuen Strategie vorzuwagen in der Überzeugung, daß hier Chancen für neue Übereinstimmungen und neue Bündnisse der Kräfte der Europäischen Linken liegen können. Solche Bündnisse sind politisch möglich und bestehen in einer umfassend verstandenen progressiven Formation, die sich diesseits einer grundlegend neu durchdachten Scheidelinie gegenüber konservativer Positionen, die heute im Spiel sind, bewegt. Nur so können sich reale und konkrete Perspektiven für einen erneuten Aufschwung der Linken und Europas eröffnen.

Anmerkungen

1 Togliatti, P.: Demokratie und Sozialismus in Italien, Turin 1968, S. 223
2 Brandt, W./B. Kreisky/O. Palme: Briefe und Gespräche 1972 bis 1975, Frankfurt/Köln 1975
3 Meyer, T.: Dokument der Hoffnung, nicht Garantie des Gelingens. Erläuterungen und Argumente zum gemeinsamen Papier von SPD und SED, in: Deutschland Archiv 1, 1988, S. 32 ff

Bruno Trentin

Überlegungen zu neuen Aufgaben der Gewerkschaften

1. Eine Fülle von Fragen und Problemen, die sich aus dem Wandel der Industriegesellschaften ergeben, machen es notwendig, sich auch mit Identität und Funktion von Gewerkschaften zu befassen, und zwar sowohl auf italienischer als auch auf europäischer Ebene. Die ökonomischen und ideologischen Prämissen, auf denen gewerkschaftliches Handeln basierte, bestanden in einer Vereinheitlichung der Arbeitswelt und einem sozialen Kompromiß, den die Gewerkschaften den Arbeitnehmern der verschiedenen Berufe, den Angestellten und den Arbeitslosen garantierten. Dabei gingen sie von einer auf lange Sicht sich ohne quantitative Einschränkungen vollziehenden wirtschaftlichen Entwicklung aus, die, obwohl voller Widersprüche und Ungleichheiten, dennoch die Voraussetzung und die Garantie eines humanen sozialen Fortschritts und damit die materielle Bedingung des emanzipatorischen Kampfes der Arbeiterbewegung darstellte.

Eben diese Prämissen für eine solidarische Gewerkschaftsarbeit wurden durch die in der Kultur, der Wissenschaft und im kollektiven Bewußtsein erfolgten Wandlungen in Frage gestellt. Dies geschah in einem solchen Umfang, daß über die Inhalte und Aufgaben gewerkschaftlicher Solidarität, also über die Identität der Gewerkschaftsbewegung selbst, neu nachgedacht werden muß. Nur Bürokraten oder besonders Engstirnige können sich einem Nachdenken über solch grundsätzliche Fragen entziehen. Die quantitative Entwicklung der Wirtschaft, der Anstieg der Produktion von Waren und Dienstleistungen und die davon abhängige Entwicklung der Beschäftigungslage und der nichtselbständigen Arbeit stoßen mehr und mehr auf objektive, strukturelle Grenzen und sehen sich vor immer deutlicher erkennbare Herausforderungen gestellt. Dies führt so weit, daß Begriffe wie Fortschritt, Zivilisation und selbst der Begriff Solidarität derzeit noch immer in hohem Maße mit der Akzeptierung einer wirtschaftlichen Entwicklung, wie sie bislang gang und gäbe war, assoziiert werden. Worin bestehen nun diese Grenzen und die neuen Herausforderungen, die uns dazu veranlassen, nicht nur das Konzept und die Ziele des Kampfes um die künftige sozioökonomische Entwicklung, sondern auch den eigentlichen Begriff der Solidarität und die damit verbundenen Ziele neu zu überdenken?

Eine echte Herausforderung liegt in der Gefahr der Zerstörung des ökologischen Gleichgewichts auf unserem Planeten. Hinzu kommt eine unmittelbare Bedrohung für die physische Unversehrtheit ganzer Bevölkerungsgruppen vor allem der abhängig Beschäftigten durch eine allein durch die Gesetze des Marktes bestimmte Entwicklung. Die ökonomische Entwicklung hiermit in Einklang zu bringen, und sie von den Erfordernissen einer natürlichen Umwelt abhängig zu machen, die das Überleben garantiert, bedeutet für die Gewerkschaften, sich eine Politik zum Ziel zu setzen, die an ökologischen Prinzipien orientiert ist und nicht nur an einer Erhöhung der Warenproduktion und der Beschäftigungsmöglichkeiten, die nicht mehr notwendigerweise an die Produktion von Waren gebunden sein müssen. All dies bedeutet weiterhin, daß über Einsparungsmöglichkeiten bei den Energieressourcen, über die Haltbarkeit und die Qualität der Produkte neu nachgedacht werden muß. Die künftige Entwicklung ist so zu gestalten, daß sie im Hinblick auf Konsumgewohnheiten, soziale Organisation und Wohlstand mit der in den südlichen Teilen dieser Welt einhergeht. Niemand kann den Arbeitslosen und Tagelöhnern in Brasilien Vorwürfe machen und ihnen die Notwendigkeit erklären, daß die grüne Lunge im Amazonasgebiet geschützt werden muß, wenn er nicht gleichzeitig den Beweis erbringt, daß er hier in Europa dafür kämpfen will, die Entwicklungsrichtung zu ändern. Und das heißt gegen die Ressourcenverschwendung in den Industrieländern und das ungezähmte Wirtschaftswachstum, in das man die Länder der Dritten Welt einbeziehen möchte, anzugehen.

Eine weitere Herausforderung für die Gewerkschaften geht vom fortschreitenden Abbau der Grenzen und der Integration nationaler Volkswirtschaften und sozialer Organisationen·in immer größere und miteinander verflochtene internationale Zusammenhänge aus. Dies trifft heutzutage vor allem für die Beziehungen zwischen Italien und Europa zu, in Zukunft aber in weitaus größerem Maße auch für die Beziehungen zwischen Italien, Europa und den übrigen Teilen der Welt und den dort bestehenden sozialen und ökonomischen Entwicklungsmöglichkeiten. Dabei handelt es sich eigentlich um ein altbekanntes Problem. Das für die heutige Zeit Neue besteht darin, daß man sich keine Entwicklung über einen absehbaren Zeitraum vorstellen kann und daß man auch nicht handeln kann, ohne die internationaler Ebene bei Entscheidungen über Kooperationen und Arbeitsteilung mit einzubeziehen. Dies gilt natürlich auch für die Gewerkschaften: Eine defensive Solidarität auf der Grundlage der Wahrung eines nur auf das eigene Land orientierten Entwicklungsmodells, ferner die Weigerung, sich der schwierigen Frage einer neuen internationalen Arbeitsteilung und der Suche nach einer neuen Solidarität der Arbeitnehmer in Europa zu stellen, ist von Anfang an zum Scheitern verurteilt.

Eine dritte Herausforderung besteht in dem historisch bedeutenden Aufbegehren der Frauen, in ihrer Bewegung und Kultur. Diese, Männer und Frauen gemeinsam betreffende „Revolution", die bei den Frauen selbst, aber auch bei konservativen Gruppen der verschiedensten sozialen Schichten unweigerlich tiefgreifende Widersprüche hervorruft, stellt vor allem die Gesellschaft und die Arbeiterklasse vor das Problem der Neuaufteilung der Arbeitsmöglichkeiten und -chancen und somit vor das Problem der Machtverteilung. Damit stellt es sich aber auch für die Gewerkschaften, die nunmehr gezwungen sind, ihre Strategie den Veränderungen anzupassen und sie neu zu definieren.

Eine vierte Herausforderung faßt all die anderen zusammen, erhält jedoch ihre eigene Dimension. Es handelt sich um etwas, das von immer mehr Menschen als lebensnotwendiger Bestandteil des menschlichen Wesens angesehen wird und sich nicht auf das Recht des physischen Überleben, auf die Teilnahme am gesellschaftlichen Leben oder auf Chancengleichheit beschränkt. Es geht vielmehr um das Recht auf eine Zukunft und um die Bestätigung der eigenen Person als eines von der formlosen Masse deutlich unterschiedenen Individuums. Die Beschäftigung der verschiedenen in das Arbeitsleben eintretenden Personen muß natürlich zunächst das Ziel sein; dabei sind allerdings die wirtschaftlichen Gegebenheiten der materiellen Produktion mit den Erfordernissen der Schaffung geeigneter Arbeitsplätze in Einklang zu bringen, da sich die historische Verbindung zwischen Investitionen, wirtschaftlicher Entwicklung und Arbeit in den letzten Jahrzehnten offensichtlich gravierend verändert hat. Es kann daher nicht mehr akzeptiert wird, daß das Recht auf Arbeit der aktuellen Entwicklung der Produktion materieller Güter untergeordnet wird. Auf Grund eines immer stärker werdenden Selbstbewußtseins spielen bei der Verwirklichung des Rechts auf Arbeit die Arbeitsinhalte jedoch bei einem immer größer werdenden Teil der Bevölkerung eine immer bedeutendere Rolle. Diese Inhalte stellen genauso viele qualitative Anforderungen aufgrund der technologischen Entwicklung wie Erwartungen mit ihnen verbunden sind. Solche Erwartungen beziehen sich auf einen Schutz der Gesundheit, auf mehr Sicherheit, auf kulturelle und berufliche Möglichkeiten, sowie auf die Anpassung der Arbeit – und nicht nur der abhängigen Arbeit – an individuelle Wünsche und Fähigkeiten. Berücksichtigt werden muß auch die Notwendigkeit, die technologische Entwicklung und Planung mit den Bedürfnissen solcher Arbeitnehmer in Einklang zu bringen, die sich in ihrem Beruf voll und ganz verwirklichen wollen, die selbst über die Arbeitszeit, die Qualität der Arbeit und die zu erbringenden Leistungen sowie über ihre beruflichen Karrieren entscheiden wollen. Genau dies ist gemeint, wenn davon die Rede ist, daß der Arbeitnehmer und seine Entfaltungsmöglichkeiten von der wirtschaftlichen Entwicklung unabhängige Variable werden müssen, die ihrerseits Anforderungen an die Entwicklung der materiellen Kräfte und der Technologien stellen. Auch hier soll nachdrücklich betont werden, daß es für eine Gewerkschaft der Neunziger Jahre unmöglich sein wird, den Arbeitskampf vom Kampf für eine verbesserte Lebensqualität und für mehr Möglichkeiten der Arbeitnehmer zwischen verschiedenen Tätigkeitsfeldern auswählen zu können, zu trennen. Dies bedeutet letztendlich, daß das Recht auf Arbeit heutzutage in dem Recht der unterschiedlichen Arten von Arbeitnehmern besteht, sich zu verwirklichen und ihre Fähigkeiten im Bereich ihrer jeweils selbst ausgewählten Aufgaben anzuwenden und zu entwickeln.

Es liegt auf der Hand, daß diese Herausforderungen und Notwendigkeiten enorme Widersprüche beinhalten. Diese werden alle politisch in irgendeiner Form Interessierten und Aktiven innerhalb einer sich wandelnden Gesellschaft beschäftigen. Hier muß über Wege und Möglichkeiten im Rahmen dieser qualitativen Ziele nachgedacht werden. Die Weiterentwicklung von Wissenschaft und Technologie muß mit neuen kulturellen und moralischen Problemen und Herausforderungen, die in modernen Gesellschaften vorhanden sind, in Einklang gebracht werden.

Angesichts neuer Technologien gilt es, neue Formen der Arbeitsorganisation und der Berufsausbildung zu finden und zu praktizieren. Gleichzeitig müssen die Arbeitnehmer mehr Einwirkungsmöglichkeiten und ein höheres Maß an kreativer Beteiligung bei der Produktion von Waren, Dienstleistungen und immateriellen Gütern besitzen. Dadurch werden gleichzeitig enorme Möglichkeiten der Flexibilisierung und Mobilisierung der Arbeit freigesetzt. Sie ergeben sich aus der Informatik, die immer mehr Verbreitung findet, und aus der Nutzung von Mikroprozessoren in allen Tätigkeitsbereichen. Hier liegt eine neue, schwierige Aufgabe, die die Gewerkschaften übernehmen müssen, wenn sie weiterhin eine solidarische Verbindung zwischen den verschiedenen Arbeitnehmern sein wollen, die zwar im Rahmen ihrer verschiedenen Aufgaben und Aktivitäten handeln, die jedoch alle danach streben, sich zu verwirklichen und, auch bei der Arbeit, ihre Autonomie und ihre Würde wahren wollen.

Durch Anwendung neuer Formen der Demokratie, der Information und der Beteiligung muß den sich aus der ökonomischen Krise ergebenen Problemen begegnet werden. Die gilt vor allem für Bestrebungen, sozialstaatliche Errungenschaften abzuschaffen und Ressourcen umzuverteilen. Dies gilt aber auch für das Steuersystem bis hin zur Verwendung öffentlicher Gelder. Hierbei geht es auch um die Reorganisation der Verwaltung mit dem äußerst komplexen Ziel einer Anpassung der verschiedenen Bereiche der staatlichen Macht und der Gemeinden an neue internationale Entwicklungen der wichtigsten öffentlichen und privaten Entscheidungsträger. All dies macht deutlich, daß sich die Gewerkschaften nicht mehr damit begnügen können, sich auf ihren alten Errungenschaften auszuruhen.

2. Die Gewerkschaftsbewegung stellt sich nun die Aufgabe, radikal über Strategien, über Prioritäten, ja über die Identität der Gewerkschaften selbst nachzudenken. Wenn diese als allgemeine Gewerkschaften, als Kraft der Solidarität zwischen nichtselbständig Arbeitenden, überleben wollen, reicht es nicht, neue Abteilungen einzurichten, und den alten hinzuzufügen, es reicht auch nicht, neue Forderungen einfach zusätzlich aufzustellen, um so Aufmerksamkeit zu erzeugen oder den Beitritt neuer sozialer Gruppierungen zu erreichen; man kann auch nicht das Schicksal der Gewerkschaften, und die sich in ihnen befindlichen Widersprüche zwischen Altem und Neuem, ihre Entwicklung in die eine oder andere Richtung, einfach dem Auf und Nieder des sozialen Konfliktes oder der Entscheidung der jeweiligen Gesprächspartner und Gegner anvertrauen. Vielmehr müssen unsere Prioritäten gesetzt, langfristige Zielsetzungen und selbst alltägliche Forderungen neu definiert werden. In einer Zeit großer Umbrüche, in der möglicherweise die Werte, Gewißheiten und Hoffnungen bezüglich des Schicksals des solidarischen Kampfes der Unterdrückten aufgehoben werden, muß aufgezeigt werden, daß es auch für Gewerkschaftsarbeit eine Hierarchie der Werte und der Ziele gibt. Der derzeit bedeutende Wandel, mit seinen Herausforderungen, seiner Infragestellung der traditionellen Fortschrittskonzeption, mit seiner Krise der Werte und Ziele, die noch gestern das Rückrat der Gewerkschaftsbewegung bildeten, hat auch in Italien die Gewerkschaften, und zu allererst die Confederazione Generale Italiana del Lavoro (CGIL), vor eine Alternative gestellt: Sich entweder mit dem simplen Überleben zufrieden zu ge-

ben, gleichgültig mit wievielen Mitgliedern, wie ein Zusammenschluß von Berufsverbänden, die untereinander immer mehr konkurrieren und eine immer unbedeutendere Rolle in der Gesellschaft spielen – oder wieder eine allgemeine Gewerkschaft zu werden, die die Solidarität zwischen den verschiedenen Gruppen von Arbeitnehmern, selbständig oder freiberuflich, garantiert. Solidarität bedeutet von daher die Fähigkeit, jedem mittels politischer Initiativen und sozialer Kämpfe gleiche Voraussetzungen bei der Durchsetzung universeller Rechte zu gewährleisten, und ihn bei seinem Streben nach Selbstverwirklichung und Selbstbestimmung zu unterstützen.

Der Wiederaufbau einer Solidarität zwischen den verschiedenen Individuen in der Arbeitswelt, die von einer graduellen personenbezogenen Verwirklichung universeller Rechte, in denen sich eine moderne Gesellschaft wiedererkennt, ausgeht, kann das Ziel bei der Errichtung einer allgemeinen Gewerkschaft darstellen und eine Art Leitfaden bei der Abfassung der einzelnen Programmpunkte sein. So könnte die Identität einer Gewerkschaft definiert und ihre Rolle als allgemeine Gewerkschaft legitimiert werden, die in der Lage ist, die fundamentalen Interessen eines beträchtlichen Teils der Gesellschaft zu vertreten, des Teils, der in der Arbeitswelt weiterhin Zwängen und Bedingungen unterworfen ist, die sich aus hierarchischen, unkontrollierbaren und häufig unbekannten Strukturen ergeben, wo die Möglichkeiten einer freien menschlichen und kulturellen Entwicklung nicht gegeben sind. Hierbei handelt es sich nicht allein um das arme Drittel ohne Garantien am Rande der heutigen Gesellschaft, sondern um eine sehr viel größere Anzahl von Arbeitnehmern und Mitbürgern, die Gründe einer aktiven Solidarität mit den „Garantielosen" in der gemeinsamen Aktion wiederfinden können. Eine solche Solidarität soll zu einer Bestätigung und vor allem zu der graduellen Verwirklichung der Rechte aller führen, wobei die Unterschiede, die Verschiedenartigkeiten und die Individualität der arbeitenden Männer und Frauen als feststehendes Kriterium für diese Verwirklichung angesehen werden. Eine Gewerkschaft der „Verschiedenen", eine Gewerkschaft der individuellen und kollektiven Rechte, das ist die Gewerkschaft, die wir aufbauen wollen. Auf diesen Grundsätzen sollen politische Forderungen, Formen der Repräsentation, Regeln der innergewerkschaftlichen Demokratie und ethische Prinzipien basieren.

Um diese Grundsätze zu verwirklichen, müssen zunächst überall bestimmte Rechte der Arbeitnehmer allgemein anerkannt werden. Dazu zählt das Recht auf Information, auf Datenkontrolle und auf allgemeine und berufliche Bildung, um auf konkrete Art und Weise das Wissens- und Informationsmonopol zu brechen. Das Recht auf Weiterbildung ist eine Voraussetzung für die Überwindung einer Unterordnung, die für jegliche Form der Autonomie des Arbeitnehmers und für die mögliche Beherrschung seiner eigenen Arbeit ein Hindernis darstellt. Eine Etappe bei der Verwirklichung dieses Rechts besteht in einer vertraglich festgelegten Errungenschaft, daß die Unternehmen den Gewerkschaftsvertretern an Ort und Stelle alle Ausbildungsmittel und Informationen zur Verfügung stellen müssen, um die ständige Anpassung an die fortschreitenden Erneuerungen auf dem Gebiet der Technologie und Organisation seitens der Gewerkschaften gewährleisten zu können. Auch so fundamentale Rechte wie das Recht auf Arbeit oder das Recht auf körperliche Unversehrtheit müssen im Zuge der Orientierung auf komplexere Ziele neu definiert werden und sind an die jeweiligen individuellen Gegebenheiten der Menschen, denen sie zustehen, anzupassen. Das Recht auf Arbeit muß allmählich zu einem Recht auf eine selbst gewählte, der steigenden Qualifikation entsprechenden Arbeit werden und ein Recht auf eine graduelle Eingliederung in eine Tätigkeit, die es ermöglicht, anfängliche Ungleichheiten zu beseitigen und so der jeweils angestrebten Form der Selbstverwirklichung näher zu kommen. Das Recht auf körperlicher Unversehrtheit muß in der Bereitstellung von Vorbeugemaßnahmen, von Behandlungs- und Rehabilitationsmöglichkeiten bestehen und die vollständige Wiedererlangung der physischen und intellektuellen Fähigkeiten zum Ziel haben. Schließlich muß es ein Recht auf wirtschaftlichen Unterhalt und auf die Möglichkeiten der Eingliederung einer jeden Person in eine sozial nützliche und beruflich befriedigende Tätigkeit geben.

All dies zielt tendenziell auf den Erhalt individueller Rechte. Daran hätten sich Wünsche und Forderungen an die Gesetzgebung und an die Unternehmer zu orientieren. Dazu müßten die Gewerkschaften aber auch ihre Strategie und ihre Politik im Hinblick auf Löhne und Gehälter, Arbeitszeitverkürzung, berufliche Qualifikation, Arbeitsbedingungen und -organisation umstellen.

3. Die Entscheidung der CGIL für die europäische Integration modifiziert in keiner Weise ihre internationalistische Verpflichtung gegenüber den Gewerkschaftsbewegungen in der restlichen Welt, und vor allem gegenüber den Arbeitnehmern und den demokratischen, progressiven Bewegungen in den Entwicklungsländern, von denen ein großer Teil aufgrund ihrer finanziellen Abhängigkeit von reicheren und industrialisierteren Ländern von einem wahren wirtschaftlichen, sozialen und politischen Rückschritt bedroht ist. Die Entscheidung für Europa wird jedoch immer mehr zu einer Notwendigkeit, selbst im Hinblick auf eine wirksamere Politik der Zusammenarbeit zwischen dem Norden und dem Süden dieser Welt und für eine internationale Zusammenarbeit, die die alte bipolare Logik zerbricht und es den Völkern der Dritten Welt ermöglicht, an den Kämpfen der Gewerkschaftsbewegung unseres Kontinents für die Eroberung neuer individueller und kollektiver Rechte und Freiheiten konkret teilzunehmen.

Bei der Frage der Integration der italienischen Wirtschaft in einen großen gemeinsamen westeuropäischen Markt und der Bildung eines gemeinschaftlichen sozialen Raumes, von dem in großem Maße das Schicksal der Gewerkschaften der verschiedenen europäischen Ländern abhängt, ist für CGIL ein Problem von entscheidener Bedeutung, nämlich die Abkoppelung des „Mezzogiorno", des unterentwickelten italienischen Südens von dem Teil Italiens, der zu den am meisten industrialisierten Regionen Europas gehört. Hier würde ein unhaltbarer Zustand für die gesamte italienische Wirtschaft entstehen, und vor allem würde dies jeden ernsthaften Versuch im Keim ersticken, ein soziales Europa mit gleichen Rechten für alle Arbeitnehmer aufzubauen. Hier würde ein dramatischer Riß in dem sozialen und politischen Gefüge unseres Landes und in der Gewerkschaftsbewegung entstehen. Aus diesem Grund ist der „Mezzogiorno" ein wichtiges Experimentierfeld für unsere Beschäftigungspolitik und für die Integrationsfähigkeit unserer sozialen und politischen Strukturen.

4. Das Ziel der Vollbeschäftigung kann heute nicht von den gesetzgebenden und tarifvertraglichen Aktivitäten getrennt werden, die darauf gerichtet sind, die Arbeitsqualität zu verbessern, die tägliche Arbeitszeit zu verkürzen und im In-und Ausland Arbeitsplätze und ein nationales Weiterbildungssystem zu schaffen. Eine Gewerkschaft der Neunziger Jahre darf sich nicht darauf beschränken, den nachwachsenden Generationen die Perspektive zu bieten, in irgendeinem Arbeitsverhältnis beschäftigt zu sein. Dazu sind nicht unbedingt Gewerkschaften nötig. Wir müssen, auch im Bereich der Tarifpolitik, grundsätzlich neue Entscheidungen hinsichtlich der Flexibilität und der Mobilität der Arbeit treffen und gleichzeitig versuchen, die Rechte der einzelnen Arbeitnehmer im Bereich solcher Arbeitsbeziehungen, die nicht mehr mit dem herkömmlichen Modell einer lebenslangen Ganztagsarbeit übereinstimmen, wieder in den Rahmen von Gesamtvereinbarungen einzufügen und solidarisch zu schützen. Darüber hinaus können solche Entscheidungen auch dahin gehen, daß zusätzlich Mittel für eine Beschäftigungspolitik auf staatlicher Ebene bereitgestellt werden. Dies ist allerdings nur unter zwei Bedingungen sinnvoll, die zunächst von der Gewerkschaft lange unberücksichtigt geblieben sind. Gemeint ist zum einen eine Arbeitsmarktpolitik, die für alle Dienstleistungsberufe eine Erhöhung von Löhnen, Gehältern und eine Verbesserung der Arbeitsorganisation und beruflichen Qualifikation vorsieht, denn dieser Bereich ist die „große Lunge" der Beschäftigung von morgen. Dies gilt auch für die Bereiche Forschung, Ausbildung, Planung und Gesundheitswesen und schließt auch den der Hauswirtschaft ein, der nur allzu häufig Anlaß gibt, das System der Unterdrückung der Frau zu festigen. Eine solche Arbeitsmarktpolitik darf dabei auch die Wiederherstellung des ökologischen Gleichgewichts, die Verbesserung der Umwelt auf dem Land und in den Großstädten nicht außer acht lassen. Zum anderen kann ein Politik der Arbeitszeitverkürzung und der Umverteilung der Arbeitsplätze, die auch mit Hilfe staatlicher Intervention realisiert werden könnte, in diesem Zusammenhang außerordentlich sinnvoll sein. Dabei handelt es sich nicht um eine einfache Vermehrung der Beschäftigungsmöglichkeiten durch die gleichzeitige arithmetische Verringerung der Stundenzahl, sondern vielmehr um die Vermehrung von Aktivitäten und Dienstleistungen, die letztendlich von der erbarmungslosen Logik des Marktes unterdrückt wurden und werden.

Im Bereich der Bildungspolitik muß es – je nach Ausbildungsgrad – zur Einführung einer Grundausbildung im Bereich von Forschung, Berufsausbildung und Wiedereingliederung in das Berufsleben kommen. Diese wichtige strategische Entscheidung, die sich in einer wirklich neuen Prioritätensetzung bei den öffentlichen Ausgaben und Investitionen zeigen muß, stellt in Verbindung mit neuen Formen der Arbeitsorganisation für eine Gewerkschaft die einzig mögliche Zielsetzung dar, wenn es um Verhandlungen über Flexibilität und vertraglich zugesicherte Kontrollen über die verschiedenen Formen von Beschäftigungsverhältnissen geht. Nur wenn Abmachungen sich sofort in einer Berufsausbildung und einer Berufsausübung bei verschiedenen Gruppen von Arbeitnehmern niederschlagen, so etwa bei Frauen, Jugendlichen, Schwerbehinderten und älteren Menschen, die auf der Suche nach einer neuen Chance in der Arbeitswelt sind, könnten geregelte Beschäftigungsverhältnisse und andere außergewöhnliche Beschäftigungsformen im großen Bereich der gemeinnützigen Arbeiten zu einer qualifizierten Ausbildung und Beschäftigung führen, statt die Schwächsten dazu zu verurteilen, für alle Zeiten im Ghetto der Arbeitslosigkeit eingeschlossen zu sein.

Da eine Gewerkschaft vor den Folgen eines Taylorismus oder Fordismus nicht resignieren darf und eine allmähliche Trennung zwischen Arbeit und Wissenschaft, Arbeit und Bildung, Arbeit und schöpferischer Tätigkeit sowie zwischen Arbeit und individueller Verwirklichung nicht hinnehmen kann, muß man sich Sorgen machen, wenn selbst in der Arbeiterbewegung das Interesse an Vorschlägen wächst, in denen von einem 'Mindesteinkommen' oder 'Bürgereinkommen' die Rede ist und die auf eine Trennung von Einkommen und Arbeit, selbstverständlich bezogen auf die schwächste Gruppe der Gesellschaft, hinauslaufen, als wolle man eine Art Entschädigung für den Verzicht auf den Wettbewerb auf dem Arbeitsmarkt institutionalisieren. Eine solidarische Gewerkschaftspolitik, die auf dem Prinzip der Freiheit, der Chancengleichheit und der Verteidigung des Rechts auf Arbeit beruht, darf sich nicht auf die Verteilung der Einkommen beschränken, sondern muß dafür Sorge tragen, allen Arbeitnehmern, die dies wünschen, die Eingliederung in qualifizierte Arbeitsprozesse zu ermöglichen. Es muß verhindert werden, daß jedem Einzelnen das Risiko der Marginalisierung (mit oder ohne Entschädigung) und das des Verlustes seines bedeutendsten Rechts als Bürger übertragen wird, das darin besteht, eine selbst ausgewählte Arbeit anzunehmen. Ein für alle gleiches Mindesteinkommen würde die ungerechteste aller Ungleichheiten erzeugen; eine solche Ungleichheit würde dann in der Tat für all diejenigen bestehen, die bei dem Versuch, ihr Recht auf Eingliederung und Arbeit zu verwirklichen, auf Hindernisse jeglicher Art stoßen. Hierbei kann es sich um Hindernisse wirtschaftlicher, physischer oder auch intellektueller Art handeln; oder auch um solche, die auf die ungleichen Beziehungen zwischen den Geschlechtern oder die Rassendiskriminierung zurückzuführen sind. Das allgemeine Recht auf Arbeit muß für eine Gewerkschaft ein konkretes Recht auf Arbeit oder auf selbst gewählte Arbeit für jeden Menschen sein, also ein Recht, das auch der Individualität jedes Menschen mit seinen unterschiedlichen Bedürfnissen Rechnung trägt.

Unter eben diesem Aspekt muß man auch die Rolle des Sozialstaats und der allgemeinen Grundsätze seiner Reform überdenken. Hierbei kommt man wieder auf die Schaffung und Förderung neuer Formen der Arbeit und die Bemühungen um die Eingliederung der Bürger in eine gesellschaftliche Aktivität zurück. Eine Reform muß in der Lage sein, das Recht auf Gesundheit, auf Unterstützung bei Berufsunfällen oder Behinderung, das Recht auf Eingliederung und Rehabilitation, auf solidarische Unterstützung der Gemeinschaft im

Alter und bei Arbeitsunfähigkeit beizubehalten; sie muß weiterhin in der Lage sein, die Eingliederung des Individuums in die Arbeitswelt zu fördern.

5. Das Engagement einer Gewerkschaft kann sicherlich nicht auf die alte Rolle einer einfachen Opposition zurückgreifen, um so dem Problem der strukturellen und finanziellen Vergleichbarkeit vor allem auf der internationalen Ebene auszuweichen, dessen Lösung dringend erforderlich ist. In diesem Zusammenhang müssen eine Reihe wichtiger Entscheidungen getroffen werden. Eine solche von der Gewerkschaftsbewegung und der europäischen Linken entwickelte Orientierung zielt auf eine Reform der Steuersysteme, auf die Erweiterung der Besteuerungsgrundlagen, auf den Kampf gegen Steuerflucht und auf eine Reform der Finanzverwaltung und ihrer Dezentralisierung. Dies können die Mittel zur Verwirklichung einer transparenten und glaubwürdigen Einkommenspolitik sein, die es den Sozialpartnern und der Gewerkschaftsbewegung ermöglichen würden, ihre eigenen Forderungen in aller Klarheit zum Ausdruck zu bringen und mit Sachkenntnis auf die dadurch möglicherweise hervorgerufenen wirtschaftlichen Auswirkungen zu reagieren. Dieses Konzept beinhaltet auch, daß mit der Einziehung der Steuern gleichzeitig eine Orientierung bei der Aufteilung der finanziellen Ressourcen verbunden ist, die gewissen Notwendigkeiten, wie dem Schutz des ökologischen Gleichgewichts, der Gesundheit und sozialen Sicherheit der Bürger, Rechnung trägt. Umgekehrt kann die Erhöhung der Steuern da ihre Grenzen finden, wo es um die steuerliche Finanzierung neuer Investitionen zur Produktion von Gütern und Dienstleistungen geht. Will man für die Zukunft eine qualitativ bessere Entwicklung und gleichzeitig inflationäre Tendenzen bekämpfen, könnte dies ein richtiger Weg sein.

Die Neudefinition der vordringlichen gewerkschaftlichen Forderungen beinhaltet, daß sie alle deutlich mit dem Ziel der Humanisierung der Arbeit, die die Schaffung neuer Arbeitsplätze und neue berufliche Möglichkeiten einschließt, verbunden werden.

Daher muß auch gewerkschaftliche Lohnpolitik immer mehr auch eine Förderung der Qualifikation, der Ausbildung und der beruflichen Mobilität beinhalten. Sie muß sich mit der Sicherheit am Arbeitsplatz und Unfallschutz befassen, sie muß sich für eine Neuverteilung beruflicher Qualifikationen zwischen Mann und Frau einsetzen und für den Abbau jeglicher Diskriminierung aufgrund von Geschlecht und Alter, sie muß eine zielgerechte Planung anregen, bei der die Arbeitnehmer eine hevorragende Rolle spielen, so daß die verschiedenen Arten von Arbeitnehmern – Männer, Frauen, Techniker und Arbeiter – nicht mehr willkürlich in der Produktion eingesetzt werden können, und die Einschränkung der Entscheidungsautonomie des Einzelnen allmählich verkleinert werden kann.

Gewerkschaftliche Arbeitszeitpolitik, die, wenn auch in unterschiedlichen Formen, eine Verringerung der Wochenarbeitszeit auf 35 Stunden für alle fordert, muß von einer neuen Zusammensetzung der Arbeitnehmer, von beruflichen Zweckmäßigkeiten und Umstrukturierungsprozessen ausgehen und auch die Wiedereingliederung von Behinderten und älteren Arbeitnehmern in Berufe mit ständig steigenden Qualifikationsanforderungen mit einbeziehen. Berücksichtigung finden sollte dabei auch der Ausbildungsbereich, von dem nicht nur junge sondern auch die älteren Berufstätigen betroffen sind, und in besonderem Maße auch ausländische Arbeitnehmer, die aufgrund von Sprachbarrieren und einer nicht vorhandenen beruflichen Qualifikation Gefahr laufen, in ein Ghetto weniger gut bezahlter Berufe abgeschoben zu werden.

Löhne und Gehälter sowie Arbeitskosten sind keine unabhängigen Variablen. Eine Strategie der gewerkschaftlichen Forderungen muß alle kulturellen und beruflichen Potentialitäten der Arbeitnehmer und Arbeitnehmerinnen freisetzen können. Die Qualifikation, die diese erworben haben, war zu kostspielig, als das man dieses Vermögen einfach verschwenden und nach Benutzung wegwerfen könnte. Gerade unter ökonomischen Gesichtspunkten wäre dies unsinnig.

6. Angesichts der Errichtung eines europäischen Binnenmarktes müssen gewerkschaftliche Strategien neu durchdacht werden, um dieser Entwicklung Rechnung tragen zu können. Gewerkschaften dürfen hier nicht mehr blindlings handeln, sonst werden sie besiegt. Dies gilt für alle gewerkschaftlichen Positionen im Bereich der industriellen Umstrukturierung, die möglicherweise trotz zahlreicher Kämpfe von Arbeitnehmern hinfällig werden könnten, solange sie zu Forderungen von Arbeitnehmern und Gewerkschaften anderer Länder mit gleichen Problemen in Widerspruch stehen. Dies gilt ebenso für die großen gewerkschaftlichen Kämpfe um eine Verbesserung der Beschäftigungslage, Maßnahmen der Reindustrialisierung, der Humanisierung der Arbeit und der Verkürzung der Arbeitszeit. Wenn Gewerkschaften innerhalb Europas nicht vereint handeln, werden sie besiegt werden. Sie riskieren dann, an zwei Fronten zu verlieren, an der der Arbeitgeber, deren Macht zu einem Teil aus der Zersplitterung der Gewerkschaften beruht, und an der der Arbeitnehmer, die von den Gewerkschaften eine Antwort auf ihre spezifischen Probleme in den Betrieben und selbst bei ihren persönlichen Schwierigkeiten suchen. Die großen Industriegewerkschaften, die den Kampf um die Arbeitszeitverkürzung führen, müssen die Initiative ergreifen und versuchen, in absehbarer Zeit angemessene branchenspezifische Vereinbarungen auf internationaler Ebene zu erreichen und, über die verschiedenen Verhandlungsmodalitäten hinaus, Grundsätze für entsprechende tarifliche Vereinbarungen zu entwickeln, um so das Ziel der 35-Stunden-Woche (selbst in verschiedenen Formen) in spätestens vier Jahren erreicht zu haben. Hierbei sind gleichzeitig für jeden Industriezweig gegenseitige Informationssysteme und Formen solidarischer Aktionen einzuplanen, die in dem Moment relevant werden, in dem die Verhandlungen über die Arbeitszeit in jedem Land in die entscheidende Phase treten. Im Hinblick auf die gewerkschaftlichen Aktivitäten in Italien und anderen Ländern Europas hat sich innerhalb der CGIL und in anderen Gewerkschaften eine sehr interessante Diskussion entwickelt, die noch nicht beendet ist. Es scheint sich jedoch hinsichtlich der wichtigsten Fragen, um die es dabei geht, eine gemeinsame Orientierung innerhalb der CGIL abzuzeichnen. Man ist sich zunehmend darüber im klaren, daß tarifliche Vereinbarungen, die auf die großen Ziele einer Reform in den Arbeitsbe-

ziehungen in den Unternehmen und der öffentlichen Verwaltung abzielen, sich immer mehr auf eine gegenseitige Verständigung, auf eine politische Bereitwilligkeit der jeweiligen Tarifparteien gründen müssen. Tarifliche Vereinbarungen müssen aber immer mehr den spezifischen Problemen der verschiedenen Arbeitsplätze gerecht werden und bedürfen einer ständigen Überprüfung und Berichtigung, was wiederum ein völlig neues Verständnis innergewerkschaftlicher Demokratie voraussetzt und neue Anforderungen an das Fachwissen von Gewerkschaftsführern stellt. Es ist in der Tat verständlich, daß sich nationale Vereinbarungen oder Abkommen künftig auf die Festlegung bestimmter Kriterien und allgemeiner Bestimmungen begrenzen müssen, und eher die Rolle von Leitlinien bei dezentralen Verhandlungen spielen.

Ein weiteres Problem stellt sich aufgrund der westeuropäischen Integration. Selbst wenn es zu einer schrittweisen Einführung von Gesamtverhandlungen auf der Ebene der Europäischen Gemeinschaft in Form von „Rahmenvereinbarungen" für einzelne Bereiche käme, wobei es unter bestimmten Voraussetzungen sogar zu Übereinkünften mit den Muttergesellschaften multinationaler Unternehmungen kommen könnte, so müßte das zwangsläufig auf nationaler Ebene mit einer Reform der vertraglich festgelegten Grundlagen gewerkschaftlichen Handelns, die heute absolut nicht homogen sind, verbunden sein. Nur so kann ein erster Schritt hin zu einer mächtigen supranationalen Organisation der Europäischen Gewerkschaftsverbände getan werden.

7. Auch das Verhältnis und die Unterteilung der Zuständigkeiten zwischen Parteien und Gewerkschaften müssen neu durchdacht werden. Dabei geht es in Italien konkret um die Eroberung einer wirklichen Autonomie der Gewerkschaften; dies bedeutet das Ende einer stillschweigenden Unterordnung, die den Handlungsspielraum der Gewerkschaften einengen würde, sobald diese in ein „bereits besetztes Gebiet" einzudringen versuchten oder Entscheidungen zu treffen hätten, die den Vorstellungen der Partei, aus der sie hervorgegangen sind, widersprechen. Jetzt beginnt eine Phase umfassender dialektischer Konfrontation ohne ideologische oder dogmatische Vorurteile zwischen Gewerkschaften und Parteien sowie zwischen der Gewerkschaftsbewegung und den fortschrittlichen Kräften, die derzeit im italienischen Parlament vertreten sind. Wollte man auf jene Praxis zurückgreifen, die der Gewerkschaft die Berechtigung verweigert, mit repräsentativen Institutionen zu verhandeln, und die sie in „Vereinbarungen", die mittels eines Erlasses verordnet werden, einbezieht, so wäre dies ein Schritt zurück, und zwar mit historischer Tragweite, der die CGIL nicht nur von der italienischen sondern auch europäischen Realität entfernen würde.

8. Das Grundsatzprogramm der CGIL kann sich nicht der Notwendigkeit entziehen, sich mit dem häufig unpräzise benutzten Begriff und dem Konzept der wirtschaftlichen Demokratie auseinanderzusetzen. Hier ist darauf hinzuweisen, daß unsere Auffassung von wirtschaftlicher Demokratie seit vielen Jahren verschiedene Formen und Mittel einer Beteiligung der Arbeitnehmer an der Kontrolle der Wirtschaft beinhaltet. Diese Auffassung hat niemals das Ziel der Be-

teiligung der Arbeitnehmer an der Kontrolle über das Unternehmen und die Arbeitsplatzgestaltung aus den Augen verloren. Zweifellos ist es höchste Zeit, im Hinblick auf die Beteiligung der Arbeitnehmer an der Unternehmensleitung, jeglichen Konflikt zwischen den verschiedenen Modellen der wirtschaftlichen Demokratie von der deutschen Mitbestimmung und der schwedischen Mitgestaltung bis hin zum Recht auf Information und der Politik der „Anlagefonds" definitiv zu überwinden, denn sie enthalten alle bedeutende Möglichkeiten, und alle könnten in der italienischen Realität in einer Art freien Konkurrenz erprobt werden. Die Aufgabe ist darin zu sehen, die sehr komplexen und vielschichtigen Erfahrungen, die in der Nachkriegszeit von der europäischen Gewerkschaftsbewegung gemacht wurden, zu nutzen, um Möglichkeiten und Grenzen aufzeigen zu können, die bei der Anwendung dieser Modelle zum Vorschein kamen. Die schmerzlichen Erfahrungen, die man in Italien in den letzten Jahren gemacht hat, zeigen etwa, daß Beteiligungen an Unternehmen durch den Erwerb von Aktien kein Mittel für die Herstellung wirtschaftlicher Demokratie sein können, wenn darunter die „Macht der Mehrheit" verstanden werden soll. Aktienerwerb ermöglicht es nicht, daß einer größtmöglichen Zahl von Arbeitnehmern (und nicht nur den Finanzexperten der Gewerkschaft) die Entscheidungen des Managements bekannt werden, damit diese sie verstehen, eventuell kritisieren und unter gewissen Bedingungen sich ihnen unterwerfen können. Diese Lehren veranlassen uns immer noch, solche Formen als antigewerkschaftlich zurückzuweisen; denn oft wird in den schwächsten Bereichen der abhängigen Arbeitnehmer einen Teil der Vergütung durch eine passive finanzielle Beteiligung am Unternehmen ersetzt, und dies oftmals gerade da, wo die Arbeitnehmer nicht einmal über ein Minimum an Informationen über Arbeitsprogramme, über die Struktur der Löhne und Gehälter und über Aufteilung nach den verschiedenen Berufskategorien verfügen.

Es ist auch zu berücksichtigen, daß selbst die forschrittlichsten Mitbestimmungs- oder Mitverwaltungsformen bei der Leitung eines Unternehmens damit enden, daß sie lediglich eine „bürokratische und konsenslose" Beteiligung sind, da es meist nicht gelingt, in der Weise Einfluß auf die alltäglichen Arbeitsbedingungen zu nehmen, daß sich dieses unmittelbar bei der Arbeit, im Mikrokosmos einer Werkstatt oder eines Büros bemerkbar machen, und da es auch nicht gelingt, das Informationsmonopol zu brechen, um so eine anwendbare, verständliche und kontrollierbare Information für die Mehrheit der betroffenen Arbeitnehmer gewährleisten zu können.

Die Überlegungen im Hinblick auf die Erfahrungen, die mit verschiedenen Modellen wirtschaftlicher Demokratie gemacht wurden, unabhängig davon, ob diese auf vertraglichem oder legislativem Weg realisiert wurden, lassen sich in drei grundlegenden Forderungen zusammenfassen: Zum einen muß, ähnlich wie auf der staatlichen Ebene, eine strenge Trennung der „Gewalten" auch auf betrieblicher Ebene garantiert sein; das heißt vor allem eine deutliche Unterscheidung zwischen denen, die wichtige Entscheidungen treffen und denjenigen, die diese Entscheidungen überwachen und kontrollieren. Zum anderen ist es notwendig, das Monopol von Information und Wissen mit Hilfe einer Vergesellschaftung von Informationen und einer Weiterbildung im Bereich der Informationsverwaltung zu brechen. Drittens muß die wirtschaftliche Demokratie an der Spitze des Unternehmens mit der Alltäglichkeit der Arbeitnehmer in Einklang gebracht werden. Dies und nichts anderes versteht man unter Humanisierung am Arbeitsplatz.

In diesem Zusammenhang werden sich die Gewerkschaften auf einem bisher für sie unbekannten Gebiet engagieren müssen, das aber eng mit den Fragen einer wirtschaftlichen Demokratie, einer Humanisierung der Arbeit und einer Selbstverwirklichung der Arbeitnehmer durch Selbst- und Mitbestimmung verknüpft ist. Gemeint ist hier ein Engagement der Gewerkschaften, bei dem sie in Verbindung mit anderen öffentlichen und privaten Einrichtungen, mit Verbänden und Unternehmen, auf dem Gebiet der Planung und des Experimentierens maßgeblichen Einfluß anstreben müssen. Sie müßten in der Lage sein, den Unternehmen, öffentlichen Einrichtungen, Institutionen und Verbänden beratende Dienste hinsichtlich der Planung, der Durchführung und des Experimentierens mit völlig neuen Projekte in wichtigen Bereichen zur Verfügung zu stellen, so etwa bei der Planung von Ausbildungskursen im Bereich neuer Technologien, bei der Vorbereitung und Durchführung von Projekten, die eine berufliche Qualifikation für Arbeitnehmer mit geringer Schulbildung und für Gastarbeiter ermöglichen sollen, beim Planen und Experimentieren mit neuen Organisationsformen der Arbeit, bei der Einrichtung und Erprobung von Rehabilitationszentren, die körperbehinderten Arbeitnehmern oder Opfern von Arbeitsunfällen eine Berufsausbildung vermitteln sollen, um sie wieder in den Arbeitsprozeß integrieren zu können, ferner bei Maßnahmen zum Schutz und zur Wiederherstellung des ökologischen Gleichgewichts und schließlich bei Fragen der Sicherheit und des Gesundheitsschutzes am Arbeitsplatz.

9. Auf diesen vielfältigen und schwierigen Gebieten, die voller Risiken sind, muß eine Gewerkschaft, die sich der Rechte der Arbeitnehmer und der Solidarität verpflichtet weiß, einen beträchtlichen Teil ihrer Kräfte und ihrer Ressourcen einsetzen.

Ein derartiges Programm erfordert eine Gewerkschaft mit einem neuen Gesicht, die ihre Repräsentation und ihre Organisation zu ändern in der Lage ist. Sie muß auf einen harten politischen Kampf gegen Widerstände unterschiedlichster Art, so etwa von konservativer Seite, vorbereitet sein, die sich bereits gezeigt haben und die auch in Zukunft vorhanden sein werden.

Es handelt sich, kurz gesagt darum, unseren Organisationsstrukturen und unseren Repräsentationsformen Modalitäten und Regeln zu verleihen, die in der Lage sind, die neue Identität der CGIL als multi-ethnischer Gewerkschaft der Solidarität zwischen den verschiedensten Arbeitnehmern und als Gewerkschaft, die für die Rechte dieser Arbeitnehmer eintritt, zu gewährleisten. Es müssen vor allem Organisations-, Vertretungs- und Entscheidungsräume innerhalb der CGIL für alle Individuen geschaffen werden, die wir vertreten wollen. Wir müssen unsere Gewerkschaft für die Zusammenarbeit und – in gewissen Fällen – für den Zusammenschluß mit Verbänden öffnen, die schon seit langer Zeit, und manchmal auch schon länger als wir, an diesem großen Kampf um Arbeitnehmerrechte beteiligt sind. Wir müssen uns öffnen für Frauenverbände, für ökologische Bewegungen, Studenten- und Forschervereinigungen, Gastarbeitervereinigungen, Vereinigungen körperbehinderter Bürger, für Vereinigungen von freiwillig im Bereich des Gesundheitswesens Tätige. Eine solche Zusammenarbeit kann und muß, ohne Beeinträchtigung der Grundsätze der innergewerkschaftlichen Demokratie, einen gegenseitigen Erfahrungsaustausch und eine Beteiligung dieser Gruppen an den Entscheidungen der Gewerkschaft ermöglichen – sowohl in spezifischen wie grundsätzlichen Fragen, die diese thematisieren. So kann es etwa zu Abmachungen oder Vereinbarungen zwischen der CGIL und den verschiedenen Verbänden kommen, wobei gleichzeitig die Grenzen und die gegenseitigen Verpflichtungen einer solchen Zusammenarbeit festgelegt werden.

Abschließend sei noch auf ein fundamentales Problem eingegangen, das darin besteht, die Gleichstellung der Frauen innerhalb der gewerkschaftlichen Führungsgremien zu realisieren, indem auch bei der CGIL eine wirkliche Umverteilung der Leitungsaufgaben und der Verantwortlichkeiten vorgenommen wird, ohne die Verantwortung für den einen oder anderen gewerkschaftlichen Kampf bürokratisch einfach dem Bereich, der für Frauenfragen zuständig ist, zu übertragen.

III. Krise und Umgestaltung des real existierenden Sozialismus in Osteuropa

Svetozar Stojanović

Kommunistischer Etatismus und Demokratischer Sozialismus

1. Für betont deterministisch denkende Marxisten stellt der Sozialismus eine historische Unvermeidlichkeit dar. Der Verfall des Kapitalismus und der Sieg des Sozialismus gehen „nach ehernen Gesetzen" vor sich. Für humanistisch orientierte Marxisten ist er jedoch bloß eine historische Tendenz und Möglichkeit, deren Verwirklichung in entscheidendem Maße davon abhängt, welche Werte von den Menschen gewählt werden und wie sich ihre kollektive Aktion gestaltet. Für deterministische wie für humanistische Marxisten ist der Sozialismus in der Weise vom Kommunismus untrennbar, als er nur eine Phase des Kommunismus darstellt.

Hier soll es jedoch um einen demokratischen Sozialismus mit realen und absehbaren Perspektiven gehen, der als ein realisierbarer und lebensfähiger Sozialismus unabhängig von der Utopie der klassen- und staatenlosen Gesellschaft konzipiert werden soll.

Die günstigsten Voraussetzungen für den Sozialismus wird man angesichts des wirtschaftlichen und politischen Niveaus und der Trennung der Zivilgesellschaft vom Staat im hochentwickelten Kapitalismus finden.

Demokratische Sozialisten sind der Ansicht, daß diese Trennung auch im Sozialismus zu bewahren sei. Marx würde damit sicherlich nicht einverstanden sein.

Ohne das Bestehen einer starken Zivilgesellschaft, die unvermeidlich auch bedeutende bürgerliche (bourgeoise) Komponenten besäße, erscheint der Sozialismus keineswegs wahrscheinlich und erreichbar, unter anderem auch deswegen, weil er organisch völlig in die Weltwirtschaft und in den Weltmarkt integriert sein muß. Außerdem sollte man sich doch einmal die radikalen Folgen der Tatsache vergegenwärtigen, daß es kein einziges Beispiel des völligen Bruches mit der bürgerlichen politischen, wirtschaftlichen und kulturellen Tradition gibt, das nach Meinung demokratischer Sozialisten ein gutes Ende genommen hätte.

Ein realisierbarer und lebensfähiger Sozialismus in der heutigen und morgigen Welt ist nur einer mit einem zivilen und bürgerlichen Gesicht. Dieser stellt keine „Übergangsperiode" zwischen Kapitalismus und Sozialismus dar und ist auch keine „niedrigere Phase" des Kommunismus, sondern eine neue Gesellschaftsformation mit einem ziemlich gemischten Typ des Eigentums, der Wirtschaft und der gesamten Zivilgesellschaft. Ökonomisch würde sich die dominante sozialistische Komponente der Zivilgesellschaft aus Selbstverwaltungsunternehmen ergeben, die im Rahmen demokratischer Planung und Wirtschaftsproportionen und des Wirtschaftswachstums auf Gesellschafts- und Genossenschaftseigentum an den strategischen Produktionsmitteln gegründet wären, während ihre bürgerliche Dimension im Privateigentum an nichtstrategischen Produktionsmitteln, in der Marktkonkurrenz und der gewinnbringenden Produktion der Privat-, Genossenschafts- und Gesellschaftsunternehmen bestehen würde.

Die demokratischen Sozialisten bei uns und anderswo nennen eine solche Wirtschaft mit Recht Marktwirtschaft.

Damit vom Sozialismus überhaupt die Rede sein kann, muß man die Wirkungen des Privateigentums und der Marktkonkurrenz selbstverständlich durch solidarisch aufgefaßte Gerechtigkeit kompensieren, wie zum Beispiel dadurch, daß jedem einzelnen, unabhängig vom Eigentum, über das er verfügt, und unabhängig vom Erfolg, den er auf dem Markt erzielt, und sogar unabhängig davon, ob er arbeiten will oder nicht, ein menschenwürdiger Lebensstandard und menschenwürdige gesellschaftliche Dienstleistungen garantiert werden.

2. Bisher war vom realisierbaren und lebensfähigen Sozialismus die Rede. Die Länder, die sich sozialistisch nennen, sind aber in Wirklichkeit etatistisch, da in ihnen eine Gruppe das strukturbedingte Monopol der Kontrolle über den Staat und dadurch auch über die Produktionsmittel besitzt. Von der Realisierbarkeit des Etatismus konnten wir uns bereits überzeugen. Ob er lebensfähig bleiben wird, hängt von den Möglichkeiten einer radikalen Selbstreformierung ab.

Einen so reformierten Etatismus könnten wir „Etatismus mit einem zivilen und bürgerlichen Gesicht" nennen. Eine Zivilgesellschaft erfordert jedoch einen Staat, der in vollem Maße ein Rechtsstaat und ein pluralistischer Staat ist. Der Etatismus könnte jedoch in seiner Selbstreformierung nicht so weit gehen. Das wäre eine Revolution und keine Reform. Die Lage der demokratischen Sozialisten im Etatismus ähnelt der der Marxisten in Rußland vor der Revolution: Sie wünschten eine sozialistische Revolution, während die vorherrschende Doktrin verlangte, daß sie geduldig eine bürgerlich-demokratische vorbereiten sollten.

Wie können sich die demokratischen Sozialisten für die Liberalisierung des etatistischen Monopols einsetzen, wenn sie es am liebsten völlig eliminieren möchten? Wie können sie sich an der liberalen Aufklärung der etatistischen Klasse beteiligen, wenn sie sich deren Herrschaft radikal entgegensetzen? Ist das kein „unglückliches Bewußtsein", um eine Formulierung Hegels zu gebrauchen, so ist es sicherlich auch kein glückliches.

Ich bin davon überzeugt, daß der Abstand zwischen dem stalinistischen und dem liberalisierten Etatismus vom menschlichen Standpunkt aus – und welchen anderen könnte man beziehen – größer ist als der zwischen letzterem und dem demokratischen Kapitalismus. Berücksichtigt man auch dieses, wenn man über eine gewisse Konvergenz der zwei Systeme spricht, und denkt nicht nur an die Einführung des Marktes und des Privateigentums im Etatismus bzw. der Planung des Staatseigentums im Kapitalismus, so habe ich nichts gegen die Konvergenzthese einzuwenden.

Die Theorie des Etatismus bleibt unvollständig, solange das Verhältnis zwischen etatistischer Klasse und kommunistischer Partei nicht definiert ist. In der Tat muß die Geschichte der Transformierung der revolutionären kommunistischen Partei in den Haupttransmissionsriemen der herrschenden Klasse erst erforscht werden.

3. „Sekundäre", „verborgene", „verschwiegene", „illegale", „illegitime" und „informelle" Sphären, Tätigkeiten und Ideen spielen sowohl in der Ideologie als auch in der Wirtschaft, in der Politik, in der Kultur und in der Moral des Etatismus eine immer größere Rolle. Manche dieser Sphären, Tätigkeiten und Ideen tragen dazu bei, daß Staat und Gesellschaft funktionieren, obwohl ihnen durch das formale System Hindernisse in den Weg gelegt werden. Für eine flexible herrschende Klasse wäre deren Existenz ein genügendes Zeichen dafür, daß systembezogene Reformen notwendig sind. Was wäre aus dem Kapitalismus geworden, wenn die Bourgeoisie der dreißiger Jahre nicht imstande gewesen wäre, sich mit der Notwendigkeit des Staatsinterventionismus abzufinden? Jetzt ist die etatistische Klasse an einem umgekehrten Wendepunkt angelangt: Um ihre selektiv-strategische Kontrolle über Staat und Produktionsmittel zu bewahren, wird sie schließlich die totale, superzentralisierte und bis in die Einzelheiten gehende Kontrolle opfern müssen. Nur die selektiv-strategische Kontrolle ist für die Bewahrung der Identität des etatistischen Systems unerläßlich. Hat denn Jugoslawien nicht gezeigt, daß eine bedeutende etatistische Dezentralisation möglich ist?

Wie würde sich eine Diskussion über „Geschichte und Klassenbewußtsein" gestalten, wenn das Hauptthema „Die etatistische Klasse" wäre? Können wir von der Notwendigkeit sprechen, das Klassenbewußtsein in diese Klasse von außen hereinzutragen, wenn es sich um die unvermeidlichen systembezogenen Reformen handelt? Wird die etatistische Klasse die Augen für ihre eigenen objektiven und langfristigen Interessen öffnen und auf welche Weise? Wird sie diese Interessen verfolgen? Ich stelle die Behauptung auf, daß die Liberalisierung des Etatismus im objektiven Interesse eines großen Teiles der herrschenden Klasse liegt. Erst der demokratische Sozialismus würde das Ende der etatistischen Herrschaft bedeuten. Die Chancen für einen solchen Sozialismus in den etatistischen Ländern bleiben jedoch mehr oder weniger illusorisch, solange man das System nicht vorher liberalisiert. Solange die linke Intelligenz das nicht einsieht, werden sich bei ihr Resignation und übertriebene Erwartungen abwechseln.

Abstrahieren wir von der Kontrolle und der Intervention von außen, so verweisen die tschechoslowakischen Entwicklungen im Jahre 1968 auf die Möglichkeit einer Art permanenter Reform, in einem entwickelten etatistischen Land mit demokratischer Tradition, in dem der massive Druck zur Liberalisierung des Etatismus zur Massenbewegung für den demokratischen Sozialismus wird. Es wurde jedoch nicht einmal eine Theorie der Liberalisierung des Etatismus aufgestellt, geschweige denn eine des Übergangs vom liberalen Etatismus zum demokratischen Sozialismus. Der demokratische Kapitalismus mit seinen komperativen Vorteilen wird auch weiterhin Druck auf den liberalen Etatismus ausüben, damit sich dieser in Richtung auf einen pluralistischen Staat ändert. Heute ist es fast unmöglich, das Recht irgendeiner Gesellschaftsgruppe auf das Monopol der Kontrolle, wenn auch nur einer selektiv-strategischen, über Staat und Produktionsmittel offen zu verteidigen. Daher glaube ich nicht, daß es zur Aufstellung einer liberal-etatistischen Theorie kommen wird, die sich in ihren philosophischen und intellektuellen Qualitäten mit den großen Wegweisern des bürgerlichen Liberalismus messen könnte.

In Verbindung mit den etatistischen Reformen wird nicht nur zwischen, sondern auch innerhalb der Klassen ein Kampf geführt. Da der Marxismus als radikal-revolutionäre Lehre entstand, stellt er in der Regel die Konflikte innerhalb der Klassen zurück und überschätzt die Konflikte zwischen den Klassen. Wer die Möglichkeiten der Reformen des Etatismus erschließen will, muß vor allem den Konflikten der gegensätzlichen Interessen zwischen den einzelnen Teilen der herrschenden Klasse, dem politokratischen, dem bürokratischen, dem technokratischen, dem militärischen, dem polizeilichen usw. Rechnung tragen. Der Übergang von der extensiven zur intensiven Gesellschaftskontrolle und Produktion muß zu bedeutenden Verschiebungen in der Konstellation der etatistischen Klasse führen. Die Technokratie zum Beispiel, die bisher relativ beschränkte Macht ausüben konnte, wird auf Kosten der Politokratie und der Bürokratie an Bedeutung gewinnen. Der für „Agitation und Propaganda" verantwortliche riesige Apparat wird ebenfalls ernste Veränderungen hinnehmen müssen. Manche in diesem Apparat werden den Reformen einfach deswegen Widerstand entgegensetzen, weil sie konservativ sind und weil man von ihnen verlangen wird, die Reformen ideologisch zu rechtfertigen und zu propagieren. Andere im Apparat möchten sich vielleicht den Reformen sogar anpassen. Sie werden jedoch von Maßnahmen betroffen sein, die ergriffen werden müssen, um die in diesem Apparat infolge des Übergangs von der extensiven zur intensiven ideologischen Produktion und Kontrolle überzählig gewordenen Beschäftigten abzubauen. Es wurde genug über die Rolle der Ideologie in dieser Systemgattung geschrieben. Kennzeichnend ist jedoch, daß es noch immer keine Studien übr die „ideologischen Arbeiten" gibt. Das Thema „Ideologie als Beruf" muß erst noch gestellt werden.

Da die Quelle der gesamten Macht der herrschenden Klasse im Bereich der Politik liegt, ist es natürlich, daß die Konflikte in Verbindung mit den Reformen einen unmittelbar politischen Charakter annehmen. Es soll jedoch im Auge behalten werden, daß sich eine bedeutende Anzahl der Angehörigen dieser Klasse angesichts historischer Erfahrungen im Anfangsstadium der Reformen passiv und abwartend verhalten wird, um zu sehen, welche Seite die besten Chancen hat. Auch in den anderen Klassen gibt es Unterschiede in den Einstellungen zu den Reformen. Es ist bekannt, daß die Perspektiven der manuellen Arbeit in dem Maße, wie die wissenschaftlich-technologische Revolution fortschreitet, ungünstiger werden. Mit der marktorientierten Reform wird diese Umwälzung das Fortbestehen einer Reihe von Wirtschaftsunternehmen in Frage stellen, so daß sich auch ein Teil der Beschäftigten gegen Strukturänderungen wenden wird.

Es droht die Gefahr, daß sich latent Bündnisse gegen die Reformen in aktuelle verwandeln. Daher werden die Träger der Veränderungen gezwungen sein, Reformpläne aufzustellen und eine wirksame Sozialpolitik zu verfolgen, um das Bündnis der konservativsten Teile der etatistischen Klasse mit den am schwersten betroffenen Teilen der Arbeiterschaft, des Beamtentums und der Intelligenz zu verhindern. Daraus ergibt sich die Notwendigkeit, die Marktreformen geplant durchzuführen – ein weiterer Hinweis darauf, daß es unhaltbar ist, Markt und Plan einfach als Gegensätze anzusehen.

Die Einführung einer, wenn auch nur beschränkten Rechtsstaatlichkeit scheint der gemeinsame Nenner sämtlicher bisherigen Bestrebungen zu sein, den Etatismus zu liberalisieren. In der Sowjetunion begann man nach Stalins Tod, elementare Grundsätze der Rechtssicherung einzuführen, um zu verhindern, daß sich despotische Willkür und Selbstliquidierung von Partei- und Staatshierarchie wiederholen. Stalins Mißtrauen wurde schrittweise durch „Vertrauen zu den Kadern" ersetzt. Eine gewisse Rechtssicherheit ist für die Selbstbeschränkung, für die Rationalisierung und für die Verteilung der Macht in der etatistischen Klasse, aber auch für die Legitimierung dieser Klasse unerläßlich. Vom Etatismus ist selbstverständlich die Konstituierung eines Rechtsstaates in vollem Sinne nicht zu erwarten. Wie weitgehend dieser Staat sonst auch immer liberalisiert sein mag, er wird das charakteristische Merkmal der Dualität des „Doppelstaates" bewahren, in der das Monopol einer Gruppe, Staat und Produktionsmittel zu kontrollieren, einen dem Recht übergeordneten Status besitzt. Beginnt jedoch die Rechtsreform einmal zu wirken, so erlangt sie nach einer gewissen Zeit ihre eigene Dynamik und öffnet den Raum für Druck von unten. Eine immer größere Anzahl von Berufsjuristen, Intellektuellen und von Bürgern wird die Gelegenheit nutzen, um die unbeschränkte Macht des Meta-Rechtsstaates zu beschränken.

Sehr wichtig ist auch, daß der In- und Auslandsmarkt Rechtssicherheit erfordert. Man kann keine marktorientierte etatistische Wirtschaft fördern, solange in der politischen, wirtschaftlichen, rechtlichen und sittlichen Kultur die Einstellung zu den Formen, Regeln, Verfahren und Verträgen arbiträr und sogar nihilistisch ist. Daher setzte sich Milovan Djilas, als er noch an der Macht war, für die Rehabilitation der „Formen" im Marxismus und im Sozialismus ein.[1]

Die Überdeterminierung des Etatismus durch den Weltmarkt treibt zur Lockerung der politischen Repression und zur Liberalisierung der Strafgesetzgebung, jedenfalls solange international der demokratische Kapitalismus dominiert und einen gewissen Druck ausübt, damit das zivilisatorische Mindestmaß an Menschen- und Bürgerrechten geachtet wird. Ich denke vor allem an den volkswirtschaftlichen Schaden in den etatistischen Ländern, der dadurch entsteht, daß die eigenen Bürger Verfolgungen zu erdulden haben. Proteste gegen eine „Einmischung in die inneren Angelegenheiten" helfen hier nicht weiter. Es geht um die Einschätzung der politischen Risiken von Investitionen, Kreditvergabe und Geschäftstätigkeit in solchen Ländern überhaupt. Auch wenn alle möglichen Rechtsgarantien gegeben, die Unklarheiten in der Wirtschaftsgesetzgebung beseitigt werden, die Willkür der Ortspotentaten eliminiert und die

Inflation in Schranken gehalten wird, so werden die etatistischen Länder dennoch auf Schwierigkeiten stoßen, Auslandskapital heranzuziehen und die eigenen Bürger zu Wirtschaftstätigkeit im Privatsektor anzuregen, solange sie nicht damit aufhören, antiliberale politisch-ideologische Kampagnen zu führen und ihre eigenen Bürger zu verfolgen. In der Bewertung der politischen Sicherheit gehen die Geschäftsleute mit Recht von einem logischen Gesamtzusammenhang aus. In der Sprache der historischen Beispiele bedeutet dies, daß die „Neue Ökonomische Politik" keine guten Aussichten hat, solange es in den anderen Sphären des Gesellschaftslebens noch „Kriegskommunismus" gibt. Was sollen die Fremden von der politischen Sicherheit in einem Land halten, wenn dessen Führung Militärgewalt anwendet oder auch nur androht, um sich vor dem eigenen Volk zu schützen? Werden die eigenen Bürger und sogar die unmittelbar am Produktionsprozeß Beteiligten verfolgt, so stellt sich die Frage, was dann dafür bürgt, daß das Auslandskapital zugleich mit dem einheimischen Privatsektor nicht wieder nationalisiert wird?

4. Betrachtet man den in Zusammenhang mit der Liberalisierung des Etatismus stehenden Fragenkomplex einer realisierbaren und lebensfähigen Selbstverwaltung, so läßt sich – ausgehend von den in dieser Hinsicht sehr weitgehenden und wertvollen jugoslawischen Erfahrungen – zusammengefaßt folgendes feststellen:

a) Das Verhältnis zwischen „Zivilgesellschaft" und Selbstverwaltung: Geht man realistisch an die Selbstverwaltung im bestehenden Etatismus heran und nicht in einer idealen Konstruktion, so bedeutet dies, die Möglichkeit zu erörtern, eine vom Staat unabhängige Zivilsphäre zu konstituieren. Geht man aber von der Utopie des Absterbens des Staates wie bei uns in Jugoslawien aus, so wird dies aller Wahrscheinlichkeit nach in der Selbstverwaltung als Utopie enden. Wenn schon so viel von der Notwendigkeit gesprochen wird, eine „reale Ökonomie" in Jugoslawien einzuführen, so muß man die Dubiositäten und Fiktionen nicht nur in der Wirtschaft, sondern auch in der Politik, in der Ideologie und sogar in der Selbstverwaltung vorbehaltlos zur Kenntnis nehmen. Ist denn die Selbstverwaltung nicht etwas Fiktives, wenn sie so viele Schulden und Verluste produziert? Diese werden dadurch verursacht, daß sie als Transmissionsriemen der etatistischen Gruppierung entstand und daß sie es zum größten Teil bis heute geblieben ist. Außerdem stellt sich die Frage, was das für eine Selbstverwaltung ist, in der es kein Recht und keine Möglichkeit der Selbstorganisierung gibt. Was für eine Selbstverwaltung ist es, wenn der Staat – und dazu noch ein monopolisierter Staat – bis in die Einzelheiten vorschreibt, wie sich die sogenannten Selbstverwalter organisieren sollen? Jetzt wird in der Sowjetunion und in anderen etatistischen Ländern die Selbstverwaltung allem Anschein nach auf dieselbe Weise wie nach 1948 in Jugoslawien, nämlich von oben eingeführt.

b) Der Pluralismus der Selbstverwaltung und die Konflikte innerhalb der Selbstverwaltung: Die Formen der Selbstverwaltung sollten der Art des Eigentums und dem Umstand angepaßt werden, ob es eine Marktkonkurrenz gibt oder nicht. So würde die Selbstverwaltungsweise von der Partizipation beispielsweise an der Verwaltung eines großen Kraftwerks bis zur unbeschränkten Selbstverwaltung unter den Bedingungen einer vollen Marktkonkurrenz, sagen wir in den Schuhfabriken, reichen. Das Gesetz würde nur die allgemeinen Grundsätze bestimmen und den Unternehmen die Wahl der eigenen Verwaltungsweise im Rahmen dieser Grundsätze überlassen. Anläßlich der Eintragung der Unternehmen in das entsprechende Register würden die Wirtschaftsgerichte beurteilen, ob sich die Unternehmen im Einklang mit diesen Grundsätzen organisiert haben. Sollte ein Unternehmen eine Monopolstellung besitzen, so würden in seinem Verwaltungsorgan die besoldeten Vertreter jener Banken, Unternehmen, Staatsorgane usw. die Mehrheit haben, die im betreffenden Unternehmen Mittel investiert haben. Die hier Beschäftigten würden keine Selbstverwaltung sein; sie würden sich bis zu einem gewissen Prozentsatz an der Verwaltung beteiligen können.

Die Voraussetzung für eine realistisch aufgestellte Selbstverwaltung besteht darin, daß mit dem Konflikt zwischen dem Gruppeninteresse und dem Gesellschaftsinteresse gerechnet wird. Mit anderen Worten: Dem Interesse der Selbstverwaltungsgruppen sollte ein Gegengewicht, am besten in Form von Marktkonkurrenz, gegenüberstehen, und, wenn es keine solche gibt, dann in Form von Beteiligung anderer Gruppen und des Staates an der Verwaltung der entsprechenden Unternehmen sowie in Form von Gesetzen und sonstigen Vorschriften.

Geht man nicht von der Konfliktträchtigkeit in der Selbstverwaltung aus, so wird das Ergebnis unvermeidlich deren negative Dialektik sein: Die Selbstverwaltung wird ständig durch etatistische Interventionen im Namen des Gesellschaftsinteresses praktisch suspendiert sein. Bis heute haben die Verbraucher in Jugoslawien noch nicht damit begonnen, sich spontan und selbständig zu organisieren, um sich vor der Willkür der monopolisierten Unternehmen zu schützen.

c) Wie sollte das Verhältnis zwischen den Selbstverwaltungs- und den Leitungsorganen sein? Meiner Meinung nach sollte man dieses analog dem zwischen gesetzgebender und ausführender Macht definieren. Nachdem der leitende Verwaltungsrat gewählt worden ist, führt er die Geschäfte ohne Einmischung, aber unter der Kontrolle des Rates der Beschäftigten. Wird eine solche Selbständigkeit der Leitungsorgane nicht garantiert, so kommt es unausweichlich zu dilettantischen Entscheidungen, zum Verbergen der Unverantwortlichkeit und Inkompetenz hinter kollektiven Selbstverwaltungsbeschlüssen und schließlich auch zur Majorisierung durch die Mediokrität, d.h. der Stimmenmehrheit der Mittelmäßigen. Es besteht somit tatsächlich die Gefahr des „neidischen Kommunismus der Selbstverwalter".

Die etatistische Arbeiterideologie hat in der bisherigen auf billigen Arbeitskräften basierenden Phase extensiver Wirtschaftsentwicklung die körperliche Arbeit als wichtigste Quelle neugeschaffener Werte propagiert. Man kann in diesem Zusammenhang als kritischen Begriff den der „Proletproduktion" einführen. Diese und der entsprechende Begriff des „unmittelbaren Produzenten" als Produzent neuer Werte stellen ein großes Hindernis in der Entwicklung der modernen Produktion und einer rationell organisierten Selbstverwaltung dar, welche eine wirksame Einschaltung in die internationale Arbeitsteilung in erheblichem Umfang erschwert, da Wissen, Information und neue Ideen mittlerweile zur Hauptproduktivkraft geworden sind.

5. Der überwiegende Teil der Bevölkerung in manchen etatistischen Ländern will von der marxistischen Sprache nichts mehr hören, vom offiziellen Marxismus-Leninismus ganz zu schweigen. Speziell die polnischen Arbeiter akzeptieren auch kaum die marxistisch intonierte Darlegung, wonach Solidarnosc eine Bewegung zur Selbstbefreiung der Arbeiterklasse sei. Der Charakter der Gruppen und Bewegungen sollte indessen auf der Grundlage der jeweiligen Einstellung zu konkreten Gesellschaftsproblemen und nicht nach abstrakten Formeln bestimmt werden. Betrachtet man Solidarnosc in dieser Weise, so tritt zutage, daß sie mit dem humanistischen Marxismus durchaus vereinbar ist.

Dennoch kann man nicht einfach über die Frage hinweggehen, wie der Marxismus in einem Milieu überleben kann, in dem sogar der Apparat des verlogenen Bewußtseins sich derselben – marxistischen – Sprache bedient. Es ist keine geringe Schwierigkeit für eine Theorie, wenn sich die Menschen allein schon bei deren Gebrauch abweisend verhalten.

Bei der Erörterung dieses Problems sollte meines Erachtens im klassischen Marxismus ein Unterschied zwischen den Grundsätzen des radikalen Humanismus und der Konzeption der kommunistischen Gesellschaftsorganisation gemacht werden. Wie bekannt, sind diese Grundsätze die folgenden: Praxis, Beendigung der Entfremdung, Beseitigung der Verdinglichung, Befriedigung der authentischen Bedürfnisse der Menschen, Freiheit eines jeden einzelnen als Bedingung der Freiheit für alle usw. Marx hat die Verwirklichung dieser Grundsätze an die klassen- und staatenlose Gesellschaftsorganisation gebunden, in der Privateigentum und Waren-Geld-Wirtschaft abzuschaffen seien, während die Verteilung des Sozialprodukts in der ersten Phase entsprechend der Arbeitsleistung und später entsprechend den Bedürfnissen erfolgen sollte.

Die Lebenserfahrung hat gezeigt, daß das von Marx entworfene Projekt der kommunistischen Gesellschaft für die Perspektiven des realisierbaren und lebensfähigen Sozialismus in einigen wichtigen Punkten teils irrelevant, teils mit diesem Sozialismus unvereinbar ist. Das gilt sogar für die hochentwickelten Länder, und zwar nicht nur heute, sondern auch in absehbarer Zeit. Für das Volk ist es demnach unvergleichlich wichtiger zu klären, ob die Marxsche Vorstellung vom Kommunismus eine Ausgangsbasis für die Aufstellung politischer Programme zur Veränderung der Gesellschaft sein kann, wichtiger jedenfalls als die Frage, ob der herrschende Kommunismus mit dieser Vorstellung im Einklang steht oder nicht. Wenn wir die humanistischen Grundsätze von Marx von der kommunistischen Utopie trennen, indem wir sie als regulativ-kritische und nicht als konstitutiv-operative Grundsätze auffassen, können sie mit einer Reihe von unerläßlichen Vermittlungen für die Bewertung sowohl der bestehenden Gesellschaften als auch der Projekte des demokratischen Sozialismus von Nutzen sein.

Man sollte sich dabei auch daran erinnern, daß die Kritik des bestehenden Kommunismus im Namen des Marxschen Kommunismus in den fünfziger und sechziger Jahren in einigen etatistischen Ländern, in Ungarn, in Polen und in der Tschechoslowakei, sogar einen subversiven Charakter hatte, da sie nicht nur die marxistische Legitimität des Systems erfolgreich in Frage stellte, sondern auch das ideologische Monopol der herrschenden Klasse. Die erbitterte Reaktion der Obrigkeit und die Verfolgung der Kritiker zeigten, daß mit dem Hinweis auf die Kluft zwischen dem etatistischen „Marxismus-Leninismus" und dem Kommunismus von Marx tatsächlich eine empfindliche Stelle getroffen wurde. Diese Kritik wird einen gewissen, nicht nur politischen, sondern auch intellektuellen Sinn haben, solange es Menschen gibt, die an die Relevanz der kommunistischen Utopie glauben. Eine solche Kritik hatte übrigens in den meisten etatistischen Ländern bisher keinen wirklichen Zutritt zur Öffentlichkeit, so daß sie weder erprobt noch erschöpfend diskutiert werden konnte.

Eine Reihe von Kritikern wie z.B. Agnes Heller[2] glauben offensichtlich nach wie vor, daß wir an die herrschende kommunistische Ideologie in immanent-kritischer Weise herangehen können, wie Marx an die bourgeoise. Ich möchte daran erinnern, daß sich die Bourgeoisie auf Freiheit und Gleichheit als ihre eigenen Errungenschaften berief und daß Marx, indem er dies wortwörtlich nahm, bestrebt war zu beweisen, daß diese Werte nur auf einer Ebene – „Form", „Erscheinung" und „Schein" – verwirklicht wurden, während sie auf der anderen, tieferen Ebene - „Inhalt", „Wesen" und „Wirklichkeit" – die Klassenherrschaft vrschleiern.

Bis vor etwa zwanzig Jahren berief sich die kommunistische Ideologie an erster Stelle auf die objektiven, historischen Interessen des Proletariats. Da die Träger dieser Ideologie die Realisierung dieser Interessen immer auf unabsehbare Zeit verschieben konnten, waren die Kritiker nie imstande, diesen den politischen Todesstoß dadurch zu versetzen, daß sie auf die Nichtrealisierung dieser Interessen hinwiesen. Inzwischen hat aber die herrschende Ideologie den Weg vom „sozialistischen Realismus" bis zum „realen Sozialismus" bereits zurückgelegt. Es stellt sich daher die Frage, ob es zumindest in dieser Phase nicht möglich wäre, der herrschenden Klasse die Sprache des Marxismus zu entreißen, indem auf die Kluft zwischen dieser Sprache und der Realität hingewiesen wird, und ob dadurch der Marxismus für das Volk nicht anziehender sein würde. Die kritischen Marxisten scheinen indessen eine Veränderung, durch welche sich das Problem noch mehr verschärft, nicht wahrgenommen zu haben. Es ist nämlich symptomatisch, daß marxistische Kritik, die sich mit dem herrschenden Kommunismus befaßt, immer mehr an Anziehungskraft einbüßt, und zwar in dem Maße, wie sich reale Perspektiven für die Liberalisierung dieses Kommunismus eröffnen, für Dezentralisierung der Verwaltung, für Anlehnung an die Marktwirtschaft, für eine gewisse Rehabilitierung des Privateigentums und der Privatinitiative, für die Einführung der „Zivilgesellschaftssphäre" u.ä. Sogar bei äußerster begrifflicher Flexibilität können wir solche Maßnahmen und Veränderungen nicht in den Marxismus integrieren und sie noch weniger als marxistisch bezeichnen. Wird das nicht wahrgenommen, so droht den Kritikern des bestehenden Kommunismus, die sich auf den Kommunismus von Marx berufen, eine neue, jetzt tödlich gewordene Gefahr, konservativ zu werden. Der Marxismus ist ohnehin schon nicht imstande, Entstehen und Natur des Etatismus zu erklären: es stünde ihm gerade jetzt schlecht an, damit zu beginnen, die unerläßlichen Veränderungen in ihm anzugreifen und zu bremsen. Leider bedarf es keiner großen Anstrengung, um die Marxsche Kritik der politischen Ökonomie gegen die angeführten und ähnlich liberalen Maßnahmen und Veränderungen ins Feld zu führen. Es ist auch nicht schwer zu erraten, was Marx, der sogar das Prinzip der Einkommensverteilung nach geleisteter Arbeit für „bourgeois" erklärte, darüber gesagt hätte.

Daß die führende Rolle unter den Kritikern des Etatismus den Marxisten – den Philosphen, den philosophischen Soziologen und den philosophischen Ökonomen – von Anfang an zukam, ist nur natürlich. Lehrreich ist es jedoch auch festzustellen, daß die herrschende Klasse immer dann Alarm läutete, wenn die philosophischen Kritiker ihre Fähigkeit bewiesen, von einem allgemeinen theoretischen Niveau auf ein konkretes politisches „herabzusteigen" und sich sogar auf konkrete oppositionelle Aktivität einzulassen. Sie erkannte richtig, daß das Volk statt marxistisch-kommunistischer Verurteilung des Etatismus vor allem ein realistisches politisches Programm der Veränderungen im Etatismus wünscht.

Ein solches Programm schließt eine ernste symptomatische Darlegung der offiziellen Ideologie nicht aus, sondern setzt sie voraus. Sogar anscheinend geringfügige Unterschiede innerhalb dieser Ideologie können ein ernster Hinweis darauf sein, daß wichtige Differenzen innerhalb der herrschenden Klasse bestehen. So wurde zum Beispiel vor dem letzten Kongreß der KPdSU eine öffentliche Diskussion darüber eingeleitet, ob im Sozialismus „nichtantagonistische Widersprüche in antagonistische ausarten" könnten. Gute Kenner dieser Ideologie und ihrer Geschichte haben daraus sogleich begründet gefolgert, daß in der Tat das schwierige Problem unerläßlicher Gesellschaftsveränderungen und ihrer Reichweite verschleiert zur Diskussion gestellt wurde.

Für eine erfolgreiche symptomatische Darlegung ist es sehr wichtig, einen Unterschied zwischen abstrakter und operativer Ideologie zu machen. Erstere soll zum Beispiel in den „theoretischen" Ausführungen der Führung in der Verfassung und im Programm der Kommunistischen Partei gesucht werden, während letztere in den Gesetzen, insbesondere den Strafgesetzen und Vorschriften sowie im Status der KP u.ä. zum Ausdruck kommt.

Wenn wir feststellen möchten, ob tatsächlich Absichten und Chancen für eine Liberalisierung des Etatismus bestehen, so sollten wir uns nicht zu sehr auf die Innovationen in der abstrakten Ideologie verlassen, da damit oft der Zweck verfolgt wird, einen guten Eindruck, insbesondere im Ausland, zu machen. Die wichtigste Frage ist die nach der operativen Ideologie, und wo man nach dieser vorzugsweise forschen sollte. Viele Wissenschaftler sind naiv, da sie eine solche in der Sphäre der „hohen" Ideologie suchen. Für mich ist in operativer Hinsicht immer die Ideologie aufschlußreich, die in den Lehr- und Handbüchern für Parteigrundschulen, für Soldaten und Offiziere, für Polizisten usw. zum Ausdruck kommt. Erst auf diesem Niveau können wir wenn auch nicht die echten Absichten der Führung, so doch zumindest das Ausmaß ihrer Macht und ihre Bereitschaft erkennen, die beabsichtigten liberalen Reformen auch tatsächlich durchzuführen.

Anmerkungen

1 Vergl. Djilas, M.: Über die Bedeutung der Form, in: ders.: Anatomie einer Moral. Eine Analyse in Streitschriften, Olten und München 1961, S. 52-57
2 Vergl. etwa Heller, A.: Die politische Struktur der Sowjetgesellschaft und ihre Konsequenzen, in: Heller, A., Feher, F., Markus, G.: Der sowjetische Weg. Bedürfnisdiktatur und entfremdeter Alltag, Hamburg 1983, S. 160-251
dies.: Intellektuelle und das stalinistische Erbgut, „Diskussionsbeitrag", Internationalismus-Tage, Tübingen, 11.-13. Dezember 1981, Dokumentation, Tübingen 1982

Wolfgang Fritz Haug

Die „zweite sowjetische Revolution" und der Marxismus

1. In gewisser Weise ist die sowjetische Gesellschaft erst heute dazu reif, die Marxschen Fragestellungen einzuholen. Es ist rechtsbürgerliches Wunschdenken zu glauben, das neue Denken des Michail Gorbatschow gründe „im kompletten Scheitern des marxistischen Erlösungstraums",[1] und der Marxismus habe sich gleichsam selbst überführt als „eine archaische Glaubenslehre aus spätbürgerlicher Zeit ..., ungeliebt und ungeglaubt selbst von den eigenen Priestern, ein Spott der Zwangsgemeinde".[2] Dies alles läßt außer Acht, daß es der Marxismus selbst ist, der die Erneuerung anführt, wodurch die Erneuerung in den Marxismus fährt.

Die folgenden Beschreibungen und Gedankenentwicklungen speisen sich aus einer Studie sowjetischen Diskursmaterials zur Perestroika, Bleigewicht der Wirklichkeit an den Sohlen eines Theoretikers.[3] Vor allem Gorbatschows Äußerungen, in denen vieles absorbiert ist, bildeten das Medium, in dem die Erkundung sich bewegte. Das meiste ist nicht neu. Neu ist seine Wahrnehmung im Prisma sowjetischer Politik und seine perspektivische Anordnung.[4]

2. Wenn Gorbatschow heute vom befehlsadministrativen System spricht, so versteht er darunter jenes poststalinistische „ancien régime", das der „Stagnationsperiode" in der neuesten sowjetischen Geschichte zugrunde lag. Der Marxismus-Leninismus war für die „Stagnation" mitverantwortlich. „Die Lage an der theoretischen Front", sagte Gorbatschow in seiner berühmten Januarrede von 1987, „hatte negativen Einfluß auf die Lösung praktischer Fragen."[5] „Die Verlangsamung der sozialökonomischen Entwicklung", hatte er schon ein Jahr zuvor im Bericht an den XXVII. Parteikongreß gesagt, ist „auf schwere Fehler nicht nur im Bereich der Wirtschaftsleitung, sondern auch in der ideologischen Arbeit zurückzuführen."[6] „Der Grad des Erkennens der Lebensprobleme und Widersprüche, der gesellschaftlichen Tendenzen und Perspektiven hing in vielem vom Stand und der Entwicklung des theoretischen Denkens und von der vorhandenen Atmosphäre an der theoretischen Front ab." Der Wert der Theorie, ließ Gorbatschow[7] Lenin sagen, bestehe darin, daß sie Alle die Widersprüche, die im Leben bestehen", genau abbildet.[8] Davon konnte jedoch keine Rede sein. Gorbatschow charakterisierte die Situation dahingehend, daß „einige unserer Gesellschaftswissenschaftler lange Zeit lieber Traktate von der Art von Trinksprüchen verfaßten".[9] Das hatte seinen Ursprung natürlich nicht in diesen Personen, waren doch gerade die Gesellschaftswissenschaften „in höchstem Maße von Personenkult, bürokratischen Führungsmethoden, Dogmatismus und inkompetenter Einmischung betroffen".[10] Einerseits wurde „nicht selten allerlei Art scholastischen Theoretisierens gefördert", „das niemandes Interessen und Le-

bensprobleme berührte".[11] Andererseits gab es das Macht- und Herrschaftsinteresse, das sich in dieser Scholastik zugleich ein Instrument und eine Heimsuchung durch „Routine, leeres Gerede und Schablonen"[12] geschaffen hatte.

Die Theorie – oder, wie Gorbatschow in den alten Sprachbahnen der Zweiten und Dritten Internationalen auch sagt: die Ideologie – war auf eine Weise von der Macht funktionalisiert worden, die sie dank einer unbewußten Dialektik auch für diese Macht selbst hatte dysfunktional werden lassen. „Ihr theoretisches Niveau sank, die Propaganda lief den Realitäten des Lebens oft zuwider ... und trug dadurch zu Stagnationserscheinungen bei. Die Propaganda ... artete in leeres Gerede und Lobhudelei aus, sie hatte nur mehr rituelle Bedeutung."[13] Dies führte zur „Schwächung des ideologischen Einflusses der Partei",[14] kurz, zu deren Hegemonieverlust. Die Fähigkeit ihrer Mitglieder, „ein aufrichtiges, direktes Gespräch mit allen an diesen Fragen interessierten Leute zu führen",[15] schien noch im vierten Jahr der Perestroika einer eigenen Proklamation zu bedürfen. Das ist kein Wunder, gibt es doch „schon mehrere Generationen von mittelmäßigen Kommunisten, die ... theoretisch ungeschult und ideologisch träge sind".[16]

Das Projekt der Perestroika verlangte einen radikalen Wandel in Status, Funktion und institutioneller Anbindung der marxistischen Theorie; vor allem mußte es „das Monopol auf die Theorie überwinden, das charakteristisch war für die Phase des Personenkults".[17] Unter diesen Bedingungen erhielt „eine zur Formel erstarrte Methode durch unsere Theoretiker und insbesondere politischen Führer, die geradezu als alleinige Hüter der Wahrheit auftraten, eine ideologische Einfärbung".[18] Aber „Einfärbung" untertreibt. In Wahrheit ist die Theorie in die „Sackgasse pseudomarxistischer Dogmen"[19] geraten. Wer sich im besten Glauben gegen „den apologetischen Charakter der marxistischen Ideologie und die Selbstzufriedenheit ihrer heutigen Träger",[20] wendet, weiß, was er meint, aber meint nicht, was er sagt. Es handelte sich in der Tat um „eine dem Marxismus zuwiderlaufende Ideologie", hervorgebracht von der „Diktatur der persönlichen Macht".[21]

3. Das poststalinistische „ancien régime" behandelte Wahrheit als „Amtsfrage". Dem lag, wenn man vom Amtsmißbrauch absah, durchaus ein Wahrheitsanspruch zugrunde, der mit dem eines aufgeklärten Absolutismus verglichen werden kann, in dem die „politischen Führer ... geradezu als alleinige Hüter der Wahrheit auftraten".[22] Die marxistischen Klassiker, die doch Kriecherei gehaßt und den Zweifel gelobt hatten, wurden nach streng gehüteten Mustern als Garanten jener obrigkeitlichen Ordnung zitiert und kommentiert.

Dieser Zustand ist die wenig begriffene Hinterlassenschaft jener „Verstaatlichung der Philosophie", in der sich der Stalinismus Ende der dreißiger Jahre vollendet, wie das Labica in seiner vorzüglichen Studie über den Marxismus-Leninismus herausgearbeitet hat. Der von Stalin eingeschlagene Weg führte im Ergebnis zu einer Verschmelzung der Partei mit ihrem Apparat und brachte eine Übergabe/Abtretung von Autorität hervor, die fortschreitend den Massen die

Klasse substituierte, der Klasse die Partei, der Partei die Führungsgruppe und dieser schließlich die Person des Generalsekretärs. Während die Philosophen der Partei noch diskutierten, entschied Stalin den Kampf, indem er alle Diskussionen gegenstandslos machte: Es ging „schlicht darum, die Äußerung des Dogmas, dieser heiligen Wahrheit, an sich zu ziehen".[23] Das Ergebnis, so Labica, gehorchte dem gleichen Prinzip wie die Matrjoschka-Puppen: Im Inneren finde man den Apparat, dann die Führungsgruppe, dann den Generalsekretär.[24] Der Sonderstatus der Philosophie kommt nicht erst zu dieser Architektur hinzu oder in sie herein, er ist der Geist dieser Architektur selbst, das, was Labica die philosophisch-staatliche Funktion genannt hat, eine Metastase des Hegelianismus, vielleicht sogar Hegelianismus sans phrase.

Labica weist zu Recht darauf hin, daß die philosophisch-staatliche Funktion, die 1938 in so bemerkenswerter Weise zu ihrer Vollendung gelangt sei, genau den entgegengesetzten Pol von dem einnehme, woran Marx unablässig gearbeitet habe: Kritik der Philosophie – Kritik des Staates.[25] Die philosophisch-staatliche Funktion wird zugleich eine der Schienen sein, auf denen die Entstalinisierung unter Chruschtschow in die „Stagnationsperiode" fahren wird. „Allein die Philosophie kann dem Staat und der Partei das Absolutheitszeugnis ausstellen, das sie benötigen, um wahrhaft sie selbst zu sein." In der personifizierten Einheit Partei/Staat/Ideologie – und dieses Machtdreieck fungiert nach Stalins Tod weiter – ist das Wahrheitsmonopol beschlossen. „Es ist die Macht, die die Wahrheit ausspricht, und zwar sie allein. Sie bringt sie vielleicht nicht hervor, aber sie eignet sich sie an. Im Klartext heißt dies, daß die Selbständigkeit des Denkens untersagt ist. Die Wissenschaft ist nur als Wissenschaft ihres anerkannten Sprechers Wissenschaft."[26]

4. Die Besetzung der Theorie durch die Führung hatte sie mit scheinhafter Zwangsgewalt ausgestattet. Sie mußte nicht mehr überzeugen, hinter ihr stand der Befehl. Vor ihm zitterten zunächst die Theoretiker, Wissenschaftler wie Ideologen. Das Denken dieser Ordnung wurde zur Scholastik. Das bedeutete leere Mythen, Kaisers neue Theoriekleider.

Sowjetische Historiker sprechen heute kritisch und selbstkritisch von „scholastischem Theoretisieren", von der „Herrschaft der Dogmen und Stereotypen", von „toten Konstruktionen und Schemata" mit „katechetischem" Charakter.[27]

„Ausdruckslos, monoton und ohne Mut geschrieben" sind die „von außen solide und stattlich erscheinenden" Lehrbücher zur Geschichte der KPdSU, und auf der Allunionskonferenz der Gesellschaftswissenschaftler war die Rede von „Lehrbüchern, die man nur 'mit vorgehaltener Pistole' lesen" könne.[28]

Man muß sich aber gut materialistisch klar machen, „daß der Dogmatismus nicht einfach ein theoretisches Phänomen ist, sondern vor allem eine Lebensposition darstellt, die von Einzel- und Gruppeninteressen diktiert wird."[29] Der Zustand der Gesellschaftswissenschaft – zwischen dogmatischem Schlummer und „konjunktureller Findigkeit" – war „Ausdruck eines sozialen Auftrags ihrer Arbeitgeber, der bürokratischen Schichten."[30] Zum Beispiel haben die Philosophen, wie der greise L.F. Iljitschow sagte, „jedesmal, nach jedem Parteibeschluß ... verbessert, beschleunigt, vervollkommnet." Im Marxismus-Leninismus ist so „eine Hofphilosophie" entstanden, die den Interessen der parteiideologischen Nomenklatura dient,[31] dazu eine neue „Vulgärsoziologie, die wie die Vulgärökonomie, die Marx so verabscheute, durch f teils abgenötigte, teils zuvorkommende – Liebedienerei gegenüber der Macht bestimmt war. „Es ergab sich, daß unsere Gesellschaftswissenschaftler sich sozusagen in zwei Gruppen teilten: Die einen arbeiten, werfen Probleme auf, und die andern verfolgen derweil alles aufmerksam und warten, bis die ersten sich irren oder einen Mißerfolg haben", um dann klarzustellen, daß sie es von Anfang an besser wußten.[32] Der „Tui"[33] des befehlsadministrativen Systems machte sich breit. „Die Schreibtischgelehrten bemerkten gleichsam nicht den systematischen Mißbrauch der Macht auf verschiedenen Ebenen und die Vertiefung der Kluft zwischen Persönlichkeit und Staatsapparat, die bis zum Antagonismus reichte." Die erkenntnis- und veränderungsbedürftigen Verhältnisse blieben ungedacht. Es herrschte ein wahres „Martyrologium der gesellschaftlichen Mißstände in allen Lebensbereichen, die von der Wissenschaft nicht widergespiegelt wurden."[34]

In der Ideologie tröstete man sich mit der Vertagung von Verbesserungen auf die erste und zweite Phase der kommunistischen Gesellschaft. „Diese Schimäre brachte eine todlangweilige, aber endlose Literatur und einige der abstumpfendsten Kurse an Schulen und Universitäten hervor."[35] Dieser Schulungstyp ist inzwischen weitgehend verschwunden; ein ganzer Bereich der Lehre ist aus der latenten Krise des Überzeugungsverlustes in die manifeste Krise des Auftragsverlustes von staatlicher Seite geraten. Die „einst so geheiligte Intonationsformel: 'Der Marxismus geht davon aus, daß ...'",[36] ist fast verstummt. Aber was kommt stattdessen? Kommt es unter den Bedingungen von Apathie und Gegenhegemonie zu einer Erneuerung von Antimarxismus?

5. Als der Moment der Entfesselung der Wissenschaften gekommen war, steckten viele Institute „fest in Routine und Papierkrieg"[37] und waren zunächst kaum zu eingreifender Produktivität zu bewegen. Hinzu kommt die Auswirkung vieler Formen von Inkompetenz, die nicht von allein verschwinden. Zum Beispiel „tritt schon die dritte Generation sowjetischer Historiker auf den Plan, die in ihrer Masse nichts von den geistigen und gesellschaftlichen Strömungen im Ausland weiß."[38] In dieser hohl-parteilichen Ignoranz schlummert der Seitenwechsel; die Begegnung mit dem Bürgerlichen wird überwältigen, wo sie nicht durch jahrelange Arbeit der Kritik vermittelt ist.

So drohte der alte Trott. Verbal bedient, wurde die Perestroika zunächst in der Sache häufig schlecht betrieben, und Gorbatschow warnte immerwieder davor, „daß veraltete Dogmen uns die Augen verschließen"[39] und daß „alte Vorstellungen auf die neuen Vorgänge angewendet werden".[40] Wenn es erst geheißen hatte, jede Umgestaltung des Wirtschaftsmechanismus beginne „mit der Umgestaltung des Bewußtseins, mit dem Aufgeben eingefahrener Denkklischees und Praktiken",[41] so zeigte die Erfahrung, daß es nicht ohne aktive „Vernichtung der Stereotypen und Dogmen"[42] ging. „Der Kampf gegen den Dogmatismus bildet die Grundlage des wissenschaftlichen und humanitären Sozialismus".[43]

Das geht nicht ab ohne Änderungen im Ideologieapparat und ohne Auswechselung von Teilen seines Personals. „Es ist ein offenes Geheimnis, daß die sowjetische Gesellschaftswissenschaft die Prüfung durch die Perestroika nicht bestanden hat. ... Ein nicht unerheblicher Teil der Lehrer für gesellschaftswissenschaftliche Disziplinen wird diese Krisensituation nicht meistern und seine Denkweise nicht ändern können und höchstwahrscheinlich in den Ruhestand treten müssen."⁴⁴

Aber der Kampf gegen den Dogmatismus ist nicht alles; der „Gegendogmatismus", den er hinterlassen hat, stellt für die Perestroika keine geringere Herausforderung dar.

Die „unvermeidliche Enttäuschung eines Teils der Leute am Marxismus",⁴⁵ die sich zu einer regelrechten Dyshegemonie des offiziellen Marxismus an der Hochschule ausgewachsen hatte, führte zu Effekten der Gegenhegemonie. Das Denken formte sich im Gegensatz zur Offizialideologie. „Daher zum einen der Alkoholismus, die 'Verdinglichung' und der unmoralische Rationalismus, zum andern der offenkundige Hang zum Religiösen, zur Kirche, zur avantgardistischen Kunst u.a."⁴⁷ Seit den siebziger Jahren gab es „eine markante Wendung von Hegel ... zurück zu Kant", die sich zu „einer Art von Kant-Renaissance" ausgewachsen hat, und die für Andrejewa, die dies berichtet, umstandslos zusammenfällt mit der „Wiederbelebung der Philosophie".⁴⁸

Ob die Vertreter einer sich radikal erneuernden marxistischen Theorie den nötigen Einfluß gewinnen werden, oder ob sie, die vom Dogmatismus unterdrückt waren, nun von den Gegendogmatismen erdrückt werden, ist eine offene Frage. Wie sieht, im Spiegel der Einmischung Gorbatschows, das neue Denken des Marxismus aus?

6. Obwohl die offizielle Philosophie einen wesentlichen Bauteil des „Bremsmechanismus" dargestellt hatte, ist die Theorie als solche, genannt „Philosophie", kein Terrain, auf dem Gorbatschow die Auseinandersetzung eröffnet. Nicht, daß er nur einem zusätzlichen Konflikt auswiche, sondern in seiner Theorieauffassung, die in dieser Hinsicht ganz der Marxschen entspricht, hat die Abstraktion der Theorie als solcher, abgetrennt von der Praxis oder gar im Gegensatz zu ihr, keinen Sinn. Würde er dieses Terrain der Auseinandersetzung akzeptieren, hätte er seinen eigentlichen Boden unter den Füßen verloren.

Den Philosophiebegriff verwendet er ganz unbefangen, so etwa, wenn er das „neue Denken" als „philosophische Grundlage" der Außenpolitik vorstellt.⁴⁹ „Wenn auch eine Lawine von unaufschiebbaren konkreten Aufgaben ... losgebrochen ist, so ist dennoch das Interesse der Menschen für die Philosophie der Erneuerung und ihr Hauptprojekt, nennen wir es so, enorm."⁵⁰ Zu ihrem Erfolg braucht die Perestroika, wie Bowin gesagt hat, „die Entwicklung – natürlich nicht im formellen Sinne – einer Art Philosophie der Umgestaltung".⁵¹

Theorie oder Philosophie heißt für Gorbatschow Denken der Praxis, Durchdenken vergangener, Vordenken künftiger Praxis.

Sozialistische Wissenschaft und praktizierter wissenschaftlicher Sozialismus bedingen einander. Aber das drückt eine immer geltende Einsicht aus: „Von Bestand sind nur jene Forschungseinrichtungen, die von der Praxis ausgehen und, bereichert mit tiefgehenden Verallgemeinerungen und verwertbaren Empfehlungen, zu ihr zurückkehren. Scholastik, Buchstabengelehrtheit und Dogmatismus waren stets Fesseln für eine wirkliche Erweiterung des Wissens. Sie führen zu einer Stagnation des Denkens, schirmen wie eine undurchdringliche Mauer die Wissenschaft gegen das Leben ab und hemmen ihre Entwicklung. Nicht durch Deklarationen und Vorschriften gelangt man zur Wahrheit: Sie wird in wissenschaftlichen Diskussionen und Meinungsstreit geboren und in Aktion erprobt."[52] „Die für die Praxis unnötige Wissenschaft stirbt früher oder später, und bei einer solchen Einstellung zum Wissen erblindet die Praxis und verkümmert." Die jeweilige Rückkoppelung von Erfahrung und Theorie, die „geistige Verarbeitung der ablaufenden Prozesse",[53] ist lebenswichtig.

Gorbatschows Philosophiebegriff kommt also dem von Gramsci und Brecht nahe, weil es um „Philosophie der Praxis" oder „eingreifendes Denken" geht. In ihrer marxistisch legitimen Fassung beruhen theoretische „Schlußfolgerungen immer auf einer Analyse der aktuellen historischen Situation",[54] wie Gorbatschow in Anlehnung an Lenin sagt. Konkrete Analyse hieß jetzt zunächst Analyse des Rückstandes und seiner Ursachen, des Befehlssystems und der komplementären Apathie, der von den neuen Produktivkräften gestellten Aufgaben und eröffneten Möglichkeiten.

Im gesellschaftlichen Innenverhältnis erzwingt der Bruch mit Befehlen und Administrieren im Verhältnis des Parteiapparates zur übrigen Gesellschaft einen radikalen epistemologischen Wandel in der bisherigen Theorieauffassung des Marxismus-Leninismus. „Sozialistischer Pluralismus",[55] die „Herausbildung eines realen Meinungspluralismus und die offene Gegenüberstellung von Ideen und Interessen",[56] werden Lebensbedingungen des Neuen. Sie sind unvereinbar mit der Ideologieauffassung „Ewiger Wahrheiten", die das Unwahre von morgen sind. Auch wenn Pluralismus akzeptiert wird „nur auf dem Boden des Sozialismus und für den Sozialismus",[57] so verlangt diese Zielsetzung um nichts weniger die offene Prozeßform der Theorie, zumal auch die Sozialismusauffassung im Wandel und das heißt in der Diskussion ist. „Das neue Denken ist keine in sich geschlossene Doktrin. Es ist dialektisch und erlaubt deshalb eine ständige Anpassung und Weiterentwicklung der Politik in Übereinstimmung mit den Gegebenheiten."[58]

7. Die Theorie hat dem „Leben" zu dienen. Dieser Status kann der Theorie nicht äußerlich bleiben. Der vormarxsche Gedanke der „einen ewigen Philosophie", in den sich viele der durch die Perestroika aus unmittelbarer Staatsdienstbarkeit befreiten Philosophen flüchten, fällt gleichsam in eine andere Welt, wo er sich sogar einzubilden vermag, seine eigne Geschichte, unabhängig von der Geschichte der Perestroika, zu verfolgen. Selbst wenn die Perestroika reversibel gemacht würde, wähnt sich das philosophische Imaginäre „irreversibel".[59] Philosophie frage immer nach Bestimmung, Sinn und Stellung des Menschen in der Welt. „Das entspricht voll und ganz dem Verständnis für die Philosophie, wie das bei Marx der Fall war", behauptet I.T. Frolov.[60] Wahr ist das allenfalls auf

die ungewollte Weise, daß für Marx diese Vorstellung einer „Ewigen Philosophie" ins Reich der idealistischen Ideologie gehörte. In dieser Verhüllung, die er verspottet haben würde, kommt die – in der Lehr- und Forschungspraxis dem alten offizialideologischen Brauch sicher vorzuziehende – Vorstellung einher, „daß die Philosophie als eine Ganzheit anerkannt wird, in der es unterschiedliche Richtungen gibt, unter anderem auch die marxistische", und daß die Differenzen „in einer fairen wissenschaftlichen Auseinandersetzung" ausgetragen werden sollen.[61]

8. Oft wird bezweifelt, daß der Veränderungsdiskurs ein Diskurs realer Veränderung sei. Die Taten, meint man dann, hängen hinter den Zitaten zurück. Auf dem Theoriefeld zeigen unsere Befunde, daß es sich entgegengesetzt verhält. Die Gedanken eilen der Sache nach vielen Formulierungen voraus. Der Umbau geht hinter alten Wortfassaden vor sich. Ein „Vertreter der bisherigen Fundamentalkritik am Marxismus", wie der FAZ-Redakteur E.-O. Mätzke sich selbst klassifiziert,[62] glaubt, hinter jener Fassade werde der Historische Materialismus heimlich verscharrt, und er fordert dazu auf, ihn öffentlich und „in aller Form zu beerdigen". „Sozialismus" sei bereits jetzt nurmehr „nicht viel mehr als eine Begriffshülse", bestätigt sein Redaktionskollege Nonnenmacher in bezug auf „das 'neue Denken' in den wissenschaftlichen Instituten ... der Sowjetunion".[63] Es fungiere als „Alibi, das man aus legitimatorischen Gründen noch braucht, um ganz neue und andere Vorstellungen zu verbreiten". Die Sache hat für diese Autoren nur einen Haken: „Das sind – mancher Gorbatschow-Bewunderer im Westen vergißt das leicht – nicht die Vorstellungen einer Mehrheit in der Partei, und es entspricht auch nicht dem Kurs der Parteiführung."[64] In der Tat, der Kurs der KPdSU ist auf Erneuerung, nicht Abriß von Marxismus und Sozialismus gerichtet. „Gorbatschow bleibt ein engagierter Marxist",[65] schreibt der Time-Life-Biograph Morrison. So recht er damit hat, so wenig sieht er den qualitativen Sprung oder die revolutionäre Erneuerung des Marxismus, die sich nicht damit begnügt, dessen „besonders spekulative ... Aspekte ... zu verwerfen". Ein weiterer westlicher Beobachter sieht diese Seite klarer: „Die innere Logik der revolutionären Umgestaltung erfordert eine neue, revolutionäre ideologische Basis."

Freilich, was versteht dieser Autor unter den „starren, widernatürlichen Dogmen des Marxismus-Leninismus", mit denen Gorbatschow radikal brechen müsse, um sich „Hoffnung auf die echte Mitwirkung der Sowjetmenschen bei der Umgestaltung des Sowjetsystems" machen zu dürfen? Sollte der kapitalistische Verwertungsprozeß als „natürlich" und eine solidarische Vergesellschaftung als „widernatürlich" vorgestellt werden?[66]

Die meisten ihrer führenden Vertreter arbeiten an der praktischen und theoretischen Rekonstruktion des Marxismus, und ihre operativen Gedanken gehen weiter als die plakativen Äußerungen. Und die Protagonisten, die Vorsicht und Crescendo der Umgestaltung miteinander verbanden, wußten, was sie taten. Von vornherein hatten sie „die vorrangige Veränderung der ideologischen Sphäre"[67] auf die Tagesordnung gesetzt, wenn auch nicht sofort explizit. Der Überhang des impliziten Wandels vertagte den Zusammenstoß mit der vermeintlichen Orthodoxie in der Erwartung, daß deren Vertreter teils in die Bewegung hineingezogen würden, teils ihre bisherige Machtbasis einbüßten. Aber solche Vorsicht ist auch riskant. Die Erneuerung könnte an den Fesseln, in denen sie operiert, dorthin gezerrt werden, wohin sie nicht wollen kann.

Einstweilen herrscht das Paradox: Der Sturz der alten Lehre wird als Beweis von deren umstürzender Potenz ausgegeben. Wenn Gorbatschow von Marxismus-Leninismus oder Sozialismus spricht, so nicht von den real existierenden Größen dieses Namens. Um für „Marxismus-Leninismus" und „Sozialismus" Legitimität zurückzugewinnen, kann er gar nicht anders, als der Theorie den Status einer Legitimationswissenschaft zu nehmen. Die kritische Distanz marxistischer Theorie zur Politik und ihrer Offizialideologie wird wieder aufgemacht. Indem aber dieselben Namen an den entgegengesetzten Polen benutzt werden, fängt sich der Umbau der Theorie in paradoxer sprachlicher Umschlingung. Nun wird versichert, daß „weder der Marxismus-Leninismus noch der Sozialismus als System" verantwortlich seien für „negative Entwicklungen in der Vergangenheit". Verantwortlich sind die politischen Akteure und ihre Politik, ist die „Ungeschicklichkeit", mit der man „in entsprechenden historischen Etappen sowie unter den gegebenen konkreten nationalen und internationalen Bedingungen Gebrauch gemacht"[68] habe vom Marxismus-Leninismus. Aber Stalin war nicht „ungeschickt"; und er hat nicht nur vom „Marxismus-Leninismus" Gebrauch gemacht, sondern unter seinem entscheidenden Einfluß und vor dem terroristischen Hintergrund der Ausschaltung oder gar Liquidierung marxistischer Theoretiker, ja, ganzer Denkschulen, wurde der „Marxismus-Leninismus" überhaupt erst konstituiert.

Der „Marxismus-Leninismus" des befehlsadministrativen Systems wird derart auf „Abweichungen von den Prinzipien des Marxismus-Leninismus" zurückgeführt. Der Bruch mit jener Ideologie aber soll die „Lebensfähigkeit der Lehre des Marxismus-Leninismus" beweisen, wo er doch realiter die Reformulierung der marxistischen Theorie in revolutionärer Erneuerung der Praxis und in neuer Anknüpfung an die Klassiker bedeutet. Nötig sei ein theoretischer Aufschwung, „auf der Basis einer marxistisch-leninistischen Weltanschauung und Methodologie".[69] Aber wenn es denn wahr ist, daß der Prozeß der Perestroika „alle nach alten Lehrbüchern zusammengestellten Schemata lebensfremd erscheinen" läßt,[70] dann ist eine solche Methodologie eben nicht fertig vorhanden – von der Weltanschauung ganz zu schweigen. Neue Ausarbeitungen und Verständigungen über das Ausgearbeitete sind nötig.

Vieles spricht dafür, daß die KPdSU, anders als die KP Chinas,[71] diese Explikation des vorerst zumeist bloß Impliziten oder erst von marginalisierbaren „Vordenkern" Geäußerten so dringend „wie die Luft zum Atmen" braucht und daher auch tatsächlich zur Welt bringen wird – wenn anders nicht der große Umbau partiell blockiert bleiben sollte. Ein zynisches Verhältnis zur Theorie kann die Sowjetunion sich nicht leisten, das würde den Aufbau eines neuen politischen Ethos unglaubwürdig machen, und darin wäre die nächste „Korrosion des Sozialismus"[72] vorprogrammiert.

Seit die Perestroika die sowjetische Philosophie erreicht hat,[73] diese traditionelle Stütze (und Gefangene) des Stalinismus, lassen sich auch von dieser Seite Beiträge zum Umbau der Theorieauffassung erwarten. Durch die prinzipielle Öffnung der Debatte ist de facto schon ein Paradigmenwechsel erfolgt. Im Februar 1988 war – ohne Erklärung – die Redaktion der „Woprossy Istorii" fast völlig ausgewechselt. Das Editorial klassifiziert bisherige Publikationen folgendermaßen: „Langweilige, uninteressante Arbeiten ohne konkreten sozialen Inhalt, die den Problemen unserer Vergangenheit ausweichen, liegen als toter Ballast auf den Regalen der Bibliotheken."[74] Genau dies war zu erwarten gewesen als Folge der Wiedergewinnung der Dialektik, wie sie in Gorbatschows Gedanken und Arbeitsweisen zum Vorschein kommt. Denn Gorbatschow fordert, fördert und beweist in der Tat selber „eine dialektische Einstellung zu allen Prozessen und Komplikationen der Übergangsperiode".[75] „Mit dieser Einstellung, wenn sie denn durchgesetzt werden kann, werden „Bibliotheken von dogmatischen Ideologiekonstrukten zur Makulatur."[76]

9. Von bürgerlichen Beobachtern, für die der Gegensatz von Marxismus und Pseudomarxismus nicht existiert, wird der Bruch der Sowjetunion mit dem Marxismus vorausgesagt. Doch beim Tod des Marxismus ist wieder einmal der Wunsch der Vater des Gedankens. Atmosphärischer Anschein nährt ihn: „Die kulturelle Kluft zwischen Ost und West", schreibt Walter Laqueur, „könnte kaum größer sein. Während Sozialgeschichte (und sozialistische), oftmals marxistisch inspiriert, prominent in den Lehrplänen unserer amerikanischen und westeuropäischen Geschichts-Fachbereiche figuriert, ziehen es die Russen in ihrer postmarxistischen Phase vor, über Große Männer und ihre farbigen Taten zu lesen."[77] Das für die Frankfurter Allgemeine „spannendste Thema der achtziger Jahre, der Kollaps einer für unerschütterlich gehaltenen Ideologie",[78] verführt zu einem fundamentalen Quidproquo. Der „Kollaps", weit davon entfernt, der des Marxismus zu sein, macht eine Renaissance des Marxismus möglich, der freilich schwierige Momente durchmacht im Versuch, nicht zum Schluß noch von den Trümmern seines bisherigen Gefängnisses erschlagen zu werden. Helmut Fleischer hält es daher für „die schwierigste aller Neuerschließungen ..., die tradierte und kanonisierte, aber ausgedörrte und wesenlos gewordene Begrifflichkeit eines gewissen Karl Marx zu neuer Lebendigkeit und Ergiebigkeit gedeihen zu lassen: den Rückfall in die vormarxschen, vorhegelschen und vorkantischen Positionen des 'alten' oder 'anschauenden' Materialismus zu überwinden und den 'neuen Materialismus' der Feuerbachthesen systematisch-verbindlich zu entfalten."[79]

Der Erneuerungsversuch vollzieht sich im Wettlauf mit Enttäuschung und notwendiger Zerstörung. Bei nachlassendem Konfessionszwang zeigt sich eher, wer von der Produktivität des Marxismus überzeugt ist und wer nicht. Es gibt „noch keine neue Vision des Sozialismus", daher entfernt sich ein Teil der Leute mangels neuer Ideale vom Marxismus[80] (Butenko 1989). Bei denen aber, die sich jetzt noch – oder wieder und erst recht – als Marxisten verstehen, bildet sich eine neue Klassikerlektüre heraus, die zugleich eine Lektüre des Bruchs mit dem befehlsadministrativen System ist. „Viele Ideen von Marx und Lenin, die bis vor kurzem entweder einseitig ausgelegt oder totgeschwiegen worden waren, sieht man nun", wie Gorbatschow sagt, „in einem neuen Licht."[81] „Wir lernen", fügt Alexander Jakowlew hinzu, „durch die eigenen sozialen Erfahrungen sozusagen das Einmaleins des Marxismus neu. In der Praxis, und nicht in Dogmen, versuchen wir zu seinen grundlegenden Wahrheiten durchzudringen."[82] Nicht zuletzt aus Kreisen der ehemaligen „inneren Opposition", von der die Perestroika vorbereitet worden ist,[83] aber auch aus einem Teil der „Dissidenz" fließt dem Marxismus neue Kraft zu. Es ist kein Zufall, daß es gerade die bis vor kurzem von Verketzerung Bedrohten sind, denen die Notwendigkeit eines erneuerten Marxismus einsichtig ist. „Heute gibt es nichts Wichtigeres als die Belebung des marxistischen Denkens, gegen das sich bei einem wesentlichen Teil der Intelligenz schon die gleiche Immunität entwickelt hat, die die vorrevolutionäre Intelligenz gegen die Dogmen der Rechtgläubigkeit und der Alleinherrschaft gehabt hatte. Deshalb muß man vor allen Dingen die Herausgabe von Werken des 'nichtorthodoxen' Marxismus und aller Schattierungen des marxistischen Gedankens von jeglichen Restriktionen befreien."[84] Die „schöpferische Weiterentwicklung der marxistisch-leninistischen Theorie, Wiederbelebung der Gesellschaftswissenschaften" bezeichnet neben der Demokratisierung und dem Übergang zur intensiven Reproduktion eine der drei „programmatischen Hauptrichtungen" der Perestroika.[85] Anatoli Butenko sieht die Perestroika „auf dem Wege eines neuen dialektischen Denkens", allerdings noch nicht weit genug vorangeschritten, daß ihre führenden Vertreter vor wichtigen Fragen der Theorieentwicklung „schon nicht mehr haltmachten". Der alte Marxismus-Leninismus, der bis in die jüngste Zeit „gewohnt war, seinen Stoff aus sich selbst zu weben, aus seinen eigenen logischen Konstruktionen, müsse der „modernen marxistisch-leninistischen Theorie"[86] Platz machen, die freilich als vielseitig ausgearbeitete, vernetzte, diskutierte Theorie als Gemeingut einer theoretischen Kultur noch nicht existiert. Furman besteht darauf, daß eine solche „Belebung des marxistischen Denkens" keine bloße Intellektuellenidee ist, sondern eine „erstrangige Aufgabe", von deren Bewältigung „Stabilität und Kontinuität" der Sowjetunion abhängen.[87]

Die Art, wie Gorbatschow die revolutionäre Umgestaltung marxistisch denkt, bestimmt zugleich sein Marxismus-Verständnis. Vorkehrungen sind nötig, den immer von Klerikalisierung bedrohten Gebrauch der Klassiker betreffend: „Die Klassiker haben uns zwar eine Methode vorgegeben, aber kein praktisches Rezept zu deren Ausführung."[88] „Nicht einmal 70 Marxe", sagt Jakowlew mit Lenin, „hätten die Zukunft der neuen Gesellschaft, alle ihre Entwicklungsphasen, im Detail vorhersehen können."[89] Dabei bleibt eine wichtige Fortsetzung dieser Einsicht unausgesprochen. Der Dramatiker Michail Schatrow spricht sie aus: „Und heute stellt uns das Leben Fragen, auf die keine 70 Lenins antworten."[90] Muß man hinzufügen, daß dies ganz im Sinne Lenins gesagt ist? Die Absage an den „kirchenstaatlichen" Anspruch einer letzten Theorie- und Wissenschaftskompetenz der Partei- und Staatsführung (das sog. „Wahrheits-" oder „Theoriemonopol") öffnet die Chance, die vergänglichen

Ewigkeitsgebäude der Offizialideologie abzubrechen und die Spaltung in eine amtliche „Wahrheit", der nichts geglaubt, und einen Schwarzmarkt der Ideen, auf dem alles geglaubt wird, zu überwinden. Küchenöffentlichkeit und illegaler Selbstverlag, Dissidenz und Geheimtip – sie rücken sich nun zurecht, indem sie sich in die von der befehlsadministrativen Vormundschaft endlich emanzipierte zivile Gesellschaft integrieren. Marxismus verliert seine Konfessions-, Legitimations- und Disziplinierungscharaktere als staatlich verkündeter „Marxismus-Leninismus". Er wird zum Denken der sozialistischen Gesellschaft. Er versteht sich nun als vielstimmig und in Bewegung, getragen von einem gegliederten Spiel von Instanzen und Akteuren, gemessen allein an seiner Produktivität.

10. Man hört gelegentlich sagen, die Perestroika stelle den Marxismus in Frage. Muß man daher marxistisch die Perestroika in Frage stellen? Lenins letzte große politische Intervention, die radikale Wendung vom Kriegskommunismus zur Neuen ökonomischen Politik, setzte sich ähnlichen Fragen aus. Waren die damaligen Bedingungen auch radikal andere, gibt Lenins Antwort doch einen Hinweis, der an Aktualität nichts eingebüßt hat. „Wo sind die Grenzen des Rückzugs?", so lautete eine der Zweifelsfragen. Lenin antwortete: „Diese Frage ist falsch gestellt, weil nur die weitere praktische Durchführung unserer Wendung das Material zu ihrer Beantwortung liefern kann."[91] Nicht anders verhält es sich heute. Eine erneute historische Materialanalyse muß jedem marxistischen Urteil vorausgehen. Zumal vieles dafür spricht, „daß Gorbatschows spezifische Verknüpfung der Bausteine Plan, Markt, Partei und Räte das Beste ist, was sozialistisch/kommunistische Theorie derzeit für die praktische Gestaltung einer sozialistischen Gesellschaft zu bieten hat."[92] Das von der Perestroika hervorgebrachte Material gibt der marxistischen Theorie nicht wenig Nüsse zu knacken. Aber wenn sie sich vor dieser Arbeit drücken würde, schwände das Leben aus ihr.

Auf paradoxe Weise gibt die der Perestroika zugrunde liegende Erfahrung Marx recht gegen den alten „Marxismus-Leninismus" der „Stagnationsperiode": Es verläuft nach dem ABC des Marxismus, angewandt nun freilich unerwarteterweise auf den Sozialismus: Den Anstoß gab die Entwicklung der Produktivkräfte; die Produktionsverhältnisse wurden zu Fesseln; mit ihrer Umwälzung muß der gesamte Überbau umgewälzt werden. Jener Rückstand erschließt sich als Ausdruck eines gesamten Sozialgefüges, etwas, das in keinem isolierten Bereich behebbar wäre. Die Wirtschaftsreform mußte, um die Aufholung des technologischen Rückstands überhaupt denkbar zu machen, politische, kulturelle, „moralische" und „ideologische" Reformen mit sich führen oder vor sich herschicken, kurz, revolutionäre Reform werden. Aber Revolution ist kein extensiver, sondern ein intensiver Begriff, und marxistisch geht es dabei in letzter Instanz um die Produktionsverhältnisse. Nicht anders bei der Perestroika. Um dies denkbar zu machen, wandte sich Gorbatschow schon vor seinem Amtsantritt gegen „die vereinfachte Auslegung der bekannten These von der Übereinstimmung von Produktionsverhältnissen und Produktivkräften im Sozialismus", weil diese sich in Wirklichkeit „nicht von selbst reproduziert".[93] Die gegenwärtige Etappe der Politik sei dementsprechend gekennzeichnet durch die Notwendigkeit „tiefgreifender Wandlungen im gesamten System der sozialistischen Produktionsverhältnisse auf der Basis qualitativer Veränderungen in den Produktivkräften, durch die sich vertiefende Wechselwirkung und gegenseitige Durchdringung wissenschaftlich-technischer, soziopolitischer und geistig-ideologischer Faktoren."[94]

Bevor marxistisch die Perestroika in Frage gestellt werden könnte, müssen die gewohnten Marxismusauffassungen sich von den Gründen und Erfahrungen der Perestroika in Frage stellen lassen. Andererseits darf marxistische Theorie, gerade wenn sie die Perestroika bejaht, nicht in die Falle der Ideologie gehen. Wie nicht anders möglich, produziert auch die Perestroika ihr Imaginäres, ihre Mythen, ihre Phraseologie. Den neuen politischen Kräfteverhältnissen entspringen, durch eine Art Vektorenaddition, neue Beschränkungen und Zensurzumutungen. Die Wertformanalyse etwa, die zentral ist für die Rezeption des Marxschen Hauptwerks[95], kann angesichts der historischen Erfahrungen mit der direktiven staatlichen Planwirtschaft und der Unverzichtbarkeit von Marktbeziehungen nicht unverändert bleiben. Andererseits müssen wir uns der neuen sowjetischen Ideologie widersetzen, für die der Markt und damit die Ware und das Geld einrücken unter die ewigen Naturformen des menschlichen Daseins.

11. Im Weltmarxismus ist seit der sowjetischen Wandlung nichts mehr wie zuvor. Das Dispositiv des Weltmarxismus hat sich als Folge der sowjetischen Erneuerung schon jetzt objektiv weit mehr gewandelt, als wir wahrgenommen haben. Die „Volksfeinde"-Verfolgung in Theorie, Geschichte, ja sogar Sprache ist vorbei. Ideen und Begriffe, Kontroversen und Erfahrungen werden neu rezipiert; was brauchbar erscheint, wird ausprobiert. Man verwechsle dies nicht mit Eklektizismus! Eine neue Unbefangenheit des Aufgreifens und Durchsprechens, des tentativen Gebrauchs hat sich erschlossen, und das Wort wird nicht wie ein Schibboleth zur Scheidung in Freund und Feind benutzt, sondern zur Verständigung über Sein, Sollen und Tun.

Die Verteilung des Marxismus auf gegeneinander verhärtete Formationen, seine Spaltung in machtlose Kritik und über jede Kritik sich erhebende Macht, ist überholt. Die theoretische Kultur der Marxisten muß diese Veränderungen einholen, ihre Potentiale entdecken. Träge Gewohnheiten gibt es auch im theoretischen Milieu. Dem jugoslawischen Marxismus ist der tradierte Gegensatz zum sowjetischen genommen; wie wird er sich angesichts der Krise des Landes reformieren? Einen jähen Wandel der Bedeutungen erfährt auch jene Strömung im Marxismus, die sich auf Gramsci beruft. Alle nennenswerten Impulse Gramscis finden sich heute in Theorie und Praxis der Perestroika aufgehoben, und zwar gut, weil sie in der Tat „in hohem Maße den Zielen der Perestroika entsprechen".[96] Nicht anders verhält es sich mit dem Erbe Rosa Luxemburgs. Vielleicht wissen es einige Protagonisten der Perestroika nicht, schon weil ihnen die Texte nicht zugänglich gewesen sind, aber sie tun es. Mit der Perestroika wird, wie Joachim Perels[97] gesagt hat, „die etwa von Wolfgang Abendroth, Otto Kirchheimer und Ernst Bloch vertretene gleichsam luxemburgianische Richtung demokratisch-sozialistischen Rechtsdenkens ... potentiell zum positiven Anknüpfungspunkt". Walter Jens warf die Frage auf: „Ist nicht die eigentliche Ahnfrau von Glasnost und Perestroika Rosa Luxemburg?"[98] Ja, antwortete Michail Schatrow,[99] „man kann Rosa Luxemburg wirklich eine Mutter unserer Perestroika nennen." Für die marxistischen Vorkämpfer der Perestroika ist am Werk Luxemburgs, gerade auch an ihren Analysen zur russischen Revolution, besonders „wichtig, daß eine argumentierende Kritik, ohne Kompromisse, nicht nur von rechts, sondern aus dem Inneren der revolutionären Bewegung ... kommt."[100] Freilich heißt dies nicht, daß Rosa Luxemburg als Mutter der Perestroika allgemein erkannt und anerkannt wäre. „Die konservativen Kräfte", fährt Ambarzumow fort, „hätten m.E. nichts dagegen, Rosa heute nochmals zu liquidieren: als Revolutionärin, als politisch-theoretische Gegnerin, als Jüdin und Weltbürgerin ... Um so schwerer wiegt, daß der berühmte Film von Margarethe von Trotta über Rosa Luxemburg vom sowjetischen Publikum, den Jugendlichen und den Frauen, nicht gut aufgenommen wurde, weil sie andere Probleme haben und in ihren Augen der enthusiastische Revolutionismus heute kompromittiert ist." Ihre Ermordung hat eine mögliche Entwicklung parallel zu der Lenins abgeschnitten, so bleibt ihr Bild für immer davon gefärbt, daß sie sich, „genau wie die Epoche, in der sie lebte, auszeichnete durch Utopien, Intransigenz, die Verweigerung jeglicher Kompromisse, Unfähigkeit (oder Unmöglichkeit?), Nuancen oder auch die berechtigten Einwände ihrer reformistischen Kritiker wahrzunehmen. Deshalb ist ihr Name ein Symbol unserer revolutionären Kultur der zwanziger und darauffolgender Jahre."[101] Eine neue Lektüre wird ihr Unabgegoltenes aus diesem symbolischen Gefängnis zu befreien haben.[102]

Selbst der Trotzkismus wird seine Frontstellung ändern, nachdem eine differenzierte Bewertung Trotzkis in der Sowjetunion Platz greift. Trotzkis Schriften werden zugänglich gemacht werden. Längst schon ist er keine Unperson mehr. Daß Lenin in seinem „Testament" ihm wie Stalin einen übermäßigen Hang zum Befehlsadministrativen bescheinigen konnte, deutet darauf hin, daß es keine unkritische Rezeption geben wird. Aber Trotzki wird, wie das in Schatrows „Weiter ... weiter ... weiter"[103] vorgeführt wird, reintegriert in die tragische Dialektik der sowjetischen Politik nach Lenins Tod.

Was aber die „Postmarxisten" angeht, die reuigen Ehemaligen – diese Verabschieder des Marxismus haben sich von etwas historisch bereits Verabschiedetem losgesagt und den Beginn der Erneuerung fürs Ende genommen. Ihr Bruch mit dem Marxismus ist ein Symptom dafür, daß sie sich vom Veralteten im Marxismus nicht zu lösen vermochten. Indem die Sowjetunion die radikale „Erneuerung des Sozialismus"[104] auf die Tagesordnung gesetzt hat, hört die Erneuerung des Marxismus auf, eine fixe Idee isolierter Intellektueller zu sein, und dem Postmarxismus ist damit der Anschein einer Rechtfertigung entzogen.

Wie immer es genannt wird: Die Entwicklung geht in eine Richtung, die eine Idee Otto Bauers mit historischem Leben füllen könnte. Dieser hatte die

Perspektive eines Integralen Sozialismus vorgezeichnet, in dem die feindlichen Spaltungen der Arbeiterbewegung zu Unterschieden relativiert wären. Die Dialektik von Stalinismus und Antikommunismus hatte diese Idee ein halbes Jahrhundert lang irreal erscheinen lassen. „Aber die mit dem Namen Gorbatschow verknüpften Wandlungen bringen uns diesem 'Integralen Sozialismus' näher."[105] Die marxistischen Theorietraditionen haben die historische Chance bekommen, sich wieder zum plural artikulierten Universum eines integralen Marxismus zusammenzunehmen.

Anmerkungen

1 Gillessen, G.: Neues Reden alte Masche, in: Frankfurter Allgemeine Zeitung, 13.7.88
2 Siedler, W.J.: Berlin, aber wo liegt es?, in: Frankfurter Allgemeine Zeitung, 25.4.87 (Wochenendbeilage)
3 Haug, W.F.: Gorbatschow. Versuch über den Zusammenhang seiner Gedanken, Hamburg 1989
4 Haug, W.F.: ebd., Kapitel 13: Rückkehr zu Lenin, S. 331 ff
5 Gorbatschow, M.: Ansprache vor dem Plenum des ZK, 27.-28. Januar 1987, Reinbeck 1987, S. 17 (im folgenden zitiert: Gorbatschow, M., Die Rede 1987)
6 Gorbatschow, M.: Bericht an den XXVII. Parteitag, 25.2.1986, in: ders.: Ausgewählte Reden und Aufsätze, hrsg. vom Institut für Marxismus-Leninismus beim ZK der KPdSU, Moskau 1987. Deutsche Übersetzung: Berlin (DDR) 1987, Band 3, S. 176 (im folgenden zitiert: Gorbatschow, M., Bericht 1986)
7 Gorbatschow, M., Die Rede 1987
8 Lenin, W.I.: Werke, Band 4, Berlin (DDR) 1961, S. 75
9 Gorbatschow, M., Die Rede 1987, S. 52
10 Gorbatschow, M.: Die Verwirklichung der Beschlüsse des 27. Parteitages der KPdSU und die Intensivierung der Perestroika, 28. Juni 1988, Eröffnungsrede zur 19. Parteikonferenz, in: Prawda, deutsche Ausgabe, 29.6.88 (im folgenden zitiert: Gorbatschow, M., Verwirklichung der Beschlüsse 1988)
11 Gorbatschow, M.: Die Rede 1987, S. 17
12 Resolutionen der 19. Gesamtsowjetischen Konferenz der KPdSU, in: Prawda, 5.7.1988 (im folgenden zitiert: Resolutionen 1988)
13 Gorbatschow, M.: Verwirklichung der Beschlüsse 1988
14 Gorbatschow, M.: Verwirklichung der Beschlüsse 1988
15 Resolutionen 1988
16 Nuikin, A.: Die Biene und das kommunistische Ideal, in: Afanassjew, J. (Hrsg.): Es gibt keine Alternative zur Perestroika, Nördlingen 1988, S. 598
17 Gorbatschow, M.: Perestroika. Die zweite russische Revolution. (Aus dem Amerikanischen) München 1987, S. 57 (im folgenden zitiert: Gorbatschow, M., Perestroika 1987)
18 Gorbatschow, M.: Perestroika 1987, S. 209
19 Arbatow, G.: Diskussionsbeitrag auf der 19. Parteikonferenz, in: Prawda, 30.6.1988
20 Kisseljow, V.: Wieviel Sozialismusmodelle gab es in der UdSSR?, in: Afanassjew, J. (Hrsg.): Es gibt keine Alternative zur Perestroika, Nördlingen 1988, S. 453 (im folgenden zitiert: Kisseljow, V., Sozialismusmodelle 1988)
21 Dsarassow, S.: Parteidemokratie und Bürokratie, in: Afanassjew, J. (Hrsg.): Es gibt keine Alternative zur Perestroika, Nördlingen 1988, S. 434
22 Gorbatschow, M.: Perestroika 1987, S. 209
23 Labica, G.: Der Marxismus-Leninismus. Elemente einer Kritik, Berlin 1986

24 ebd. S. 99
25 ebd. S. 72 f
26 ebd. S. 56 f
27 Meyer, G. (Hrsg.): Wir brauchen die Wahrheit. Geschichtsdiskussion in der Sowjetunion, Köln 1988, S. 15 (im folgenden zitiert: Meyer, Geschichtsdiskussion 1988)
28 Afanassjew, J.: Die Vergangenheit kennen, um die Zukunft zu errichten, in: Moskowskie Nowosti, 11. Januar und 10. Mai, zit. deutsche Fassung, in: Meyer, Geschichtsdiskussion 1988, S. 83 und 91
29 Lapin, I.N., in: Woprossy Filosofii, Nr. 6, 1987, zit. nach: Samsonowa, T.: Perestroika und Marxismus, in: Kontinent, H. 4, Nr. 46, 1988, S. 63-70
30 Kisseljow, V.: Sozialismusmodelle 1988, S. 54
31 zit. nach: Samsanowa, T.: Perestroika und Marxismus, in: Kontinent, H. 4, Nr. 46, 1988, S. 64 (im folgenden zitiert: Samsanowa, T.: Perestroika und Marxismus 1988)
32 Jakowlew, A.: Probleme der Geschichtswissenschaft, in: Meyer, Geschichtsdiskussion 1988, S. 76
33 „TUI", Kunstwort von Brecht (aus: Tellekt-Uell-In) für den Intellektuellen im Dienste von Macht oder Geld. Vergl.: Brechts Tui-Kritik, Argument-Sonderband AS 11, 1975
34 Kisseljow, V.: Sozialismusmodelle 1988, S. 455
35 Lewin, M.: Gorbatschows neue Politik. Die reformierte Realität und die Wirklichkeit der Reformen, Frankfurt 1988, S. 130
36 Fleischer, H.: Die Perestroika erreicht die Philosophie, in: Argument 167, 1988, S. 23 (im folgenden zitiert: Fleischer, Perestroika 1988)
37 Gorbatschow, M.: Bericht 1986, S. 230
38 Afanassjew, J.: Perestroika und historisches Wissen, in: ders.: (Hrsg.): Es gibt keine Alternative zur Perestroika, Nördlingen 1988, S. 579
39 Gorbatschow, M.: Die Umgestaltung duldet keinen Aufschub, sie betrifft alles und jeden. Rede vor dem Aktiv der Regionalparteiorganisation in Chabarowsk, 31. Juli 1986, in: Sowjetunion heute (Beilage), Nr. 9, 1986, VI – XIII
40 Gorbatschow, M.: Die praktische Arbeit zur Verwirklichung der Beschlüsse der 19. Gesamtsowjetischen Parteikonferenz. Referat beim ZK Plenum vom 29. Juli 1988, in: Prawda, 30/31.7.1988, 1-3 (im folgenden zitiert: Gorbatschow, M., Die praktische Arbeit 1988)
41 Gorbatschow, M.: Bericht 1986, S. 242
42 Gorbatschow, M.: Verwirklichung der Beschlüsse 1988
43 Gorbatschow, M.: Verwirklichung der Beschlüsse 1988
44 Saslawskaja, T.: Soziale Steuerung der Perestroika, in: Afanassjew, J. (Hrsg.): Es gibt keine Alternative zur Perestroika, Nördlingen 1988, S. 70
45 Butenko, A.: Interview (geführt von A. Catone), in: A Sinistra, H. 4, 1989 (im folgenden zitiert: Butenko, Interview 1989)
46 Samsanowa, T.: Perestroika und Marxismus 1988, S. 69
47 Butenko, A.: Interview 1989
48 Andrejewa, J.: Philosophie und Perestroika. Vortrag, gehalten am 8.11.1988 in der Technischen Universität Berlin (nach dem Manuskript)
49 Gorbatschow, M.: Verwirklichung der Beschlüsse 1988
50 Gorbatschow, M.: Abschlußrede zur Konferenz von Orjol, in: Prawda, 16.11.1988, S. 1-2
51 Bowin, A.: Perestroika: Die Wahrheit über den Sozialismus und sein Schicksal, in: Afanassjew, J. (Hrsg.): Es gibt keine Alternative zur Perestroika, Nördlingen 1988, S. 634 (im folgenden zitiert: Bowin, Perestroika 1988)
52 Gorbatschow, M.: Bericht 1986, S. 299 f
53 Gorbatschow, M.: Die praktische Arbeit 1988
54 Gorbatschow, M.: Perestroika 1987, S. 29
55 Gorbatschow, M.: Perestroika 1987, S. 95
56 Thesen des ZK der KPdSU zur 19. Unionsparteikonferenz, 23.5.88, I
57 ebd.
58 Gorbatschow, M.: Verwirklichung der Beschlüsse 1988

59 „Vielleicht übertreibe ich etwas die Tugenden, die Vorteile der Philosophie. Ich bin der Auffassung, die Entwicklung des philosophischen Gedankens ist irreversibel. Auch unabhängig davon, ob die entsprechenden politischen Voraussetzungen gemacht werden oder nicht, bei all dem entwickelte sich der philosophische Gedanke weiter auf diesem Weg." (Frolov, I.T.: Fernsehinterview (geführt von U. Böhm) für den WDR, ausschnittweise gesendet am 13.2.1989)
60 ebd. – Frolov wurde übrigens im Herbst 1989 zum Chefredakteur der Prawda berufen.
61 Es läuft, wie könnte es anders sein, auf ein neues Lehrbuch hinaus, das nun nicht mehr „Grundlagen der marxistisch-leninistischen Philosophie", sondern kurz „Einführung in die Philosophie" heißen wird. (ebd.)
62 Mätzke, E.-O.: Ist Marx noch zu retten, in: Frankfurter Allgemeine Zeitung, 9.3.1989
63 Gorbatschow, M.: „Demokratisierung – das ist das Wesen der Umgestaltung, das Wesen des Sozialismus." Rede und Diskussion beim Treffen im ZK mit den Leitern der Massenmedien usw., 8.1.1988, in: ders.: Perestroika. Die zweite Etappe hat begonnen. Eine Debatte über die Zukunft der Reformpolitik, Köln 1988
64. ebd.
65 Morrison, D. (Hrsg.): Michail Gorbatschow, Rastatt 1988
66 Wagenlehner, G.: Perestroika im vierten Jahr. Kann sich Gorbatschow durchsetzen? in: Das Parlament 5, 27.1.1989, S. 11
67 Aganbegjan, A.: Strategie und Beschleunigung der sozialökonomischen Entwicklung der UdSSR, in: Aus Politik und Zeitgeschichte, Beilage zur Wochenzeitung Das Parlament,. B 45/87, 7.11.1987, S. 12
68 Gorbatschow, M.: Gespräch mit dem argentinischen Kommunistenführer Fava, 1987
69 Gorbatschow, M.: Verwirklichung der Beschlüsse 1988
70 Gorbatschow, M.: Verantwortung für das Schicksal der Welt beweisen. Rede am 4.11.1987 auf dem Treffen der Vertreter von Parteien und Bewegungen, die an den Feierlichkeiten zum 70. Jahrestag der Oktoberrevolution teilnahmen, Moskau 1987
71 Das Reformparadigma von Deng unterscheidet sich von der Perestroika darin, daß der Umbau des politischen Systems und der kulturellen Verhältnisse (einschließlich „Ideologie" und Theorie) zugunsten rascher Privatisierungserfolge in der Ökonomie zurückgestellt werden. Die Demokratisierungstendenzen gerieten so in Gegensatz zur Reform, überlagerten sich mit Privatisierungsschäden und weitergehenden Privatisierungsinteressen, so daß die Reformpolitik schließlich im Blutbad der Unterdrückung einer Massenbewegung endete. Gorbatschow geht den entgegengesetzten Weg, und vieles spricht dafür, daß er trotz der ungleich größeren Konfliktpotentiale einer multinationalen Gesellschaft zum Ziele führt.
72 Gorbatschow, M.: Das Potential der Genossenschaften für die Perestroika. Rede auf dem IV. Kongress der Kolchosbauern, 23.3.1988, Moskau 1988
73 Fleischer, Perestroika 1988
74 Rhode, G.: Ende des Schweigens? Perestroika und die Tabus sowjetischer Geschichtsschreibung, in: Frankfurter Allgemeine Zeitung, 23.9.1988
75 Gorbatschow, M.: Das intellektuelle Potential der Perestroika erweitern. Rede vor Wissenschaftlern und Kulturschaffenden im ZK, 6. Januar 1989, in: Sowjetunion heute, 2. Beilage, I-XII
76 Segbers, K.: Zeit des Übergangs, Zeit der Wirren, in: links 218 und 219, 1988, S. 31-35 und 19-22
77 Laqueur, W.: Buying Books in Moscow, in: Encounter LXXI/3, 1988, S. 75-77
78 Mätzke, E.-O.: Ist Marx noch zu retten?, in: Frankfurter Allgemeine Zeitung, 9.3.1989
79 Fleischer, H., Perestroika 1988, S. 20
80 Butenko, A.: Interview 1989
81 Gorbatschow, M.: Verwirklichung der Beschlüsse 1988
82 Jakowlew, A.: Rede vor Parteiaktivisten Lettlands, in: Prawda, 11.8.1988, S. 2 (im folgenden zitiert: Jakowles, A., Rede 1988)
83 Shanin, T.: Introduction to Aganbegjan, in: New Left Review 169, 1988, S. 87

84 Furmann, D.: Unser Weg zu einer normalen Kultur, in: Afanassjew, J. (Hrsg.): Es gibt keine Alternative zur Perestroika, Nördlingen 1988, S. 676 (im folgenden zitiert: Furman, D., Unser Weg 1988)
85 Bowin, A., Perestroika 1988, S. 625
86 Butenko, A.: Über die revolutionäre Umgestaltung des staatlich-administrativen Sozialismus, in: Afanassjew, J. (Hrsg.): Es gibt keine Alternative zur Perestroika, Nördlingen 1988, S. 644, 643
87 Furman, D.: Unser Weg 1988, S. 675
88 Gorbatschow, M.: Perestroika 1987, S. 54
89 Jakowlew, A.: Rede 1988
90 Schatrow, M.: Die geistige Entstalinisierung ist noch nicht zu Ende (Interview), in: Süddeutsche Zeitung, 4.2.1988
91 Lenin, W.I.: Werke, Band 33, Berlin (DDR) 1961, S. 89
92 Stamm, M.: Tanz den Gorbatschow, in: Konkret 9, 1988, S. 26-28
93 Gorbatschow, M.: Das lebendige Schöpfertum des Volkes. Referat auf der wissenschaftlich-praktischen Unionskonferenz am 10. Dezember 1984, in: ders.: Ausgewählte Reden und Aufsätze, hrsg. vom Institut für Marxismus-Leninismus beim ZK der KPdSU, Moskau 1987. Deutsche Übersetzung: Berlin (DDR), 2. Aufl., 1988, Band 2, S. 89
94 ebd.
95 Vgl. dazu: W.F. Haug, Vorlesungen zur Einführung ins 'Kapital', West-Berlin ⁴1987, 121 ff
96 Grigorewa, A.: Gramsci und die Perestroika, Interview, geführt von A. Catone, in: Rinascita, 25.6.1988 (deutsch in: Sozialismus 2, 1989, S. 65 f)
97 Perels, J.: Kein Sozialismus ohne Rechtsordnung. Probleme der juristischen Entstalinisierung in der Sowjetunion, in: Vorgänge 94, 1988, S. 105-115
98 Jens, W.: Diskussionsbeitrag, in: Schatrow, M.: Tübinger Diskussion mit E. Jäckel, W. Jens u.a., in: Deutsche Volkszeitung/die tat, 23.12.1988, S. 22 f
99 Gorbatschow, M.: Durch Demokratisierung zum neuen Antlitz des Sozialismus. Treffen im ZK mit den Leitern der Massenmedien usw., 7. Mai 1988, Moskau 1988
100 Ambarzumow, J.: Rosa im Lande Lenins, in: Sozialismus 2, (aus Unité, 15.1.89)
101 ebd.
102 Haug, F./B. Ketelhut: Die Perestroika und die Frauen, in: Argument 170, 1988, S. 507-512
103 Schatrow, M.: Weiter ... weiter ... weiter ..., Theaterstück. Deutsch von F. Hitzer, Köln 1988
104 Gorbatschow, M.: Verwirklichung der Beschlüsse 1988
105 Hindels, J.: Die Sowjetgesellschaft 70 Jahre nach der Oktoberrevolution, in: SPW 38, 1987, S. 449

Juri Mazikin

Das Projekt der Perestroika in der UdSSR und seine Verwirklichung

1. Das russische Wort „Perestroika" ist heute, wie einst das Wort „Sputnik", in alle Sprachen der Welt eingegangen. Was versteht man also in der Sowjetunion unter Perestroika? Auf dem Plenum des ZK der KPdSU vom April 1985 kamen die sowjetischen Kommunisten zu dem Ergebnis, daß eine politische Kursänderung eingeleitet werden müsse mit dem Ziel der Überwindung verknöcherter Dogmen und eingefahrener Strukturen in der Innen- und Außenpolitik. Die sowjetische Gesellschaft sei für Veränderungen reif geworden, betonte Michail Gorbatschow. Ein Hinauszögern der Umgestaltung hätte bereits in der nächsten Zeit zu einer ernsthaften sozioökonomischen und politischen Krise führen können. Das ZK-Plenum vom April 1985 legte die Grundsätze der Perestroika fest: Innerhalb des Landes bestehen diese in einer radikalen Wirtschaftsreform und in der Demokratisierung der sowjetischen Gesellschaft, aber auch für die Außenpolitik wurde ein neues Konzept entwickelt.

2. Etwa in der Mitte der achtziger Jahre wurde deutlich, daß die Wirtschaft der UdSSR aufgrund ihrer extensiven Entwicklung ihre drei Hauptaufgaben – Hebung des Volkswohlstandes, wirksame Entwicklung der Volkswirtschaft, Aufrechterhaltung eines hohen Niveaus der Verteidigungsfähigkeit – gleichzeitig nicht erfüllen konnte. Eines der größten Übel bestand darin, daß die Wirtschaft hauptsächlich mit den Methoden einer strengen Administration geleitet wurde. Dieses System hatte sich vor allem in den Vorkriegsjahren herausgebildet, was zum Teil auf die spezifischen Bedingungen jener Jahre zurückzuführen ist. In den folgenden Jahrzehnten blieben diese Strukturen im wesentlichen unverändert. Zwar wurden in den sechziger und siebziger Jahren Versuche zu einer Erneuerung unternommen, diese hatten jedoch einen zu unentschlossenen Charakter. Durch Einzelmaßnahmen ließen sich die Probleme nicht lösen, eine umfassende und radikale Reform wurde erforderlich.

Das Wesen der nun auf wirtschaftlichem Gebiet eingeleiteten Reformen liegt in der Annäherung der Produzenten an die Produktionsmittel, im Übergang der Betriebe zu wirtschaftlicher Rechnungsführung und in der Einführung ökonomischer Leitungsmethoden. Die Konzeption der Reform umfaßt eine radikale Umgestaltung der heute übermäßig zentralisierten Leitung der Wirtschaft, eine grundsätzliche Veränderung der Planung, eine Reform des Systems der Preisbildung, des Finanz- und Kreditmechanismus sowie der außenwirtschaftlichen Beziehungen. Für die Verwirklichung dieser Vorhaben spielt das „Gesetz über den staatlichen Betrieb" eine wichtige Rolle. Dieses bietet den Arbeitskollektiven große Möglichkeiten für eine selbständige Lösung aller Fragen, die die Aktivitäten eines Betriebes betreffen. Dabei sollen sie sich von dem Prinzip leiten lassen, daß alles erlaubt ist, was vom Gesetz nicht ausdrücklich verboten wird. Die Tätigkeit des Betriebes basiert danach auf Prinzipien der wirtschaftlichen Rechnungsführung und Eigenfinanzierung, das heißt, er deckt seine Ausgaben aus eigenen Mitteln, wobei er seinen Gewinn in einem größeren Maße als früher für die Entwicklung der Produktion und die Verbesserung der Lebensbedingungen seiner Belegschaft nutzen kann. Der Betrieb erstellt selbst die Produktionspläne und wählt sich die entsprechenden Partner selbst aus. Die Betriebe stellen heute einen Teil ihrer Erzeugnisse im Rahmen der sogenannten staatlichen Aufträge her, der andere, in der Leichtindustrie ist es der überwiegende Teil, ist für die Partner bestimmt, mit denen Verträge geschlossen wurden. Jeder Betrieb leistet natürlich auch seinen Beitrag zur „gemeinsamen Sache", indem er bestimmte Summen in den Staatshaushalt und die Fonds des entsprechenden Industriezweiges abführt. Wichtig ist, daß die Höhe dieser Geldbeträge genau festgelegt wird und sich im Laufe des Planjahrfünfts nicht ändert.

Die Versammlung des Arbeitskollektivs ist zu einem wichtigen Organ der Selbstverwaltung geworden. Beschlüsse, die im Rahmen seiner Rechte und Vollmachten gefaßt wurden, sind für die Betriebsleitung bindend. In der Periode zwischen den Versammlungen vertritt der „Rat des Arbeitskollektivs" die Interessen der Werktätigen. Er muß mindestens zu drei Vierteln aus Vertretern der Arbeiter und Ingenieure bestehen. Eine weitere durch die Perestroika bewirkte Neuerung ist auch darin zu sehen, daß die Leiter der Betriebe entsprechend dem Wunsch des Arbeitskollektivs im Rahmen eines Ausschreibungsverfahrens gewählt werden können. Dadurch werden wichtige Voraussetzungen für eine aktive Teilnahme aller Arbeiter und Angestellten an der Leitung des Betriebes und für die Verstärkung der Kontrolle von unten geschaffen. Das wichtigste allgemein verbindliche Element bei der Leitung waren und sind die Staatspläne. Sie werden aber heute auf eine neue Art ausgearbeitet und dem Betrieb nicht „von oben" als Direktive aufgezwungen, sondern vom Betrieb selbst zusammengestellt und dann vom Staat zu einem einheitlichen Ganzen zusammengefaßt.

Ein weiterer wesentlicher Bestandteil des neuen Wirtschaftsmechanismus besteht darin, daß die Betriebe in ihren außenwirtschaftlichen Beziehungen selbständig werden, wobei die Betriebe, die Exporterzeugnisse produzieren oder Güter importieren, das Recht erhalten, selbständig auf dem Weltmarkt zu agieren. Die Wirtschaftsreform ist unzertrennbar mit der Umgestaltung des Preissystems, einschließlich des Systems der Groß- und Einzelhandelspreise verbunden. Gegenwärtig berücksichtigen die Preise in vielen Fällen die Nachfrage nur wenig und stimulieren den wissenschaftlich-technischen Fortschritt und die Erhöhung der Qualität der Erzeugnisse nur unzureichend. Daher bremst das jetzt noch gültige Preissystem in einem gewissen Sinne die Einführung des neuen Wirtschaftsmechanismus.

Vorgesehen ist auch eine bedeutende Erweiterung der genossenschaftlichen und individuellen Erwerbstätigkeit der sowjetischen Bürger. Zu diesem Zweck wurden entsprechende Gesetze verabschiedet und zusätzliche Maßnahmen ergriffen, die sich auf das Steuersystem, auf die Kreditvergabe sowie auf die materiell-technische Versorgung usw. beziehen.

Das Ziel der Wirtschaftsreform ist eine rentable Volkswirtschaft. Dabei sind die Vervollkommnung der wirtschaftlichen Rechnungsführung, die Nutzung von verschiedenen Formen des Eigentums, die Schaffung von modernen und effektiven Methoden zur Steuerung der Marktbeziehungen sowie die Ausarbeitung neuer Prinzipien der Steuerpolitik die wichtigsten Mittel ihrer Verwirklichung.

3. Die Reform des politischen Systems ist eine Garantie für die Unumkehrbarkeit der Perestroika. Die 19. Parteikonferenz der KPdSU im Jahre 1988 hat ein konkretes Programm zur Demokratisierung des politischen Systems der UdSSR unterbreitet, dessen Ziel es ist, die sozialistische Demokratie in vollem Umfang zur Geltung zu bringen.

Warum entstand 70 Jahre nach der Oktoberrevolution das Problem einer Reform des politischen Systems? In einer gewissen Etappe wurde das nach dem Sieg der Oktoberrevolution geschaffene politische System stark deformiert. Das Ergebnis war die Alleinherrschaft Stalins, waren Repressalien und Gesetzlosigkeit. Die in jenen Jahren entstandenen politischen Führungsmethoden, die auf strenger Reglementierung basierten, haben sich auf alle Lebensbereiche verheerend ausgewirkt. Viele Schwierigkeiten, mit denen die Gesellschaft auch heute noch zu kämpfen hat, haben hier ihre Wurzeln.

Die Beschlüsse des 20. Parteitages der KPdSU im Jahre 1956 boten Möglichkeiten für die Wiederherstellung der Leninschen Prinzipien im Leben der Partei und des Staates. Die Unterschätzung und Herabminderung der Bedeutung der sozialistischen Demokratie führten jedoch zu Rückschlägen, so daß das politische System sich in den letzten Jahrzehnten als unfähig erwies, zunehmende Stagnationserscheinungen im wirtschaftlichen und sozialen Leben zu verhindern, im Gegenteil, es brachte die damaligen Reformansätze zum Scheitern, indem die wirtschaftlichen Leitungsfunktionen in den Händen der politischen Parteiführung konzentriert blieben und das Gewicht des Exekutivapparates enorm zunahm. Bis zu einem riesigen Ausmaß aufgeblähte zentrale Dienststellen hatten für die Durchführung der gefaßten Beschlüsse zu sorgen und bestimmten durch ihre Tätigkeit oder Untätigkeit, was zu geschehen hatte und was nicht. Die Sowjets als Organe der Volksmacht, vielfach aber auch die Parteiorgane, waren nicht in der Lage, die verschiedenen Ressortinteressen zu kontrollieren. Als allgemeine Regel galt, daß das Organ, das eine Entscheidung traf, für die Folgen seiner Handlungen keine Verantwortung zu tragen hatte. Der wesentliche Nachteil des herrschenden politischen Systems lag in einer übermäßigen Verstaatlichung des öffentlichen Lebens. Obwohl die Aufgaben und Funktionen des Staates im Sozialismus bedeutend umfassender sind als im Kapitalismus, dürfen sie nicht allein durch Administration und Zwang, sondern müssen durch die Aktivierung des demokratischen Faktors, das heißt mit Hilfe der Einbeziehung der breiten Volksmassen in die Leitung realisiert werden. Die bloße Beschränkung auf die Propagierung demokratischer Prinzipien und ihre Mißachtung in der Wirklichkeit, die „Zaubersprüche" über die Gesetzmäßigkeiten des Aufbaus des Sozialismus, der Voluntarismus und Subjektivismus in der Praxis, der Mangel an Kritik und an „Glasnost", all dies bestimmte das gesellschaftliche Leben in hohem Maße. Die Folgen waren Gleichgültigkeit, sinkendes gesellschaftliches Engagement der Massen, Entfremdung der arbeitenden Menschen vom gesellschaftlichen Eigentum und von der Führung. Gerade aus dem verknöcherten Machtsystem erwachsen der Perestroika heute die grundsätzlichen Probleme. Eine Wirtschaftsreform, die Entwicklung des soziokulturellen Bereichs und die Anerziehung einer Einstellung, die zu einer interessierten und aktiven Teilnahme am gesellschaftlichen Leben führen, sind daher unabdingbar.

Die Hauptziele der Reform des politischen Systems bestehen vor allem in der Einbeziehung der Werktätigen in die Leitung und Lenkung von Staat und Gesellschaft. Zu diesem Zweck muß man der Selbstverwaltung innerhalb der Gesellschaft einen breiten Spielraum einräumen und Bedingungen für eine Entwicklung von Initiativen auf breiter Ebene schaffen. Es ist ferner notwendig, einen Mechanismus zu finden, mit dessen Hilfe sich die Interessen und der Wille aller Klassen und sozialen Gruppen frei konstituieren können, um ihn für Abstimmungen bei der Realisierung wichtiger Prinzipien der Innen- und Außenpolitik in Bewegung zu setzen. Damit wird eine entscheidende Bedingung für künftige politische Entwicklungen geschaffen: für die freie Entfaltung aller Nationalitäten und Völkerschaften, für die Stärkung der Freundschaft und der gleichberechtigten Zusammenarbeit zwischen ihnen, für die Festigung einer sozialistischen Rechtsstaatlichkeit, welche die Möglichkeit der Usurpation der Macht und ihres Mißbrauches ausschließt, für einen zuverlässigen Schutz der verfassungsmäßigen Rechte und Freiheiten der Bürger, um dem Bürokratismus und Formalismus wirksam entgegentreten zu können, für die Gewährleistung der Pflichterfüllung der Bürger gegenüber Staat und Gesellschaft, für die Trennung der Funktionen von Partei- und Staatsorganen, für einen wirksamen Mechanismus, der eine rechtzeitige Selbsterneuerung des politischen Systems garantiert.

Das Ziel der Reform und das Hauptkriterium dafür, ob es geling, diese zu realisieren, ist letztlich die allseitige Erweiterung der Menschenrechte und die Erhöhung der gesellschaftlichen Aktivität der Sowjetbürger. Sie beginnt nicht bei Null, sondern basiert auf dem System garantierter Rechte der Bürger der UdSSR im wirtschaftlichen, sozialen und politischen Bereich, auf die in vielen Staaten der Welt die Werktätigen einstweilen nur hoffen dürfen und die das Ziel ihres Kampfes sind. Sie setzt neben Garantien der sozioökonomischen eine Weiterentwicklung der politischen Rechte der Menschen voraus. Zu diesem Zweck werden das Wahlsystem umgestaltet und die Struktur der Macht- und Leitungsorgane reorganisiert. Auch die Gesetzgebung soll radikal verändert werden.

Besondere Aufmerksamkeit wird der Vervollkommnung der politischen Freiheiten geschenkt, die es den Menschen ermöglichen, ihre Meinung zu allen Fragen zu äußern. Damit soll garantiert werden, daß jedes Problem, das für die Gesellschaft von Bedeutung ist, allseitig erörtert und auf bestmögliche Weise gelöst wird. In diesem Zusammenhang ist auch eine Reform der Gesetzgebung über die persönlichen Rechte der Bürger vorgesehen, die darauf gerichtet ist, diese besser zu schützen. Dabei werden sowohl eigene als auch internationale Erfahrungen berücksichtigt. Die Sowjetunion ist bereit, die übernommenen Verpflichtungen auf dem Gebiet der Menschenrechte strikt zu erfüllen. Wenn wir von der Reform politischer Machtstrukturen sprechen, streben wir vor allem an, daß das Volk das letzte und entscheidende Wort haben soll und daß die Prozesse der Selbstregulierung und Selbstverwaltung Eingang in das gesellschaftliche Leben finden. Von prinzipieller Bedeutung ist hierbei eine richtige Verteilung der Machtbefugnisse zwischen den wichtigsten Institutionen, in erster Linie zwischen Partei und Staat.

Das Grundprinzip, das diesem Reformprozeß zugrunde liegt, lautet: Kein einziges politisches, wirtschaftliches oder soziales Problem kann unter Umgehung der Sowjets gelöst werden. Die Wirtschafts-, Sozial- und Nationalitätenpolitik der Partei kann nicht ohne diese durchgeführt werden. Die Reform sieht daher eine Stärkung ihrer Stellung vor. Sie bilden das Fundament der repräsentativen Demokratie der UdSSR. Es ist geplant, die Selbständigkeit der örtlichen Sowjets zu erweitern und ihren realen Einfluß auf alle Lebensbereiche ihres Territoriums auszudehnen. Auch die Arbeit der höchsten Machtorgane wird reorganisiert. Das neue Wahlgesetz ermöglichte in diesem März die Durchführung demokratischer Wahlen der Volksdeputierten in einer Weise, wie sie das Land noch nie erlebt hat. Zweimal jährlich werden die Kongresse der Volksdeputierten der UdSSR stattfinden. Gewählt wurde auch der Oberste Sowjet der UdSSR, der aus zwei Kammern besteht. Er wird ständig arbeiten und nur dem Kongreß der Volksdeputierten rechenschaftspflichtig sein. Die Arbeit der Kammern des Obersten Sowjet der UdSSR wird erheblich aktiviert, ihre Funktionen verändern sich und ihr Status wird gefestigt. Zu den Verbesserungen im Bereich der politischen Machtstrukturen gehört untrennbar auch der Prozeß der Demokratisierung der Staatsführung selbst. Dabei besteht die Haupttendenz, die auch den Erfordernissen der gesellschaftlichen Entwicklung Rechnung trägt, in der Dezentralisierung der politischen Führung. Eine objektive Analyse zeigt, daß beim gegenwärtigen Zustand der Volkswirtschaft und angesichts der Mannigfaltigkeit der Probleme des gesellschaftlichen Lebens sich alle anstehenden Fragen nicht nur von einem Zentrum aus rechtzeitig und richtig lösen lassen. Es kommt darauf an, eine Vielzahl von Entscheidungskompetenzen auf untere Ebenen zu verlagern, auf die Republiken, Regionen, Gebiete und Rayons sowie auf die Arbeitskollektive. Bei aller notwendigen Dezentralisierung darf man aber nicht zulassen, daß sie zu Kirchturmpolitik führt. Um eine solche zu verhindern, müssen gewisse Teilfunktionen bei zentralen Instanzen verbleiben, ohne die die Wahrnehmung der Interessen des Volkes als Ganzes unmöglich wäre. Heute findet die Reform der Staatsführung ihren Niederschlag insbesondere darin, daß ein Teil der Ministerien und Ämter im Zentrum und in den Republiken aufgelöst worden ist, neue Formen der Leitungsorganisation wurden diskutiert und verabschiedet; der Verwaltungsapparat der zentralen Dienststellen wurde um 40 Prozent verringert, in den Unionsrepubliken um 50 Prozent. Die Gesamtzahl der Ministerien für die führenden Industriezweige, wie das Bau-

und Transportwesen, den Agrar-, Industrie- und Verteidigungskomplex, soll von 52 auf 32 vermindert werden, daß heißt um fast 40 Prozent.

Die Reform muß sich auch auf die für die Sowjetunion wichtige Frage der Beziehungen der verschiedenen Nationalitäten untereinander erstrecken. Diese darf man nicht als etwas Statisches betrachten, sie entwickeln sich vielmehr dynamisch mit der Entwicklung der Gesellschaft selbst. Als allgemeine Prinzipien einer neuen Politik gelten Gerechtigkeit, gegenseitige Hilfe und eine Zusammenarbeit, die eine Verbesserung der wirtschaftlichen und sozialen Lebensbedingungen aller Nationen und Völkerschaften gewährleistet.

Zu einem wichtigen Bestandteil der Reform muß auch die weitere Demokratisierung der gesellschaftlichen Organisationen und ihre verstärkte aktive Teilnahme an den politischen Entscheidungsprozessen werden. Das Einparteisystem, das sich im Lande historisch herausgebildet und festen Fuß gefaßt hat, braucht einen ständig wirkenden Mechanismus der Diskussion unterschiedlicher Ansichten, der Kritik und Selbstkritik in Partei und Gesellschaft. Nicht mehr wegzudenkende Merkmale des politischen Lebens der sowjetischen Gesellschaft müssen der ständige konstruktive politische Dialog, die Diskussion sowie die Berücksichtigung der öffentlichen Meinung sein. Ein bedeutender Schritt auf dem Wege zur Erhöhung der Aktivität der gesellschaftlichen Organisationen bei der Gestaltung der Politik war das bereits oben erwähnte neue Wahlgesetz, das die Wahl eines Teils der Volksdeputierten durch gesellschaftliche Organisationen vorsieht.

Der Prozeß der konsequenten Demokratisierung der sowjetischen Gesellschaft muß von der Schaffung des sozialistischen Rechtsstaates gekrönt sein, das heißt eines Staates, in dem die Autorität der Gesetze gewährleistet ist. Kein Staatsorgan, keine Amtsperson, kein Kollektiv, keine Partei- oder gesellschaftliche Organisation kann von der Pflicht befreit werden, sich an die Gesetze zu halten. Wie die Bürger gegenüber dem Staat rechenschaftspflichtig sind, so ist auch umgekehrt die Staatsmacht gegenüber den Bürgern verantwortlich; ihre Rechte müssen zuverlässig vor jeglicher Willkür der Macht und ihrer Vertreter geschützt werden. Die Perestroika ließ den konservativen Charakter des in der Sowjetunion bestehenden Rechtssystems deutlich zutage treten; auch jetzt basiert dieses noch zu einem beträchtlichen Teil nicht auf demokratischen oder ökonomisch sinnvollen Grundsätzen, sondern auf administrativen Weisungsmethoden mit zahlreichen Verboten und kleinlichen Reglementierungen. Die heute ganz offensichtlich notwendige Reform der sowjetischen Gesetzgebung muß wichtige Bereiche des Rechts umfassen, und zwar in erster Linie solche, die sich auf das sozialistische Eigentum, auf die Planung, die Wirtschafts-, Arbeits-, Steuer-, Rentenpolitik und andere Verhältnisse beziehen.

Einen besonderen Stellenwert besitzt darüber hinaus auch eine einschneidende Gerichtsreform. Eingeleitet wurden bereits die Arbeiten zur Erneuerung der Straf-, Verfahrens- und Resozialisationsgesetzgebung. Hier sollen die entsprechenden Rechtsnormen mit den Bedürfnissen der Gesellschaft in der gegenwärtigen Entwicklungsetappe in Übereinstimmung gebracht werden. Geplant ist auch eine Stärkung der Stellung der Rechtsanwälte.

4. Der organischen Verbindung von Innen- und Außenpolitik kommt in den Umbruchperioden eine ganz besondere Bedeutung zu. Der Wechsel des inneren Kurses führt unvermeidlich auch zu einer Neukonzipierung der sowjetischen Außenpolitik. Ihre programmatischen Zielsetzungen und ihre praktischen Schritte sind ein direkter und unmittelbarer Ausdruck der Idee, des Programms und der Praxis der Perestroika.

Worin besteht nun die neue politische Denkweise im Hinblick auf den gegenwärtigen außenpolitischen Kurs der UdSSR? Das Grundprinzip einer solchen Politik lautet: Ein moderner Krieg kann kein Mittel zur Erreichung politischer, wirtschaftlicher, ideologischer oder irgendwelcher anderen Ziele sein. Daraus ergibt sich eine absolut neue Situation, in der es unabdingbar ist, auf Axiome vom Typ der klassischen Formel „Der Krieg ist die Fortsetzung der Politik mit anderen Mitteln" zu verzichten. Zum ersten Mal in der Geschichte ist es zu einer lebenswichtigen Notwendigkeit geworden, der internationalen Politik allgemein menschliche und moralisch-ethische Normen zugrunde zu legen und die zwischenstaatlichen Beziehungen auf eine entsprechende Grundlage zu stellen. Aus der Unmöglichkeit, internationale Widersprüche auf militärischem Wege oder gar unter Einsatz von Kernwaffen zu lösen, ergibt sich auch eine neue Dialektik von Stärke und Sicherheit; letztere kann heute nicht durch militärische Mittel gewährleistet werden, nicht durch Waffeneinsatz, nicht durch Abschreckung und nicht durch ständige Perfektionierung des „Schildes" und des „Schwertes". Der einzige Weg zur Sicherheit führt über politische Lösungen und über Abrüstung. Ein weiteres Prinzip der neuen Denkweise besteht in der Feststellung, daß Sicherheit unteilbar ist. Sie kann nur für alle gleich sein, oder es wird sie überhaupt nicht geben. Ihre einzige solide Grundlage liegt in der Anerkennung der Interessen aller Völker und Staaten und ihrer Gleichberechtigung im internationalen Leben.

Das neue politische Denken geht kategorisch von einem streng defensiven Charakter militärischer Doktrinen aus. Ein vernünftiges und ausreichendes Maß an Waffen, eine nicht-offensive Verteidigung, die Beseitigung des Ungleichgewichtes und der Asymmetrie bei verschiedenen Waffengattungen, das Auseinanderziehen der offensiven Truppengruppierungen der beiden Blöcke und anderes mehr, all dies sind die notwendigen Voraussetzungen hierfür.

Ein prinzipieller Leitsatz der allumfassenden Sicherheit ist die Anerkennung des Rechtes eines jeden Volkes, den eigenen Weg der sozialen Entwicklung wählen zu können, weiterhin der Verzicht auf die Einmischung in die inneren Angelegenheiten des anderen, verbunden mit der objektiven und selbstkritischen Betrachtung der eigenen Gesellschaft.

Man darf ideologische Meinungsverschiedenheiten nicht auf den Bereich der zwischenstaatlichen Beziehungen übertragen und ihnen die Außenpolitik unterordnen, denn die Ideologien können diametral verschieden sein, das Interesse am Überleben und damit an der Verhütung eines Krieges ist allgemein und steht über allem. Neben der Notwendigkeit, einen Nuklearkrieg zu verhindern, ist die Lösung aller anderen globalen Probleme, einschließlich der Probleme der internationalen Wirtschaftsentwicklung und der Ökologie, Voraussetzung für die Gewährleistung eines dauerhaften und gerechten Friedens. Die Prozesse der Perestroika verlaufen in der Sowjetunion in einem komplizierten und schwierigen Widerstreit zwischen dem Alten und dem Neuen. Die ersten Erfolge liegen vor, aber es sind auch Fehlgriffe und Mißerfolge zu verzeichnen. Als die Perestroika begann, konnte man bei einigen Problemen nicht einmal ahnen, daß sie entstehen würden. Darum muß man die Politik und die entsprechenden Entscheidungen schon in der praktischen Arbeit korrigieren. Der revolutionäre und demokratische Geist der Perestroika dringt immer tiefer in das Leben der sowjetischen Menschen und der sowjetischen Gesellschaft ein und übt einen immer größeren Einfluß aus.

Wie der Vorsitzende des Obersten Sowjets der UdSSR, Michail Gorbatschow, immer wieder betont hat, gibt es für den politischen Kurs der grundlegenden Erneuerung des Sozialismus keine Alternative.

Jiří Kosta

Reformperspektiven im real existierenden Sozialismus

1. „Im 'Realsozialismus' ist alles real, nur nicht der Sozialismus" – dies war ein Ausspruch von Rudi Dutschke anläßlich eines Podiumsgesprächs, das wir vor Jahren gemeinsam in Frankfurt führten. Mißt man diese Aussage an der parteioffiziellen Doktrin in Osteuropa, dann hätte Dutschke unrecht. Heißt es doch in den dortigen Lehrbüchern, eine sozialistische Gesellschaftsordnung sei durch Gemeineigentum an Produktionsmitteln und durch volkswirtschaftliche Planung gekennzeichnet. Im Sozialismus als der „niederen Phase des Kommunismus" gelte – mit Rekurs auf die Kritik des Gothaer Programms von Marx – „noch" das Prinzip der Verteilung gemäß der geleisteten Arbeit. Dieser Lehrbuchweisheit zufolge wird über eine solche politökonomische Definition einer sozialistischen Produktionsweise hinaus „die führende Rolle der (marxistisch-leninistischen) Partei" als konstitutives Merkmal des Sozialismus genannt. All diese definitorischen Postulate seien – so das Räsonnement – im Realsozialismus erfüllt.

Daß eine derartige Charakteristik des sozialistischen Systems auf schwachen Beinen steht, wenn man von der Marxschen Zukunftsvision einer sozialen Emanzipation ausgeht, ist evident. Auch osteuropäische Sozialwissenschaftler haben dieses Dilemma früh artikuliert, wie etwa die Praxis-Gruppe in Jugoslawien, führende Sozialwissenschaftler in Polen, die Protagonisten des Prager Frühlings u.a.m. Die Kritiker der Gesellschaften „real-sozialistischen" Typs stellten heraus, daß das etablierte Staatseigentum und der praktizierte Planzentralismus der von Marx anvisierten Teilhabe der Produzenten an den Entscheidungen diametral zuwiderläuft. Und was für die Produzenten gilt, das trifft – so deren Argument – noch krasser für den Bürger als Konsumenten zu, da selbst die grundlegenden materiellen Bedürfnisse nicht ausreichend befriedigt werden.

Die osteuropäischen Reformer haben ihre Alternativen formuliert: Nach ihrer Auffassung muß Gemeineigentum die Teilhabe der arbeitenden Menschen an den Produktionsentscheidungen beinhalten. Ähnlich müßte das Prinzip der Planmäßigkeit als Einflußnahme der Bürger auf die künftige wirtschaftlich-gesellschaftliche Entwicklung interpretiert werden, wobei indirekte Planung und Lenkung mit Hilfe regulierter Marktmechanismen die Kommandoplanung von oben ersetzen sollte.

Die Neuinterpretation der Kategorien von Gemeineigentum und Volkswirtschaftsplanung stellt zweifellos einen Schritt vorwärts dar, will man die Sozialismuskonzeption an Emanzipationskriterien messen. Berücksichtigen wir jedoch die Erfahrungen „realsozialistischer" Länder auf sozialökonomischem Gebiet, dann wird deutlich, daß ein Festhalten an Gemeineigentum und zentraler Planung – wie immer umdefiniert – den Sozialismusbegriff sowie sozialistische Zielsetzungen in unangemessener Weise einengt. Es stellt sich die Frage, ob wir Sozialismus überhaupt anhand bestimmter Institutionen (Eigentumsordnung) oder Instrumente (Plan/Markt) kennzeichnen bzw. bewerten sollen.

Inwieweit der Sozialismus als Idee verwirklicht ist oder – vielleicht besser – wie nahe man sozialistischen Zielvorstellungen kommt, sollte in erster Linie an sozialistischen Grundwerten gemessen werden. Der von der deutschen Sozialdemokratie erarbeitete Grundwertekatalog mit dem „Trias" von Freiheit, Gleichheit und Solidarität liefert ein adäquates Kriterium, an dem die Realität bewertet werden kann. So gesehen ist freilich dem Satz Dutschkes beizupflichten, wenn er den Begriff des „real existierenden Sozialismus" als irreführend ablehnt.

2. Die Reformbewegungen in den Ländern des „Realsozialismus" sind – dies ergibt sich aus der Systemstruktur – auf zwei Hauptursachen zurückzuführen: erstens auf das totale Versagen des ökonomischen Systems und zweitens auf die unerträgliche politische Entmündigung der Menschen. Zwischen diesen beiden Determinanten, nämlich der ökonomischen Leistungsschwäche und der politischen Unfreiheit, bestehen Wechselwirkungen. So fehlt es angesichts der Situation der Produzenten, die aller Entscheidungen beraubt sind, an Arbeitsmotivationen, ohne die eine funktionsfähige Wirtschaft undenkbar ist. Wenn Versorgungsnöte ein Aufbegehren der Bevölkerung hervorrufen, dann ist schließlich die Stabilität des politischen Systems gefährdet. Die polnische Entwicklung drängt sich als das vielleicht markanteste Beispiel auf. Unter derartigen Bedingungen sind Funktionärapparate bereit, Wirtschaftsreformen zu befürworten. Dies geschieht jedoch meist nur mit dem Ziel, die Effizienz des Wirtschaftssystems zu verbessern, ohne dabei an den Grundpfeilern der politischen Herrschaft zu rütteln. Das daraus resultierende Dilemma besteht darin, daß ein wirtschaftlicher Genesungsprozeß auf Dauer mit Hilfe technokratischer Reformen allein nicht durchgesetzt werden kann. Diese These wird durch die tschechoslowakische Reformentwicklung der 60er Jahre nachdrücklich bestätigt.

Geht man davon aus, daß die etablierten Machthaber, die herrschende Funktionärschicht, eine politische Demokratisierung in umfassendem Sinn nie und nimmer zulassen können, dann scheint das „realsozialistische" System nicht reformierbar zu sein, sein Herrschaftscharakter ändert sich nicht. Eine derartige Einschätzung der Reformperspektiven erweist sich jedoch als unzutreffend, berücksichtigt man die tatsächlichen Entwicklungen im Ostblock, Jugoslawien und China mit eingeschlossen, die in den vergangenen zwei bis drei Jahrzehnten stattgefunden haben. Zur Geschichte eines tatsächlichen Systemwandels, der zugegebenermaßen bislang eine dauerhafte Probe aufs Exempel nicht bestanden hat, seien stichwortartig die folgenden Ereignisse in Erinnerung gerufen: die Abkehr Jugoslawiens vom sowjetischen Modell in den frühen fünfziger Jahren, der Prager Frühling von 1968, das Auf und Ab von Reformvorstößen in Polen von Gomulka (1956) bis zur Solidarnosz (nach 1980), der Weg Ungarns vom „Kadarismus" zu radikalen Demokratisierungsansätzen in der Gegenwart und sicherlich nicht zuletzt die Gorbatschowsche Perestroika in der Sowjetunion.

Wo liegen die Ursachen dafür, daß nicht nur Wirtschaftsreformen, die sich auf technokratische Konzepte beschränkten, sondern auch geistige und vor allem politische Veränderungsprozesse, die emanzipatorische Ziele verfolgten, in die Wege geleitet werden konnten?

In den Gesellschaften sowjetischen Typs waren und sind Lernprozesse im Gang, die zunächst reformkommunistische intellektuelle Eliten ergriffen haben; sozialdemokratische und liberale Wortführer waren meist in frühere Perioden „weggesäubert" worden. Die Erkenntnis der Notwendigkeit, das System radikal zu verändern, ist – teils unter dem Einfluß von intellektuellen Experten und Beratern, teils aus eigenständig verarbeiteten Erfahrungen von Führungspersönlichkeiten an diesen nicht vorbeigegangen. Namen wie Dubček, Pozsgay und Gorbatschow belegen dies eindrucksvoll. Der Ideenwandel kann in seiner Grundtendenz als Entwicklung vom Reformkommunismus zu den Werten des demokratischen Sozialismus (im „westlichen" Sinn) interpretiert werden, auch wenn dies parteioffiziell nicht immer zugestanden wird. Ohne auf die Vorstellungen einzelner Reformer bzw. Reformgruppen, die für die Erarbeitung und Durchsetzung von Reformkonzepten im „Realsozialismus" repräsentativ sind, näher einzugehen, läßt sich doch ein gemeinsamer Grundzug beobachten: Es gilt, die sozialistischen Traditionen – insbesondere soziale Gerechtigkeit und Solidarität – mit freiheitlich-demokratischen Prinzipien – Menschenrechten und individuellen Freiheiten – zu verbinden. Im Hinblick auf die Ausgangslage heißt dies konkret: Die Freiheit eines jeden muß wiederhergestellt und institutionell abgesichert werden, das Machtmonopol der Parteiapparate muß gebrochen werden. In diesem Sinn ist auch zu interpretieren, was als ein Credo der Prager Reformer von 1968 gelten kann, an dessen Formulierungen der Autor dieser Zeilen beteiligt war:

„Der Sozialismus braucht nicht weniger, sondern mehr und realere Freiheiten als jede frühere Gesellschaft: Rede- und Pressefreiheit, Vereinigungs-, Bewegungs- und Reisefreiheit; er verlangt nicht weniger, sondern mehr und realere Rechte des Menschen: Recht auf Heimat, Arbeit, Bildung und Selbstverwirklichung, materielle Versorgung, Fürsorge und soziale Sicherheit, Recht auf persönliches Eigentum und auf demokratische Vertretung, auf Interessenverteidigung und Entscheidungsteilhabe – und zwar für alle Mitglieder der Gesellschaft." (Programmentwurf der KPTsch 1986).[1]

3. Wie sind nun die Chancen von radikal-demokratischen Reformkonzeptionen in den Ländern des „Realsozialismus" zu veranschlagen? Wie sind insbesondere die Erfolgsperspektiven der sowjetischen Perestroika einzuschätzen? Das Schicksal der Reformexperimente, die Gorbatschow eingeleitet hat, ist für die Reformprozesse in den übrigen Blockländern immer noch von erstrangiger Bedeutung, selbst wenn Gorbatschow im Gegensatz zu Breschnew in die Entwicklun-

gen der kleineren Länder nicht mehr eingreifen kann und will. Man darf den indirekten Ausstrahlungseffekt auf die Blockpartner nicht unterschätzen. Dies gilt für beide möglichen Alternativen, für einen erfolgreichen Durchbruch der Perestroika im Gorbatschowschen Sinn, aber auch für eine Entwicklung, die – sei es infolge partieller und inkonsequenter Maßnahmen, sei es als Folge eines Rückfalls in zentralistisch-autoritäre Entscheidungsstrukturen – keine spürbaren materiellen Erfolge zeitigen würde.

Ein energisches und erfolgreiches Vorankommen der Perestroika würde in den beiden kleinen, industriell am meisten entwickelten Ländern, der DDR und der CSSR, denjenigen Kräften Auftrieb verleihen, die zwar Reformen für unbedingt notwendig halten, jedoch bislang auf den Kurs der jeweiligen politischen Führung keinen Einfluß nehmen konnten. Daß es diese vorläufig latent vorhandenen Reformkräfte in Prag und Ost-Berlin gibt, hat das wiederholte Aufbegehren von Oppositionellen, in allererster Linie von jungen Menschen, gezeigt.[2] Es besteht auch mehr als ein Anzeichen für ein zunehmend kritisches Klima unter Künstlern und Wissenschaftlern in beiden Ländern, ganz zu schweigen von der dauernden Unzufriedenheit des einzelnen Bürgers mit der Versorgungslage. All das steigert zweifellos Reformdruck, der über kurz oder lang die Führungen der SED und der KPTsch unter Zugzwang setzen wird. Ein allmählicher Wechsel in der Zusammensetzung der ohnehin überalterten Führungsgeneration dürfte auf diese Weise eingeleitet werden.

Andererseits würde eine zögernde, halbherzige Fortführung des von Gorbatschow initiierten Kurses gegenteilige Auswirkungen auf die beiden kleinen Blockländer haben. Dies gilt insbesondere für ein Ausbleiben des erforderlichen wirtschaftlichen Aufschwungs. Unter derartigen Bedingungen wäre die Position der konservativen Parteispitzen um Honecker und Jakeš gefestigt. Die alten Machthaber würden ihre bisherige Bremsstrategie fortführen und den Prozeß der Ablösung alter Kader zum einen verzögern, zum anderen den aus Altersgründen notwendigen Wechsel in der Gestalt von Berufungen „eigener Leute" abzusichern bemüht sein. Wie lange sich ein derartiger reformfeindlicher Kurs durchhalten ließe, ist schwer abzuschätzen[3].

Was für die DDR und für die Tschechoslowakei gilt, trifft freilich in modifizierter Weise auch für andere Blockpartner zu, auch wenn hier reformfreundlichere Parteiführer das Sagen haben (der Ausnahmsfall von Rumäniens Ceaucescu soll hier nicht thematisiert werden). Ein couragierteres Voranschreiten in Moskau würde die Spitzenstellung der Budapester Reform festigen und deren Reformkurs womöglich noch beschleunigen. Im Falle Polens hat ja ebenso wie in Ungarn das Reformtempo in den letzten Monaten eine atemberaubende Dynamik erfahren.

Die Wechselwirkungen zwischen dem Vorankommen des Reformkurses in der UdSSR und der dabei erzielten Resultate einerseits und den Reformentwicklungen in den übrigen Blockländern andererseits deuten darauf hin, wie folgenschwer das Schicksal der sowjetischen Perestroika für den „Realsozialismus" schlechthin ist. Welche Aussagen können angesichts der bisherigen Erfahrungen über die Zukunft des Gorbatschowschen Kurses gemacht werden?

Mir scheint, daß bei aller gebotenen Vorsicht die Reformperspektiven in der Sowjetunion verläßlicher eingeschätzt werden können, wenn wir zwischen einer kurzen Frist von etwa zwei bis drei Jahren und einer längerfristigen Vorausschau, die sich über Jahre, vielleicht sogar über Jahrzehnte erstrecken wird, unterscheiden. Meine These lautet: In der kurzen Perspektive ist kaum mit einem energischen und konsequenten Vorankommen des Reformkurses in Moskau und insofern auch nicht mit einschlägigen wirtschaftlichen Erfolgen zu rechnen. So unwahrscheinlich mir ein totaler Rückfall in die Verhältnisse, wie sie vor Gorbatschow herrschten, erscheint, für um so wahrscheinlicher halte ich einen Zickzackpfad von Reformfortschritten und Rückschritten – übrigens in ähnlicher Weise, wie wir dies im vergangenen Jahrzehnt in China beobachten konnten. Auf lange Sicht sieht die Reformperspektive jedoch günstig aus. Wie ist diese unterschiedliche Einschätzung der Reformchancen in der kurzen und in der langen Perspektive zu begründen?

4. Der Widerstand derjenigen sozialen Gruppierungen, deren Machtpositionen materielle Privilegien sowie berufliche Kompetenzen (genauer: „Inkompetenzen") im bisherigen System voll zum Tragen kamen, die nunmehr jedoch vieles davon, oft auch alles verlieren würden oder dies zumindest befürchten, wirkt als Bremsklotz des Reformkurses. Dabei geht es nicht nur um große Teile der Bürokratie, wobei hier zwischen einzelnen Apparaten zu unterscheiden wäre. Auch die Arbeiterschaft in ihrer Mehrheit kann (noch?) nicht als eindeutiger Bündnispartner Gorbatschows betrachtet werden. Sie verhält sich meist zögernd, mißtrauisch, abwartend, was nicht verwundern kann. Die bisherigen Erfahrungen, die die Masse der Bevölkerung mit Reformansätzen gemacht hatte – in der alten Terminologie „Vervollkommnungsmaßnahmen" genannt –, waren alles andere als ermutigend; man denke u.a. an die Kossygin-Reformen von 1965 und die Experimente unter Breschnew in den frühen 80er Jahren. Denn gerade nach 1980 begann die Stagnation der wirtschaftlichen Entwicklung, die einen Rückgang der Realeinkommen nach sich zog. Ängste erwecken diesmal zusätzlich die zu erwartenden höheren Leistungsanforderungen und die mit dem anvisierten Produktivitätsanstieg sowie dem damit einhergehenden Strukturwandel erforderliche Mobilität der Arbeitskräfte. Vielleicht werden höher qualifizierte und leistungsbereite Arbeiter und Angestellte – anfangs eher eine Minderheit – zu gewinnen sein, wenn sich Leistung und Kompetenz mehr lohnen wird als bisher. Vieles wird auch davon abhängen, inwieweit die neuen produktionsorientierten Anreize in der Landwirtschaft (Pachtsysteme, Vermarktungschancen etc.) greifen werden und somit eine bessere Versorgung mit Lebensmitteln ermöglicht werden wird. Eine deutlich spürbare Anhebung des Lebensstandards der Sowjetbürger wird jedoch in kurzer Frist kaum erreichbar sein.

Trotz all dieser Probleme, mit denen die Gorbatschowsche Führung zur Zeit konfrontiert ist, glaube ich nicht, daß es eine generelle Abkehr vom eingeschlagenen Reformpfad geben wird. Denn selbst in traditionell konservativen Kreisen der Bevölkerung, etwa unter den Militärs, den Polizeikadern, der technischen Intelligenz sowie ganz allgemein den Bürgern als Konsumenten, ist das

Versagen des alten Systems zumindest auf wirtschaftlich-technischem Gebiet allzu evident. Eine Fortführung, ja eine langfristige Weiterentwicklung des Reformkurses in Richtung eines umfassenden Systemwandels, wie dies in Abschnitt 3 skizziert wurde, ist in der Logik des säkularen Modernisierungsprozesses begründet, der die sowjetische Gesellschaft längst erfaßt hat, der in Ländern wie der DDR und der Tschechoslowakei besonders rapide vonstatten geht und in Ungarn und Polen ebenfalls erheblich weiter fortgeschritten ist als in der Sowjetunion selbst. Der technisch-wirtschaftliche Wandel, der mit neuen Anforderungen an Qualifikation und Information einhergeht, die sich verstärkenden Bestrebungen nach individueller Autonomie und nach einer Erweiterung der Entscheidungskompetenzen eines jeden, die aus der Anhebung des allgemeinen sowie fachlichen Bildungsniveaus resultieren, die neuen ökologischen Herausforderungen, welche die fortschreitende Industrialisierung bewirkt, der Wettbewerb zwischen den beiden real existierenden Systemen, der bislang durch ein bedrohliches Nachhinken des „Realsozialismus" gekennzeichnet ist – all diese Erscheinungen der Modernisierung haben diejenigen Lernprozesse zutage gefördert, von denen bereits die Rede war. Insofern kann und wird es auf lange Sicht keine Alternative zu dem vorerst zaghaften Reformvorstoß geben, zu einem Kurs, der allmählich in einen Systemwandel einmünden dürfte.

Voraussetzung für eine derart skizzierte Reformperspektive des „Realsozialismus" ist allerdings ein friedliches Zusammenleben von Ost und West, von Nord und Süd. Es kann kein Zweifel daran bestehen, daß das Schicksal der Gorbatschowschen Reformbestrebungen nicht zuletzt davon abhängt, inwieweit wir im Westen eine aktive Friedenspolitik betreiben werden.

Anmerkungen

1 Über die Vorbereitung und die Grundzüge eines langfristigen Parteiprogramms (Entwurf für den 14. Parteitag der KPTsch), in: Panzer überrollen den Parteitag. Protokoll und Dokumente des 14. Parteitags der KPTsch am 22. August 1968. Herausgegeben und eingeleitet von Jiri Pelikan, Wien, Frankfurt, Zürich 1969, S. 125 f
2 Dieser Beitrag ist knapp ein Jahr vor dem im September 1989 einsetzenden Massenexodus aus der DDR – der „Abstimmung mit den Füßen" – vorgetragen worden.
3 Während der Verfasser gegenwärtig (Anfang Oktober 1989) seine Aussagen endgültig formulieren muß, können diese zur Zeit der Veröffentlichung möglicherweise obsolet klingen.

Wolfgang Templin

Die Emanzipation der DDR und die hilflose westdeutsche Linke

Noch bis vor kurzem war die Situation in der DDR dadurch gekennzeichnet daß eine machtbewußte SED auf ihre Führungsrolle als Garantin des Sozialismus und der gesellschaftlichen Stabilität pocht. Glasnost und Perestroika wurden im Hinblick auf die DDR für überflüssig erklärt. Die Bevölkerung murrte zwar, hielt aber weiter still, die Ausreise bot ein Ventil. Eine unabhängige Bewegung existierte zwar, war aber größtenteils isoliert und noch weit davon entfernt, sich zu einer kraftvollen politischen Opposition zu entwickeln. All dies ließ für viele Beobachter eher Stagnation und langsame Auszehrung erwarten als einen schnellen Durchbruch zu Öffnung und Reformen. So viel an diesem Bild als Momentaufnahme auch stimmen mochte, so wenig war es in der Lage, gesellschaftliche Tiefenprozesse und unterschwellige Entwicklungen, die um die DDR keinen Bogen machten, zu erfassen. Die spontanen Demonstrationen am Brandenburger Tor im Jahre 1987, falsch und vorschnell als bloße Jugendkrawalle gedeutet, und die zunehmend stärkere Solidarisierung breiter Teile der Bevölkerung mit den Opfern von Repression und Verhaftung bei den Konflikten um die Berliner Zionskirche und die Luxemburg-Liebknecht Demonstration um die Jahreswende 1987/88 wiesen auf einen geradezu explosiven Reformdruck hin. Ähnliches zeigten auch die jüngsten massenhaften Reaktionen auf das Verbot der sowjetischen Zeitschrift „Sputnik". Mit modifizierten Reiseregelungen, die kein Gramm mehr an Rechtssicherheit brachten und die begehrten Westreisen an die politische Loyalität koppelten, versuchte die Führung wenigstens etwas Druck wegzunehmen, blieb dabei aber weit hinter allen Erwartungen und Erfordernissen zurück.

Im Grunde genommen war die gesamte Amtszeit Honeckers seit Beginn der siebziger Jahre ein einziges Wechselbad zwischen vorsichtigen Liberalisierungsschritten und Reformversprechungen und erneuten Wellen harter Repression und Unduldsamkeit. Auf die Chance einer realistischen Öffnungspolitik der SED setzten große Teile der Bevölkerung, die wissenschaftliche und künstlerische Intelligenz, aber auch die unabhängige Bewegung, die sich in den achtziger Jahren zu formieren begann. Unter dem Dach der Kirche entstanden und von einer pazifistischen Mentalität geprägt, übten sich die immer zahlreicheren Friedens- und Ökologiegruppen unentwegt in Appellen und Bittschriften an die Adresse der Herrschenden. Sie wollten keinesfalls politische Opposition sein, wurden aber von Beginn an als solche behandelt, dem Vorwurf der Staatsfeindlichkeit ausgesetzt und mit Berufsverbot, Repression und Abschiebung in den Westen bedacht. Dadurch gelang es zwar nicht, die Existenz und die Arbeit mehrerer Hundert solcher Gruppen zu verhindern, aber sie blieben über lange

Zeit isoliert und vom Normalbürger wie durch eine weitere, unsichtbare Mauer getrennt. Erst als nach einer erneuten Phase der Hoffnung im Umfeld des Honecker-Besuches in der Bundesrepublik im Jahre 1987 und des gemeinsamen Diskussionspapiers von SED und SPD aus demselben Jahr die nächste Repressionswelle hereinbrach, löste diese Mauer sich zunehmend auf.

In den bereits genannten Konflikten wurden aus Anteilnahme und Neugier bei Teilen der Bevölkerung offene Sympathie und Unterstützung. Zu den Mahnwachen und öffentlichen Kirchenveranstaltungen für die Inhaftierten in allen Teilen der DDR strömten bereits Tausende von Menschen. Es gelang zwar nicht, diese Unterstützung über die akute Spannungssituation hinaus in politische Energie zu verwandeln, aber das Handeln der unabhängigen Gruppen und Initiativen gewann mehr und mehr an Zielgerichtetheit. Sie bereiten sich auf einen mühsamen und langen Weg der Emanzipation von unten vor, der das Machtmonopol und den Führungsanspruch der SED auf Dauer viel wirksamer in Frage stellte, als die raffiniertesten Konzepte eines pragmatischen und von oben gesteuerten Umbaus der Strukturen. Machterhalt der Partei durch Absetzung der überalterten Führungsmannschaft und der härtesten Stalinisten, durch neue Gesichter und moderate Töne hieß die Zauberformel der versteckten Reformer im Apparat. Mit wirklicher Demokratisierung hatte dies noch wenig zu tun, aber genau darum ging und geht es der unabhängigen Bewegung und der politisch zunehmend bewußter werdenden Bevölkerung.

Unter den Bedingungen der DDR haben Demokratie und Demokratisierung eine spezifische Bedeutung. Auf der einen Seite fehlt so gut wie jede Erfahrung mit dem Aufbau rechtsstaatlicher Institutionen, mit Gewaltenteilung und politischem Pluralismus, so daß jeder Schritt in diese Richtung ein mühseliger Lernprozeß ist und nicht nur auf seiten der herrschenden Bürokratie Abwehr und Verstörung auslöst. Andererseits sind die jahrzehntelang gehandelten Parolen von Volkssouveränität, führender Rolle der Arbeiterklasse und sozialer Gerechtigkeit nicht spurlos an den Bürgern der DDR vorbei gegangen, obwohl sie stets nur die Perversion davon erlebt haben. Um so unbändiger ist jetzt der Drang, sie wörtlich zu nehmen. Im Prozeß einer inneren Öffnung der DDR wird das Verlangen nach Formen der unmittelbaren Beteiligung an politischen und wirtschaftlichen Entscheidungen, nach produktiver Dezentralisierung und Selbstverwaltung in Kommunen, Betrieben und Institutionen, ungeheuer zunehmen. Demokratische Partizipation als entscheidende Produktivkraft wird alles andere als ein nur Schlagwort sein. Nur unter diesen Voraussetzungen ist der bereits jetzt spürbare Nachdruck zu verstehen, mit dem sich unabhängig Engagierte in der DDR dagegen wehren, den Ausweg aus der politischen und ökonomischen Misere des Landes in der Übernahme bürgerlich-kapitalistischer Gesellschaftsmodelle oder gar der Angliederung an die Bundesrepublik zu sehen. So sehr der reale Stand politischer Freiheitsrechte und wirtschaftlicher Prosperität in einigen westlichen Ländern auch beeindruckt, so deutlich werden jedoch auch die sozialen Defizite und der globale Preis, der mit dieser Art Entwicklung verbunden ist, gesehen. Linke Patentrezepte und kommunistische Endzeitkonstruktionen haben sich auch in der DDR blamiert, geblieben ist jedoch die Hoffnung auf eine offene demokratisch-sozialistische Alternative zu Poststalinismus und Spätkapitalismus.

Wenn man die Vielzahl von Gruppen und Initiativen in der DDR zusammenfassend als unabhängige Bewegung beschreiben will, so kann man feststellen, daß sie viel mehr mit der Mentalität und dem Politikverständnis der neuen sozialen Bewegungen und der Alternativszene in West- und Osteuropa gemeinsam haben als mit der Disziplin und der Fixiertheit auf Organisationen, wie sie bei der traditionellen leninistischen oder sozialdemokratischen Linken anzutreffen sind. Auch hier ist es schwer, einfach zu verallgemeinern, aber es drängt sich die Frage auf, warum ein Großteil der bundesdeutschen Linken, von Teilen der Grünen und der neuen Bewegungen abgesehen, die DDR-Opposition nie als potentiellen Partner und die Möglichkeit demokratischer Umwälzungen in der DDR nie als Chance und produktive Herausforderung begriffen haben.

Wenn es um die Auseinandersetzung mit der gegenwärtigen Entwicklung in der DDR und ihren Zukunftsaussichten geht, scheint in der Bundesrepublik die politische Rechte das Feld zu beherrschen. Zwischen Wiedervereinigungsrhetorik und knallhartem, aber diskretem Interessenschacher mit der SED-Führung werden dort alle Register gezogen. Konsens besteht bei den Rechten in der Betonung der Anziehungskraft des Gesellschaftsmodells der Bundesrepublik auf die DDR-Bevölkerung und in der Behauptung, daß mit dem Scheitern des Realsozialismus, wie er von Ulbricht und Honecker repräsentiert wurde, der Sozialismus überhaupt diskreditiert sei. Während moderate Rechte auf die Selbstauflösung und stille Transformation des gegenwärtigen Systems in Richtung kapitalistischer Marktwirtschaft setzen oder eine separate DDR als abhängiges Schwellenland vorziehen, ist für andere der Traum eines potenten wiedervereinigten kapitalistischen Gesamtdeutschlands fast schon wieder Realität.

Was bei der Rechten Euphorie und ebenso arrogante wie gefährliche Spekulationen auslöst, ruft im linken Lager tiefe Verunsicherung und Frustration hervor. Einig scheint man sich aber in Einem zu sein: Man traut der DDR so oder so keine eigene Entwicklung zu oder schätzt die Risiken eines unkontrollierten Demokratisierungsprozesses für die europäische Stabilität als viel zu hoch ein. Wider Willen und entgegen eigenem politischen Anspruch könnte damit die westdeutsche Linke zum Verteidiger eines unerträglichen politischen Status quo in der DDR werden, der die Stabilität viel nachhaltiger gefährdete als jede wirkliche Reformbewegung.

Für breite Teile der autonomen sozialistischen und kommunistischen Linken in der Bundesrepublik hat die Beziehung zur DDR fast traumatische Züge. Fest verbunden mit dem Mythos vom antifaschistischen-demokratischen Neubeginn im anderen Teil Deutschlands und in hilfloser Frontstellung zur kapitalistischen Restauration im eigenen Land, blieb zumindest die Vorstellung von einer Art halbem oder deformiertem Sozialismus in der DDR erhalten, unabhängig davon, was immer sich dort sozialökonomisch oder politisch entwickelte. Oppositionelle Regungen in der DDR wurden an ihrer sozialistischen Begrifflichkeit gemessen, und eine emanzipatorische Praxis, die sich nicht in diese Begrifflichkeit fügte, wurde ignoriert oder bei Forderungen nach politischen Freiheitsrechten und Demokratie als „bürgerlich" denunziert. Selbst wenn man mit den autoritären und repressiven Zügen der SED nicht oder nicht mehr sympathisierte, so machte doch die eigene Bindung an das Konzept einer Vorhut und einer Führungspartei blind für die allgemein anzutreffende Unterdrückung, für Ungerechtigkeit und Entrechtung in allen Bereichen der DDR-Gesellschaft. Mit der einfachen Formel von politischen Defiziten, die aus der Konfrontations- und Umklammerungssituation gegenüber der Bundesrepublik entstanden seien, denen aber soziale Sicherheit und wirtschaftliches Volkseigentum an den wichtigsten Produktionsmitteln als positives Element gegenüberstünden, verbaute man sich den Zugang zur tatsächlichen Realität.

Anders verhielt es sich bei der Sozialdemokratie und ihrer Politik gegenüber der DDR. In der Einschätzung der Verhältnisse illusionslos und auf deutliche Abgrenzung bedacht, pflegten führende Sozialdemokraten den Kontakt zu SED-Funktionären auf der Grundlage ihres pragmatisch-etatistischen Politikverständnisses. Ihr gegenüber dem Potential demokratischer Volksbewegungen in nahezu allen Ländern des Ostens bewiesenes Verständnis erleichterte den rechten Kräften des Westens dort regelmäßig die Einflußnahme. Zum Teil hängt dies damit zusammen, daß breite Kreise der Sozialdemokratie davon überzeugt sind, der Dynamik spätkapitalistischer Integrations- und Regulierungsprozesse kein eigenes Projekt entgegensetzen zu können, zum Teil aber auch mit ihrer eigenen organisatorischen und strukturellen Verkrustung. Die von ihren gröbsten stalinistischen Schlacken befreiten Ideologien und Bürokraten aus den östlichen Parteien waren als Dialogpartner für sozialdemokratische Funktionärskader oft auch einfach bequemer und entsprachen dem eigenen politischen Stil unter Umständen viel mehr als die Oppositionsbewegung mit ihrem ungeordnet basisdemokratischen Emanzipationsbegehren.

Die weitere politische Entwicklung der DDR ist mit vielen Unsicherheiten und Unwägbarkeiten belastet, einiges läßt sich aber mit ziemlicher Sicherheit sagen: Es gelingt der SED nicht mehr, den jetzigen Kurs von Reformverweigerung und politischer Starrheit ungebrochen durchzuhalten. Auch ohne die massive Intervention der Sowjetunion ist der Druck innerhalb der DDR-Gesellschaft bereits so groß, daß für den Fall offener Konflikte nur die brutale militärische Unterdrückung bliebe, vor deren Konsequenzen selbst harte Stalinisten zurückschrecken, oder aber Reformen eingeleitet werden müssen, wozu erste Schritte getan worden sind. Für den letzteren Fall wird es das Bestreben großer Teile des Apparats sein, so wenig wie möglich zu verändern und den gesellschaftlichen Protest in den alten Strukturen zu kanalisieren. Forderungen nach politischem Pluralismus und freien Wahlen, nach einer konsequenten Demokratisierung werden dann die weitere Auseinandersetzung bestimmen. Wenn es gelingt, die DDR mit ihrer immer noch leidlichen ökonomischen Stabilität politisch konsequent zu demokratisieren, hätte sie die im gesamten sozialistischen Lager bisher einmalige Chance, nicht erst am Rand des ökonomischen Kollapses in die Erneuerung hineinzutaumeln, die dann keine mehr sein könnte. Zum ersten Mal in der deutschen Geschichte wäre die Demokratie nicht von oben verordnet oder in kabinettspolitischen Manövern erhandelt, sondern politisch erkämpft worden. In diesem Prozeß würde über die bisherige Haltung von Trotz und Verklemmtheit gegenüber den Vereinnahmungsbemühungen der Bundesrepublik hinaus eine neue positive Identität in der DDR-Bevölkerung wachsen. Bei aller Ablehnung von Mauer und Teilung könnte es einen breiten Konsens darüber geben, Selbstbestimmung und Souveränität zunächst auf die eigene Gesellschaft zu beziehen und am Aufbau demokratischer Strukturen und Institutionen auf eigenen Grundlagen zu arbeiten.

Sollte eine solche Entwicklung eintreten, stünde die westdeutsche Linke und die demokratische Öffentlichkeit der Bundesrepublik vor ihrer bisher größten Herausforderung. Angesichts der forcierten Politik einer konservativen Wende, der sozialen Probleme im eigenen Land und zunehmender rechtsextremer Tendenzen müßte sie gleich über mehrere Schatten springen. Zum einen wäre die ewige Tendenz zur Rückversicherung und Vorabgarantie gewünschter Entwicklungen zu überwinden. Der demokratische Prozeß in der DDR wird sich nicht in das Muster berechenbarer und gesteuerter Reformschritte hineinzwängen lassen oder gar unter der Hegemonie einer reformierten SED verbleiben. Mit der erzwungenen oder selbst vorgenommenen Auflösung dieser Partei als eines monolithischen Blocks und politischen Zentrums ist das sozialistische Projekt für die DDR aber nicht am Ende, sondern kann demokratisch-sozialistisch eigentlich erst beginnen. Neben politischen Kräften und Bestrebungen, die für ein solches Projekt stehen, werden sich zahlreiche andere Tendenzen legitim artikulieren und eigene politische Optionen durchzusetzen suchen. Wenn die Risiken einer solchen Entwicklung und selbst die Gefahr ihres Scheiterns wieder dazu verführen, Demokratie einschränken zu wollen oder sich auf die SED als den verläßlicheren Partner zu stützen, steuert die DDR mit um so größerer Sicherheit politischen Explosionen oder dem sozialökonomischen Zusammenbruch entgegen. Als Konkursmasse stünde sie dann zur freien Disposition diverser politischer Kräfte des Westens.

Noch entscheidender für die politischen Chancen der Linken im Westen selbst ist ein anderes Moment. Einzelne Seiten des demokratischen Erneuerungsprojekts für die DDR werden sich nicht mechanisch aufteilen und beliebig zeitlich staffeln lassen. Noch vor der grundlegenden Umgestaltung der politischen Institutionen der DDR-Gesellschaft, die ja nur als längerdauernder gesellschaftlicher Prozeß möglich ist, muß die Frage der Normalisierung der Beziehungen zur Bundesrepublik und der schrittweisen Öffnung der Grenzen angegangen werden. Dringend notwendig ist technologische und wirtschaftliche Hilfe für alle Phasen von Öffnung und Reform. Mit einer unter Reformdruck stehenden, vielleicht schon personell veränderten, aber immer noch nicht demokratisch legitimierten DDR-Regierung bleibt die Gefahr der verdeckten und undemokratischen Einflußnahme bundesdeutscher Kreise auf diesen Prozeß. Wenn es den demokratischen und sozialistischen Kräften in der Bundesrepublik, gleichgültig ob die Bundesregierung unter christdemokratischer oder sozialdemokratischer Führung steht, dann nicht gelingt, ihre gesamte politische Kraft zu mobilisieren, um in diesen Kontakten und Verhandlungen auf möglichst faire Hilfe zur Selbsthilfe zu dringen, eine öffentliche Kontrolle über die

Abmachungen zu organisieren und Vereinnahmungsbestrebungen zurückzudrängen, dann werden die Chancen einer eigenständigen Entwicklung für die DDR rapide abnehmen.

Keine vertraglich-formelle Bestandsgarantie oder gar der förmliche Verzicht auf die Wiedervereinigung kann diese solidarische Hilfe ersetzen, zu der nur die politische Linke im eigenen Interesse fähig ist. Mit dem Gelingen eines sozialistischen oder auch nur demokratischen Reformprojekts in der DDR wird auch die „Deutsche Frage" in einem ganz anderen Sinne geöffnet, als es der gegenwärtige Zeitgeist zu denken erlaubt. Vielleicht wird dann das Schicksal des Sozialismus in Europa doch noch in Deutschland entschieden.

IV. Ein gemeinsames europäisches Haus?

Peter Bender

Europa und die „deutsche Frage" –
Perspektiven der Entspannungspolitik

Deutschland war seit Jahrhunderten ein Problem für Europa: Es ist zu klein, um den Kontinent zu beherrschen, und zu groß, um sich ihm als Gleicher unter Gleichen einzufügen. Ist es möglich, Deutschland und Europa miteinander in Einklang zu bringen?

Die Sieger des Zweiten Weltkrieges haben sich des Problems auf ihre Weise angenommen. Sie zerstritten sich und machten dann aus ihren Besatzungszonen Staaten, das deutsche Potential wurde geteilt und damit für Europa erträglich. Diese Regelung der deutschen Frage war nicht beabsichtigt, sie ergab sich; aber sie hat Bestand. Alle, außer einem Teil der Deutschen, haben sich daran gewöhnt, aber eine Lösung ist das nicht. Eine Lösung des Konflikts zwischen Europa und Deutschland muß von den Deutschen getragen werden. Einiges wurde dafür getan, aber nicht genug. Beide deutschen Regierungen haben Europa lange Zeit verfehlt, allerdings auf unterschiedliche Weise. Für Bonn gab es nur Westeuropa und Wiedervereinigung, für Ost-Berlin nur sozialistische Gemeinschaft und Wiedervereinigung. Beide behinderten bis zum Ende der sechziger Jahre ihre Verbündeten, wenn sie sich um Überwindung der Ost-West-Gegensätze, um Entspannung bemühten. Die eine Seite wollte partout die andere nicht anerkennen, und die andere wollte partout anerkannt werden. Die eine Regierung befürchtete, Entspannung gewöhne die Welt an die deutsche Teilung; die andere befürchtete, Entspannung diene dem Gegner zur „Aufweichung", zur Unterminierung der DDR.

Für die Bundesrepublik schuf erst die große Koalition mit dem Kanzler Kiesinger und dem Außenminister Brandt einen Wandel. Sie erklärte, Deutschland könne nur wieder zusammenwachsen, wenn Europa zusammenwachse. Der Widerspruch zwischen nationaler Einheit und europäischer Annäherung war damit aufgehoben; zugleich verschwand die fast geheiligte Vorstellung von einer Wiedervereinigung, die durch Vier-Mächte-Beschluß verfügt und verwirklicht würde. Eine isolierte Lösung der Deutschlandfrage gibt es nicht – das ist seitdem die feste Überzeugung aller Einsichtigen in allen politischen Lagern der Bundesrepublik. Aber die sozialliberale Koalition setzte die Einsichten in Politik um. Sie bestätigte mit den Ostverträgen die politische Landkarte Europas und auch die Zweistaatlichkeit Deutschlands, doch sie beharrte auf dem Selbstbestimmungsrecht der Deutschen. Der Bundeskanzler Brandt brachte das westliche Deutschland und das östliche Europa in ein normales Verhältnis, die Bundesrepublik wandelte sich vom „Störenfried" zum Vorkämpfer der europäischen Entspannung. Das Hindernis war beseitigt, und die Folgen stellten sich sogleich ein. Die KSZE wurde möglich, die erste wahrhaft europäische Einrichtung. Der Gegensatz zwischen Ost und West milderte sich in Europa zum Unterschied. Beide Teile des Kontinents rückten einander so nahe, daß auch die Russen und Amerikaner sie mit ihrer neuen Feindschaft nach der Afghanistan-Invasion nicht mehr auseinander brachten. All das hat Brandt ermöglicht. Er befreite Europa soweit von der deutschen Frage, wie es die Umstände damals erlaubten.

Die DDR fand den Weg nach Europa erst, nachdem sie als Staat anerkannt und damit im Westteil des Kontinents manövrierfähig geworden war. In das Arrangement am Anfang der siebziger Jahre mußte sie noch halb hineingezwungen werden, Ulbricht leistete so starken Widerstand, daß er zum Rücktritt genötigt wurde. Nach einer gewissen Zeit der „Abgrenzung" und Eingewöhnung strebte Honecker danach, der DDR einen gebührenden Platz in der Staatengesellschaft der Alten Welt zu verschaffen. Die DDR soll nicht nur ein sozialistischer, sondern auch ein europäischer Staat sein; nicht allein als Teil des Ostens, sondern als Teil des Ganzen soll sie in Europa Ansehen gewinnen. In den achtziger Jahren, erstmals vor dem Besuch des französischen Premierministers Fabius, empfahl der Generalsekretär der deutschen Kommunisten seinen Staat nicht mehr ideologisch, sondern europäisch: Die DDR garantiere schon durch ihre Existenz die Zweistaatlichkeit Deutschlands und sichere damit die Grundlage für Entspannung und Zusammenarbeit in Europa.[1]

In der Bundesrepublik hat die Europäisierung des politischen Denkens seit den Ostverträgen beachtliche Fortschritte gemacht. Eine Westbefangenheit ist jedoch geblieben. Für die meisten Bundesbürger, auch für Politiker, teilt sich der Kontinent auch heute noch in „Europa" und „Osteuropa", dem ersten gilt die „Europa-Politik", dem zweiten die „Ostpolitik". Immerhin bedeutet „Europa" jetzt nicht mehr in jedem Fall nur Westeuropa, sondern zuweilen ist „Europa" schon Europa. In der Berichterstattung konkurriert auch zuweilen die KSZE schon mit der EG.

Die nachhaltigste Erweiterung des Blickfeldes ist aber wohl der Raketendebatte Anfang der achtziger Jahre zu verdanken. Die Reichweite der SS 20 und Pershing erhöhte auch die Reichweite der politischen Vorstellungen. Allein der Begriff „eurostrategisch" gab einen Hinweis: Was strategisch eine Einheit ist, muß auch politisch eine Einheit sein. Die Frage nach dem Frieden, zunächst nur militärisch gestellt, mündete in die Frage nach Europa.

Die Rüstungen und Nachrüstungen führten zum Gegenteil dessen, was ihre Verfechter im Auge hatten; sie festigten weder die NATO noch den Warschauer Vertrag, sie schärften vielmehr in den kleinen und mittleren Staaten Europas das Gefühl für ihre prekäre Lage zwischen zwei Atomgroßmächten. Nicht die Furcht vor der Bedrohung durch die Gegenseite wuchs, sondern das Bewußtsein gemeinsamer Bedrohtheit.

Ähnlich, obwohl auf einen kleinen Kreis beschränkt, wirkt auch die Diskussion über „Mitteleuropa". Was immer man davon hält – die Renaissance dieses Begriffs erweist sich als hilfreich, zumindest deshalb, weil er die verdorbene Kulturgeographie wieder in Ordnung bringt. Die Universitäten von Prag und Krakau sind viele Jahrhunderte älter als die Universitäten in Berlin, Hamburg und München. „Mitteleuropa" erinnert, daß Länder, die man bisher zum Osten rechnete, zur Mitte gehören; was fern lag, rückt damit nah.

Aber auch das Ferne wurde vertrauter. Die Ausstrahlung Gorbatschows läßt sich kaum überschätzen, die wachsende Zahl der Warner vor Illusionen beweist es. Die Feindbilder wackeln auf beiden Seiten, auch hier liefern die Skeptiker die beste Bestätigung. Der Kreml erscheint nicht mehr als die Hochburg bolschewistischer Weltrevolutionspläne, der Kreml wird besichtigt, Touristenströme überfluten Moskau, sie kommen aus dem ganzen Westen, auch aus Amerika. Wer auf sich hält und mit der Zeit geht, präsentiert seinem Publikum oder auch privaten Gästen heute einen Russen. Und schließlich, was vor zwanzig oder auch zehn Jahren unvorstellbar war: Der Generalsekretär der sowjetischen Kommunisten erhält in Westeuropa mehr Vertrauenspunkte als der Präsident der Vereinigten Staaten.

Als Zeichen veränderter Zeit erscheinen auch die Reden, die Staatspräsident Mitterand und Bundeskanzler Kohl hielten, als ihnen in Aachen der Karlspreis verliehen wurde. Mitterand wie Kohl sind nach Herkunft und Mentalität Westeuropäer, und der Karlspreis repräsentiert die karolingische Beschränkung auf den Westteil des Kontinents, aber beide Preisträger beteuerten, Europa höre nicht an der Elbe auf. Zehn Jahre früher hätten sie das kaum für nötig gehalten.

Der Konflikt, der zu Adenauers Zeiten die Bundesrepublik spaltete, ist jedoch nicht überwunden. Damals hieß die Frage „Westintegration oder Wiedervereinigung?", jetzt heißt sie „Westeuropa oder Europa?" Heute sind die Gegensätze nicht mehr so scharf, weil beide Richtungen beides im Auge haben, den Westen und den Osten. Heute geht es um die Verteilung der Gewichte, aber dabei bestehen nach wie vor Unterschiede, die wesentlich sind. Die einen geben dem Westen, was er verlangt, und lassen dem Osten, was übrig bleibt; die anderen geben dem Westen soviel wie nötig und dem Osten soviel wie möglich. Die einen sehen von West nach Ost, die anderen sehen von der Mitte nach beiden Seiten; dabei werden die Blickpunkte zu Standpunkten. Den einen ist die Bundesrepublik ein Mitglied der westeuropäisch-atlantischen Welt, das sich zum östlichen Europa nicht weiter öffnet als zum Süden, Westen und zum Pazifik; den anderen ist sie ein Land in der Mitte, dem beide Teile Europas beinahe gleich wichtig sind.

Die Europäisierung der DDR geht langsamer vor sich. Honeckers vernünftige Außenpolitik wurde propagiert, aber nicht erklärt; sie schrumpfte in der Berichterstattung auf protokollarische Erfolge des Generalsekretärs und wurde von der Mehrzahl der DDR-Bürger weit weniger beachtet, als sie es verdiente. Auch folgte der Öffnung nach außen keine entsprechende Öffnung nach innen, und darauf kommt es für ein von Alltag und Obrigkeit geplagtes Volk vor allem an. Europa ist sogar Ende der achtziger Jahre noch kein Thema in der DDR, es wird nicht unterdrückt, aber am Rande gehalten. Nur die Planer in Partei und Regierung, einige Leute in den Kirchen und den Friedensgruppen denken darüber nach, manchmal mit überraschendem Ergebnis. Anfang 1983 verfaßten evangelische Christen eine Denkschrift, die in die Empfehlung mündete: Bundesrepublik und DDR sollten ihre Rüstungen reduzieren und die Hälfte der freiwerdenden Gelder benutzen, um Polen aus seiner Krise zu helfen. Abrüstung, so lautet die Begründung, setze Stabilität beider Seiten voraus, Krisenbewältigung liege daher im Interesse beider Seiten. Realisierbar war der Vorschlag nicht, die Autoren liefen der Zeit zu weit voraus, doch er verdient, als Beispiel europäischen Denkens in der DDR festgehalten zu werden. Exemplarisch ist die Denkschrift noch aus einem anderen Grund. Sie zeigt, daß die DDR – ebenso wie die Bundesrepublik – über die Frage nach Frieden den Zugang zur Frage nach Europa fand. Das gilt, soweit von außen erkennbar, zu einem Teil sogar für die Führung, die erst spät die heillose strategische Lage erkannte, in der sich die DDR – wiederum wie die Bundesrepublik – als Hauptstationierungsgebiet an der Bündnisgrenze befindet. Sicherlich kam noch Taktik hinzu: Auf der Schiene Frieden und Abrüstung konnte die DDR weiter und öfter nach Westen fahren, als es die Bündnisdisziplin vor Gorbatschow sonst erlaubt hätte. Honecker warnte immer wieder vor einem „Euroshima", doch ins allgemeine Bewußtsein drangen wohl vor allem die beiden letzten Silben, die Erinnerung an die atomare Katastrophe, nicht aber das „Euro", die europäische Dimension. Die DDR, Führung wie Bevölkerung, empfindet sich noch immer als deutsch und sozialistisch und noch kaum als europäisch. Jeder Pole träumt von Paris und möchte einmal im Leben nach Italien, die Deutschen zwischen Elbe und Oder sind zunächst froh, wenn sie nach München und Hamburg oder wenigstens nach West-Berlin kommen.

Doch so offenkundig die Mängel sind, beiderseits der Elbe sind Bilanz und Tendenz ermutigend. In Bonn wie in Ost-Berlin gibt es ein Bewußtsein deutscher Verantwortung für Europa; es ist noch eine zarte Pflanze, aber sie wächst. Früher empfanden sich beide deutschen Staaten als Frontstaaten: Da sie an der Grenzlinie liegen, fühlten sie sich zu besonderer Wachsamkeit und Entschlossenheit gegenüber dem Feind verpflichtet; heute ziehen sie aus der Grenzlage den umgekehrten Schluß und fühlen sich zu besonderer Vorsicht im Umgang mit der Gegenseite verpflichtet. Früher erschien es als das sicherste, kräftig zu rüsten, jetzt erscheint es sicherer, gründlich, wenn auch nicht unbegrenzt, abzurüsten. Dieser Meinungswandel stößt, hier wie dort, noch auf Widerstand, doch er verstärkt sich. Schon Helmut Schmidt und Erich Honecker bestätigten sich gegenseitig in dem Grundsatz, von deutschem Boden dürfe kein Krieg mehr ausgehen; jetzt heißt es sogar, von deutschem Boden müsse Frieden ausgehen – das ist etwas mehr. In diesen Zusammenhang gehört, was SPD und SED miteinander probieren. „Chemiewaffenfreie Zone", „Atomwaffenfreier Korridor" – man kann sogar aus strategischen Gründen dagegen sein und doch den politischen Fortschritt bemerken: Deutsche beider Seiten treffen im Modell militärische Vereinbarungen, die für ganz Europa Bedeutung hätten, wenn sie Staatsverträge würden. Noch vor zehn Jahren wäre das nicht einmal denkbar gewesen, ebensowenig wie die gemeinsame SPD/SED-Erklärung über den Streit der Ideologien. Auch daran kann, wer will, vieles aussetzen und muß doch beachten: Diese Erklärung wurde von den zwei Parteien beschlossen, aber nicht nur für sie allein. Auch hier wurde die Form für den Umgang mit einem Problem gesucht, das für den ganzen Osten und den ganzen Westen besteht: Wie geht man trotz prinzipieller Differenzen friedlich und vernünftig miteinander um? Es waren die ideologisch am tiefsten verfeindeten Parteien, die Verhaltensregeln für die ideologische Koexistenz aufstellten, die in Europa längst eingekehrt ist, obwohl keiner es zugeben will.

Die Deutschen befinden sich heute in leidlicher Harmonie mit Europa. Sie stören nicht mehr und knüpfen am Netz der Ost/West-Beziehungen und -Verbindungen oft noch fleißiger als andere. Für den Augenblick genügt das, aber genügt es auch für die Zukunft? Das gesamte östliche Europa, bei Gorbatschow angefangen, fürchtet den westeuropäischen Binnenmarkt. Beruhigende Erklärungen, auch nach 1992 werde der Zaun um die EG nicht höher werden, überzeugen wenig und helfen gar nichts. Integrationsprozesse folgen, wenn sie in Gang gebracht sind, ihren eigenen Gesetzen; die Konzentration nach innen führt unvermeidlich zu verstärkter Abschließung nach außen, es sei denn, es wird politisch dagegengehalten. Doch wer will das in Brüssel? Die Rangordnung der Wichtigkeiten dort beginnt mit den westlichen Industriestaaten, von den USA über Japan bis zu den vier „kleinen Tigern"; sie setzt sich fort mit ausgesuchten Ländern der Dritten Welt, meist ehemaligen Kolonialgebieten; und erst dann folgt der Ostteil des eigenen Kontinents. Die Bundesrepublik ist das einzige Mitglied der Gemeinschaft, dessen Interessen diese Rangordnung widerspricht. Das westliche Berlin, die DDR und die traditionellen Beziehungen zu Russen, Polen, Tschechen und Ungarn binden sie wie kein anderes Land Westeuropas an den Osten. Wenn Bonn nicht eine Öffnung des Binnenmarkts zum anderen Europa durchsetzt, wird niemand es tun. Heinrich Machowski vom Deutschen Institut für Wirtschaftsforschung in Berlin empfiehlt eine Freihandelszone für den RGW und die EFTA.[2] Wenn nicht die Bundesrepublik diese oder ähnliche Regelungen in Brüssel zur Bedingung erhebt, wird der viel zitierte Graben zwischen beiden Teilen des Kontinents sich vertiefen. Bonn hat seine Probe auf europäische Konsequenz noch vor sich.

Das gilt aber auch für die DDR. Bis zu Honeckers Rücktritt gehörte sie zu den Bremsern des Fortschritts im Osten, nur Rumäniens Ceausescu und die Konservativen in Prag standen ihr noch zur Seite – keinesfalls eine Gesellschaft, in der die Bürger der DDR ihren Staat sehen möchten. Die SED hat innerhalb ihres Lagers Gewicht; solange sie sich der Perestroika entzieht, behindert sie deren Erfolg und schwächt, was sie selbst wünscht, die Ost-West-Zusammenarbeit in Europa. Denn wirklich kooperationsfähig sind nur Staaten, die sich dem Partner öffnen – wieweit die DDR das schafft, muß die Zukunft zeigen.

Bundesrepublik und DDR sind darauf angewiesen, daß Europa nicht weiter auseinanderfällt, sondern wieder zusammenwächst. Dafür die Voraussetzungen zu schaffen, gebietet deutsches Interesse. Die mehr als zwei Jahrzehnte alte Bonner Allparteien-Einsicht gilt noch heute, und zwar für beide deutsche Staaten: Zwischen Oder und Rhein wird es nur besser, wenn es zwischen Ural und Atlantik besser wird. Inzwischen ist das zwar zur Binsenweisheit geworden: Keine westdeutsche Politiker-Rede, in der nicht vom europäischen Rahmen der Deutschlandpolitik gesprochen wird. Aber die Proportionen stimmen meist nicht: die Deutschlandpolitik ist vielfach die Hauptsache und der europäische Rahmen nur das Zubehör. Umgekehrt wäre es richtig. Was für Europa gut ist, ist – direkt oder wenigstens indirekt – auch gut für die Deutschen. Europa bildet auch den einzigen gemeinsamen Nenner, auf den sich die deutschen Teile bringen lassen, Bundesrepublik, DDR und die Insel West-Berlin. Wenn man von praktischen Vereinbarungen absieht, die sich schon aus der Geographie ergeben, dann gelingt das meiste besser, und vieles wird erst möglich, wenn man es nicht deutsch, sondern europäisch organisiert.

Die Vergangenheit ist immer noch gegenwärtig. Die Deutschen, vor allem die westlichen, haben viel Vertrauen erworben; mehr als die Hälfte aller Franzosen hält die Westdeutschen für die besten Freunde Frankreichs. *Der* Deutsche, ganz gleich ob aus West oder Ost, ist nirgendwo mehr ein Problem, aber *die* Deutschen machen den Nachbarn und auch den Großmächten nach wie vor Gedanken. Die Erinnerung an Preußen, Kaiser und Hitler verbindet sich mit der gewachsenen Kraft beider deutscher Staaten. Früher bereiteten sie Sorge, weil sie sich nicht verstanden und stritten, heute tun sie es, weil sie sich zu gut zu verstehen scheinen. Nicht mehr die Konfrontation, sondern eine Konspiration der Deutschen beunruhigt, nicht nur gegenwärtig, sondern noch mehr im Blick auf die Zukunft.

Die Problematik ist immer noch die gleiche wie vor zwanzig und dreißig Jahren: Droht die deutsche Einheit? Muß der Kontinent die geballte Macht von achtundsiebzig Millionen Deutschen verarbeiten? Bringen die Germanen nochmals Europa aus dem Gleichgewicht? Die meisten Europäer und wohl auch Nordamerikaner können sich nicht vorstellen, daß die deutsche Einheit nicht das letzte Ziel der Deutschen sei. Sie haben damit zugleich recht und unrecht. Falsch ist die Vermutung, in Bonn und Ost-Berlin werde heimlich, aber zielstrebig auf eine Vereinigung hingearbeitet, das war nie der Fall und ist es heute schon gar nicht. Begründet aber scheint die Annahme, daß die deutsche Einsicht nur eine Einsicht in die Notwendigkeit ist. Über Jahrzehnte hat man gelernt: Es geht nicht; und da uns die Sache so wichtig nun auch nicht ist, begnügen wir uns mit dem Möglichen. Was aber, wenn es nun doch geht oder zu gehen scheint? Wenn der Zwang der Verhältnisse aufhört, weil die Verhältnisse sich ändern? Wenn die Karten neu gemischt werden?

Wenn westdeutsche Politiker bei jeder, auch unpassenden Gelegenheit beschwören, die deutsche Frage sei und bleibe „offen", so ist das zu achtzig Prozent Innenpolitik; doch bei manchen liegt darin noch ein Rest an ehrlichem Vorbehalt: Man kann nie wissen, wie sich die Welt entwickelt; wir haben in diesem Jahrhundert mehrfach erlebt, daß ganz schnell eine ganz neue Situation entsteht. Als Honecker 1981 von einer Zeit sprach, da die „Werktätigen der Bundesrepublik" an die „sozialistische Umgestaltung" gingen, fuhr er fort, denn allerdings stehe die Frage nach der Vereinigung beider Staaten anders.[3] Auch Honecker sah, daß die Werktätigen der Bundesrepublik alles Mögliche im Sinn haben, aber nicht einen SED-Sozialismus; doch auch er wollte nicht ganz ausschließen, daß sich das Unvorstellbare einmal ereignet.

Für beide Deutschlands gilt wohl: Selbst wenn der Gedanke an ihre Vereinigung ganz erstorben wäre, kann er wieder aufleben, sobald sich die Gelegenheit ergibt, und vielleicht sogar stark werden. Das muß nicht so sein, aber es ist möglich. Die Konsequenz für die Nachbarn ergibt sich von selbst: Wir müssen dafür sorgen, daß die Deutschen keine Gelegenheit bekommen. Selbst wenn sie jetzt „vernünftig" sind, garantiert niemand, daß sie es bei veränderten Umständen noch bleiben. Auch wenn es gute Gegengründe gibt, für die anderen hält die Ungewißheit mit den Deutschen an. Bundesrepublik wie DDR müssen mit den Vorbehalten der anderen leben, vor allem aber mit den Machtverhältnissen. Auch hier ist seit fast vierzig Jahren das Problem das gleiche geblieben. Wie immer man sich eine Vereinigung Deutschlands vorstellt, als Anschluß der DDR an die Bundesrepublik oder als Neutralisierung ganz Deutschlands – im ersten Falle verliert der Osten, im zweiten der Westen, und nichts spricht dafür, daß eine Seite sich darauf einläßt.

Daraus ergeben sich Folgerungen für die Zukunft Europas. Die gängigen Metaphern „Europäische Friedensordnung" oder „Europäisches Haus" verführen zu der Vorstellung, man brauche nur die richtige Organisation oder Architektur, müsse dann den Entwurf in die Tat umsetzen, und das Problem sei gelöst. Aber die großen Probleme werden bekanntlich selten gelöst, sie werden meist nur entschärft und erträglich gemacht, bis sie sich durch Zeitablauf erledigen. Besser als statische Begriffe wie „Ordnung" oder „Haus" zu verwenden, scheint es, von einem Zusammenwachsen Europas zu sprechen. Die Politik, die nötig ist, gilt einem Prozeß, ähnlich dem der KSZE, an dem ganz Europa in seiner gegenwärtigen Verfassung mitwirkt, also auch die beiden deutschen Staaten. Wer soll die Rüstungen kontrollieren und reduzieren, wenn nicht die beiden Militärallianzen mit ihren deutschen Mitgliedern? Wer soll die wirtschaftlichen, politischen, kulturellen Fäden zwischen beiden Europas ziehen und das Netz immer fester und enger knüpfen, bis wechselseitige Abhängigkeiten entstehen, wenn nicht die Staaten auf beiden Seiten, also auch die deutschen Staaten? Ob in hundert Jahren, wie Gorbatschow anmerkte, eine deutsche Vereinigung für Europa erträglich ist, weiß niemand. Sicher ist aber: Alle Politik, die den Kontinent wieder zusammenbringt, setzt zwei deutsche Staaten voraus, aber wohl nicht nur das: Sie verlangt wahrscheinlich, daß es auch im weiteren Verlauf und am Ende des Prozesses bei zwei Deutschlands bleibt.

Wie immer man sich die fernere Zukunft der Alten Welt vorstellt, die Anwesenheit fremder Soldaten in europäischen Staaten kann nicht dazugehören. Aber wenn es einmal soweit ist und die Amerikaner und Russen sich anschikken, nach Hause zu gehen, spätestens dann wird gefragt werden: „Und wer ist nun der Stärkste in Europa?" Die Antwort wird überall lauten: „Es können nur die Deutschen sein, die schon jetzt im Westteil den stärksten Staat und im Ostteil einen starken bilden und, wären sie vereint, unweigerlich zur Vormacht Europas würden." Und das will auch in zwanzig oder dreißig Jahren noch keiner. Solange die deutsche Frage „offen" ist, werden die meisten europäischen Regierungen einen Abzug der amerikanischen und sowjetischen Truppen zu verhindern suchen. Genauso werden beide Großmächte ihren Abzug verzögern oder unterlassen können, weil ihnen die Befürchtungen der Europäer vor den Deutschen Grund oder wenigstens Vorwand geben. Auch in Zukunft, so scheint es, ist Europa durch Deutschland bedingt; von den Deutschen hängt es ab, ob der Kontinent sich von den Randmächten emanzipiert und zu sich selbst zurückkehrt.

Die Deutschen jedoch, hier wie dort, werden auf die Einheit erst verzichten können, wenn sie sie nicht mehr brauchen. In zwei Staaten läßt sich leben, wenn die Grenzen bedeutungslos sind, wenn sie, um mit Honecker zu sprechen, „nicht mehr trennen, sondern vereinen". Damit türmt sich die nächste Bedingung auf, denn die DDR-Regierung wird ihren Staat nur in dem Maße nach Westen öffnen können, wie sie ihn von Grund auf ändert und der Fluchtbewegung die Ursachen nimmt.

Damit europäisiert sich die deutsche Frage nochmals. Seit Gorbatschow ist die Sowjetunion zwar noch Vormacht, aber nicht mehr Vorbild. Jede kommunistische Partei, sagte der Generalsekretär, sei selbständig, dem eigenen Volk verantwortlich und habe das Recht, „souverän darüber zu entscheiden, wie das Land sich entwickeln soll".[4] Doch so erstaunlich sich der Spielraum für die Mitglieder des sozialistischen Lagers erweitert hat, das Lager bleibt bestehen, und mit ihm bleiben Bindungen und Pflichten. Auch eine SED auf Reformkurs muß auf Moskau und die anderen Oststaaten achtgeben. Auch im Osten gibt es keinen deutschen Sonderweg. Die DDR kann nicht allein, sondern nur im Verband zu innerer Freiheit gelangen; ihre Zukunft läßt sich nicht von der Zukunft ihrer Nachbarn Polen, Tschechoslowakei und Ungarn trennen, obwohl mancher in Ost-Berlin es gern möchte.

Wie die Esten, Letten und Litauer mehr Freiheiten einfordern als Russen und Ukrainer, so brauchen auch die Polen, die Ungarn, die Tschechen und Slowaken sowie die Deutschen mehr Reform, als Gorbatschow in der Sowjetunion für nötig hält. Mitteleuropa lebt aus anderen Traditionen, hat einen anderen sozialökonomischen Entwicklungsstand, das gilt besonders für die DDR und die CSSR, und es hat andere Ansprüche als Osteuropa und die Balkanländer. Wenn in Mitteleuropa Reformen wirtschaftliche und politische Heilung bringen sollen, müssen sie zur Demokratie führen; in der Sowjetunion genügt noch Demokratisierung. Gorbatschows kluge Toleranz gegenüber den tiefen Veränderungen in Polen und Ungarn deutet darauf, daß er diesen Unterschied kennt und anerkennt. Er erlaubt, was man „Finnlandisierung" genannt hat: er gewährt seinen Verbündeten Freiheit im Inneren, aber verlangt Loyalität in der Außen- und Sicherheitspolitik. Ausgerechnet bei den Deutschen wird er kaum eine Ausnahme machen und sie allen in den West entlassen können.

Die politische Versöhnung Deutschlands und Europas vollzieht sich in Stufen. Die erste Stufe ist erreicht, seit beide deutschen Staaten sich in der ersten Hälfte der siebziger Jahre in die europäische Staatenwelt eingefügt haben. Die zweite wird erst erstiegen sein, wenn die Bürger der DDR ihren Staat annehmen und wenn für alle Deutschen die Zweistaatlichkeit erträglich wird. Ein historischer Kompromiß käme zustande. Die Europäer brauchen die Teilung Deutschlands, die Deutschen brauchen ein Ende der Trennung. Beide müßten damit zufrieden sein. Von den Europäern verlangt der Kompromiß, daß sie die deutschen Staaten so zusammenleben lassen, wie Geschichte, Geographie und Gefühle einer Nation es gebieten. Wer Verzicht auf Einheit erwartet, darf nicht noch die Normalisierung und Humanisierung der Teilung behindern. Von den Deutschen wird verlangt, daß ihnen die Einsicht in die Notwendigkeit zur Freiheit wird und sie nicht mehr aus Zwang, sondern aus Vernunft in zwei Staaten leben. Es wird, um mit einem Wort Willy Brandts zu sprechen, verlangt, daß sie das Ergebnis der Geschichte annehmen.[5]

Anmerkungen

1 Interview Erich Honeckers für „Le Monde", abgedruckt in: „Neues Deutschland", Nr. 132, 8/9.6. 1985
2 Machowski, H.: Die Wirtschaftsbeziehungen zwischen EG- und RGW-Staaten, in: Europäische Rundschau, Heft 3, 1985, S. 88ff
3 „Neues Deutschland", Nr. 39, 16.02.1981
4 Aus einer Rede von Michail Gorbatschow in Prag am 10.04. 1987, APN-Dokumente, Nr. 19 (D), 1987-04-12. Herausgeber: Presseagentur Nowosti, Büro für Österreich, Wien
5 Der Satz „Meine Regierung nimmt die Ergebnisse der Geschichte an" wurde 1970 in Warschau gesprochen und bezog sich auf die früheren deutschen Ostgebiete. Willy Brandt: „Begegnungen und Einsichten", Hamburg 1976, S. 534

Günter Minnerup

Deutschland, Rußland und die Zukunft des Sozialismus in Europa

1. Das Ende des Kalten Krieges in Europa, der Umbau der europäischen Nachkriegsordnung, der auf der Tagesordnung steht, trifft die Sozialdemokratie nicht besser vorbereitet als die Konservativen Westeuropas. Je stärker auf den Nationalstaat fixiert, umso virulenter waren schon immer die inneren Vorbehalte der Konservativen gegen den Atlantizismus und ihre Bereitschaft, im Zeichen des „Europe des patries" sich aus der Umklammerung amerikanischer Hegemonie zu lösen und mit der Sowjetunion zu einem neuen modus vivendi zu kommen. Demgegenüber war die atlantische Orientierung der europäischen Sozialdemokratie geradezu strategischer Natur. Denn erst das unzweideutige Bekenntnis zum westlichen Bündnis einschließlich der amerikanischen Hegemonie erlaubte es ihr, sich vom Rauch der Artverwandtschaft mit dem stalinistischen Kommunismus glaubwürdig zu befreien und innerhalb der NATO regierungsfähig zu werden. Und letztlich wurde der Auf- und Ausbau des nordwesteuropäischen Modells eines sozialstaatlichen Kapitalismus erst durch die US-Präsenz in Europa, die Subventionierung des europäischen Wohlfahrtsstaats durch den amerikanischen Rüstungshaushalt, ermöglicht.

Die Euphorie um die Parole vom „gemeinsamen europäischen Haus" nützt der mit der Entspannungspolitik der sechziger und siebziger Jahre identifizierten Sozialdemokratie wahltaktisch zunächst mehr als den mit der Hypothek der Rhetorik des Kalten Kriegs belasteten Konservativen. Dies sollte nicht darüber hinwegtäuschen, daß der Aufbruch in die neue Ära der Linken eine größere Anstrengung abfordert als der Rechten, dies umso mehr, als der Umbruch auf der Ebene der zwischenstaatlichen Beziehungen mit innergesellschaftlichen Herausforderungen zusammenfällt, die Linke wie Rechte heute von einer „Krise des Sozialismus" sprechen lassen. Diese äußert sich in einem Identitätsverlust und einer tiefgreifenden Umstrukturierung der (zahlenmäßig schrumpfenden) industriellen Arbeiterklasse als Hauptträgerin der sozialistischen Tradition, der durch die drohende ökologische Katastrophe veranlaßten Hinterfragung des wirtschaftlichen Wachstumsmodells und der Umorientierung breiter Schichten auf „grüne" statt auf „rote" Werte, ferner in der Renaissance neoliberalistischer Faszination für den „Markt" als Resultat jahrzehntelangen sozialistischen Bürokratismus in Ost und West.

Hieraus ergibt sich die Gefahr, daß das „gemeinsame europäische Haus" zur Wohngemeinschaft der nach neuen Märkten und einer eigenen imperialistischen Identität suchenden westeuropäischen Kapitalisten und einer Sowjetunion wird, die – der globalen Konfrontation mit den USA müde und ihr auch immer weniger gewachsen – nach Technologietransfer, Investitionskrediten und Konsumgütern drängt. Moskau ist zum Geschäft mit Westeuropa gezwungen; der Inhalt des europäischen „New Deal" wird aber vom politischen und sozialen Charakter seiner westlichen Partner wesentlich mitbestimmt werden. Die Fähigkeit der westeuropäischen Sozialisten zu einer kühnen gesamteuropäischen Initiative wird daher zum entscheidenden Faktor für die Zukunft Europas.

2. Nach einer weitverbreiteten These ist die heutige Situation eine eindrucksvolle Bestätigung der in den späten sechziger Jahren eingeleiteten Entspannungspolitik, die jetzt in ihren Grundzügen auch von der deutschen Rechten akzeptiert werde und die es nun fortzusetzen und zu vertiefen gelte. Das ist nicht falsch, aber nur halb richtig. Die Ostpolitik der sozial-liberalen Koalition beinhaltete im Kern keine Veränderung des Status quo, sondern seine Anerkennung; sie ging nicht von der Auflösung, sondern der Fortschreibung der bipolaren Blockstruktur in Europa aus, auch wenn dies von einzelnen ihrer Verfechter sowie ihrer Gegner anders gesehen wurde. Ihr Verdienst war es, neben der „Normalisierung" des Verhältnisses der Bundesrepublik zu Osteuropa und der Formalisierung ihrer Beziehungen zur DDR – von wirklicher Normalisierung wird hier wohl solange keine Rede sein können, wie es zwei deutsche Staaten gibt – die antikommunistische „Schranke im Kopf" der Westdeutschen durchbrochen und damit eine neue politische Kultur in der Bundesrepublik überhaupt erst ermöglicht zu haben. Der berühmte Satz aus der Regierungserklärung Willy Brandts vom „Mehr Demokratie wagen" hat in der Tat durch die Friedensbewegung der achtziger Jahre und durch den parlamentarischen Durchbruch der Grün-Alternativen eine, wenn auch so nicht erwartete, Bestätigung erhalten.

Die Kehrseite des Ansatzes der Blockentspannung wurde deutlich unter Bundeskanzler Schmidt, als auf die 1980/81 kulminierende polnische Krise mit einer geradezu demonstrativen Sitzung des diskreditierten Regimes geantwortet und gleichzeitig der NATO-Nachrüstungsbeschluß und der Olympiaboykott mitgetragen wurden. Berechenbarkeit und Kontinuität hieß nun das Motto; vom „Wandel durch Annäherung" war noch in Rückblicken auf die konzeptionellen Ursprünge der Ostpolitik die Rede. Die Gründe für diese Entwicklung sollten nicht in der politischen Psyche Helmut Schmidts allein gesucht werden; sie waren teils schon in der Konzeption von 1969 angelegt, teils aber auch das Resultat zweier anderer Faktoren der siebziger Jahre, des Verlustes des Reformelans der sozialdemokratischen Regierungsmannschaft angesichts wachsender wirtschaftlicher Schwierigkeiten und der Realität in der Spätphase der Ära Breschnew in der Sowjetunion und in Osteuropa. In dieser Situation hatte die deutsche Sozialdemokratie dem wachsenden Druck Washingstons auf einen härteren Kurs gegenüber Moskau wenig entgegenzusetzen. Von der ursprünglichen Idee eines neuen europäischen Entwurfs, selbst wenn dieser die Grundarchitektur der europäischen Nachkriegsordnung hinnahm, blieb nur noch die defensive Bewahrung deutscher Sonderinteressen, wie etwa die schon erwähnten Aktivitäten in Richtung Polen oder die Fortsetzung des Dialogs mit Honecker.

Außenpolitische Phantasie regte sich in der SPD erst wieder, als der Druck der außerparlamentarischen Friedensbewegung den Tanker SPD, nun in der Rolle der Opposition, auf Gegenkurs zur Raketenstationierung gebracht hatte, dann vor allem aber nach Gorbatschows Wahl zum KPdSU-Generalsekretär im Jahre 1985, als der sich beschleunigende Verfall des stalinistischen Monolithen neuen Raum für ein den Status quo transzendierendes Denken zu schaffen begann. Die Debatte um Lafontaines die NATO-Mitgliedschaft relativierende Äußerungen, den Palme-Bericht und das gemeinsame Papier mit der SED waren ein Anfang. Dennoch ist festzustellen, daß die sozialdemokratische Diskussion bisher weit hinter den durch das rapide Tempo der Veränderung in der Sowjetunion und Osteuropa geschaffenen Möglichkeiten zurückgeblieben ist.

Im Gegensatz zu den Bedingungen während der ersten Phase der Ostpolitik, als die Entspannung auf der Grundlage beidseitiger Blockdisziplin wohl auch das Maximum dessen war, was mit Breschnew zu erreichen war, besteht das in der Formel vom „gemeinsamen Haus" griffig formulierte Angebot Gorbatschows an Westeuropa heute in der Vision einer paneuropäischen Zusammenarbeit, deren notwendige Konsequenz die de facto Auflösung der Blöcke auf dem Kontinent ist. Für unentwegte Kalte Krieger mag dies der alte Moskauer Versuch sein, einen Keil zwischen die USA und Westeuropa zu treiben. Was der gegenwärtigen Westeuropaoffensive der KPdSU-Führung jedoch in den Augen der meisten Westeuropäer ihre Glaubwürdigkeit gibt, ist die Tatsache, daß die Angebote an den Westen von einer gleichzeitigen Auflockerung im Osten begleitet werden. Realiter sind schon heute die ehemaligen osteuropäischen Satelliten – mit Ausnahme der DDR, auf die noch zurückzukommen sein wird – aus dem Zwangskorsett der Breschnew-Doktrin entlassen, sie sind frei, ihre endemische Krise weitgehend selbständig und ohne die Drohung einer sowjetischen militärischen Intervention zu lösen. In der UdSSR selbst haben Perestroika und Glasnost kulturelle, politische und intellektuelle Energien in einem seit den zwanziger Jahren nicht gekannten Ausmaß freigesetzt. Dies alles war vor nur fünf Jahren noch unvorstellbar.

Es geht also um mehr als nur eine zweite Runde der Entspannung zwischen den Blöcken, vielmehr geht es um nichts weniger als die Auflösung der Blöcke selbst, um die Überwindung der Nachkriegserstarrung, um die Rekonstruktion Europas und seiner pankontinentalen politischen Kultur und Identität. Das „gemeinsame europäische Haus" impliziert das Angebot, in der Kooperation mit Westeuropa bei der Modernisierung der Sowjetunion im Gegenzug die beiden Hälften des gespaltenen Europa wieder zusammenzufügen.

3. Im Zentrum der Spaltung Europas steht jedoch nicht nur geographisch die Spaltung Deutschlands. Es sollte also zu erwarten sein, daß Gorbatschow in irgendeiner Form die „deutsche Karte spielt", seine europäische Offensive einen Vorschlag zur Lösung der deutschen Frage enthält. Diese wird jedoch bisher aus allen sowjetischen Stellungnahmen tunlichst ausgeklammert. Die „deutsche Frage" ist in erster Linie nicht ein Problem der Deutschen. Da die deutsche Teilung nicht durch einen innerdeutschen Bürgerkrieg ausgelöst wurde, sondern Resul-

tat der nach 1945 gewachsenen internationalen Kräftekonstellation ist, kann sie auch nicht fruchtbar als innerdeutsches Sonderproblem diskutiert werden, sondern nur in europäischem Zusammenhang. Zu kurz gegriffen ist es auch, die deutsche Teilung als eine Art Minimalkonsens zwischen Deutschlands Nachbarn in Ost und West anzusehen, geboren aus der Furcht vor einem Wiederaufleben des deutschen Militarismus und Faschismus, wie oft behauptet wird. In Wirklichkeit geht es bei der deutschen Frage um das traditionelle Kernproblem kontinentaleuropäischer Geschichte, nämlich um das Verhältnis zwischen Deutschland und Rußland.

Die Führung der Bolschewiki wappnete sich gegen den Vorwurf, mit ihrer Revolution im kulturell und industriell rückständigen Rußland voluntaristisch eine ganze historische Epoche übersprungen zu haben, mit der Hoffnung auf eine deutsche sozialistische Revolution, die der Sowjetunion aus Isolation und Rückständigkeit heraushelfen würde. Wer weiß, welchen Verlauf die europäische Geschichte genommen hätte, wenn die deutsche Sozialdemokratie ein wenig mehr historischen Mut bewiesen und damit möglicherweise dem russischen Volk den Stalinismus, dem deutschen den Faschismus, und beiden die Schlächtereien des Zweiten Weltkriegs erspart hätte. Die Bolschewiki bezahlten ihre Fehlkalkulation in Stalins Gulags, die deutschen Sozialisten und Kommunisten ihr Versagen von 1918-1924 in Hitlers Konzentrationslagern. Aus der erhofften sozialistischen Allianz wurde, nach der kurzen Episode des Hitler-Stalin-Pakts, ein katastrophaler deutscher Ostfeldzug, der zweite in diesem Jahrhundert.

Mit dem 8. Mai 1945 wurde aus dem Kampf gegen Deutschland der Kampf zwischen beiden Lagern der Anti-Hitler-Koalition um Deutschland. Vom sowjetischen Standpunkt ging es – bei allen taktischen Fluktuationen der Moskauer Deutschlandpolitik – vor allem immer darum, eine erneute Mobilisierung des industriellen und militärischen Potentials Deutschlands gegen die Sowjetunion zu verhindern. Die Gründung eines westdeutschen Separatstaates und dessen wirtschaftliche und militärische Wiederaufrüstung im Kontext der explizit antisowjetischen Atlantischen Allianz waren deshalb Niederlagen für Stalins Außenpolitik, die mit der reziproken Gründung der DDR und ihrer Integration in das „sozialistische Lager" nur teilweie kompensiert wurden. Seit die Bundesrepublik zum konventionell und nuklear waffenstarrenden Aufmarschgebiet der USA wurde, kann von einem genuinen deutsch-russischen Verhältnis nicht mehr die Rede sein, es wurde zur Funktion des Verhältnisses zwischen den Supermächten.

Aus dieser Sichtweise wird auch verständlich, warum alle sowjetischen Visionen vom „gemeinsamen europäischen Haus" bisher so wenig zu den beiden von den Deutschen bewohnten Appartements zu sagen hatten. Da ist zum einen natürlich die Rücksichtnahme auf den Untermieter DDR, dem ohnehin seit 1949 die Furcht vor einer einseitigen Kündigung in den Knochen steckt. Vor allem aber setzt das „Spielen der duetschen Karte" die Fähigkeit und den Willen der Westdeutschen voraus, aus dem amerikanischen Schatten herauszutreten und sich überhaupt erst wieder auf ein direktes Verhältnis zu Moskau einzulassen. Dies ist aber bei weitem noch nicht der Fall. Auch das in jüngster Zeit gewachsene Selbstvertrauen Bonns in der Artikulation seiner von Washington abweichenden Sonderinteressen kann nicht darüber hinwegtäuschen, daß für den „Genscherismus" die feste Einbindung in die Atlantische Allianz noch immer ein Axiom darstellt.

Solange dies so bleibt, solange US-Truppen und Atomwaffen in Westdeutschland stationiert sind, wird auch die sowjetische Westeuropa- und Deutschlandpolitik von der Realität des geteilten Europa ausgehen müssen und akzeptieren, daß das gemeinsame europäische Haus vorerst nur als „gute Nachbarschaft" möglich ist, eine Formel, die ja auch für die gemeinsame Erklärung anläßlich des Besuches Gorbatschows in Bonn gewählt wurde. Das bedeutet, daß vorerst zwar die Breschnew-Doktrin als Interventionsdrohung suspendiert ist, daß aber der Warschauer Pakt bestehen bleibt. Auf Deutschland bezogen heißt das aber vor allem, daß die Divisionen der Roten Armee in der DDR weiterhin stationiert sind und die SED-Führung, die sich so sehr von Glasnost und Perestroika distanziert, weiterhin die von ihr so geschätzte „begrenzte Souveränität sozialistischer Staaten" genießen kann, die ja bekanntlich für die DDR nicht so sehr Korsett als Bestandsgarantie ist.

4. Nun könnte gefragt werden, warum man sich mit dem bisher Erreichten nicht zufrieden geben könnte. Ist es nicht auch für die Sozialdemokratie besser, erst einmal den Ausgang des sowjetischenReformexperiments aus dem sicheren Schutz des westlichen Bündnisses abzuwarten und derweil mit der bewährten Politik der kleinen Schritte den wachsenden Entspannungsspielraum zu nutzen, das europäische Bein der Atlantischen Allianz zu stärken, mäßigenden Einfluß auf Amerika auszuüben und die EG als Attraktionspol für die maroden osteuropäischen Wirtschaften auszubauen? Dies scheint um so attraktiver, als nach einem Jahrzehnt konservativer Hegemonie das westeuropäische Pendel wieder stärker nach links auszuschlagen scheint und selbst in Washington die Kräfte der Konfrontation mit dem „Reich des Bösen" an Einfluß verlieren. Außerdem könnte nur ein Festhalten an den Grundpositionen des „Genscherismus" in der Außenpolitik die Ablösung der Wenderegierung durch eine Neuauflage der sozialliberalen Koalition ermöglichen, ein wohl nicht ganz unwichtiger Gesichtspunkt entsprechender Erwägungen.

Eine solche Argumentation beinhaltet jedoch das stillschweigende Eingeständnis eines mangelnden Interesses der Sozialdemokratie an der Zukunft der Sowjetunion, genauer gesagt, den Mangel eines spezifisch sozialdemokratischen Eigeninteresses, das über den westeuropäisch-bürgerlichen Konsens für eine graduelle Durchsetzung der liberalen Marktwirtschaft in der UdSSR hinausgeht. Wenn es ein solches Interesse am Erfolg des großen sowjetischen Experiments gibt, dann muß eine sozialdemokratische Europapolitik über einen gemäßigten Euroatlantizismus hinausgehen. Dies ist allerdings an die Voraussetzung gebunden, daß einer sozialdemokratischer Partei, die sich – wie vage auch immer – weiterhin als „sozialistisch" begreift und sich der Tradition der Arbeiterbewegung verbunden fühlt, nicht an der Wiedereinführung unternehmerischen Privatbesitzes an den verstaatlichten Produktionsmitteln, an profitorientierter Verschwendungswirtschaft und zyklischer Arbeitslosigkeit in der Sowjetunion gelegen sein kann.

Die westeuropäische Linke ist ja nicht nur Beobachter, sondern – zumindest indirekt – auch Teilnehmer am Umwälzungsprozeß in der Sowjetunion. Denn zum einen schafft die Pluralisierung der sowjetischen politischen Kultur einen Durst nach neuen Ideen, der gerade die nichtkommunistische, bzw. die nichtstalinistische Linke des Westens für viele innerhalb und außerhalb der KPdSU besonders interessant macht. Eine Sozialdemokratie, die sich in ihren außenpolitischen Aussagen nicht wesentlich von den Liberal-Konservativen unterscheidet, schleicht sich hier aus ihrer hohen historischen Verantwortung. Zum anderen jedoch wird der Ausgang der sich in der Sowjetunion entfaltenden politischen Kämpfe in einem hohen Maße davon abhängen, welche Haltung die potentiellen Partner der Sowjetunion einnehmen. Unter den vielen möglichen Entwicklungsvarianten sind drei Perspektiven besonders hervorzuheben. Es ist erstens denkbar, daß eine zu sehr abwartende, negative Haltung der wichtigsten potentiellen Partner der Sowjetunion auf den Gebieten der ökonomischen, technologischen und sicherheitspolitischen Kooperation den Fortschritt der Perestroika so weit verlangsamt, daß schließlich die reformfeindlichen Kräfte in Partei- und Staatsapparat die Oberhand gewinnen. Zweitens könnte die sowjetische Führung unter dem Druck wachsender wirtschaftlicher Unzufriedenheit den Vorschlägen ihrer besonders marktbegeisterten Ökonomen folgen und ihre Grenzen für ausländische Direktinvestitionen öffnen, möglicherweise durch die Deklarierung ganzer Regionen wie der baltischen Republiken oder der Ukraine zu Freihandelszonen. Eine solche wirtschaftliche Liberalisierung muß nicht mit politischer Demokratisierung einhergehen, erst recht dann nicht, wenn die ausländischen Partner vorrangig von den Vertretern des Großkapitals gestellt werden. China ist dafür ein warnendes Beispiel. Drittens schließlich könnte aber ein Kooperationsangebot aus dem Westen, das der Sowjetunion eine langfristige technologische, wirtschaftliche und kulturelle Zusammenarbeit auf der Grundlage gegenseitigen Nutzens anbietet, also nicht auf die kapitalistische Kolonialisierung der UdSSR abzielt, der Demokratie und dem Sozialismus in ganz Europa einen neuen historischen Aufschwung verschaffen. Es würde die Kräfte der Reform und Demokratisierung in der Sowjetunion stärken, dem Spielraum der osteuropäischen Staaten dienen.

Die dritte Variante wird natürlich nur dann Chancen haben, wenn die Linke nicht nur entsprechende programmatische Erklärungen abgibt, sondern auch in Westeuropa an der Macht ist. Doch selbst aus der Opposition heraus hätte eine entsprechende Politik der westeuropäischen sozialistischen und sozialdemokratischen Parteien einen nicht zu unterschätzenden Einfluß auf die politische Szene in der Sowjetunion und Osteuropa. Die dortigen Partei- und Staatsführungen müßten immer mit der Möglichkeit rechnen, daß aus Oppositionsparteien im Westen ja auch Regierungsparteien werden könnten, und wären nebenbei auch in der Lage, sich diese Möglichkeit in schwierigen Verhandlungen mit konservativen Regierungen zunutze zu machen. Für den linken Flügel der sowjetischen und osteuropäischen Reformbewegungen schließlich wäre dies eine große

Ermutigung in ihren Auseinandersetzungen mit dem neoliberalistischen, marktorientierten und dem reaktionären, häufig klerikalen Flügel.

Schließlich ist die Haltung der Sozialdemokratie zu den Veränderungen in der Sowjetunion und Osteuropa auch ein Test dafür, wie ernst es ihnen mit ihrer Berufung auf den „demokratischen Sozialismus" ist. Jahrzehntelang konnte man sich der Einfachheit halber damit begnügen, jede Verwandtschaft mit dem „real existierenden Sozialismus" aufgrund der dort fehlenden Demokratie entrüstet von sich zu weisen. Je weniger repressiv die reformkommunistischen Regimes sich jedoch in ihrer Praxis gebärden, umso unausweichlicher wird die Frage, was denn nun mit dem „demokratischen Sozialismus" gemeint sein könnte. Darf die Sozialdemokratie in den Ruf nach Restauration des „freien Marktes" und des Privateigentums an den Produktionsmitteln in der anderen Hälfte Europas ohne weiteres einstimmen?

5. Nach jahrzehntelangem Boykott hat sich die Haltung der Sowjetunion gegenüber der Europäischen Gemeinschaft in den letzten Jahren gewandelt. Die Institutionen westeuropäischer Integration werden heute prinzipiell als Zeichen größerer Selbständigkeit gegenüber den USA positiv bewertet, doch gleichzeitig wird auch Kritik an allen Tendenzen geübt, die auf eine Abschottung im Sinne einer Festung (West-) Europa nicht nur gegenüber den Amerikanern, sondern auch im Verhältnis zur Sowjetunion und Osteuropa hindeuten. In der Tat könnte die Herstellung eines gemeinsamen Binnenmarktes nach 1992 nicht nur ökonomisch, sondern auch psychologisch zu einer Ausgrenzung der Nicht-EG-Mitglieder aus „Europa" führen und damit die Konstruktion des gemeinsamen Hauses erschweren. Noch größere Gefahren für eine paneuropäische sozialistische Orientierung erwachsen jedoch aus den Bestrebungen auf eine supranationale politische Integration der Mitgliedstaaten der EG.

Diese ist zum einen historisch ein integrales Element der bipolaren Blockstruktur in Europa, dessen Herauslösung aus seinem atlantischen Kontext und dessen Ausweitung auf ganz Europa nur schwer vorstellbar ist. Das Vertragswerk von Rom und seine inzwischen vorgenommenen Ergänzungen schwören zudem die Gmeinschaft auf eine kapitalistische Marktordnung ein, die nur durch einen – vermutlich unwahrscheinlichen – Konsensus aller Mitgliedsstaaten für eine grundlegende Revision der rechtlichen Grundlagen, Ziele und Institutionen der Gemeinschaft veränderbar wäre. Da außerdem von effektiver demokratischer Volkssouveränität oder auch nur Kontrolle auf der Ebene der Gemeinschaft als Ganzes nicht die Rede sein kann, läuft die Eingrenzung nationaler Souveränitätsrechte zugunsten einer Stärkung der Befugnisse der Brüsseler Kommission im Endeffekt auf die Abschaffung des Rechtes einzelner Mitgliedsstaaten hinaus, durch eigene wirtschafts-, sozial-, handels-, und außenpolitische Initiativen aus dem kapitalistischen Verband auszuscheren. Angesichts der realen Kräfteverhältnisse ist somit die EG sowohl heute als auch in absehbarer Zukunft eine antisozialistische Disziplinierungsinstanz in Westeuropa. Kompliziert wird das Problem auch noch dadurch, daß die politischen Rhythmen der Mitgliedsstaaten bei weitem noch nicht so synchronisiert sind wie ihre wirtschaftskonjunkturellen und währungspolitischen. Nationale Wahlen finden zu verschiedenen Zeiten statt, und das politische Klima pflegt im nationalen statt im internationalen Rahmen umzuschlagen. Es ist daher sehr wahrscheinlich, daß selbst bei identischer Programmatik aller sozialistischen Parteien innerhalb der EG – wovon sie noch weit entfernt sind – eine sich vom EG-Ethos der liberal-kapitalistischen „Wertegemeinschaft" absetzende sozialistische Regierung in der Gemeinschaft isoliert wäre und mit der Wahl zwischen Unterordnung unter die Disziplin der Römischen Verträge oder einem de facto Austritt konfrontiert wäre.

Der Ausweg aus diesem Dilemma kann aber nun nicht etwa darin bestehen, sich aus der Realität europäischer Integration ins nationalstaatliche Schneckenhaus zurückzuziehen, auch nicht unter sozialistischem Vorzeichen. Denn diese Realität ist glücklicherweise nicht auf die EG-Mitglieder beschränkt, sondern überzieht, was die engen Handelsbeziehungen, kulturellen Affinitäten und intensiven menschlichen Kontakte betrifft, ganz Westeuropa von Skandinavien bis zur Türkei unter allmählich wachsender Einbeziehung der osteuropäischen Staaten und selbst der Sowjetunion. Die Konstruktion eines EG-Superstaates unter Ausschluß der europäischen Mehrheit der Nichtmitglieder wäre vor diesem Hintergrund kein Fortschritt, sondern ein Rückschritt im Prozeß der „Europäisierung Europas" und bedeutet die politische Reglementierung und womöglich demnächst auch Militarisierung eines Teileuropas, für das der Rest in Krisenzeiten nur noch durch Zollschranken auszugrenzende Konkurrenz, in Boomzeiten Annexionsobjekt sein könnte.

Eine eigenständige sozialistische Europapolitik muß diesen Widerspruch zwischen europäischer Rhetorik und EG-Realität nutzen und, statt sich aus der EG in einen kleineren, nationalstaatlichen Rahmen zurückzuziehen, sich auf der Ebene der programmatischen Diskussion und politischen Bewußtseinsbildung auf ein Terrain wagen, das größer ist als das EG-Europa. Gleichzeitig muß sie jedoch willens sein, im alltäglichen machtpolitischen Geschäft sich immer wieder bietende nationalstaatliche Operationsmöglichkeiten aktiv zu nutzen.

6. Eine gefährliche Verführung für die europäische Linke besteht darin, im supranationalen Integrationsprozeß der EG eine progressive Emanzipation von amerikanischer Kuratel zu sehen. Es ist nicht zu bestreiten, daß die Interessendivergenzen zwischen den ökonomischen, politischen und militärischen Eliten Westeuropas und denen der USA einen gewissen Spielraum eröffnen, der zum Beispiel in der Frage der nuklearen Abrüstung von der Linken taktisch genutzt werden kann. Die verheerende Wirkung, die der Gaullismus auf die Haltung der französischen Linken zur nuklearen Rüstung gehabt hat, demonstriert jedoch die potentiellen Gefahren eines linken Antiamerikanismus, der sich vor den Karren eines strategischen Euroimperialismus spannen läßt.

Hinter den inneratlantischen Differenzen steht letztlich ein im Vergleich zur unmittelbaren Nachkriegszeit spürbar gewandeltes Kräfteverhältnis. Der Verlust der wirtschaftlichen, technologischen und finanziellen Hegemonie Amerikas über die „freie Welt" läßt die militärische, insbesondere die nuklearstrategische Macht der USA zum letzten Garanten ihrer atlantischen Führungsrolle werden. Ihre militärische Präsenz in der Bundesrepublik, zusammen mit den aus dem Viermächteabkommen erwachsenen restlichen Souveränitätsrechten über Berlin sowie in mancher Hinsicht über „Deutschland" als Ganzes, ist damit zum wichtigsten politischen Instrument Washingtons in der politischen und ökonomischen Disziplinierung Westeuropas geworden. Ironischerweise wirkt dieses Instrument auch auf einer anderen Ebene, wenn nämlich mit einem militärischen Rückzug aus Europa gedroht wird; denn mit seinem enormen Rüstungsaufwand im Nordatlantikpakt hat Washington de facto jahrzehntelang die westeuropäischen Staatshaushalte subventioniert und damit, wie aus den USA immer offener bilanziert wird, den europäischen Wohlfahrtsstaat erst ermöglicht – was im Interesse der antikommunistischen politischen Stabilisierung ja auch erwünscht war. Eine Umverteilung der Rüstungslasten bei gleichbleibendem militärischen Niveau würde für die europäischen NATO-Staaten einschneidende Sparmaßnahmen auf sozialem Gebiet mit möglicherweise weitreichenden politischen Konsequenzen zur Folge haben.

Wenn die Linke auch guten Grund hat, sich nicht zum Anwalt einer dritten Weltmacht Europa zu machen, die das durch einen amerikanischen Rückzug entstehende Vakuum durch eigene militärische Anstrengungen füllt, so kann allerdings auch nicht bestritten werden, daß die Vision eines unter dem Banner von Demokratie und Sozialismus vereinigten Europa einen wirklichen Bruch mit dem Atlantizismus voraussetzt und mit der amerikanischen Präsenz in Europa noch weniger kompatibel ist als der Eurogaullismus. Doch dies hat nichts mit Antiamerikanismus zu tun, sondern mit politischen Sachfragen: der Abschaffung aller Nuklearwaffen in Europa, der Verdünnung und strukturellen Nichtangriffsfähigkeit konventioneller Streitkräfte, dem wirtschaftlichen und kulturellen Wiederzusammenfügen der beiden Hälften Europas, der demokratisch-sozialistischen Umgestaltung Westeuropas und der Demokratisierung des „realen Sozialismus" im Osten und der nationalen Selbstbestimmung aller Völker im Rahmen des gemeinsamen europäischen Hauses. Hier besteht zwischen dem europäischen Sozialismus und der europäischen Rechten ein Graben, der ähnlich breit wie der Atlantik ist.

7. In all diesen Fragen wurde die deutsche Sozialdemokratie spätestens seit Godesberg als eine Partei angesehen, die auf dem rechten Flügel des europäischen Sozialismus stand, und das größtenteils wohl auch zu Recht. Dennoch war aus strukturellen Gründen die SPD nie zu einer so bruchlosen Assimilation des Atlantizismus fähig wie etwa lange Zeit die britische Labour Party oder die italienischen Sozialdemokraten. Diese strukturellen Gründe sind in der Deutschen Frage angesiedelt, die (nicht nur) deshalb einer gesonderten Diskussion bedarf.

Der Name Kurt Schumacher steht symbolhaft für die Orientierung der deutschen Sozialdemokratie in der unmittelbaren Nachkriegsperiode, als man den Sozialismus und die Wiedervereinigung noch für unvermeidbar mit der Integration in ein christlich-konservativ-kapitalistisch dominiertes Westeuropa hielt. Da Legenden oft wirksamer sind als die Realität, ist selbst der „Mythos Schumacher" – wie dessen reale Politik auch immer einzuschätzen ist – eine durchaus nützliche Erinnerung an die grundlegende soziale und politische Konstellation in den Anfangsjahren der Bundesrepublik: Die Arbeiterbewegung trat als Verteidigerin der nationalen Integrität auf, das christdemokratische Bürgertum als Betreiber der separatstaatlichen Westintegration. Dabei war beiden Seiten durchaus bewußt, daß es hier nicht nur um abstrakte ideologische Werte, sondern auch um handfeste politische und ökonomische Interessen ging. Die soziale und politische Geographie der deutschen Teilung war ja überhaupt erst die Voraussetzung für die Mehrheitsfähigkeit der bürgerlichen Sammlungspartei, deren Kern der politische Katholizismus bildete, und für die Ghettoisierung der sozialistischen Opposition, während eine Wiedervereinigung, die mehr gewesen wäre als die einfache Angliederung der DDR an die Bundesrepublik, das ganze Projekt kapitalistischer Restauration und antikommunistischer Aufrüstung gefährdet hätte.

Die Sozialdemokratie konnte in diesem vom „Kanzler der Alliierten" (Kurt Schumacher) geschaffenen Staat nie vollends heimisch werden. Trotz aller Bemühungen der SPD-Spitze seit den fünfziger Jahren, sich im Status quo einzurichten, trotz des von sozialen Strukturveränderungen geförderten „Genossen Trend" wurde sie nie zur natürlichen Regierungspartei der Westdeutschen. Sie ist und bleibt eine Partei, die nicht mit den gegenwärtig bestehenden europäischen Verhältnissen, sondern mit deren Veränderung identifiziert wird, und konnte deshalb auch nur dann nach der Macht greifen, wenn sich über ihre Stammwählerschaft hinaus in der Bevölkerung das Bewußtsein von der Notwendigkeit der Veränderung durchgesetzt hatte, in den späten sechziger Jahren mit der Popularität der Ostpolitik, so möglicherweise heute wieder mit dem Verlangen nach Abrüstung und den Auswirkungen des Gorbatschow-Effekts.

Darüber hinaus war es ihre von keinem seriösen Beobachter bestrittene massive Popularität in der DDR, die der deutschen Sozialdemokratie eine Schlüsselrolle für die Zukunft Europas zuweist, ob sie das nun will oder nicht, und dies auch weitgehend unabhängig von ihrer aktuellen politischen Orientierung. Die defensive Abschottung der DDR gegen Glasnost durch die SED-Führung ist nicht so sehr eine Abschottung gegen sowjetische Einflüsse, sondern stärker noch gegen das Gespenst des „Sozialdemokratismus". Jede Destabilisierung der politischen Verhältnisse in der DDR wird sofort die SPD, gewollt oder ungewollt, in eine aktive politische Teilnahme ziehen. In diesem Sinne ist die (gesamt)deutsche Sozialdemokratie der „schlafende Riese Europas".

Es kann hier nicht verleugnet werden, daß die Potenz nicht nur Hoffnungen weckt. Die Furcht bei konservativen Rechten des Westens und altstalinistischen Bürokraten des Ostens vor einer Wiederauferstehung einer von ihren Nachkriegsfesseln befreiten deutschen Arbeiterbewegung ist verständlich. Aber auch unter denen, die eine jede sozialistische Europapolitik zu ihren Verbündeten zählen sollte, gibt es ein Unbehagen angesichts der Möglichkeit einer neuen deutsch-russischen Achse. Das Wort von einem „neuen Rapallo", zuerst von den ungarischen Philosophen Agnes Heller und Ferenc Feher (allerdings historisch eher irreführend) in Umlauf gebracht, bezeichnet die Angst der Osteuropäer, daß ein Ausgleich zwischen den Deutschen und Russen auf ihre Kosten gehen könnte. Diese Angst muß ernstgenommen werden, denn sie ist solange nicht unberechtigt, wie auf beiden Seiten ökonomische Interessen im Vordergrund stehen: Die nationalen demokratischen und sozialen Interessen der Polen und Ungarn werden bei einem Arrangement kaum Berücksichtigung finden, das die Staatshaushalte der osteuropäischen Länder den Sanierungsbedingungen westdeutscher Großbanken unterwirft und DM-Investitionen mit billiger Arbeitskraft anlockt. Den neuen Formen wirtschaftlicher Knebelung würden dann zwangsläufig neue politische Abhängigkeitsverhältnisse folgen.

Andererseits jedoch müssen sich auch die Osteuropäer darüber klarwerden, daß ihren Interessen nicht mit einer Fortsetzung des Kalten Krieges gedient ist. Dieser ist aber nicht nur ein psychologisches, sondern in erster Linie ein strukturelles Problem der europäischen Zustände. Seine eigentliche Wurzel ist die amerikanische Präsenz in Europa, deren Zweck wiederum die Garantie der kapitalistischen Ordnung in Westeuropa und die Einbindung Westdeutschlands in dieselbe ist. Und da das westliche Bündnis keine egalitäre Gemeinschaft gleichberechtigter Partner, sondern eine hierarchische Konkurrenzordnung darstellt, die von den USA zunehmend nur noch durch ihre strategisch-militärische Stärke dominiert wird, kann Washington die immer selbstbewußter werdenden Westeuropäer letztlich nur unter Kontrolle halten, indem es immer wieder die Schraube des Wettrüstens andreht. Solange dieser Mechanismus wirkt, solange wird auch die Demokratisierung der Sowjetunion und die Lockerung der sowjetischen Klammer um Osteuropa nicht zum Zuge kommen können.

Das Übel an der Wurzel zu packen heißt also auch für Osteuropa, nicht auf den Zusammenbruch sowjetischer Herrschaft unter westlichem Druck zu hoffen, sondern an einer neuen paneuropäischen Ordnung zu arbeiten, in der – um Marx abzuwandeln – „die Freiheit jeder einzelnen Nation Bedingung der Freiheit des ganzen Kontinents ist". Die Geschichte dieses Jahrhunderts sollte uns jedoch alle gelehrt haben, daß eine solche europäische Ordnung nicht auf einem Antagonismus zwischen Deutschland und Rußland basieren kann, schon gar nicht auf einem solchen Antagonismus, dessen Grundlage die Spaltung Deutschlands und die Isolation Rußlands ist. Die Zukunft Europas ist untrennbar verbunden mit der Lösung der deutschen Frage und der Demokratisierung der Sowjetunion.

8. Der Band, für den dieser Aufsatz geschrieben wurde, erscheint zu Ehren Willy Brandts. Wer dessen politisches Wirken kennt, wird auch wissen, daß die in diesem Beitrag entwickelten Vorstellungen von sozialistisch-sozialdemokratischer Europapolitik ein gutes Stück von den seinen entfernt sind, ja eine teilweise grundlegende Kritik derselben beinhalten. Das sollte nicht nur nicht verschwiegen, sondern vielmehr schon allein deshalb hervorgehoben werden, weil es ja gerade der Respekt ist, der ihm über die Reihen seiner unkritischen Bewunderer hinaus entgegengebracht wird, dem Willy Brandt seine Sonderstellung in den Reihen der europäischen Sozialisten und Demokraten verdankt.

Die Ostpolitik der siebziger Jahre hat eine befreiende Wirkung auf das politische Klima in Deutschland und auf die Wahrnehmung der Deutschen in Europa, vor allem in Osteuropa gehabt. Sie hat mittelfristig die Kriegsgefahr verringert und den Spielraum für Emanzipationsprozesse im Osten, aber auch im Westen Europas vergrößert. Ihre politischen Grenzen lagen darin, daß sie den blockgebundenen Status quo in Europa ebensowenig explizit überwinden wollte, wie die Gesellschaftspolitik der deutschen Sozialdemokratie unter Brandt die Überwindung des Kapitalismus zum Ziel hatte und hat. In diesem doppelten Sinne müssen heute diejenigen, die von der Presse so gern als „Brandts Enkel" tituliert werden, über Brandt hinausgehen, wenn die Sozialdemokratie in der neuen Ära, die heute über Europa hineinbricht, eine nicht nur die Zustände lindernde, sondern eine die Zukunft gestaltende Kraft sein will.

Die Chancen für das Projekt einer paneuropäischen Initiative für Demokratie und Sozialismus stehen, objektiv betrachtet, günstiger als jemals zuvor seit dem Ende des Zweiten Weltkriegs. Aber wie in jeder Epoche des Wandels sind auch die Risiken und Gefahren größer als in Zeiten konservativen Beharrens. Die Emanzipation Westeuropas muß nicht die Völker Westeuropas in den demokratischen Sozialismus führen, sondern sie kann auch den Aufstieg einer schwerbewaffneten, durch endemische soziale und ökologische Krisen unberechenbaren, nach Ost, Süd und West aggressiven neuen Supermacht hervorbringen, deren Apokalypsepotential dem der bipolaren Konfrontation zwischen USA und Sowjetunion nicht nachstünde. Das Experiment einer „Revolution von oben" in der UdSSR, das heute die europäischen und namentlich die deutschen Massen in hoffnungsvollem Bann hält, kann auch in Bürgerkrieg und erneuter, vielleicht verschärfter Diktatur enden.

Die Entscheidung darüber fällt nicht in den Denkstuben der Wissenschaftler und Intellektuellen. Sie fällt als Ergebnis der praktischen Tätigkeit realer und mächtiger sozialer und politischer Kräfte. Die Sozialisten und Sozialdemokraten Europas sind eine solche Kraft, die auf europäischer Ebene in die Waagschale geworfen werden muß.

Andrei S. Markovits

Die westeuropäische Linke und die öffentliche Meinung in den Vereinigten Staaten

Bei der Beschäftigung mit dem Antiamerikanismus in Europa, besonders mit dem in der Bundesrepublik Deutschland, fällt die große Bedeutung auf, die den Vereinigten Staaten in der Politik und im politischen Denken der westeuropäischen (einschließlich der westdeutschen) Linken seit dem Ende des Zweiten Weltkrieges zukommt, und es scheint, als werde sich daran in naher Zukunft nur wenig ändern.[1] Je nach politischer Situation und abhängig vom politischen Standort des Betrachters reicht die Einstellung zu Amerika und zu all dem, was man unter dem Begriff „Amerikanismus" zusammenfassen könnte, von offener Bewunderung, die oft an Nacheiferung grenzt, bis hin zu völliger Ablehnung und offener Feindschaft.[2] Bei der Bewertung der Vereinigten Staaten und ihrer globalen Rolle ist zwischen Mitgliedern der Parteien der 3. Internationale (d.h. den Kommunisten) und anderen Linken, v.a. aus dem nichtkommunistischen Spektrum, wie Sozialisten, Sozialdemokraten, Syndikalisten und Angehörigen der „Neuen Linken", welcher Schattierung auch immer, ein deutlicher Unterschied zu machen, obwohl die Dinge auch hier komplizierter liegen, als es auf den ersten Blick den Anschein haben mag. So kann man nicht einfach Kommunisten als besonders antiamerikanisch und zum Beispiel Sozialisten als proamerikanisch bezeichnen. Beispielsweise waren italienische Kommunisten, besonders in den letzten 10 Jahren, den USA und den Amerikanern gegenüber erheblich wohlwollender gesonnen als die westdeutschen Sozialdemokraten im gleichen Zeitabschnitt. Mit diesem Beispiel sei nur die Komplexität des Phänomens „Amerikanismus – Antiamerikanismus" im allgemeinen und für die europäische Linke im besonderen skizziert. Da Antiamerikanismus eine reflexive Beziehung darstellt, wandeln sich ihr Inhalt und ihre Form sowohl synchron als auch diachron. In der folgenden Tabelle soll versucht werden, eine grobe Schematisierung der Bewertung der Vereinigten Staaten und des „Amerikanismus" durch die westeuropäische Linke vorzunehmen.

	Politisch-ökonomische Dimensionen	Kulturelle Dimensionen
Positiv	Die Vereinigten Staaten als eine moderne technologisch fortschrittliche Gesellschaft, in der die hohe Entwicklung der Produktivkräfte zu Fortschritt an Basis und Überbau führt. Fordismus und Taylorismus werden von Leninisten ebenso wie von traditionellen Sozialdemokraten bewundert.	Amerikanismus als eine egalitäre, dynamische Kultur, die den Universalismus vorantreibt.
Negativ	Die Vereinigten Staaten als die unmittelbarste kapitalistische Gesellschaft, deren System nicht nur einmaliges Elend im eigenen Land schafft, sondern aufgrund ihrer hegemonialen Position als die globale kapitalistische Macht auch neokoloniale Beziehungen zwischen Ländern der Ersten und der Dritten Welt verfestigt.	Amerikanismus als eine profitgierige, bestechliche und sogar vulgäre unauthentische Kultur, entschlossen, den Gemeinschaftsgeist von Arbeit und anderen potentiell fortschrittlichen Kollektiven zu zerstören.

Wenn man sich nun umgekehrt dem Verhältnis der Vereinigten Staaten zur westeuropäischen Linken zuwendet, so läßt sich die folgende Hypothese formulieren: Diese spielt nur eine geringe Rolle in der politischen Wahrnehmung und im allgemeinen Bewußtsein der amerikanischen Öffentlichkeit, und dies auch bei den verhältnismäßig gebildeten Schichten. Für die große Mehrheit der politisch interessierten Amerikaner existiert eine westeuropäische Linke einfach nicht oder besitzt nur eine untergeordnete Bedeutung.

Die Ergebnisse meiner vergleichenden Untersuchungen über das in den Vereinigten Staaten und unter westeuropäischen Linken vorhandene Wissen voneinander und die vom jeweils anderen herrschende Auffassung lassen sich folgendermaßen zusammenfassen: Die westeuropäische Linke weiß leider nur sehr wenig über die Vereinigten Staaten, besitzt aber ein großes Interesse an Amerika und am Amerikanismus in dem Bewußtsein, daß Leben und Zukunft Europas in hohem Maße von den USA beeinflußt werden. Auf der anderen Seite wissen die Amerikaner kaum etwas Genaues über die westeuropäische Linke und haben auch kein besonders großes Interesse an dieser. Beides stellt eine sehr realistische Einschätzung der jeweiligen Bedeutung dieser beiden politischen Kräfte im Verhältnis zueinander dar; denn es kann kein Zweifel daran bestehen, daß die Vereinigten Staaten einen viel größeren Einfluß auf die europäische Linke besitzen als umgekehrt. Wir haben es hier mit einem jener seltenen Fälle zu tun, in denen die öffentliche Wahrnehmung zu einer ziemlich wirklichkeitsnahen Beurteilung der tatsächlichen Gegebenheiten und der Gesamtbedeutung kommt, die die politischen Akteure und ihre Aktivitäten besitzen.

Eine genaue Durchsicht von Daten zur öffentlichen Meinung in den USA nach dem Zweiten Weltkrieg aus den maßgeblichen amerikanischen Instituten, die sich mit diesen Fragen befaßt haben, bezeugt unmißverständlich, daß für die meisten Amerikaner die „Linke" in Europa gleichbedeutend ist mit „Kommunismus". Ihre Entsprechung findet diese Feststellung in den alle vier Jahre erscheinenden Parteiplattformen der Republikaner und Demokraten; obwohl diese politisch zwar weniger bedeutsam sind, so handelt es sich doch um ziemlich umfangreiche programmatische Aussagen. In den zwanzig ausgewerteten Dokumenten aus zehn Präsidentschaftswahlen zwischen 1948 und 1984 erscheinen Begriffe wie „sozialistisch" oder „Sozialismus" nicht ein einziges Mal. Wenn die westeuropäische Linke überhaupt erwähnt wurde, geschah dies in verschleierter Form, wobei gleichzeitig vor den Gefahren des Kommunismus für das Überleben der europäischen Demokratien gewarnt wurde. Erstaunlicherweise war die nationale Plattform der Demokratischen Partei von 1976 sehr viel deutlicher in bezug auf die potentiellen Gefahren, welche von einer kommunistischen Regierungsbeteiligung in einigen westeuropäischen Ländern ausgehen könnte, als ihr Republikanisches Gegenstück. Auf der anderen Seite betonte die Demokratische Plattform aber die Notwendigkeit, daß die Vereinigten Staaten auf „einer breiten Ebene von nichtmilitärischen Angelegenheiten mit jeder legalen Regierung zusammenarbeiten" müßten, die bereit sei, ebenso zu handeln.

Nur sehr wenige der großen Presseorgane, wie etwa Business Week oder The New York Times unterscheiden zwischen „Sozialismus" und „Kommunismus", wobei ersterer fast unweigerlich unter Letztgenanntem subsumiert wird, aber niemals umgekehrt. Von wenigen Ausnahmen abgesehen, bedeutet „links" nach wie vor „kommunistisch". Ganz eindeutig ist dies eine Fehleinschätzung, die sich wiederholt verhängnisvoll auf die amerikanische Außenpolitik der letzten vierzig Jahre ausgewirkt hat. Dadurch, daß man „links" in der Tat ausschließlich mit „kommunistisch" gleichsetzte, waren die Amerikaner, bedeutende Politiker und leitende Regierungsbeamte eingeschlossen, nicht in der Lage, zwischen Marxismus-Leninismus auf der einen und demokratischem Sozialismus auf der anderen Seite zu unterscheiden. Dieses Unvermögen war und ist besonders schädlich gegenüber Ländern der Dritten Welt, wo mehr noch als in Europa die Gleichsetzung aller Linken mit dem Kommunismus erst vor verhältnismäßig kurzer Zeit zu aktivem amerikanischen Eingreifen in demokratische und souveräne Prozesse in einer Reihe von Ländern geführt hat. Zwar haben die Amerikaner gelernt, linke Positionen in Schweden zu akzeptieren und zu tolerieren, dagegen mit Sicherheit nicht in Chile.

Es ist ganz eindeutig: Die Amerikaner mögen die Linke nicht, da sie sie in irgendeiner Form mit dem Kommunismus in Verbindung bringen, den sie mit Entschiedenheit verabscheuen. Da für sie der Kommunismus meistens in Zusammenhang mit der Sowjetunion gesehen wird, entstammt ein großer Teil der Ablehnung gegenüber der Linken der intensiven Abneigung und dem Mißtrauen gegenüber dem großen geopolitischen Rivalen der letzten vierzig Jahre. Hinzu kommt, daß sie mit der Linken, d.h. dem Kommunismus, bestimmte in ihren Augen negativ besetzte Merkmale assoziieren. Dazu gehören ein exzessiver Staatssozialismus, der bürokratische Charakter des Kommunismus, die besondere Betonung des Kollektivismus, die Unterdrückung der individuellen Freiheit und der Wahlmöglichkeit und ferner das, was sie für Atheismus halten. Abneigung und Mißtrauen bedeuten jedoch nicht, daß man sich mit der Existenz kommunistischer Staaten nicht abfinden könnte. Seit dem Ende des Zweiten Weltkrieges läßt sich vielmehr in der amerikanischen Öffentlichkeit ein ständig wachsender Trend feststellen, das Vorhandensein des Kommunismus überall in der Welt, nur nicht in den USA selbst, hinzunehmen. Auch im Hinblick auf Westeuropa haben die Amerikaner allmählich gelernt, den Kommunismus und die Linke, wenn schon nicht mit dem Herzen, so doch mit dem Kopf zu akzeptieren. Dies haben Untersuchungen eindeutig ergeben. Die amerikanische Einschätzung der europäischen Linken hat sich von völliger Ablehnung und offener Feindschaft in den Nachkriegsjahren und in den fünfziger Jahren bis hin zu dem gewandelt, was man am besten als ambivalente Akzeptanz und distanzierte Toleranz bezeichnen könnte. Die Amerikaner haben gelernt, die Linke in der Welt und vor allem in Westeuropa in nüchtern pragmatischen Begriffen zu sehen. Sie lieben die Linke nicht, aber sie tolerieren sie. Sie betrachten sie als unzulänglich und unvollkommen, jedoch nicht als eine Bedrohung für sich selbst und ihre Welt. Sie hätten es lieber, wenn sie nicht vorhanden wäre, aber da sie nun einmal existiert, wünschen sie, daß amerikanische Politikplaner jederzeit mit ihr in einen Dialog treten, anstatt sich mit feindlichen Aktionen gegen sie zu wenden. Die Amerikaner erkennen darüber hinaus zunehmend die Vielfalt und den Polyzentrismus der Linken an. China ist beispielsweise in der amerikanischen Öffentlichkeit sehr viel populärer als die Sowjetunion oder Kuba. Sie mißtrauen jedoch vor allem der westeuropäischen Linken in all ihren Erscheinungsformen. So haben die Amerikaner regelmäßig konservative und/oder liberale Parteien bei allen europäischen Wahlen gegen ihre sozialistischen, sozialdemokratischen oder kommunistischen Rivalen unterstützt, und dies nicht erst seit dem „neutralistischen" und antinuklearen Kurs der britischen Labour Party und der gegenüber den USA deutlich kritischer und distanzierter werdenden Haltung der westdeutschen Sozialdemokraten in den achtziger Jahren. Vor allem gegenüber der Labour Party wurde die Ablehnung immer größer, die allerdings schon eine lange und ununterbrochene Tradition seit dem Ende des Zweiten Weltkrieges hat. Auch die französischen Sozialisten betrachtet man mit großem Mitrauen. Nach einer Umfrage hielten 37 Prozent aller selbsternannten amerikanischen Liberalen die Wahl von Françcois Mitterand zum französischen Präsidenten im Jahre 1981 für eine negative Entwicklung. In Amerika haben Begriffe wie „links", „sozialistisch", „sozialdemokratisch" und „kommunistisch" zwar einen negativen Beiklang, auf der anderen Seite zeigen aber eine Reihe von Untersuchungen, daß eine beträchtliche Anzahl von Amerikanern, in manchen

Untersuchungen sogar eine Mehrheit, mit linken Zielvorstellungen durchaus übereinstimmt, vorausgesetzt, diese werden nicht mit der Linken oder linker Politik in Zusammenhang gebracht. Wieder erweisen sich in der Politik Form und Symbole als weit mächtiger als der wirkliche Gehalt. Die folgende Tabelle zeigt, in welch unterschiedlicher Weise in den USA und in Westeuropa bestimmte politische „Werte" dem jeweiligen Parteienspektrum zugeordnet werden.

Individuelle Freiheit

	Klassische amerikanische Konservative und klassische europäische Liberale; Hochhalten von Tugenden; Vorzüglichkeit, ein neuaristotelischer Charakterzug	Amerikanische Liberale; europäische Sozialdemokraten und Eurokommunisten, z.B. KPI
Tradition		Ökonomische Gleichheit
	Europäische Rechte (CSU, Gaullisten, Teile des Toryismus); europäischer Faschismus; amerikanische religiöse Rechte	Prä-Eurokommunismus der europäischen Kommunisten; andere Marxisten – Leninisten; „Diktatur des Proletariats" und „Aufbau des Sozialismus"

Sicherheit/Ordnung

Es kann kein Zweifel daran bestehen, daß es zwischen den meisten Amerikanern und der westeuropäischen Linken sehr unterschiedliche Auffassungen über das Verhältnis zwischen „Markt" und „Staat" gibt, was vor allem in sozialpolitischen Fragen zum Ausdruck kommt; denn für die meisten Amerikaner kann ganz allgemein festgestellt werden, daß für sie alles Gute „privat" und „individuell" ist. Dagegen hält man die westeuropäische Linke für zu unbeweglich, zentralistisch, bürokratisch und dirigistisch, in gewisser Weise antiquiert, um nicht zu sagen „konservativ", da die Staatsquote und das Engagement des Staates in der Wirtschafts- und Sozialpolitik als zu groß angesehen werden. Auf der anderen Seite steht aber auch ein gewisser Respekt für manche ihrer Errungenschaften. Gerade im Vergleich mit der Situation im eigenen Lande bewundert eine Mehrheit von Amerikanern eine aktive Politik zugunsten der Armen und Schwachen in der Gesellschaft. Voller Bewunderung, wenn nicht gar Neid, betrachtet man das Modell des Wohlfahrtsstaates in Schweden und in anderen skandinavischen Ländern. Auf diese Weise genießen gewisse „sozialistische" Errungenschaften, wenn sie sich auf den Bereich sozialer Gerechtigkeit beschränken und ohne das offizielle Etikett „sozialistisch" bleiben, eine beträchtliche Akzeptanz und Zustimmung in weiten Teilen der amerikanischen Öffentlichkeit. Dennoch bleibt dies immer etwas Fremdes, weil der Begriff „Klassensolidarität" und seine Umsetzung in praktische Politik in Amerika nur sehr schwer verständlich zu machen ist, und hier liegt wahrscheinlich auch der Grund für die unüberwindliche Kluft im gegenseitigen Verstehen.

Für Amerikaner – auch solche mit politisch „progressiven" Ansichten – verkörpern Begriffe wie „sozialistisch" oder „Sozialismus" im Grunde genommen etwas Abstraktes und Fremdes, das in Europa beheimatet ist, eben etwas Unamerikanisches. Umgekehrt erscheint aus europäischer Sicht amerikanische Politik oftmals konfus und amateurhaft, aus der Sicht der Linken gar gänzlich frei von dem, was sie mit dem Begriff „Solidarität" verbinden, ein Begriff, der seit mehr als 100 Jahren einen zentralen Bestandteil der Politik der europäischen sozialistischen und sozialdemokratischen Arbeiterbewegung und damit einer „progressiven" Politik bildet.

Anders als in Europa gelang es der amerikanischen Arbeiterbewegung nie, eine große Massenpartei zu werden, die in erster Linie Arbeiterinteressen vertreten hätte. Dies hatte zur Folge, daß die amerikanischen Arbeiter und die amerikanische Linke ganz andere politische Inhalte und Solidaritätsstrukturen entwickelten. Schon Werner Sombart befaßte sich am Anfang des 20. Jahrhunderts mit diesem Problem.[3] Als Gründe führte er unter anderem an: die einwanderungsbedingte sprachliche, ethnische und religiöse Zersplitterung innerhalb der Arbeiterklasse, wodurch sich politische Identität und Solidarität eher in der Sphäre der Reproduktion als der Produktion herausbildeten. Sombart nannte weiter die geographische Weite des Landes, welche Ausweichmöglichkeiten als Konfliktregulierung ermöglichte, objektiv vorhandene und auch wahrgenommene individuelle Aufstiegsmöglichkeiten und das hohe Maß individueller Freiheitsrechte als anerkanntes Leitmotiv amerikanischen Selbstverständnisses. Die Vereinigten Staaten waren, um mit Alexis de Tocqueville zu sprechen, der erste nicht „erkämpfte", sondern „geborene" bürgerliche Staat. Letzteres steht auch in engem Zusammenhang mit der im Vergleich zu Europa traditionell geringen Präsenz des Staates in Wirtschaft und Gesellschaft. Dieser ist bis heute in Amerika ein Gebilde geblieben, dessen raison d'être sich weithin darauf beschränkt, Garant für ein Maximum an individueller Freiheit zu sein. Anders als in Europa stellt der Staat in Amerika kein modernes Herrschaftsinstrument dar, welches aus den bitteren Kämpfen progressiver „Staatsgründer" gegen eine Opposition weltlicher und geistlicher Feudalmächte als Sieger hervorging. In Amerika gab es nie einen Absolutismus, hier mußten nie mächtige weltliche und geistliche Fürsten besiegt werden, auch war es hier kaum jemals notwendig, sich auf dem eigenen Territorium gegen fremde Feinde zu verteidigen.

Diese in zentralen Punkten von der europäischen Geschichte abweichende amerikanische Entwicklung begründete in den USA eine bis heute wirksame

Tradition des politischen Denkens, die auch das Verhältnis zur westeuropäischen Linken weitgehend bestimmt. Hinzu kommt die außenpolitische Entwicklung vor allem nach dem Zweiten Weltkrieg mit der Etablierung der UdSSR als konkurrierender Weltmacht. Für die Einstellung gegenüber der Linken bedeutete dies, daß Kommunismus in Amerika immer als prosowjetisch und damit als negativ galt. In diesem Punkt wird auch ein Unterschied zum „Sozialismus" gemacht, der nicht mit der Sowjetunion in Verbindung gebracht wird. Die Ablehnung gegenüber dem Kommunismus ist seit der Oktoberrevolution, vor allem aber seit dem Beginn des kalten Krieges, konstant groß geblieben, und hier gibt es trotz der unter Gorbatschow eingeleiteten Reformpolitik keine Anzeichen für einen Wandel in naher Zukunft. Anders als in Westeuropa trifft man das, was man als „Gorbimanie" bezeichnen könnte in den Vereinigten Staaten nicht an. Die Amerikaner stehen dem neuen Generalsekretär und seinen Reformen eher mit „pragmatischer Skepsis" als mit irgendeiner Form von Bewunderung oder Zuneigung gegenüber. Sie bewerten die westeuropäische Linke im allgemeinen erst im Kontext ihres Verhältnisses und ihrer Einstellung zur Sowjetunion. Die Kritik, mit der die Vereinigten Staaten und ihre Führungsrolle innerhalb des atlantischen Bündnisses konfrontiert werden, gilt als prosowjetisch, als zu weich gegenüber den Sowjets, als neutralistisch, oder sie wird irgendeiner Kategorie von Antiamerikanismus zugeordnet. Zwar unterstützten die Amerikaner bei jeder britischen Wahl der Nachkriegszeit die Konservativen gegenüber der Labour Party, den neuerlichen starken Verlust an Sympathie und Popularität aber, den die Labour Party in den Augen der amerikanischen Öffentlichkeit erfuhr, kann man als Konsequenz der erst seit relativ kurzer Zeit bestehenden „pazifistischen" und „neutralistischen" Einstellung der Partei erklären. Ähnliches gilt auch für die Haltung gegenüber der SPD. Während eine kleine Mehrheit von Amerikanern die Christdemokraten bei den Bundestagswahlen der Nachkriegszeit gegenüber den Sozialdemokraten bevorzugt hatte, schrumpfte diese seit dem Godesberger Programm der SPD beträchtlich. In der Tat bevorzugten auf dem Höhepunkt der Ära Brandt in den frühen siebziger Jahren und auf dem Höhepunkt der Kanzlerschaft von Helmut Schmidt in den späten siebziger Jahren, den man für einen globalen Staatsmann hielt, mehr Amerikaner diese Politiker, obwohl sie nicht der von ihnen favorisierten Partei angehörten, gegenüber ihren christdemokratischen Gegnern. Es kann jedoch keinen Zweifel daran geben, daß die Kursänderung der SPD in Zusammenhang mit der geplanten Aufstellung der neuen Mittelstreckenraketen in der Bundesrepublik, was in Amerika zunehmend als eine „pazifistische" und „neutralistische" Haltung angesehen wird, eine Erosion der Sympathien für diese Partei in der amerikanischen Öffentlichkeit, die herrschenden Eliten eingeschlossen, hervorrief. Die ablehnende Haltung gegenüber Labour und SPD ist der gegenüber der schwedischen Sozialdemokratie sehr ähnlich, deren offener Antiamerikanismus vor allem während der Amtszeit von Olof Palme in Fragen der Außenpolitik, des Atlantischen Bündnisses und der Ost-West-Beziehungen deutlich zutage trat. Die Amerikaner sehen die westeuropäische Linke im großen und ganzen im Rahmen einer bipolaren Welt: Entweder ergreift sie bei Fragen wie der gemeinsamen Verteidigung und des weltweiten Kampfes gegen den Kommunismus und dessen verschiedene Verbündete Partei für oder gegen die Vereinigten Staaten. Diese dichotomische Betrachtungsweise basiert auf einem „Freund-Feind"-Standpunkt, der sich seit Beginn des Kalten Krieges kaum verändert hat. Daß die Beurteilung der westeuropäischen Linken durch die amerikanische Öffentlichkeit abhängig von deren Verhältnis zur Sowjetunion ist, läßt sich daran zeigen, wie schnell sozialistische und sozialdemokratische Parteien, die man schon lange mit „Kapitalismus" und liberalen und demokratischen Werten in Verbindung gebracht hatte, plötzlich als Konsequenz einer noch relativ neuen angeblichen Weichheit gegenüber der Sowjetunion an Ansehen verloren. Während die „eurokommunistische" Linie und die positive Einstellung der Kommunistischen Partei Italiens gegenüber der NATO deren Akzeptanz als legitimer Partner innerhalb der amerikanischen Öffentlichkeit vergrößert hat, zeigten sich auf der Ebene von Vertrauen und Sympathie keinerlei Veränderungen.

Dies alles kann folgendermaßen zusammengefaßt werden: Amerikaner waren und sind voll von Widerwillen und Mißtrauen gegenüber dem Kommunismus, unabhängig davon, in welchem Verhältnis „Kommunismus" und Sowjetunion zueinander stehen, obwohl sie im großen und ganzen den üblichen Begriff „Kommunismus" mit der Sowjetunion verbinden. Dies schließt jedoch nicht aus, daß sie auf einer breiten Ebene Verhandlungen und Handelsbeziehungen mit dem Kommunismus wünschen, statt ihn zu bekämpfen. Was den Sozialismus betrifft, so sehen sie zwischen ihm und dem Kommunismus nur einen geringen Unterschied, allerdings mit der Ausnahme, daß sie eine distanziertere Haltung der Sozialisten gegenüber der Sowjetunion konstatieren. Verändertes Denken bei einer Reihe westeuropäischer sozialistischer und sozialdemokratischer Parteien im Bereich der Verteidigungs- und Außenpolitik haben in den letzten Jahren bei vielen Amerikanern hier zu einer gewissen Irritation geführt.

Zum Abschluß mag die folgende beklagenswerte Begebenheit den hier erörterten Sachverhalt noch einmal verdeutlichen: Im Dezember 1980 organisierten die Demokratischen Sozialisten Amerikas, die als Vollmitglieder der Sozialistischen Internationale angehören, einen Kongreß in Washington D.C., an dem mehr als 2.500 Personen aus ganz Amerika teilnahmen. Aus diesem Anlaß waren auch eine Reihe prominenter Persönlichkeiten aus Europa erschienen wie Willy Brandt, Horst Ehmke, Tony Benn, Brian Holland, Olof Palme, Bernt Carlsson, Francois Mitterand, Michel Rocard, Felipe Gonzales und Joop den Uyl, um nur die wichtigsten zu nennen. Die amerikanischen Medien (Presse, Funk und Fernsehen) verschwiegen dieses bedeutende Ereignis. Noch bezeichnender ist die Meldung der Washington Post vom 8. Dezember 1980, in der es hieß, daß Senator Edward Kennedy, der eine Einladung zur Teilnahme an diesem Kongreß abgelehnt hatte, mit mehreren sozialistischen Führern bei einem privaten Samstagabend-Dinner zusammengetroffen sei. Die Konferenz fand auf dem Höhepunkt von Reagans Popularität kaum vier Wochen nach seinem erdrutschartigen Wahlsieg über Jimmy Carter statt. In dieser Situation ist der Umstand bezeichnend, daß einer der führenden amerikanischen Politiker, und ausgerechnet einer, der amerikanischen Vorstellungen von einem Sozialdemokraten am nächsten kommt, sich gewissermaßen heimlich mit Vertretern der westeuropäischen Linken treffen mußte. Dieser Vorfall zeigt sehr deutlich, wie die Amerikaner diese im allgemeinen sehen. Man fragt sich, ob eine Dekade ununterbrochener konservativer Macht im Weißen Haus daran etwas geändert hat.

Anmerkungen

1 Vgl. z.B. Markovits, A.S.: On Anti-Americanism in West Germany, in: New German Critique, 34, 1985, S. 1-19.
2 Ein außergewöhnlich plumper, fast rassistischer und pauschalisierender Anti-Amerikanismus als eine politische Strategie der Linken findet sich in einem Editorial der „Prokla" unter dem Titel „Aufgeklärte Blindheit. Plädoyer für einen linken Antiamerikanismus". Prokla, Heft 74, 1989, S. 2-10.
3 Sombart, W.: Warum gibt es in den Vereinigten Staaten keinen Sozialismus, Darmstadt 1969.

Klaus Misgeld

Schwedens Sozialdemokratie und Europa

Seit Mitte der achtziger Jahre zeigt sich in Schweden ein neues, positiveres Interesse an Europa, insbesondere an der Europäischen Gemeinschaft (EG), der jüngst sogar bescheinigt wurde, „viel von den Träumen der Arbeiterbewegung von einem neuen und anderen Europa verwirklicht" zu haben.[1] Der folgende Beitrag handelt weniger von dieser jüngsten Diskussion, sondern von innerhalb der Sozialdemokratischen Arbeiterpartei Schwedens (SAP) bis in die siebziger, ja achtziger Jahre vorherrschenden Auffassungen zur europäischen Zusammenarbeit. Zentrale Aspekte dieser früheren Diskussionen besitzen auch für die heutigen Stellungnahmen Gültigkeit. Ein Blick in die Parteiprogramme zeigt, daß die europäische Zusammenarbeit erst 1975 im Parteiprogramm der SAP direkt genannt wird. Es unterscheidet sich darin deutlich nicht nur von den Programmen der bürgerlichen Parteien in Schweden, sondern auch von denen der dänischen und norwegischen, vor allem aber der kontinentalen sozialdemokratischen Parteien, und auch von denen der Labour Party.

Vier Gesichtspunkte kennzeichnen die Europadiskussion in der schwedischen Sozialdemokratie nach dem Zweiten Weltkrieg, und alle weisen eher in negative Richtung, zumindest was die westeuropäische Zusammenarbeit betrifft:

1. Die Europabewegung, der Europarat, die Montanunion und schließlich die Europäische Gemeinschaft bezögen sich nur auf einen Teil Europas. Schweden wünsche aber, so heißt es vor allem in offiziellen Verlautbarungen immer wieder, Zusammenarbeit mit dem ganzen Europa zwischen Atlantik und Ural.

2. Die bestehende westeuropäische Zusammenarbeit besitze konservative Prägung und orientiere sich an Vorstellungen, denen man sich seitens der schwedischen Sozialdemokratie nicht unterwerfen wolle.

3. Die schwedische Politik der Bündnisfreiheit im Frieden, die auf eine Neutralität im Kriegsfall ziele, so die offizielle Formulierung der schwedischen Neutralitätspolitik, mache gewisse Formen schwedischer Zusammenarbeit mit Westeuropa unmöglich.

4. Ein vierter Gesichtspunkt hängt mit dem zweiten zusammen und bezieht sich auf das, was man als das „Schwedische Modell" bezeichnet. Danach begrenze eine engere Zusammenarbeit mit der Europäischen Gemeinschaft die schwedische Souveränität und damit auch die Entscheidungsfreiheit für spezifisch sozialdemokratische Lösungen gesellschaftspolitischer Fragen in Schweden.

Diese Gesichtspunkte tauchen während der verschiedenen Phasen der europäischen Integration nach dem Zweiten Weltkrieg in der einen oder anderen Form immer wieder auf.

1. Europabewegung und Europarat

Bereits während des Zweiten Weltkrieges formulierten eine Reihe von Gruppen der Widerstandsbewegungen in den besetzten Ländern und auch kleinere Gruppen in Schweden Gedanken über eine mögliche Einigung Europas. Man ging u.a. davon aus, daß Europa als „Dritte Kraft" zwischen den Vereinigten Staaten von Amerika und der Sowjetunion vermitteln und dem europäischen Kontinent gleichzeitig seine weltpolitische Bedeutung zurückgeben könnte. Als erstes, allerdings relativ bescheidenes Ergebnis dieser Bemühungen wurde im Mai 1949 der Europarat gebildet, dem Schweden von Anfang an angehörte.

Die Diskussionen im Koordinationskomitee der nordischen Arbeiterbewegung, in dem sich die Führungen der sozialdemokratischen Parteien und der Gewerkschaftsbünde der fünf nordischen Länder in der Regel zweimal im Jahr trafen, und im Committee of International Socialist Conferences (1947 – 1951, danach Sozialistische Internationale) zeigten aber ansonsten schwedischerseits eine deutliche Zurückhaltung. Diese äußerte sich auch in den Verlautbarungen sozialdemokratischer Vertreter Schwedens bei den internationalen und nordischen Konferenzen der Jahre 1948 und 1949, auf denen die europäische Zusammenarbeit häufig diskutiert wurde, daneben aber auch die Zusammenarbeit im Rahmen des Marshallplans bzw. der OEEC, deren politische Bedeutung Schweden möglichst reduzieren wollte. Die Führung der SAP antwortete auf die Föderationspläne, wie sie vor allem von kontinentalen westeuropäischen Sozialisten vorgetragen wurden, mit Protesten oder ausweichend.

Der Europarat war nach schwedischer Auffassung nicht viel mehr als ein Gesprächsforum. Eine Untersuchung der Abstimmungen im ersten Jahrzehnt des Europarates zeigt, daß die sozialdemokratischen Vertreter Schwedens am wenigsten integrationsfreundlich waren und am häufigsten vom Konsensus abweichend votierten, wenn es um die Stärkung der Organisation des Rates und um die Europapolitik ging. In dieser Hinsicht verhielten sich die britischen Konservativen und die übrigen skandinavischen Sozialisten ungefähr in gleicher Weise ablehnend.[2]

Es läßt sich zusammenfassend feststellen, daß man in der SAP zu diesem Zeitpunkt den Europarat keineswegs als die geeignete Institution für eine weitere europäische Integration ansah, im übrigen gehörte Osteuropa ja auch nicht dazu. In der Parteiführung interessierte man sich ansonsten kaum für eine engere Zusammenarbeit der europäischen Staaten.

2. Schumanplan 1950 und Edenplan 1952

Am 9. Mai 1950 trug der französische Außenminister Robert Schuman seinen Plan für eine europäische Zusammenarbeit in der Produktion von Kohle und Stahl vor, der zur Bildung der Montanunion führte und eine Vorstufe des Zusammenschlusses der „Sechs" im Rahmen von EWG/EG darstellte. Ursprünglich ging eine allgemeine, zumindest formale Einladung zur Teilnahme an dieser Zusammenarbeit auch an Großbritannien und an die skandinavischen Staaten, aber die Briten lehnten ab, und auch die Skandinavier wollten oder konnten sich nicht beteiligen.

Die Sozialistische Internationale griff die Frage bei mehreren Gelegenheiten auf. Auch schwedische Vertreter beteiligten sich an den entsprechenden Beratungen. In der Regel befanden sie sich in der Defensive, da in dieser Zeit auch unter den Mitgliedsparteien der Sozialistischen Internationale die Auffassung vorherrschte, daß man alle Kräfte sammeln müsse, um „der kommunistischen Expansion" bzw. „der Bedrohung durch die Sowjetunion" zu begegnen.[3]

Auch die innernordische Debatte, so etwa die im Koordinationskomitee der Arbeiterbewegung, ergab, daß über die europäische Zusammenarbeit keine Einigkeit herrschte. Die Finnen beteiligten sich gar nicht erst an der Diskussion. Die Dänen waren eher europafreundlich eingestellt. In Dänemark waren auch die bürgerlichen Parteien stärker an einer europäischen Zusammenarbeit interessiert, als das in Schweden der Fall war. Aber ein noch deutlicherer Unterschied bestand im Verhältnis zur norwegischen Auffassung. Die norwegischen Vertreter waren der Meinung, daß Westeuropa für eine wirklich erfolgversprechende Zusammenarbeit zu schwach sei. Stattdessen sollte man in allen Bereichen, nicht nur in dem der Sicherheit, sondern auch auf anderen politischen und wirtschaftlichen Gebieten eine europäisch-atlantische Zusammenarbeit anstreben.

Die norwegischen Vorschläge liefen darauf hinaus, OEEC, NATO und Europarat zu integrieren, ein Gedanke, der in modifizierter Form im „Edenplan" von 1952 wiederkehrt. Nach diesem Plan sollten Europarat, Montanunion und die Europäische Verteidigungsgemeinschaft („Plevenplan" für die Europaarmee der „Sechs" vom Oktober 1950) so kombiniert werden, daß der Europarat eine Art Dachorganisation darstellte.

Der Schumanplan wurde in Parteivorstand und Fraktion der SAP kaum diskutiert, was vielleicht doch etwas überraschend ist, wenn man an die zukünftige Bedeutung dieses Planes denkt. Dagegen wurde in der Zeitschrift der SAP „Tiden" eine Reihe sehr kritischer Artikel über „Klein-Europa" publiziert. Die Verfasser interpretierten, wie es auch sonst häufig in Schweden geschah, die auf die „Sechs" begrenzten Integrationsbemühungen als Versuch der konservativen und katholischen Kräfte auf dem Kontinent, das protestantische Großbritannien und das ebenfalls protestantische Skandinavien von der europäischen Zusammenarbeit auszuschließen. Mit sozialdemokratischen Regierungen in den Ländern der „Sechs" würde die Situation allerdings eine andere sein.[4]

Dagegen wurde der „Edenplan" jedoch am 22.4.1952 in der Fraktion und im Mai 1952 auch in beiden Kammern des Reichstages behandelt. Schweden konnte selbstverständlich, darüber herrschte Einigkeit, die damit angestrebte sicherheitspolitische Erweiterung der Aufgaben des Europarates nicht akzeptieren. Dieser erschien den Schweden als Forum für Diskussionen auch zu Fragen einer engeren wirtschaftlichen Zusammenarbeit, wichtig und als „Treffpunkt für Parlamentarier aus den Mitgliedsländern" wertvoll, aber kaum für mehr.[5] Gleichzeitig suchte man nun aber nach Wegen, um durch eine erweiterte Zusammenarbeit zwischen den nordischen Staaten ähnliche Vorteile zu erreichen wie durch die westeuropäische Integration. Diese Versuche blieben allerdings vorerst wenig erfolgreich.

3. Schweden und die Europäische Wirtschaftsgemeinschaft

Mit der Unterzeichnung der Römischen Verträge war der Versuch, die OEEC zu einem ganz Westeuropa umfassenden Freihandelsgebiet auszubauen, gescheitert. Die Staaten außerhalb der EWG gründeten stattdessen die Kleine Freihandelszone (EFTA), nicht zuletzt auf schwedisches Betreiben hin. Der EFTA-Vertrag trat im Mai 1960 in Kraft und führte zu einer auch aus nordischer Sicht sehr erfolgreichen Zusammenarbeit.

Eine neue Lage entstand, als die EFTA-Staaten Großbritannien, Irland und Dänemark, dann auch Norwegen um Mitgliedschaft in der EWG nachsuchten. Als direkte Folge davon beantragten die drei Neutralen Schweiz, Österreich und Schweden die Assoziierung an die EWG.

Mit dem Veto Frankreichs gegen die Mitgliedschaft Großbritanniens im Januar 1963 – „eine große Erleichterung für uns", wie Tage Erlander nachträglich feststellte[6] – wurden auch die Anträge der Neutralen auf Assoziierung hinfällig. Damit war auch die erste Phase der Beziehungen Schwedens zur EWG beendet.

Die interne und öffentliche Europadebatte in der schwedischen Sozialdemokratie während dieser Phase wurde mit relativ großer Härte geführt, da in der Partei erhebliche Gegensätze bestanden, die allerdings nicht so tiefgehend waren wie die in Norwegen vor der Volksabstimmung über den Anschluß an die EG im Jahre 1972. Die vier oben genannten kritischen Gesichtspunkte wurden noch einmal sehr prägnant von Tage Erlander auf dem Kongreß des Verbandes der Metallindustriearbeiter im August 1961 formuliert. Diese von Olof Palme mitformulierte Rede stellt noch heute ein viel zitiertes Schlüsseldokument im Zusammenhang der schwedischen Europadiskussion dar. Erlander machte hier erneut klar, daß Schweden die EWG-Frage als rein wirtschaftliches Problem zu betrachten wünsche,[7] d.h. man wollte zwar einen intensiveren Handelsaustausch, jedoch nur unter völliger Beibehaltung der eigenen Souveränität.

Ein Anschluß an die Entwicklung in Richtung eines Staatenbundes oder gar Bundesstaates auf dem Kontinent entsprach somit nicht schwedischen Wunschvorstellungen. Das Haupthindernis war der Neutralitätsvorbehalt, der einer schwedischen Mitgliedschaft in doppelter Weise im Wege stand. Zum einen war nämlich die politische Orientierung der EWG als „Verteidigungsorganisation gegen den Kommunismus" und ihre Zielsetzung, „die atlantische Allianz zu verstärken", wie Erlander es – nach vorausgegangenen Gesprächen mit westeuropäischen sozialdemokratischen Parteiführern – formulierte, nicht mit der Neutralitätslinie Schwedens vereinbar. Zum anderen setzte Neutralität uneingeschränkte Souveränität und Bewegungsfreiheit im internationalen Bereich voraus, ein Argument, welches mit dem Hinweis auf eine Reihe von Grundsätzen präzisiert wurde, die in der Beibehaltung einer selbständigen Handelspolitik dritten Ländern (Entwicklungsländern, Osteuropa) gegenüber, in der Notwendigkeit einer eigenen wirtschaftlichen Verteidigungsfähigkeit (Bereitschaftslager) und in dem Recht, einen eventuellen Mitgliedschaftsvertrag im Falle einer internationalen Krisenlage aufkündigen zu können, gesehen wurden.

Ein weiteres Hauptargument war innenpolitischer Art und bezog sich auf die schwedische Wirtschafts-, Sozial-, Steuer-, Arbeitsmarkt- und Landwirtschaftspolitik, auf Kapitalbewegungen und Zölle (heute würde man auch die Umweltpolitik nennen). Im Falle einer Mitgliedschaft, so die überwiegende Auffassung in der SAP, bestünde das Risiko eines Verlustes wichtiger Bestandteile des eigenen Gesellschaftsmodells. Vor allem das von Gunnar Myrdal mitverfaßte Buch „Vi och Västeuropa" spricht die Vorbehalte gegen ein engeres Zusammengehen mit der EWG unzweideutig aus, daß nämlich die EWG-Staaten „eine primitivere soziale Organisation" als Schweden besäßen. Damit sei eine enge Zusammenarbeit ausgeschlossen, denn diese würde für Schweden zu einer „sozialen Abrüstung" führen. Auch eine Assoziierung würde schließlich doch in eine Vollmitgliedschaft einmünden und bewirken, daß man die schwedische Politik der Bündnisfreiheit aufs Spiel setze.[8]

Nach dieser Auffassung besaß die europäische Zusammenarbeit auch keinen Wert an sich.

Nach 1967 änderte sich der Tenor der Europadiskussion in Schweden, auch wenn weiterhin die gleichen Argumente verwendet wurden und man auch kaum von einer prinzipiell anderen Einstellung zur europäischen Zusammenarbeit sprechen kann. Das wichtigste neue, allerdings nur kurzlebige Element in der Diskussion bestand darin, daß man nach Rückschlägen bei der Zusammenarbeit innerhalb der EWG einige Jahre lang in Schweden davon ausging, daß die politischen Zielsetzungen der Gemeinschaft weithin zurückgenommen worden seien. Man sah gleichzeitig ein, daß eine Reihe von Einwänden gegen die EWG aus den frühen sechziger Jahren kaum mehr gültig waren. Inzwischen hatte ja die Sozialdemokratie in Europa ihre Positionen verstärkt oder war auf dem besten Wege dazu; dies galt vor allem für die Bundesrepublik Deutschland. Die britische Labour Party nahm zumindest teilweise eine veränderte Haltung ein. Die Arbeiterparteien Dänemarks und Norwegens setzten sich mehrheitlich für die Mitgliedschaft in der EWG ein, wenn auch in beiden Ländern mit unterschiedlichem Erfolg. Auf dem außerordentlichen Parteitag der SAP im Oktober 1967, der nach dem Mitgliedsantrag Englands, aber vor dem zweiten Veto de Gaulles stattfand, nahm Außenminister Torsten Nilsson zur Frage „der politischen und wirtschaftlichen Integrationsbestrebungen in Europa", d.h. in erster Linie zu EWG und EFTA, aber auch zur „Frage einer näheren all-europäischen Zusammenarbeit" Stellung. Er betonte, daß Schweden „aktiv zur Schaffung eines europäischen Großmarktes beitragen" wolle, auch wenn das einige „Aufopferungen und Verpflichtungen" mit sich bringen würde. Es dürfe kein Zweifel an der schwedischen Bereitwilligkeit bestehen, einen Beitrag zu den Integrationsbestrebungen in Europa zu leisten. Jedoch könne in der Neutralitätspolitik eventuell ein Hindernis für die Mitgliedschaft in der EWG liegen.[9]

Vorerst stellte Schweden einen „offenen Antrag" an die EWG, d.h. man schloß die Mitgliedschaft nicht mehr aus, da man es für wahrscheinlich hielt, daß sich die Gemeinschaft nun mit wirtschaftlichen Kooperationsformen begnügen würde, eine Vermutung, die sich bald als unbegründet erweisen sollte, so daß die Neutralitätspolitik doch ein Hindernis darstellte. Abgesehen davon tauchen in dieser Rede, die ansonsten keineswegs im gleichen der EWG gegenüber unfreundlichen Ton wie Erlanders „Metall-Rede" gehalten war, wiederum die vertrauten Argumente auf. So verwies Nilsson erneut auf das ganze Europa, mit dem Schweden zusammenarbeiten wolle. Wirtschaftlich meinte er damit in erster Linie die EFTA-Länder, da der Handel mit Osteuropa relativ bescheiden war. Von anderen Bereichen der Zusammenarbeit außerhalb der Wirtschaft war ohnehin nicht die Rede.

Schließlich behielten aber die Gegner der EWG aufgrund der Entwicklung in der Gemeinschaft selbst faktisch vorläufig recht. Damit blieb für Schweden, wie auch für die anderen Neutralen, nur die Möglichkeit, ein Handelsabkommen zu schließen, eine Lösung, die sich dann als ausgesprochen vorteilhaft erwies. Zur Mitgliedschaft fehlten die Voraussetzungen.

Die Gegner sowohl der Mitgliedschaft als auch der Assoziierung argumentierten auch jetzt ähnlich wie früher: EWG/EG-Europa war für sie eine Feste der Reaktion, trotz Willy Brandt und anderer Gesinnungsgenossen auf dem Kontinent. Solche grundsätzlich kritischen Töne fanden sich dagegen nicht mehr in den Stellungnahmen der Parteiführung, deren Europa- und Freihandelspolitik die Unterstützung des Parteitages von 1972 erhielt.

4. Distanz zu „Europa"

Faßt man die oben skizzierten Stellungnahmen der schwedischen Sozialdemokratie bis in die achtziger Jahre zusammen, so könnte die Überschrift lauten: „Wo liegt Europa und was kostet es?". In den meisten Äußerungen zu Fragen der europäischen Integration ist eine gewisse Einseitigkeit festzustellen. Wirtschaftliche Fragen standen im Vordergrund; die schwedische Antwort auf die „europäische Herausforderung" beschränkte sich auf den Bereich besserer Handelsbeziehungen. Andere wichtige Gebiete wie Kultur, Forschung und soziale Aspekte blieben unberücksichtigt. Zudem wurden zwei zentrale Argumente der integrationsfreundlichen kontinental-europäischen Sozialisten, die vor allem in den ersten Nachkriegsjahren eine wichtige Rolle gespielt hatten, in der schwedischen Diskussion kaum beachtet, nämlich daß eine enge europäische Zusammenarbeit einen Krieg in (West-)Europa unmöglich mache und daß diese Zusammenarbeit die Grundlage für eine effektive Wirtschaftsplanung, sozusagen eine europäische sozialistische Planwirtschaft bilden könnte.

Sucht man nach Erklärungen, so ist ein erster Grund für die geringe Resonanz und das oft mangelnde Interesse an Europa in dem bereits mehrfach erwähnten sicherheitspolitischen Vorbehalt, d.h. in der Neutralitätspolitik zu suchen. Es war nicht möglich, sich über dieses Hindernis hinwegzusetzen, und man sah somit keinen Weg, zu einer engeren, europäischen Zusammenarbeit zu kommen.

Ein zweiter Grund kann in einem einseitigen „Ökonomismus" im ideologischen Profil der SAP liegen und in einer gewissen Selbstzufriedenheit mit den Erfolgen und Perspektiven der schwedischen Wohlfahrtsgesellschaft der fünfziger und sechziger Jahre, der sog. „Erntezeit" der schwedischen Arbeiterbewegung. Für die kontinental-europäischen Parteien sahen die Voraussetzungen damals anders aus. Mittelfristig unterschätzte die SAP zweifellos das soziale Entwicklungspotential der EWG/EG.

Hier läßt sich die These aufstellen, daß eine Wohlfahrtsgesellschaft wenig integrationsbereit ist, besonders wenn sie sich, wie die schwedische, als weiter entwickelt betrachtet als die Gesellschaften bzw. Staaten, mit denen eine Integration stattfinden könnte. Mehr als deutlich formuliert wurde das, wie oben bereits zitiert, u.a. von Professor Gunnar Myrdal während der Europa-Diskussionen im Jahre 1962 und dann wieder 1971: Schweden könne bei einer Integration mit „primitiveren Gesellschaftsordnungen" als der eigenen, d.h. den EWG/EG-Staaten, nur verlieren.[10]

Gleichzeitig läßt sich aber feststellen, daß man das Entwicklungspotential der EWG/EG auch im Bereich des Wohlfahrtsstaates unterschätzte.

Drittens läßt sich aus zentralen schwedischen Aussagen zu Fragen der europäischen Integration eine gewisse Berührungsangst gegenüber dem Kontinent mit seiner bunten, unüberschaubaren und auch beunruhigenden Vielfalt und seinen andersartigen kulturellen Traditionen herauslesen, die wohl in der ganzen schwedischen Linken vorhanden war. So griff man in der SAP immer wieder gern die kritischen Worte Kurt Schumachers von den vier „K's" auf, die die westeuropäischen Integrationsbestrebungen kennzeichneten: Kapitalismus, Klerikalismus, Konservatismus und Kartelle,[11] wobei man in Schweden auch Klerikalismus und Kartelle durch Katholizismus und Kolonialismus ersetzte. Vermutlich sind in diesem etwas vage bleibenden Zusammenhang Erklärungen dafür zu suchen, warum man in der schwedischen Diskussion Aspekte vermißt, die sich auf den Austausch von Menschen und Ideen beziehen, d.h. auf die Aufhebung der Grenzen für andere Dinge als nur Waren.

Positiv ausgedrückt, betrachtet sich viertens die schwedische Sozialdemokratie gemeinsam mit der alten Bauern-, der heutigen Zentrumspartei in besonderem Maße als Erbe eines im Verhältnis zum übrigen Europa anderen und peripheren Kulturgutes, einer eigenen, vom kontinentalen Europa abweichenden nordischen Identität.[12] Man muß sich fragen, ob nicht solche Vorstellungen eine Rolle spielen, wenn das Neutralitätsargument und eine auf Verhältnisse „dort unten in Europa" bezogene Gesellschaftskritik mit so großer Selbstverständlichkeit in die Europadiskussion eingebracht werden.

Anmerkungen

1. Andersson, St.: Utrikesministerns Öppningsanförande 18 maj 1988 vid Utrikespolitiska institutets och Arbetarrörelsens arkivs konferens „Socialdemokratin och svensk utrikespolitik fran Branting till Palme" (= Eröffnungsansprache des Außenministers am 18. Mai 1988 bei der Konferenz des Institutes für Außenpolitik und des Archivs der Arbeiterbewegung über „Sozialdemokratie und Außenpolitik von Branting bis Palme"), Redemanuskript, Außenministerium, Stockholm 1988
2. Haas, E.: Consensus Formation in the Council of Europe, Berkeley 1960, S. 25 ff
3. So z.B. bei der Comisco-Sitzung in London und Paris 1950; vergl. Misgeld, K.: Sozialdemokratie und Außenpolitik in Schweden. Sozialistische Internationale, Europapolitik und die Deutschlandfrage 1945-1955, Frankfurt am Main, New York 1984, S. 224-243
4. So z.B. in Tiden 2/1952, S. 559 f: Enhet mit förhinder (= Einheit mit Hindernissen) oder 2/1957, S. 117 f: Inställningen till Europa (= Die Einstellung zu Europa)
5. Proposition (= Regierungsvorschlag) Nr. 237, AK (= 2. Kammer) u. FK (= 1. Kammer) 23.5.1952; AK 27.5.1952, Nr. 22, § 11, S. 95-98; Proposition Nr. 229, AK u. FK 20.5.1953
6. Erlander, T.: 1960 – talet. Samtal med Arvid Lagercrantz, Stockholm 1982, S. 134
7. Svenska Metallindustriarbetareförbundets 26:e ordinarie kongress (= 26. Ordentlicher Kongreß des schwedischen Verbandes der Metallindustriearbeiter), Protokoll 20.-25. August 1961, S. 194-204; vgl. auch T. Erlander, a.a.O., S. 125
8. Ekström, T., G. Myrdal u. R. Palsson: Vi och Västeuropa. Uppfordran till eftertanke och debatt (= Wir und Westeuropa. Aufforderung zum Nachdenken und zur Debatte), Stockholm 1962; 2. Auflage: Vi och Västeuropa. Andra ronden (= Wir und Westeuropa. Zweite Runde), Stockholm 1971
9. Protokoll extrakongress 21.-23. Oktober 1967, S. 448 f
10. siehe Anmerkung 8
11. Vergl. Loth, W.: Die Teilung der Welt. Geschichte des Kalten Krieges 1941-1955, München 1980
12. Vergl. Klinge, M.: Norden och Europa (= Der Norden und Europa), in: I kontinentens utkant (= Am Rande des Kontinents), Stockholm 1986, S. 41-62

Johan Galtung

Überlegungen zum norwegischen Referendum von 1972

Im September 1972 fand in Norwegen das Referendum über den Beitritt des Landes zur Europäischen Gemeinschaft statt. Die Mehrheit der Norweger, 53,3 Prozent der Wahlberechtigten, lehnten damals diesen Beitritt ab und nur 46,5 Prozent stimmten dafür, sehr zur Überraschung der Regierung, die offenbar eine Mehrheit für die EG-Mitgliedschaft erwartet hatte. Warum, so ist zu fragen, entschied sich die norwegische Bevölkerung in dieser Weise, und welche Position bezog dabei die Arbeiterklasse? Darunter sollen hier diejenigen verstanden werden, die im primären, sekundären oder tertiären Wirtschaftssektor hauptsächlich manuelle Tätigkeiten verrichten. Natürlich sind im Zusammenhang mit der EG-Abstimmung eine Fülle wichtiger Faktoren von Bedeutung. Vereinfachend kann man jedoch die norwegische Bevölkerung in ein „Zentrum" und eine „Peripherie" aufteilen, wobei all jene dem „Zentrum" zuzuordnen sind, die in der geographischen Mitte des Landes und in den Städten leben, von denen es in Norwegen nur sehr wenige gibt. Es handelt sich dabei um Personen mit überdurchschnittlichem Einkommen und überdurchschnittlicher Bildung, die im sekundären und tertiären Sektor tätig sind und keine manuellen Arbeiten verrichten. In der „Peripherie" finden sich dagegen solche Menschen, die in ländlichen Zonen beheimatet sind, über ein unterdurchschnittliches Einkommen verfügen, ein niedrigeres Bildungsniveau haben und als Handarbeiter tätig sind.[1] Es versteht sich von selbst, daß diese Unterteilung eine Vielzahl von Zwischenkategorien einschließt, die durchaus von Bedeutung sind, wie sich später zeigen wird.

Im großen und ganzen stieß der EG-Beitritt mit seinen tiefgreifenden Auswirkungen auf die privaten Verhältnisse und den Alltag der Bevölkerung, auf die innenpolitische Situation Norwegens sowie auf die Beziehungen zum übrigen Europa und der übrigen Welt erwartungsgemäß auf Widerstand in der „Peripherie" und auf Zustimmung im „Zentrum", wo man Veränderungen offener gegenüberstand, zumal dann, wenn man Vorteile für sich erhoffte.

Dies schlug sich ziemlich eindeutig im Abstimmungsergebnis nieder. Die Voten zugunsten der Europäischen Gemeinschaft kamen in überdurchschnittlichem Maße aus Bezirken des „Zentrums" (70 Prozent für und 23 Prozent gegen den Beitritt) und umgekehrt die Stimmen gegen den Beitritt aus der Peripherie (16 Prozent für und 64 Prozent dagegen, in einigen Kommunen der Peripherie votierten bis zu 93 Prozent der Wahlberechtigten gegen den Beitritt). Dazwischen existierte eine gleichmäßige Folge prozentualer Übergangswerte. Alter und Geschlecht spielten beim Abstimmungsverhalten nur eine untergeordnete Rolle.[2] Bei dem Referendum handelte es sich um das Ergebnis eines politischen Meinungsbildungsprozesses, bei dem, was recht selten vorkommt, dem Volk in einer konkreten Frage Entscheidungsgewalt übertragen worden war. Hier ging es nicht nur um die Wahl zwischen Parteiprogrammen oder politischen Repräsentanten, die nach der Wahl ohnehin alle auftretenden Probleme nach eigenem Gutdünken angehen, in der Hoffnung, sie vor der nächsten Wahl irgendwie bereinigt zu haben. Vielmehr hatte man es hier mit realer Politik und realer Demokratie zu tun, mit einem Experiment, dessen Wiederholung die norwegische Regierung in naher Zukunft tunlichst vermeiden wird. Wenn es im Jahre 1992 zur Errichtung eines einheitlichen Europäischen Binnenmarktes kommt, könnte sie allerdings noch einmal den Versuch wagen, die EG als Lösung für Norwegens Schwierigkeiten anzubieten. Damals, im Jahre 1972, spielten nicht nur der allgemeine Widerstand der „Peripherie" und die Zustimmung des „Zentrums" eine Rolle. Die geplante Mitgliedschaft in der Europäischen Gemeinschaft – meist war die Rede vom „Gemeinsamen Markt" – hätte für Norwegen eine Reihe besonderer Probleme mit sich gebracht, die auf persönlicher, nationaler und internationaler Ebene angesiedelt waren und entsprechend diskutiert wurden.

In erster Linie stellte sich natürlich die Frage, ob dem einzelnen aus einem EG-Beitritt Vor- oder Nachteile erwachsen würden. Aufgrund der damals bereits vorhandenen Erfahrungen mit der Europäischen Gemeinschaft bestand darüber relativ große Klarheit. Vereinfacht läßt sich das, was von einem EG-Beitritt damals erwartet wurde, folgendermaßen zusammenfassen:

Der Primärsektor, die Landwirtschaft, die Fischerei und der Bergbau befürchteten, sie würden erhebliche Nachteile in Kauf nehmen müssen. Die norwegische Landwirtschaft erschien im Wettbewerb mit der kontinentalen nicht konkurrenzfähig, da hier nicht Großbetriebe, sondern der kleine und mittlere Familienbetrieb vorherrschten, vor allem in der „Peripherie". Auch befürchtete man den Verlust staatlicher Subventionen. Entsprechend massiv war der Widerstand der Bauern, die ihre Position nicht nur mit ökonomisch-rationalen Argumenten untermauerten, sondern auch mit Slogans wie „Bauer sein ist kein Gelderwerb, sondern eine Lebensform". Diese Art des Widerstandes artikulierte sich stärker bei Kleinbauern. Für Besitzer größerer Höfe traf dies weniger zu, weil der konservative Charakter der Europäischen Gemeinschaft am ehesten ihren eigenen Vorstellungen entsprach, und weil sie hofften, im Konkurrenzkampf vielleicht doch mithalten zu können. Nahezu vollständig lehnten die Fischer den EG-Beitritt ab, da sie die Unterlegenheit der norwegischen Fischerei gegenüber der Konkurrenz europäischer Trawler-Flotten klar erkannten; denn der Beitritt hätte jenen das Recht zum Fischfang in norwegischen Fjorden eingeräumt und damit den Lebensunterhalt der zahlreichen Fischer entlang der ausgedehnten norwegischen Küste bedroht. Mit anderen Worten: der Wohnort innerhalb des Landes – hier: in der „Peripherie" und/oder auf dem Lande – bestimmte in entscheidendem Maße auch die Einstellung zur EG.

Für den sekundären Sektor ergab sich eine etwas komplexere Situation. Im Hinblick auf die norwegische Industrie läßt sich zwischen einem exportorientierten und einem hauptsächlich für den inländischen Markt produzierenden Zweig unterscheiden. Im großen und ganzen kann man nun feststellen, daß die

Arbeiter in der exportorientierten Industrie mit ihren Arbeitgebern insofern übereinstimmten, als sie von der Mitgliedschaft in der Europäischen Gemeinschaft infolge des großen zollfreien Marktes Vorteile für die norwegische Industrie erwarteten. Kleinere Unternehmen, die in erster Linie für den inländischen Markt produzierten, vertraten genau die entgegengesetzte Meinung, und dies wohl zu Recht: Im aussichtslosen Konkurrenzkampf mit den mächtigeren kontinentalen Industriekonzernen erwarteten sie für sich nur den Untergang. Auch die Arbeiterklasse im sekundären Sektor war an dieser Frage gespalten, was einen Bruch auch innerhalb der Norwegischen Arbeiterpartei nach sich zog, wobei die eine Fraktion genauso massiv gegen den Beitritt zu Felde zog wie die andere ihn befürwortete; dieser Riß ist in gewisser Weise heute noch in der Partei spürbar. Es handelte sich aber keineswegs um einen Gegensatz zwischen „modern" und „traditionell" oder zwischen „kosmopolitisch" und „provinziell", vielmehr spiegelte sich hier ein Konflikt gegensätzlicher Interessen wider.

Auch im tertiären Sektor der Wirtschaft ergab sich ein unterschiedliches Bild. Ebenso wie im sekundären ist auch hier zwischen inländisch- und exportorientierten Dienstleistungsunternehmen zu unterscheiden. Auf der einen Seite standen etwa Reedereien mit Großraumkapazitäten und andere Unternehmen – wobei der Mineralöltransport zu diesem Zeitpunkt noch keine Rolle spielte –, die von größeren Märkten für ihre Dienstleistungen träumten; auf der anderen Seite gab es kleinere Unternehmen, beispielsweise örtliche Banken oder Versicherungen, die die kontinentale Konkurrenz fürchteten. Vergleichbares traf vermutlich auch für den Bereich der öffentlichen Verwaltung zu. Das norwegische Außenministerium etwa war sicherlich begierig, am Ruhm und Glanz der Europäischen Gemeinschaft teilzuhaben, „am Tisch der Großen zu dinieren", und besaß zumindest die Illusion, bei wesentlichen Entscheidungen mitreden zu können. Andererseits sah mancher Lokalpolitiker in einer kleinen Kommune jene Autonomie, die er Oslo gerade in langwierigen Kämpfen abgetrotzt hatte, nun durch Brüssel gefährdet. Ähnliches traf auch auf die Intellektuellen zu, die sich an den Universitäten in hohem Maße gegen den Beitritt Norwegens zum Gemeinsamen Markt engagierten: Viele von ihnen waren möglicherweise der Ansicht, sie verfügten über ein – spezifisch norwegisches – Expertenwissen, das durch ausländische Konkurrenz nicht nur unterwandert, sondern gänzlich bedeutungslos werden könnte, und dies würde ihnen und letztlich der ganzen Nation Schaden zufügen.

Faßt man diese Punkte zusammen, so ist folgendes bemerkenswert: Eine Analyse der individuell ausgerichteten Interessen der Bauern, Fischer und Arbeiter in kleinen Industrieunternehmen, die für den örtlichen oder höchstens inländischen Markt produzieren – nach obiger Definition in der „Peripherie" des Landes angesiedelt – zeigt, daß dem Widerstand gegen die Europäische Gemeinschaft die Überzeugung zugrunde lag, der Beitritt lasse einem lediglich eine Galgenfrist bis zum wirtschaftlichen Ruin. Im Vergleich hierzu war die Situation in Dänemark eine völlig andere: Hier waren die Bauern im großen und ganzen davon überzeugt, daß die Mitgliedschaft in der EG ihnen Vorteile bringen würde, ihre Produkte, die wegen ihrer Qualität und ihrer Preise einen guten Ruf besaßen, hätten nun zollfreien Zugang zu viel größeren Märkten als bisher. Dies macht deutlich, daß im Gegensatz zu gelegentlich geäußerten Auffassungen von einer generellen Unbeweglichkeit der „Peripherie" nicht die Rede sein kann, und zeigt auch, wo die wirklchen Ursachen des massiven Widerstandes innerhalb Norwegens lagen. Auch in Großbritannien hatte man mit dem Beitritt zur EG große Erwartungen verbunden, doch ist nicht sicher, ob die Entwicklung jenen Recht gegeben hat, die deutlich verbesserte Absatzmöglichkeiten für britische Güter und Dienstleistungen vorausgesagt hatten. Vielleicht liegt hier einer der Gründe für die Skepsis der Engländer gegenüber weitergehenden Integrationsbemühungen innerhalb der Gemeinschaft.

Auf der nationalen Ebene schließlich bestand unter Norwegern, vor allem innerhalb der norwegischen Arbeiterklasse, die verbreitete Furcht, neben einer Schwächung der Position der Gewerkschaften und ihrer Rechte würden die Errungenschaften des norwegischen Wohlfahrtsstaates, das engmaschige Netz, durch den Beitritt zur Europäischen Gemeinschaft in Gefahr geraten. Eine Vielzahl von Statistiken wurde präsentiert, mit denen nachgewiesen werden sollte, daß das norwegische Modell des Wohlfahrtsstaates den Interessen und Bedürfnissen der Bürger Norwegens am besten entspreche, besser jedenfalls als das irgendeines EG-Mitgliedlandes. Von anderen wurde versucht, genau das Gegenteil zu beweisen, da man eine norwegische Überlegenheit auf diesem Gebiet nach einer ausgedehnten Regierungsperiode der Konservativen nicht mehr unbedingt als gegeben ansah. Was daran nun richtig oder falsch war, mag dahingestellt bleiben, jedenfalls blieb die ablehnende „Peripherie" bei ihrer ablehnenden Haltung. Diese Debatten bewirkten aber auch eine Verunsicherung bei Bevölkerungsgruppen aus dem „Zentrum".

Auch Fragen der internationalen Politik spielten in den Auseinandersetzungen eine große Rolle. In Norwegen gelten ethische Prinzipien sehr viel und es besteht eine erhebliche Bereitschaft zur Solidarität mit den Unterdrückten und Ausgebeuteten dieser Welt. Probleme der Friedenssicherung oder der Dritten Welt und entsprechendes Engagement der Vereinten Nationen werden sehr ernst genommen. Konnte man in der Europäischen Gemeinschaft wirklich ein Element der Friedenssicherung sehen? Leistete sie einen Beitrag zur Lösung des Problems der armen Länder? Wie stand es mit ihrem Verhältnis zur UNO? Zu all diesen Fragen gab es äußerst kontrovers geführte Auseinandersetzungen. Dabei lehnten die einen die Europäische Gemeinschaft ab, da sie zu groß sei, während die anderen der Meinung waren, sie sei zu klein. Niemand bestritt die Rolle der Europäischen Gemeinschaft als Garant für freundschaftliche Beziehungen zwischen ehemals verfeindeten Völkern und Staaten, so etwa zwischen Deutschland auf der einen und Frankreich und später Großbritannien auf der anderen Seite. Dem wurde entgegengehalten, daß Norwegen nie jemanden angegriffen habe und deshalb auch keinen Anlaß zu sehen brauche, für aggressive Neigungen mit eingeschränkter Souveränität büßen zu müssen. Wer die Europäische Gemeinschaft als zu groß ablehnte, sah durch diese Größe die Unabhängigkeit Norwegens bedroht und vielleicht auch das friedliche Neben- und Miteinander von „Groß" und „Klein" innerhalb des Landes. Jene, die der Meinung waren, die Europäische Gemeinschaft sei zu klein, begründeten dies damit, daß Norwegen sich als Teil der Weltgemeinschaft und vor allem der Vereinten Nationen betrachte, die Europäische Gemeinschaft sei aber nur als kleiner Teil eines Gesamtsystems anzusehen, der jedoch voller Ehrgeiz den Status einer Supermacht anstrebe, womit man als Norweger nichts zu tun haben wolle. Die Ansicht, die EG sei für Norwegen zu groß, fand vor allem in der „Peripherie" Anklang, während der gegenteilige, kosmopolitische Standpunkt eher dem „Zentrum" zuzuordnen war. Beide Positionen trafen sich im gemeinsamen Kampf gegen die norwegische EG-Mitgliedschaft, und es gelang ihnen letztlich, diese zu verhindern. Aber wäre Norwegen als EG-Mitglied nicht auch Nutznießer des EG-Entwicklungsfonds zur Unterstützung unterentwickelter Gebiete geworden? Möglicherweise glaubt man in Norwegen, das Land könne daraus keinen Vorteil ziehen, da es hier keine größeren Gebiete dieser Art gebe. Eventuell befürchtete man auch, die Annahme von Geldern aus EG-Kassen werde mit Auflagen verbunden sein, bedeute also eine Einmischung in die inneren Angelegenheiten des Landes. Auf jeden Fall wurde den entgangenen EG-Mitteln kein besonderes Gewicht beigemessen. Stärker hingegen war ein diffuses Gefühl der Bedrohung Norwegens, teilweise war wieder von dem alten konfessionellen Gegensatz zwischen Katholizismus und Protestantismus die Rede, wurden Szenarien von einer Überschwemmung des protestantischen Norwegen durch Katholiken vom Kontinent entworfen, die sich primär auf die Tatsache stützten, daß die Gründungsverträge der Europäischen Gemeinschaft im Jahre 1957 in Rom unterzeichnet worden waren, für einige ein durchaus wichtiges Argument. Die Norweger hatten also eine Reihe von Gründen, und nicht einmal nur schlechte, um gegen den Beitritt zu stimmen. Die Bewohner der „Peripherie" fürchteten um ihre fundamentalen Interessen, ob sie nun im primären, sekundären oder tertiären Sektor tätig waren; in ihren Augen bedrohte die Mitgliedschaft den norwegischen Wohlfahrtsstaat und unterminierte die christliche Identität des Landes. Sie waren der Ansicht, daß für Norwegen als ein „Land ohne koloniale Vergangenheit" ehemalige Kolonialmächte keine gute Gesellschaft darstellten. Auf der anderen Seite glaubten viele Bewohner des „Zentrums", daß sie individuelle Vorteile erlangen könnten, das soziale Netz sei ohnehin nicht für sie konzipiert worden, und sie hätten deshalb auch nicht viel zu verlieren. Dies mag auf das obere Drittel der norwegischen Bevölkerung zutreffen, das über die legendären norwegischen Steuern mehr für soziale Absicherung aufbringt, als es jemals in Anspruch nimmt. Aus der Sicht dieser Bevölkerungsschichten bestanden keine Gegensätze zwischen den Interessen der größeren europäischen Kontinentalmächte und denen Norwegens, solange das Land davon profitieren könnte.

Das Referendum hat das Land in zwei Teile geteilt. Dieser Bruch ist bis heute noch spürbar und hat auch die norwegische politische Klasse so weit gelähmt, daß sie es bis jetzt, siebzehn Jahre nach dem Referendum, noch nicht wieder gewagt hat, die Frage des EG-Beitritts in ihrem ganzen Ausmaß neu zu diskutieren. Bislang existiert kein Gesamtkonzept über das Verhältnis Norwegens zur EG, es werden lediglich hier und da Überlegungen über die Anpassung bestimmter Detailbereiche an die entsprechenden Regelungen in der Gemeinschaft angestellt. In einem gewissen Umfang wird die Gesamtproblematik mittlerweile jedoch von der Linken aufgeworfen, welche in der Europäischen Gemeinschaft ein mögliches Gegengewicht zu den Vereinigten Staaten vor allem im Bereich der Außenpolitik sieht. Die EG erscheint in diesem Zusammenhang als einziges wirksames Mittel und auch stark genug, um dem transatlantischen Giganten Paroli bieten zu können. Man ist der Auffassung, von den Vereinigten Staaten gehe die Hauptbedrohung für den Weltfrieden aus, sie gefährdeten die Existenz der UNO und seien in erster Linie verantwortlich für den mangelnden sozio-ökonomischen Fortschritt in weiten Teilen der Welt. Hier kommt nun die Logik „der Feind meines Feindes ist mein Freund" ins Spiel, so daß aus einstigen Gegnern der Europäischen Gemeinschaft nun plötzlich Fürsprecher werden. Die Europäische Gemeinschaft erscheint nun nicht mehr als weltpolitisch zu unbedeutend oder als bedrohlich groß für Norwegen, sondern als Gegengewicht zu einer Supermacht, die es endlich gelte, in die Schranken zu weisen. Hinter dieser Auffassung verbirgt sich weiterhin eine Überlegung, die in allen Teilen des politischen Spektrums eine Rolle spielt: Norwegen sei zu klein und brauche den Anschluß an eine Führungsmacht, wie es Großbritannien bis 1940 oder die Vereinigten Staaten nach 1945 gewesen seien. Mit dem Niedergang der USA könnte die EG diesen Platz einnehmen. Die Sowjetunion käme für eine solche Rolle dagegen niemals in Frage.

Wie die zukünftige Entwicklung auf diesem Gebiet aussehen wird, ist schwierig vorauszusagen, vieles davon entzieht sich auch norwegischer Einflußnahme. Dennoch lassen sich einige Vermutungen anstellen:

Zunächst ist es zweifelhaft, ob mit dem Beitritt zur Europäischen Gemeinschaft in den entsprechenden Ländern wirklich wirtschaftlicher Aufschwung in dem erwarteten Umfang stattfindet; denn das ökonomische Wachstum konzentriert sich heute mehr auf den Osten und Südosten Asiens als auf Westeuropa. Folglich muß auch die Europäische Gemeinschaft mit anderen als nur mit wirtschaftlichen Maßstäben gemessen werden. In Norwegen neigen viele, besonders innerhalb der Arbeiterbewegung, im Gegensatz zu Vertretern größerer Unternehmen, dazu, Fragen der internationalen Politik mit moralischen Kriterien zu beurteilen. Hier, wie auch in anderen kleineren westeuropäischen Staaten tritt man für ein starkes politisches Gegengewicht zu den USA ein. Denn es gibt zwar die Redewendung „small is beautiful", doch kann dieser Satz nicht darüber hinwegtäuschen, daß Schwäche auch Verletzlichkeit bedeutet. Das wesentliche Problem besteht jedoch darin, daß eine starke EG – über einen Antagonismus gegenüber den USA hinaus – ökonomisch und politisch stärker die Zusammenarbeit mit der UdSSR suchen könnte. Anderseits könnten die EG-Staaten, oder eher noch die Länder im Westen des Kontinents die Bildung einer (west-)europäischen Nuklearstreitmacht anstreben oder andere Großmachtambitionen hegen, etwa durch eine deutsch-französische oder deutsch-britische Zusammenarbeit. Einer ersten positiven Bewertung einer solchen Entwicklung – vor allem wegen der damit erreichten größeren Unabhängigkeit von den USA – würde schon bald die schmerzliche Einsicht folgen, daß durch ein denkbares Arrangement der Nuklearmächte der Handlungsspielraum kleinerer Staaten noch weiter eingeengt wird.

Auch in einer Reihe aktueller außenpolitischer Fragen kann die Haltung der EG-Länder nicht gerade positiv beurteilt werden. So blieben beispielsweise die Sanktionen gegen das rassistische Regime in Südafrika weit hinter den entsprechenden Beschlüssen des US-Kongresses zurück. Überdies läßt sich feststellen, daß die EG-Länder – ähnlich wie die USA – über kein wirkliches Konzept zur Überwindung des internationalen Terrorismus verfügen. Auch sie verschließen sich weitgehend der Frage, warum der Terrorismus immer weiter um sich greift. Statt nach Ursachen und Motiven zu fragen, neigt man dazu, „search-and-destroy"-Methoden anzuwenden.

Zusammenfassend läßt sich sagen, daß vom Standpunkt politisch fortschrittlicher Kräfte innerhalb und außerhalb der Arbeiterbewegung die zukünftigen außenpolitischen Perspektiven sich keineswegs nur positiv darstellen. Möglicherweise gibt es aber noch andere, bislang kaum sichtbare Kräfte, die zu einer Veränderung des Gleichgewichtes führen könnten und aus deren Wirkung auf die Situation der arbeitenden Bevölkerung Europas ein entscheidender politischer Impuls erwachsen könnte.

Anmerkungen

1 Zu dieser Methode der Gesellschaftsanalyse vergl.: Galtung, J.: Social Position Theory, in: ders.: Peace and Social Structure, Essays in Peace Research, Volume III, Kopenhagen 1973
2 Vgl. hierzu: Gleditsch, N.P./O. Hellevik: Kampen om EF, Oslo 1977, S. 100ff

V. Die ökologische Herausforderung

Iring Fetscher

Ökologie und Demokratischer Sozialismus

Zwei Konzepte sozialistischer Gesellschaftsgestaltung sind in der Gegenwart gescheitert oder zumindest auf unüberwindliche Grenzen gestoßen: Erstens der evolutionistisch verkürzte Marxismus, der mit Hilfe von Produktivitäts- und Produktionssteigerung durch Planökonomie die freie Entfaltung eines jeden in einer klassenlosen Gesellschaft verwirklichen wollte und zweitens der reformistische Sozialismus, der durch wohlfahrtstaatliche Korrekturen der kapitalistischen Produktionsweise plus keynesianische Konjunkturausgleichspolitik soziale Ungerechtigkeit wenigstens minimieren wollte.

Das Projekt des planbürokratischen Sozialismus ist an der Unbeweglichkeit der Planbehörden, an den ungemein hohen Kosten einer doppelten Verwaltung durch Staats- und Parteiorgane und an der Eliminierung aller sozialen Elemente und Institutionen der kritischen Korrektur und des realen Wettbewerbs gescheitert. Man kann das zwar historisch auf den unzulänglichen Reifegrad der dem Sozialismus vorangegangenen Gesellschaften erklären, aber das dort entwickelte Modell hat auch in weiter fortgeschrittenen Gesellschaften keine Erfolge gezeitigt. Genauer gesagt, seine Leistungsfähigkeit war auf eine relativ niedrige Stufe der Industrialisierung beschränkt. Mit der Entfaltung der Produktivkräfte und der Differenzierung von Leistungsanforderungen und Bedürfnissen erwies es sich als ungeeignet. Gerade umgekehrt, wie die Marxsche Antizipation es annahm, erwies sich eine staatssozialistische Planökonomie nur für relativ frühe Stadien industrieller Entwicklung als brauchbar, für eine höhere Stufe jedoch, auf der die Überlegenheit des Sozialismus sich ja gerade erst voll beweisen sollte, als ungenügend und als Schranke. Die Korrekturen, die schon seit Jahrzehnten, und nicht erst seit dem Amtsantritt Gorbatschows Abhilfe schaffen sollten, bestehen überwiegend in der Einführung marktförmiger Regelungsmechanismen, die für eine rationale Allokation der Ressourcen, der Arbeitskräfte usw. sowie für eine differenziertere Feinabstimmung der Produktion auf die realen Bedürfnisse der Bevölkerung und der Betriebe sorgen sollen. Das reformistische Modell, das zur Überlebensfähigkeit der kapitalistischen Produktionsweise wesentlich beigetragen hat, krankt daran, daß es in seiner bisherigen Ausformung auf erhebliche Wachstumsraten angewiesen bleibt, die für die Zukunft sowohl unrealistisch als vor allem auch mit den Erfordernissen der Erhaltung der Ökosphäre unvereinbar sind. Während das planökonomische Modell unter einem Rückgang der Wachstumsraten und unter unerhörter Verschwendung durch Fehlplanung, Bürokratie usw. leidet, ist das reformistische auf Wachstum angewiesen und genötigt, Wachstum zu fördern selbst über vernünftige Grenzen hinaus.

In beiden Modellen muß die Berücksichtigung ökologischer Probleme erst nachträglich hereingenommen werden. In beiden sperrt sich die Systemlogik gegen eine Abkehr vom undifferenzierten Wachstum. In beiden gilt das Wachstum des Bruttosozialprodukts als wichtigster Gradmesser des Erfolges.

Die Hinnahme sozialer Benachteiligungen durch die betroffenen Bevölkerungsschichten war in beiden vor allem durch die begründete Hoffnung auf Hebung des eigenen Lebensstandards ermöglicht. Die Gegenwart wurde erträglicher durch die Hoffnung auf ein „besseres Morgen". Im Fall des real existierenden Sozialismus war das die von Marx entworfene Utopie einer Gesellschaft, „worin die freie Entfaltung eines jeden die Bedingung für die freie Entfaltung aller"[1] ist und die auf ihre Fahne schreiben kann: „Jeder nach seinen Fähigkeiten, jedem nach seinen Bedürfnissen."[2] In den reformistischen kapitalistischen Gesellschaften hatte der Ausblick auf ein Konsumparadies, dem die Gesellschaft schrittweise näher komme, eine ähnliche Funktion. Der Kompromiß des Wohlfahrtstaates bot den Vorteil, daß er mit der Aufrechterhaltung der Klassenunterschiede vereinbar war: Ein ständiges Wachstum ermöglichte die gleichzeitige Anhebung von Profiten, Reallöhnen und Sozialleistungen. Bei den Auseinandersetzungen zwischen Unternehmern, Gewerkschaften und Anwälten der Sozialleistungen ging es lediglich um die Verteilung des jeweiligen Zuwachses und nicht um einen Kampf, der Besitzstände antastete.

Während das Korrektiv der zentralistischen, staatlichen Planökonomie in einem Hinzufügen von Marktmechanismen bestehen soll, kann in kapitalistischen Ländern die Berücksichtigung langfristiger ökologischer Belange offenbar nicht dem Markt überlassen werden, jedenfalls nicht unter den gegenwärtigen politischen und rechtlichen Rahmenbedingungen. Hierzu ist vielmehr die Einführung strenger Gesetze und Verordnungen zum Schutze der Ökosphäre, also der Erhaltung der Arten, der Reinerhaltung von Luft, Wasser und Boden, der Beschränkung von gesundheitsgefährdenden Lebensmittelzusätzen, letztlich also einer demokratischen Wissenschafts- und Technikpolitik notwendig.

Derartige Rahmenplanungen beeinträchtigen notwendigerweise die Wirtschaftlichkeit der Unternehmungen bzw. einer gesamten, auf den Weltmarkt orientierten Volkswirtschaft. Sie sind nur mit demokratischen Mitteln durchsetzbar, wenn Mehrheiten mit der Abkehr vom bisherigen Wachstumskurs einverstanden und gut verdienende Minderheiten einen Teil ihres höheren Wohlstands aufzugeben bereit sind. Eine Abkehr vom Wachstumskurs, auf den sich im Industriezeitalter bisher noch alle politischen Eliten festgelegt haben, ist, wenn sie demokratisch erfolgen soll, nicht ohne tiefgehende Verhaltensänderungen möglich. Sie ist aber nicht ausgeschlossen, wenn die Unvereinbarkeit von Wachstumskurs und Umwelterhaltung eingesehen und die kurzfristige Orientierung der Politik auf Mehrheitsgewinnung mit Hilfe von Werbetechniken zugunsten einer nationalen „Gestaltung des demokratischen Willens" aufgegeben wird.

Fast niemand bestreitet heute, daß die Naturzerstörung weltweit das Leben gefährdende Ausmaße angenommen hat. Alle Parteien behaupten, daß sie ökologischen Problemen vermehrte Aufmerksamkeit schenken. Überall gibt es Umweltministerien, werden Kongresse über Fragen der Luft-, Wasser- und Bodenverseuchung organisiert und sogar Preise für kritische Arbeiten zum Artensterben, zur Vernichtung der tropischen Regenwälder usw. verliehen. Der Informationsgrad der Öffentlichkeit über Umwelt- oder richtiger Mit-Weltfragen nimmt ständig zu, dennoch hat sich am selbstmörderischen Kurs der Industriezivilisation kaum etwas geändert. Noch immer gilt Wirtschaftswachstum als oberstes Ziel, gilt dem internationalen Wettbewerb zwischen den Industrienationen größtes Interesse, wird Wohlstand am Bruttosozialprodukt gemessen. Unlängst meinte ein bundesdeutscher Politiker, alle ihm bekannten Kollegen, ganz gleich welcher Partei, hätten hinsichtlich der Natur und der Dritten Welt die besten Absichten. Er mußte allerdings zugeben, daß ihr Handeln diesen Beteuerungen kaum entspreche und die „Rangordnung" der verfolgten Ziele verhindere, daß diese Absichten auch Konsequenzen hätten.[3] Woran liegt das? Handelt es sich bloß um mangelndes politisches Wollen, um eine bewußte Irreführung der Öffentlichkeit, die nun einmal beruhigende Worte zum „Umweltschutz" hören möchte, oder was sonst steckt hinter dieser manifesten Unfähigkeit, aus den richtigen Einsichten auch die notwendigen Folgerungen zu ziehen?

Eine erste, zwar unzulängliche, aber nicht ganz falsche Antwort auf die Frage nach der Ursache der Diskrepanz zwischen positiven Absichtserklärungen und fehlenden praktischen Konsequenzen besteht in dem Hinweis auf die Kurzatmigkeit demokratischer Politik, die nicht weiter als bis zur nächsten Wahl blickt und den Wählern „nicht zu viel zumuten möchte". Um Wahlen zu gewinnen, ist es allemal vorteilhaft, wenn möglichst keiner Bevölkerungsgruppe oder nur den sozial schwächsten Schichten Einkommenseinbußen zugemutet werden. An dieser Maxime orientieren sich vornehmlich konservative Parteien mit einigem Erfolg. Aber auch sozialreformerische Parteien konnten in der Vergangenheit mit der Orientierung auf „kontinuierliches Wirtschaftswachstum" am ehesten Erfolge erringen. Nachdem Wachstum in einem für den Wohlfahrtsstaatskompromiß notwendigen Umfang nicht mehr hat erzielt werden können, steuern konservative Regierungen auf die „Zweidrittelgesellschaft" zu. Unter Verzicht auf weitgehenden Ausgleich für die ökonomisch Benachteiligten konzentriert sich ihre Wirtschaftspolitik darauf, zugunsten der besser Verdienenden zwei Drittel der Bevölkerung den Wachstumskurs und die Anhebung des Wohlstands fortzusetzen. Durch Umschichtung kann auf diese Weise noch immer eine demokratische Abstimmungsmehrheit erhalten bleiben. Wachstum wird aber weiterhin für unentbehrlich gehalten, wenn auch nicht mehr in der Höhe der Nachkriegsperiode von acht und mehr Prozent.

Was bedeutet ein reales Wachstum von – sagen wir – 3,5 %? Es würde in zwanzig Jahren eine Verdoppelung des heutigen Bruttosozialproduktes zur Folge haben und bis zum Jahr 2100 eine Verdreißigfachung. Daß ein derartiges exponentielles Wachstum weder mit den Ressourcen noch mit der Schadstoffbelastbarkeit der Erde vereinbar ist, leuchtet jedermann ein. Dennoch wird das diesjährige Wirtschaftswachstum in der BRD von 3,5 % als großer Erfolg begrüßt und der Regierung als Leistung gutgeschrieben. Wie fragwürdig im übrigen das Kriterium Wachstum des Bruttosozialprodukts für den realen Wohlstand der Bevölkerung ist, kann man an Hand einiger drastischer Beispiele erkennen. Wenn die Zahl der Autounfälle auf den Straßen zunimmt, dann werden mehr Neuwagen, mehr Reparaturen, mehr Verbandsmaterial, mehr Krankenschwestern, Ärzte, Krankenhausbetten, Särge für Unfalltote, Anwälte usw. benötigt. Das Bruttosozialprodukt wächst also entsprechend, obgleich für die Betroffenen die Lebensqualität sich keineswegs verbessert hat. Wenn die Atemluft in den Zentren der Großstädte sich so sehr verschlechtern würde, daß Verkehrspolizisten Atemmasken tragen müßten, würde auch das zum Wachstum des Bruttosozialproduktes beitragen. Solche Beispiele lassen sich leicht um ein Vielfaches vermehren. Auch die These, Wachstum in den wohlhabenden Industriegesellschaften betreffe jetzt mehr und mehr Dienstleistungen und Freizeittätigkeiten und sei daher auch weniger umweltbelastend, trifft keineswegs zu. Hierfür gibt es ebenfalls genügend Beispiele: Wälder wurden zerstört, um in großem Ausmaß bequeme Hänge für Skiabfahrten bereitzustellen, See- und Meeresufer wurden mit Hotels und Appartments zugebaut. Die Liberalisierung des Verkehrs und der Motorsport, der längst zu einem Massensport geworden ist, tragen das ihre zur Naturzerstörung bei. Das eidgenössische Volkswirtschaftsdepartement hat zwar eine Definition des „qualitativen Wachstums" entwickelt, die naturzerstörendes und -schädigendes Wachstum ausschließt, aber in der Praxis orientieren sich die Ökonomen weltweit noch immer am alten Maßstab des Bruttosozialprodukts.

Nun ist aber evident, daß die Politik des Wachstums, selbst wenn dieses nur 3 % jährlich beträgt, mit der Bewahrung der natürlichen Lebensbedingungen unvereinbar ist. Eine weltweite Ausdehnung des Energieverbrauchs pro Kopf der Bevölkerung und des Abfalls pro Einwohner, wie sie in den USA und Westeuropa heute erreicht werden, ist mit der Erhaltung der Voraussetzungen für das Überleben der Menschheit nicht in Einklang zu bringen. Das hat weitreichende Konsequenzen, vor denen offenbar die meisten, auch der progressiven Politiker zurückschrecken.

Solange der Zivilisationstypus sich nicht geändert hat, wird der Abschied von der Wachstums- und Konsumsteigerungs-Gesellschaft dazu führen, daß die Verteilungskämpfe notwendig heftiger werden, weil das soziale Quietiv Konsumsteigerungserwartung wegfällt. Es war daher nur konsequent, wenn zwei einsichtige Sozialwissenschaftler folgerten, ohne Abbau der Demokratie werde eine ökologische Kurskorrektur gar nicht möglich sein. Robert Heilbroner von der New School for Social Research in New York meinte, diese Kurskorrektur werde zumindest von dem besserverdienenden Drittel der Bevölkerung in den USA eine Verminderung des gegenwärtigen Konsumniveaus verlangen, dazu aber wäre diese Bevölkerungsgruppe unter demokratischen Verhältnissen, d.h. freiwillig, kaum bereit.[4] Da sie aber mehrheitlich zur Wahl gehe und die beiden konkurrierenden Parteien die Stimmen dieses oberen Drittels der Bevölkerung zu gewinnen suchten, würde es in freien Wahlen nie eine Mehrheit für die ökologische Kurskorrektur geben. Wolfgang Harich sieht den Vorzug weniger demokratischer Institutionen wie der der DDR darin, daß dort eine ökologische Kurskorrektur leichter realisiert werden könne, wenn nur die politisch führenden Kräfte von ihrer Notwendigkeit überzeugt seien.⁵ In beiden Fällen würde, so muß man die beiden Autoren wohl verstehen, eine aufgeklärte, ökologisch denkende „Elite" die Herrschaft übernehmen, um auf diese Weise die drohende Umweltkatastrophe zu verhindern.

So wenig sympathisch diese Perspektive auch erscheint, sie hat wenigstens den Vorzug der Plausibilität. Wenn ich dennoch eine Alternative hierzu für wünschenswert und möglich halte, so setze ich mich damit vermutlich dem Vorwurf des Utopismus aus. Wer aber eine „alternative" Zivilisaiton mit anderen Orientierungsdaten für unmöglich hält, der soll die diktatorische Perspektive als unvermeidlich akzeptieren, wenn er den Selbstzerstörungsprozeß der Industriezivilisation aufhalten möchte. Eine Zivilisation, die nicht mehr auf ständiges Wachstum des Waren- und Dienstleistungsangebots angewiesen ist, müßte den Menschen andere, dauerhaftere, realere Formen eines befriedigenden und befriedeten Lebens ermöglichen, als es den meisten in der heutigen Ellbogen-, Prestige- und Konkurrenzgesellschaft möglich ist. Solange Wachstum vernünftiges und vordringliches Ziel des Sozialsystems war, konnten große soziale Unterschiede in Besitz- und Einkommensverhältnissen als Stimulantien für Arbeitsfleiß und Engagement in der Produktion gerechtfertigt werden. Ist dieses Wachstum nur noch mit vielem Wenn und Aber oder sogar gänzlich unerwünscht, verliert diese systemadäquate Differenz ihre Rechtfertigung. Im Gegenteil, es wird ein höheres Maß an sozialer Gleichheit dringend notwendig. „Konsumpioniere", die zu immer höheren Konsumbedürfnissen anreizen, sind jetzt ebenso unnötig wie „positionelle Güter", deren „Wert" für den Eigentümer lediglich darin besteht, daß ihr Besitz sozialen „Rang" signalisiert. Wenn befriedigende Lebensbedingungen nicht mehr im Maximalkonsum und Maximaleinkommen gesucht werden sollen, dann müssen andere, realere, dauerhaftere, aber konkrete Formen der Befriedigung ermöglicht werden. Ausgehend von der Hypothese, daß jenseits der Versorgung mit den elementaren Lebensgütern in einer gesunden Umwelt die Vielfalt ausgeübter Tätigkeiten und die soziale Anerkennung solche Befriedigung vermitteln können, käme alles auf eine entsprechende Umgestaltung der Verhältnisse an, die beides ermöglicht.

Die Höhe der wissenschaftlich-technischen Entwicklung, die in den Industrieländern heute erreicht worden ist, gestattet es durchaus, die für eine befriedigende Versorgung mit allen lebensnotwendigen Gütern erforderliche Arbeit so zu gestalten und zu verteilen, daß mit ihr für jeden Arbeitenden ein hohes Maß an Befriedigung verbunden sein kann. Statt die technischen Möglichkeiten für billigere Massenprodukte ohne Rücksicht auf die Qualität der benötigten Arbeiten zu verwenden, müßte man sie in den Dienst der Schaffung attraktiver Arbeitsplätze stellen. Daß das prinzipiell heute möglich ist, haben u.a. Arbeiten von Kern/Schumann⁶ und Piore/Sabel⁷ gezeigt. Das bestehende Lohnsystem freilich verhindert eine weitgehende Umgestaltung der Arbeitswelt in die erwünschte Richtung. In dem Bedürfnis, Kosten zu minimieren, werden Unternehmungen immer wieder versuchen, mit möglichst wenig hochqualifizierten und möglichst viel un- und angelernten Arbeitskräften auszukommen. Das

Lohnsystem ist so beschaffen, daß es qualifizierte Tätigkeiten, die bereits in hohem Maße Befriedigung verschaffen, zusätzlich noch mit hohen Lohn- oder Gehaltsprämien ausstattet, während unattraktive, langweilige, abstoßende Arbeit in der Regel obendrein noch schlecht entlohnt wird. Der Vorschlag von Kambartel, die Löhne umgekehrt nach dem Ausmaß des mit der jeweiligen Arbeit verbundenen Arbeitsleids zu bemessen,[8] hat zwar vorerst wenig Chancen, akzeptiert zu werden, hätte aber die wünschenswerte Folge, Unternehmungen zur Schaffung attraktiver Arbeitsplätze zu motivieren.

In der Gesellschaft nehmen die Bedürfnisse nach attraktiveren Arbeitsplätzen durchaus zu. Namentlich bei besser bezahlten Berufen hat dieser Gesichtspunkt oft gegenüber der Lohn- und Gehaltshöhe Vorrang. Hier wird deutlich, daß eine Entwicklung in die wünschenswerte Richtung durchaus möglich ist. So ist etwa die schwedische Volkswirtschaft, die Vollbeschäftigung garantiert, heute schon genötigt, für unattraktive Tätigkeiten durch kompensatorische Lohnhöhen zu entschädigen, weil auf andere Weise keine Arbeiter mehr gefunden werden können. Solange in einer Gesellschaft noch wenig befriedigende Arbeiten geleistet werden müssen, kann auch durch entsprechend kürzere Arbeitszeiten oder eine Verkürzung der Lebensarbeitszeit ein gerechter Ausgleich geschaffen werden.

André Gorz und andere haben vorgeschlagen, einen „zweiten Produktionssektor" einzurichten, in dem mit weniger effizienten, aber attraktiveren und interessanteren Methoden produziert wird als in der hochtechnisierten Industrie.[9] Dieser Sektor müßte steuerlich, etwa durch eine Negativsteuer begünstigt werden. Die hier Arbeitenden würden mit niedrigeren Löhnen als den im industriellen Sektor sonst üblichen einverstanden sein, weil ihnen die befriedigendere Tätigkeit das wert ist. Beide Sektoren würden nebeneinander existieren und miteinander im Austausch stehen. Sollte der Ausbau eines solchen Sektors alternativ Arbeitender in erheblichem Umfang gelingen, so würden die Industrieunternehmen des traditionellen Sektors vermutlich genötigt sein, gleichfalls attraktivere Arbeitsformen zu entwickeln, um entsprechend motivierte und gebildete Arbeiter halten oder gewinnen zu können. Die Produkte, die in einer derartigen Gesellschaft hergestellt würden, müßten und könnten sich von den heutigen Industrieprodukten erheblich unterscheiden. Während heute im Interesse eines ständig steigenden Absatzes billige Produkte materiell kurzlebig sein müssen, während teure dem psychologischen Verschleiß durch die rasch wechselnde Mode unterliegen, müßten in einer anderen Zivilisation umweltfreundliche, dauerhafte, schöne und keinem raschen Modewechsel unterliegende Güter hergestellt werden. Die größere Dauerhaftigkeit würde unmittelbar zu einer geringeren Umweltbelastung führen. Höhere Kosten würden nur kurzfristig eine Rolle spielen. Eine Menge Produkte würden überflüssig, weil sie entweder der Reparatur von Schäden dienen, die dann nicht mehr oder in weit geringerem Umfang auftreten, oder weil sie nur „Prestigewert" haben, der dann nicht mehr vordringlich sein wird. Die soziale Anerkennung, auf die Menschen in der Tat nicht verzichten können, würde dann nämlich primär durch die sozial nützliche Tätigkeit vermittelt. Da man unterstellen kann, daß schädliche Produkte, die in den zeitgenössischen Industriegesellschaften in erheblichem Maße hergestellt werden, nicht mehr vorkommen und die Tätigkeiten in höherem Maße die Entfaltung individueller Anlagen ermöglichen, müßte eine solche Anerkennung auch in größerem Umfang erzielt werden können. Wenn im übrigen eine Haupttätigkeit nicht oder nur in ungenügendem Umfang Anerkennung mit sich bringt, könnte eine größere Anzahl unterschiedlicher Tätigkeiten und Freizeitbeschäftigungen hier einen Ausgleich schaffen. Die Freizeit und ihre Verlängerung über das heute schon bestehende Maß hinaus würden in einer alternativen Zivilisation gleichfalls primär keinen entsprechenden „Freizeitkonsum" hervorrufen, sie würde vielmehr durch solche Tätigkeiten charakterisiert sein, die nicht abermals zu Umweltbelastungen führen und mit Naturbewahrung und sozialer Solidarität unvereinbar sind. Hier dürften künstlerische, wissenschaftliche, literarische und sportliche Betätigungen die Hauptrolle spielen. Soweit dies in der Arbeitswelt nicht schon möglich ist, könnten Kreativität und Neigung hier ihre Befriedigung finden. Wissenschaft, die nicht im Dienst der Naturausbeutung steht, verschafft ja durch sich selbst tiefe Befriedigung und auch die Beschäftigung mit der Kunst geht über oberflächliches „Konsumieren", das nach immer neuen und stärkeren Reizen sucht, hinaus.

Was hat das alles mit der ökologischen Kurskorrektur zu tun, von der eingangs die Rede war? Ich bin überzeugt, daß ohne einen solchen hier nur grob skizzierten Wandel unserer Zivilisation diese Kurskorrektur nicht möglich sein wird, es sei denn, wir wollten die Öko-Diktatur in Kauf nehmen. Den angedeuteten Kulturwandel halte ich auch deshalb für möglich, weil sich erste zaghafte Schritte in diese Richtung schon heute in einigen Ländern abzeichnen. So ist vielen Menschen in der Bundesrepublik das soziale Umfeld ihrer Wohnung, das Betriebsklima, die interessante Arbeit wichtiger als die Höhe des Einkommens. Auch kommt es vor, daß Menschen um der höheren Qualität einer Arbeit willen auf eine andere besser bezahlte, aber weniger interessante Stellung verzichten. Freilich gilt das einstweilen nur für Angehörige solcher Berufe, deren Einkommen über dem Durchschnitt liegt. Eine Annäherung der Einkommen, vor allem aber eine Anhebung der unteren Einkommen ist deshalb für die Verstärkung dieser spontanen Tendenz dringend erforderlich, ebenso aber die Abkehr vom Konsumismus, der nach wie vor das wichtigste Charakteristikum unserer westlichen Zivilisation ist.

Carl Friedrich von Weizsäcker hat vor einigen Jahren einmal von der Notwendigkeit einer asketischen Kultur gesprochen, allerdings auch davon, daß sich asketische Ideale leider nicht gut demokratisieren ließen.[10] Wenn dem so wäre, bliebe auch aus diesem Grunde nur die Ökodiktatur als Rettungsmittel. Asketischen Idealen möchte ich lieber alternative Wertorientierungen entgegensetzen, die durch entsprechende soziale und ökonomische Veränderungen ermöglicht werden sollten. Das Vorbild, das besser Verdienende durch eine andere Art ihrer Lebensführung geben könnten, will ich aber nicht abwerten. Wenn es notwendig ist, vom „Ideal" ständiger Konsumsteigerung Abschied zu nehmen, dann müssen diejenigen vorangehen, die heute an der Spitze stehen. Paradox und zynisch ist es dagegen, wenn Politiker ausgerechnet von den sozial Schwächsten, den Arbeitslosen und den Frühinvaliden, Abstriche verlangen, während sie sich selbst kontinuierlich Einkommensverbesserungen genehmigen. Mögen die Beträge für Diäten und Aufwandsentschädigungen auch im Budget nicht weiter ins Gewicht fallen, psychologisch und moralisch sind sie gewichtig genug und schädlich dazu.

Es gibt eine ganze Reihe praktikabler Wege in Richtung auf eine Begrenzung der Umweltzerstörung. Man kann durch gesetzliche Verbote und rigoros festgelegte Grenzwerte sowie strengere Kontrollen ihrer Einhaltung manches erreichen. Aber das alles wird immer wieder in Frage gestellt und dadurch beschränkt, daß das Ziel der Wirtschafts- und Industriepolitik nach wie vor darin besteht, die führende Weltmarktposition der Bundesrepublik oder Europas im Konkurrenzkampf mit Japan und den USA aufrechtzuerhalten und auszubauen. Forderungen der Ökologie müssen demgegenüber notwendig auf der Strecke bleiben. Immer noch bestimmt das jeweils am wenigsten ökologisch orientierte Industrieland die Grenze, bis zu der eine Kurskorrektur allenfalls zugelassen wird. Immer wieder wird mit dem Hinweis auf den „Industriestandort Bundesrepublik" und auf den internationalen Wettbewerb mit Bedauern in der Stimme auf notwendige Schritte zu Kurskorrekturen verzichtet. Hinter dem Ziel der Weltmarktführung steht die Wachstumsideologie, deren Abbau langfristig unentbehrlich ist. Carl Friedrich von Weizsäcker meint, die Wurzel sowohl des Wettrüstens als auch der ökologischen Katastrophe liege letztlich in dem „Drang nach Macht".[11] Dieser werde durch Angst vor dem Gegner gerechtfertigt, der seinerseits ebenfalls nach Macht strebe, weil auch er Angst vor seinem Gegner habe. So habe die Suche nach Befriedigung des elementaren Machttriebs die „Gestalt einer Sucht angenommen". Aus der „vernünftigen Bereitstellung von Mitteln" sei die „Droge der Macht" geworden. Wenn dem so ist, dann dient die Konsumdroge zusammen mit dem Aufbau von Feindbildern den Interessen der Mächtigen. Das Konzept der Ökodiktatur würde jedoch abermals Mächtige zu Herren unseres Geschicks machen und es ist mehr als zweifelhaft, daß sie uns einen richtigen Weg weisen würden. So gesehen gibt es keine Alternative zur Abkehr von unserer Wachstums- und Konsumgesellschaft und zur Entwicklung einer anderen, mit der Natur in Frieden lebenden, den gemeinsamen Überlebensinteressen der Menschen dienenden Zivilisation.

Ich habe einige Grundzüge einer solchen Zivilisation gezeichnet, die aber nur durch die gemeinsame Anstrengung aller einsichtigen Menschen verwirklicht werden könnte, denen das Leben ihrer Kinder und Enkel wichtiger ist als die illusorische Steigerung ihres fragwürdigen Konsumentenglücks. Nicht zu Unrecht sprechen einige von der Notwendigkeit einer Kulturrevolution.

Anmerkungen

1 Marx, K./ Engels, F.: Manifest der Kommunistischen Partei, in: Karl Marx, Friedrich Engels, Werke Band 4, Berlin (DDR) 1959, S. 482
2 Marx, K.: Kritik des Gothaer Programms, in: Karl Marx, Friedrich Engels, Werke, Band 19, Berlin (DDR) 1962, S. 21
3 so Klaus von Dohnany in einem Vortrag in Berlin im Jahre 1988
4 Heilbroner, R.L.: Die Zukunft der Menschheit, Frankfurt am Main 1976, S. 41ff
5 Harich, W.: Kommunismus ohne Wachstum? Babeuf und der „Club of Rome", Reinbek 1975, S. 135
6 Kern, H./Schumann, M.: Das Ende der Arbeitsteilung? Rationalisierung in der industriellen Produktion: Bestandsaufnahme, Trendbestimmung, München 1984
7 Piore, M.J./Sabel, Ch.F.: Das Ende der Massenproduktion. Studie über die Requalifizierung der Arbeit und die Rückkehr der Ökonomie in die Gesellschaft, Berlin 1985
8 Kambartel, F.: Bemerkungen zum normativen Fundament der Ökonomie, in: Methodologische Probleme einer normativ-kritischen Gesellschaftstheorie. Herausgegeben von Jürgen Mittelstraß, Frankfurt am Main 1975, S. 107-125
ders.: Ist rationale Ökonomie als empirisch-quantitative Wissenschaft möglich? in: Betriebswirtschaftslehre als normative Handlungswissenschaft. Herausgeber H. Steinmann. Schriftenreihe der Zeitschrift für Betriebswirtschaft, Band 9, Wiesbaden 1978, S. 57-70
9 Gorz, A.: Wege ins Paradies. Thesen zur Krise, Automation und Zukunft der Arbeit, Berlin 1983
10 Weizsäcker, C.F. v.: Gehen wir einer asketischen Weltkultur entgegen? in: ders.: Der bedrohte Friede. Politische Aufsätze 1945-1981, München/Wien 1981, S. 383-416
11 ders.: Bewußtseinswandel, München/Wien 1988, S. 89 ff

Martin Jänicke

Über die Widersprüchlichkeit des Staates in der Umweltpolitik

Die umweltpolitische Debatte in der Bundesrepublik ist im Hinblick auf die Rolle des Staates mitunter durch eine gewisse Naivität gekennzeichnet. Sehr verbreitet findet sich dort die Vorstellung vom Staat als interessenneutralem Sachwalter öffentlicher Belange, als einer Instanz, die für ökologische Probleme zuständig sei, die man allenfalls auf solche aufmerksam machen müsse und bei der lediglich gewisse Trägheitsmomente zu überwinden seien. Diese Darstellung mag ein wenig übertrieben sein, auch hat die Inanspruchnahme des Bildes vom „Vater Staat" durch die Ökologiebewegung durchaus argumentationsstrategische Gründe. Festzuhalten ist jedoch, daß der Staat umweltpolitisch gern als neutrales Vollzugsorgan angesehen wird, in das die neuen ökologischen Ziele gewissermaßen nur neu eingegeben werden müssen. In diesem Sinne ist der Staat Adressat der Umweltbewegung; umweltpolitisch konsequent wird daher eher mehr Staat gefordert. In weiten Bereichen gilt diese Vorstellung vom Staat als interessenneutralem Sachwalter sich wandelnder Gemeinwohlvorstellungen in ökologischer Hinsicht jedoch nicht oder optimistischer ausgedrückt, sie gilt noch nicht. Zu selten wird der Frage nachgegangen, auf welchen Gebieten staatliche Instanzen sehr wohl Partei, und zwar in ökologisch negativem Sinne sind. Hier wäre aus umweltpolitischen Gründen weniger Staat zu fordern.

An dieser Stelle muß einer weiteren Fehleinschätzung des Staates entgegengetreten werden, nämlich der Vorstellung von seiner Homogenität und Einheitlichkeit, wie sie in der politisch-psychologisch wichtigen Figur des „guten" oder „bösen Vaters Staat" impliziert ist. Hier geht es nicht nur um populäre politische Mythen, sondern auch um wissenschaftliche Fahrlässigkeiten, wie sie etwa in dem von Linken häufig unreflektiert benutzten Begriff des „Staatsapparates" zum Ausdruck kommen. In Wirklichkeiten haben wir es mit einer Pluralität von Staatsapparaten zu tun. Dabei handelt es sich nicht nur um Pluralität und Heterogenität unterschiedlicher Verwaltungen, sondern in unserem Fall auch um ihre Widersprüchlichkeit. Das Problem der Umweltpolitik der Industrieländer besteht politisch-soziologisch in der Koexistenz von neuen Bürokratien mit umweltpolitischer Zielsetzung einerseits und den Sektoren des Staates, die Ökonomien mit umweltschädlichen Effekten explizit fördern, andererseits.

In der Politikwissenschaft, vor allem der angelsächsischen, gibt es eine zunehmend breite Richtung, die sich nicht mehr ausschließlich mit den zentralen Institutionen des Staates, sondern vielmehr mit den einzelnen Politikfeldern und Ressortpolitiken befaßt. Hier wird der Heterogenität der in konkurrierenden Staatsapparaten institutionalisierten Staatszwecke implizit bereits Rechnung getragen. Aus dieser „Policy"-Forschung, die sich einzelnen Politikfeldern und Ressorts widmet, ergibt sich letztlich, daß die Widersprüchlichkeit einzelner Staatstätigkeiten kein Problem darstellt. Denn die einzelnen Politikfelder bilden relativ autonome Handlungsfelder, die Spezialbürokratien in Verbindung mit ihrer jeweiligen Klientel sind relativ geschlossene Gesellschaften, sogenannte policy-networks. Diese dichten, oft undurchdringlichen Interessenverflechtungen besitzen gemeinsame Erfolgsmaßstäbe: den zuständigen Etat zu erweitern, dem betreffenden Staatszweck mehr Bedeutung zu verschaffen usw. Daß die „Politik-Netzwerke" widersprüchliche Ziele verfolgen können – Aufrüstung *und* Abrüstung, Energiesparen *und* Energieangebotsförderung, chemisierte Landwirtschaft *und* ökologischen Landbau – ist allenfalls ein Problem der Außendarstellung durch die Politiker, weniger für die Summe der Staatsapparate.

Hierbei hat man es nun mit einem Grundproblem jedes angestrebten Strategiewandels in bürokratisch organisierten Industrieländern zu tun: Fundamental neue Ziele werden *additiv,* nicht *alternativ* verfolgt. Das historisch relativ neue Staatsziel der Abrüstung etwa wird in Form einer neuen Abrüstungsbehörde institutionalisiert, die mit den vielen Abteilungen koexistiert, die traditionell mit mehr Rüstung befaßt sind. Dies läßt sich momentan sehr anschaulich belegen: Im Zeichen einer historisch bisher einmaligen Abrüstungswelle beschließt die NATO einen unveränderten realen Anstieg der Rüstungsausgaben um jährlich drei Prozent, wobei die NATO hier natürlich auch als die Summe der entsprechenden staatlichen Segmente der Mitgliedsländer zu verstehen ist. Abrüstungspolitik wird also additiv zur Rüstungspolitik betrieben. Würde sie alternativ verfolgt, müßte sie zu einem Abbau oder Funktionswandel der mit Rüstung befaßten Segmente des Staates und natürlich der entsprechenden Industrien führen. Dies ist eine Konsequenz, die leicht zu definieren, aber schwer zu verwirklichen ist.

Wie lebt der Staat damit, daß er nicht nur aus funktional unterschiedlichen, sondern auch aus substantiell gegensätzlichen bürokratischen Apparaten besteht? Welche Folgerungen ergeben sich aus dem Additiven für die gewählte Strategie? Im Falle der Koexistenz von Abrüstung und Aufrüstung sieht der Kompromißcharakter additiver Strategie so aus: Abrüstung bezieht sich vor allem auf Rüstungsbegrenzung, die ja keine Abrüstung ist, neuerdings sogar auf die Abschaffung von Waffen, aber nur solcher Systeme, die bereits vor Jahren produziert wurden und im Wortsinne kaum noch jemanden „beschäftigen", weder bürokratisch noch industriell. Wirkliche Abrüstung müßte dagegen die Substanz treffen und in der Umfunktionierung von Staatstätigkeiten und in der Umrüstung von Industrien bestehen. Es bleibt abzuwarten, ob es in den neunziger Jahren nach der additiven auch eine alternative Abrüstungsstrategie geben wird.

Das Beispiel des Militärsektors läßt sich auch auf den Bereich der Umweltpolitik übertragen. Umweltpolitik als additive Strategie beteht in zusätzlichen Spezialbürokratien für Luftreinhaltung, Gewässerschutz, Abfallbeseitigung usw. Sie treten zu den Segmenten des Staates hinzu, die das Wachstum auch der umweltbelastenden Produktionen und Produkte begünstigen. Der Kompromiß zwischen beiden besteht in entsorgendem Umweltschutz. Der additiven Umweltverwaltung entspricht dabei die additive Umwelttechnik. Weil der Staat in den industriellen Produktionsprozeß nicht negatorisch, d.h. kurzfristig wachstumsschädlich interveniert, tendiert er dazu, strukturelle Umweltbelastungen hinzunehmen, ja ihr Wachstum sogar weiterhin zu fördern; gleichzeitig denkt er ein zweites Mal positiv und fördert die umweltentlastende Zusatzmaßnahme. Dieser ganze Vorgang läßt sich auf die Formel „zweimal Ja statt einmal Nein" bringen. Das Problem besteht in einer doppelten Nicht-Interventionspolitik, die Wirkungen nur über Zusatzanreize erzielt. Additive Umweltpolitik kollidiert also weder mit etablierten Wirtschaftsinteressen noch mit den zuständigen Verwaltungen. Statt dessen wird ihnen eine neue Wachstumsmöglichkeit geboten.

Seit den frühen siebziger Jahren wird von Vorsorge geredet. Daß davon so wenig zur Geltung gekommen ist, hat nicht nur mit industriellen Trägheitsmomenten zu tun, sondern liegt auch daran, daß der Staat als Problem im Spiel ist, daß er sich selbst tief ins Fleisch schneiden muß, um traditionelle, etablierte, institutionalisierte Politikfelder abzubauen, die sich heute als im Effekt umweltproblematisch erwiesen haben. Der Staat ist viel zu sehr Motor der bisherigen Industrialisierung gewesen, als daß er als ein umweltpolitisch beliebig programmierbares Neutrum angesehen werden könnte. Mit anderen Worten: die aktive Rolle des Staates bei der Elektrifizierung, Motorisierung, Chemisierung oder Betonierung ist nicht nur eine historische und insoweit wandelbare. Diese Historie hat vielmehr im Ergebnis Institutionen in Form von Bürokratien, Budgets und Verrechtlichungen hervorgebracht, die in der Gegenwart vielfach fortwirken. Soll der Übergang von der additiven (zweimal Ja) zur alternativen Umweltschutzstrategie (einmal Nein) vollzogen werden, soll strukturpolitischer Umweltschutz auch auf der Ebene der Bürokratie stattfinden, so ist eine Umweltverträglichkeitsprüfung der staatlichen Wirtschafts- und Finanztätigkeit unumgänglich.

Die ökologisch negative Parteinahme des politischen Systems der Bundesrepublik kann exemplarisch an einigen Fällen dargestellt werden. Es handelt sich dabei um materielle oder rechtliche Begünstigungen von Wirtschaftszweigen, deren Produktion mit hohen Umweltrisiken verbunden ist. Der Staat ist seit dem Jahre 1967 durch Gesetz auf eine Politik des wirtschaftlichen Wachstums festgelegt.[1] Seit dem Beginn der siebziger Jahre wird dieses durch eine permanente Schuldenpolitik stimuliert, deren Ende auch in den neunziger Jahren noch nicht absehbar ist. Mit Recht schrieb bereits im Jahre 1917 Rudolf Goldscheid über den verschuldeten Steuerstaat, daß Staaten, die Träger von ungezählten Milliarden negativen Kapitals geworden seien, sich nicht mehr zu einer Art Nachtwächterrolle degradieren ließen, sondern sich mit inneren Zwangsläufigkeiten von einem bloßen Gehäuse der Wirtschaft zu deren eigentlichem Motor umwandelten.[2] Wo das Wachstum auch die Erwerbslosigkeit nicht nennenswert abbaut, erhöht sich dieser Wachstumszwang natürlich zusätzlich.

Ein klassischer Wachstumshebel des Staates ist die Baupolitik. Schon die Wohnungsbauförderung von 1950 wurde zugleich wachstumspolitisch begründet. Inzwischen ist die Bauwirtschaft in starkem Maße ein staatsabhängiger Industriezweig geworden. Baupolitik ist aber zugleich eine der großen Kampfarenen ökologischer Interessenwahrnehmung. Hier läßt sich die These von der möglichen Koexistenz widersprüchlicher staatlicher Zielsetzungen gut veranschaulichen. Schon im alten Bundesbaugesetz (in der Fassung von 1976) waren in einem langen Katalog von Belangen, die staatliche Baupolitik zu berücksichtigen habe, auch solche des Umwelt- und Naturschutzes enthalten.[3] Im Baugesetzbuch von 1986 sind ökologische Belange sogar noch stärker berücksichtigt worden, hier gibt es sogar eine Bodenschutzklausel.[4] Eigentliches Motiv für dieses neue Gesetzeswerk war aber offenbar die „Erleichterung des Bauens". Sie wird in der Entwurfsbegründung auch ausdrücklich als Ziel formuliert.[5] Man könnte sagen, daß hier zwei Ziele gleichzeitig akzentuiert werden: die Förderung des Bauens und der Bauwirtschaft einerseits und der Umweltschutz andererseits.[6] Das Tempo der Bodenversiegelung hatte sich aber schon in der ersten Hälfte der achtziger Jahre kaum verlangsamt[7], und heute wird ein neuer Bauboom wirtschaftspolitisch gefeiert.[8] Der baupolitisch proklamierte Umweltschutz kann da auch weiterhin nur den kürzeren ziehen.

Kompliziert ist das Thema Wachstum deshalb, weil es ja die Möglichkeit eines ökologisch angepaßten, qualitativen Wachstums mit einem Wertzuwachs bei gleichem oder sinkendem Ressourcenverbrauch und gleichem oder sinkendem Risikoniveau gibt. Eine solche ökologische Technologie- und Strukturpolitik ist jedoch bisher kaum mehr als ein vages Programm im Vorfeld seiner wirtschaftspolitischen Operationalisierung. Staatliche Wachstumspolitik ist bisher weitgehend kurzfristig orientiert; der öffentliche Wachstumsmotor setzt bei den vorhandenen Produktionen an, allzu wenig jedoch bei den ökologisch zu modernisierenden. Die alltäglichen Verlautbarungen der Wirtschaftsverwaltungen wie auch des Sachverständigenrates lassen da wenig Raum für Zweifel. Untersuchungen an der Berliner Forschungsstelle für Umweltpolitik zeigen, daß ein stärkeres Wachstum ökologisch vorteilhafte Entkoppelungseffekte tendenziell neutralisiert. In Schweden gab es bei relativ geringen Wachstumsraten zwischen 1970 und 1985 bei wichtigen Parametern eine wirkliche Entlastung. Japan hingegen erreichte bei etwa gleich starkem Strukturwandel, aber deutlich höherem Wachstum nur, daß sich die Dinge nicht radikal verschlechtern.[9] Die entwickelten Industrieländer können sich im übrigen ein geringeres Wachstum schon deshalb leisten, weil der absolute Zuwachs ja durchaus beachtlich ist.

Am deutlichsten ist die ökologisch negative Parteinahme des Staates vermutlich auf dem Gebiet der Energieversorgung. Sie ist klassischer Bestandteil staatlicher Industrieförderung. Dies hat seine Ursache darin, daß die Sicherstellung eines ausreichenden und möglichst billigen Energieangebotes eine wesentliche Infrastrukturvoraussetzung des Industrialismus war. Unmißverständlich heißt das bis heute gültige Energiewirtschaftsgesetz vom 13. Dezember 1935 „Gesetz zur Förderung der Energiewirtschaft", in dem vom Energiesparen ebensowenig die Rede ist wie vom Umweltschutz. Die Zeiten haben sich inzwischen zwar geändert, das Energiewirtschaftsgesetz und die damit verbundene Prioritätensetzung sind jedoch dieselben geblieben. Ähnliches gilt auch für die „Bundestarif-

Ordnung Elektrizität", in der der Staat – nicht einmal die Elektrizitätswirtschaft – eine den Stromverbrauch fördernde Tarifgestaltung festlegt. Auch dies hat historische Gründe und war in einer Zeit zumindest ökonomisch zu rechtfertigen, in der die Zunahme zunächst der Stromverbraucher und dann des Stromverbrauchs eine economy of scale bewirkte, da die Kosten durch Mehrverbrauch sanken. Heute ist dies anders: Jedes neue Kraftwerk erhöht tendenziell die Kosten der Stromgewinnung. Außerdem führt der Mehrverbrauch erschöpflicher Energien langfristig nur dazu, daß diese sich schneller verteuern als es ohnehin der Fall wäre. Aber der Staat verhält sich tarifpolitisch weiterhin wie zu Zeiten der Frühelektrifizierung. Darin liegt eine eindeutige Parteinahme zugunsten der Energieversorgungsunternehmen, die auch durch die staatlichen Energiebedarfsprognosen bestätigt wird. Eine solche Politik ist nicht nur ökologisch, sondern auch energiepolitisch unsinnig. Erst in den letzten Jahren zeichnen sich hier gewisse Veränderungen ab. Dagegen werden die Energieversorgungsunternehmen nach wie vor begünstigt, was sich etwa darin zeigt, daß sich das Lohnsteueraufkommen von 1970 bis 1984 zwar vervierfachte, das Steueraufkommen der Rheinisch-Westfälischen Elektrizitätswerke (RWE) jedoch kaum anstieg.[10]

Geradezu vehement ist die institutionalisierte Parteinahme des Staates zugunsten der Atomenergie. Im Atomgesetz vom 23. Dezember 1959 heißt es ausdrücklich, daß der Zweck dieses Gesetzes darin bestehe, Erforschung, Entwicklung und Nutzung der Kernenergie zu friedlichen Zwecken zu fördern.[11] Diese Parteinahme zeigte sich dann weiter in der Art, wie Teile der Elektrizitätswirtschaft, etwa die RWE, in den sechziger Jahren auf diesen Weg gedrängt wurden, und ebenso bei der Novellierung des Atomgesetzes in den siebziger Jahren, als rechtliche Einwendungen von Bürgern die Genehmigung von Atomkraftwerken erschwerten. Sie äußert sich auch im neuen Baugesetzbuch von 1986, wonach kerntechnische Anlagen nunmehr zu den rechtlich privilegierten Bauten gehören.[12] Im übrigen war es auch nicht der Staat, sondern die Elektrizitätswirtschaft, die in Wackersdorf einlenkte.

Das Finanzgebaren des Staates zeugt ebenfalls von seinem überaus starken Engagement zugunsten der Kernkraft, auch wenn hier inzwischen einige Abstriche gemacht wurden. Dennoch fördert das Bundesministerium für Forschung und Technologie die Kernforschung nach wie vor wie eine Zukunftsindustrie, die der Starthilfe bedarf. Mit knapp einer Milliarde DM im Jahre 1988 erhält diese immer noch mehr als alle Forschungsvorhaben auf den Gebieten der Energieeinsparung und der Umwelt zusammengenommen. Die Brennelementefirma Nukem und ihre Tochterfirmen in Hanau waren nicht nur im Genehmigungsprozeß ungewöhnlich privilegiert, sie haben allein seit 1978 1,8 Mrd. DM an Forschungsmitteln bezogen,[13] und dies zu einer Zeit, als sich der Gedanke einer Rückzahlung der gewährten Staatszuschüsse durch Sonderabgaben auf Atomstromerzeugung energiepolitisch wie fiskalpolitisch längst aufdrängte. Im atomfreundlichen „Handbuch der Kernenergie" werden staatliche Zuwendungen von insgesamt 23,2 Mrd. DM für den Zeitraum 1956 – 1989 zugegeben.[14] Kritischere Schätzungen nennen den Betrag von 30 Mrd. DM.

Auch in einem anderen wichtigen Bereich findet man Koexistenz und Förderung zweier gegensätzlicher Ziele: Der Staat besitzt zwar eine Eisenbahn, seine Verkehrspolitik aber dient der Konkurrenz, dem Straßenverkehr. Einerseits wird dabei die umweltbeeinträchtigende Massenmotorisierung und der Straßengüterverkehr gefördert, andererseits der entsorgende Umweltschutz in Form von Katalysatoren und Schallschutzwänden. Zwar wurde die Mineralölsteuer erhöht, aber dies erfolgte lediglich als Angleichung an andere EG-Länder. Zwar soll eine Straßengüterverkehrsabgabe erhoben werden, aber das wäre allenfalls ein Ausgleich für die 1971 abgeschaffte Straßengüterverkehrssteuer. Die Bundesmittel für den Straßenbau werden 1990 über den Planansatz hinaus erhöht, was eine sechsprozentige Steigerung bedeutet. Auch beim Verzicht auf ein Tempolimit auf bundesdeutschen Autobahnen, wobei die Bundesrepublik eine Sonderrolle spielt, ist es nicht zuletzt der Staat, der in ökologisch nachteiliger Weise Partei ergreift.

Ein wichtiges Feld staatlich geförderter Umweltbeeinträchtigungen ist das subventionierte quantitative Wachstum der Landwirtschaft, das nur über massive Chemisierung zu erzielen ist. Auch hier finden wir neuerdings neben dem „Sowohl" das „Als auch", das in einer gewissen Förderung des ökologischen Landbaus besteht.

Aus all dem lassen sich als Fazit folgende Thesen formulieren:

1. Der staatliche Beitrag zur Umweltzerstörung und Umweltgefährdung ist noch immer beträchtlich. Seine Dimensionen rechtfertigen es, ihn als ein eigenständiges Problemfeld der Umweltpolitik zu definieren.

2. Der staatliche Beitrag zur Umweltbeeinträchtigung besteht keineswegs nur in einer Hinnahme ökologisch negativer Industrieentwicklungen, sondern sehr wohl auch in ihrer aktiven Förderung.

3. Staatliche Umweltpolitik hat in vieler Hinsicht eine kompensatorische Funktion im Hinblick auf nachteilige Industrieentwicklungen, die wiederum von der öffentlichen Hand begünstigt werden.

4. Langfristige Folge dieser zweifelhaften ökonomisch-ökologischen Doppelstrategie ist tendenziell immer die Neutralisierung von Umweltschutzeffekten durch Wachstumseffekte. Im Verkehrsbereich ist dies mit Händen greifbar.

5. Es gibt Problemfelder, in denen die ökologisch-ökonomische Doppelstrategie von Wachstumsförderung und umweltpolitischer Kompensation von vornherein inadäquat ist. Das klimaschädigende Kohlendioxid ist nicht eliminierbar. Hier ist Umweltpolitik notwendig, negative Wachstumspolitik. Diese betrifft insbesondere den Straßenverkehr und den Energiesektor bzw. die Primärenergieverbräuche dieser Sektoren.

6. Strukturpolitischer Umweltschutz betrifft nicht nur die Zurückdrängung umweltbeeinträchtigender Produktionen und Produkte. Er betrifft auch die staatliche Parteinahme für sie. Weniger Staat heißt (nur) in diesem Falle mehr Umweltqualität.

7. Die Heterogenität und relative Autonomie bürokratischer Staatsapparate macht einen einheitlichen Strategiewechsel hin zum vorsorgenden Umweltschutz prekär. Zielwandel findet in unserem politischen System selten so statt,

daß neue Ziele (alternativ) die alten ersetzen, sondern meist so, daß neue Ziele (additiv) zur alten Zielstruktur hinzutreten. Daß sie zu institutionalisierten alten Zielen im Widerspruch stehen, verkraftet das System. Auch im seit 1989 amtierenden rot-grünen Senat in Berlin (West) ist solcher Widerspruch weiter institutionalisiert: Neben der Energieabteilung des Wirtschaftssenators, die im Sinne des Energiewirtschaftssektors tätig ist, gibt es nun eine Energiesparabteilung bei der Umweltsenatorin.

8. Der Strategiewandel wird also am ehesten dann erreicht, wenn man sich nicht nur auf die neuen ökologischen Ziele konzentriert, sondern die ihnen widersprechenden alten Staatsziele transformiert. Da diese alten Ziele in Form von Verwaltungen, Etats und Rechtsprivilegien institutionalisiert sind, ist das kein leichtes Unterfangen. Es entsteht hier eine Art bürokratischer „Konversionsproblematik".

9. Die langfristige Lösung der ökologischen Krise setzt radikalen technischen Wandel voraus. Aber technische Basisinnovationen waren historisch auch immer von institutionellen Innovationen begleitet. In diesem Sinne ist der Staat nicht nur als Subjekt, sondern auch als Objekt von Umweltpolitik anzusehen.

Anmerkungen

1 Gesetz zur Förderung der Stabilität und des Wachstums der Wirtschaft vom 8.6.1967, BGBl I, S. 582 ff
2 Goldscheid, R.: Staatssozialismus oder Staatskapitalismus (1917), in: Goldscheid, R., Schumpeter, J.: Die Finanzkrise des Steuerstaates, Frankfurt 1976
3 Gesetz zur Änderung des Bundesbaugesetzes vom 18.8.1976, BGBl I, S. 2221 ff
4 Baugesetzbuch vom 8.12.1986, BGBl I, S. 2253 ff
5 Vergl. Stadtbauwelt 1985, S. 416, zit. nach Feldmann, P. v., K.-M. Groth: Das neue Baugesetzbuch, Düsseldorf 1986, S. 14
6 Feldmann/Groth, a.a.O., S. 21 ff
7 Umweltbundesamt 1989, S. 169
8 „Bonjour bâtíment", Wirtschaftswoche, 9.6.1989
9 Jänicke, M., H. Mönch, Th. Ranneberg, U.E. Simonis: Structural Change and Environmental Impact, in: Intereconomics 1, 1989, S. 24-35
10 Jänicke, M.: Staatsversagen. Die Ohnmacht der Politik in der Industriegesellschaft, München 1986, S. 115
11 Gesetz über die friedliche Verwendung der Kernenergie und den Schutz gegen ihre Gefahren (Atomgesetz) vom 23.12.1959. BGBl I, S. 814 ff
12 Baugesetzbuch, a.a.O., § 35
13 Süddeutsche Zeitung, 23.1.88
14 Michaelis, H.: Handbuch der Kernenergie, 2 Bde., Düsseldorf und Wien 1986, S. 560

Clarita Müller-Plantenberg

Die Verantwortung der Bürger europäischer Demokratien für die ökologische Zerstörung der Dritten Welt.

Das Beispiel der tropischen Regenwälder Amazoniens

Das Interesse der Arbeiterbewegung und darüber hinaus aller für Humanität einstehenden gesellschaftlichen Kräfte in den Metropolen darf sich nicht auf die Überwindung der Ausbeutung von Menschen beschränken, sondern muß gleichzeitig auch der Erhaltung solcher Regionen auf der Welt gelten, die als Ganze von der Vernichtung durch die kapitalistische Produktionsweise bedroht sind. Europas ausbeuterische Beziehungen zu den Ländern Afrikas, Lateinamerikas und Asiens währt bereits mehrere Jahrhunderte. Im Laufe der Geschichte hat die Plünderung der Ressourcen dieser Kontinente durch die Länder des Nordens auch vor der Mensch-Natur-Beziehung in diesen Kontinenten keinen Halt gemacht und immer mehr die Lebensgrundlagen der dort ansässigen Bevölkerung zerstört. Diese Entwicklung hält bis in die Gegenwart an und hat im Lauf der Zeit ein immer größeres Ausmaß erreicht. Die heutige Weltarbeitsteilung zwischen Nord und Süd ist durch zunehmende Ungleichheit von Reichtum und Verfügungsgewalt über Ressourcen und Räume und damit auch durch eine Ungleichheit im Hinblick auf die Möglichkeit der Erhaltung der Lebensgrundlagen charakterisiert. Der Norden, seine Regierungen, seine Industrien und Organisationen bestimmen eine Politik, die auf eine schon jetzt vorhersehbare rapide ökologische Verwüstung des Südens hinausläuft. Nach wie vor zeichnet sich in der durch Kommunikation und Handel immer stärker vernetzten Weltgesellschaft die Identität unserer Staaten dadurch aus, daß die von ihnen beherrschten internationalen Institutionen Normen setzen, denen sich die anderen Staaten fügen müssen. Die Beziehungen werden also von den reicheren, sozial und ökologisch einflußreicheren Mitgliedern der Welt-Staatengemeinschaft bestimmt. Sie sind – trotz aller Debatten – in immer größerem Maße weltweit zu Hauptverursachern von Ungerechtigkeit, Unterdrückung und ökologischer Zerstörung geworden. Dieses wiederum bewirkt, daß Millionen von Menschen die natürliche Lebensgrundlage entzogen wird. Jährlich werden 11 Millionen Hektar Wald vernichtet, 10 Millionen Hektar Agrarland werden auf Grund von fehlerhafter Bewässerung unbrauchbar, und 6 Millionen Hektar Land gehen für immer verloren durch Wüstenbildung. Es sind also insgesamt 27 Millionen Hektar, die jährlich von Überausbeutung betroffen sind, mehr als die gesamte Fläche der Bundesrepublik Deutschland. Es können hier nur einige der Ursachen für diesen gigantischen Zerstörungsprozeß benannt werden: Der extensive Anbau nachwachsender Energiepflanzen wurde bisher vorwiegend auf Flächen der

Länder des Südens gefördert und praktiziert, obwohl ihre Produktion relativ kostenaufwendiger ist, womit die nicht erneuerbaren Energiequellen für den Konsum der Industrien und Haushalte des Nordens länger als Vorräte erhalten bleiben.

In den westlichen Industrieländern macht sich außerdem ein zunehmender Trend zu Investitionen in energiesparende Industrien bemerkbar, während die Länder Afrikas, Asiens und Lateinamerikas die energieintensiven Industrien beibehalten. Die Energieversorgung der Industrien erfordert dort große Flächen z.B. für die Nutzung der Wasserkraft durch den Aufstau der Flüsse. Allein in Amazonien sind nach dem Plan 2010 der brasilianischen Energiebehörde 79 Staudämme geplant.

Schließlich haben wir einen sich ausweitenden Müllexport in die Länder Afrikas, Asiens und Lateinamerikas zu verzeichnen, der ebenfalls die dort vorhandenen Räume beansprucht, die Flächen für die Bevölkerung dieser Länder einschränkt und ihre Umweltbelastung erhöht.

All diese Ursachen tragen mit zu einer ökologischen Zerstörung nie gekannten Ausmaßes bei, deren Auswirkungen u.a. in irreversiblen klimatischen Veränderungen bestehen, von denen ausnahmslos alle Bewohner der Erde erfaßt werden. Daher werden weltweit Forderungen nach Wiederherstellung ausgewogener Beziehungen zwischen Mensch und Natur erhoben. Die Erhaltung der Regeneration der Ökosysteme ist auch die Aufgabe heutiger Generationen gegenüber den zukünftigen.

In diesem Zusammenhang sind seit geraumer Zeit vor allem die Regenwälder am Amazonas in den Mittelpunkt des Interesses einer breiten Öffentlichkeit gerückt. Worin besteht die Bedeutung dieses Waldes für die Menschheit? Sie gewährleisten einerseits eine Lebensgrundlage für ihre Bewohner und besitzen andererseits unbezahlbare nützliche Eigenschaften für die Menschen in der Region, im jeweiligen Land und auf der ganzen Erde, das alles jedoch nur so lange, wie die Grenzen der physischen Belastbarkeit dieses differenzierten Ökosystems beachtet werden. Obwohl es heute kaum jemanden geben dürfte, der die Bedeutung dieser Regenwälder ernsthaft in Frage stellen würde, schrumpft ihre Fläche mit kaum zu übertreffender Geschwindigkeit. Allein 1987 brannten nach Schätzungen von Experten 204.000 Quadratkilometer tropischen Regenwaldes entlang der großen Straßen Amazoniens ab. 1988 wurde das Ausmaß der Zerstörung sogar noch auf 270.000 Quadratkilometer gesteigert. Gleichzeitig legte die Energiebehörde Brasiliens einen Plan für den Energiesektor in den kommenden 20 Jahren vor, wonach etwa 26.000 Quadratkilometer Regenwald unter den Fluten von Stauseen verschwinden werden. Geplant ist eine groß angelegte Nutzung der vorhandenen Ressourcen, verbunden mit einer umfassenden Industrialisierung. Der Bau der hierfür erforderlichen Infrastruktur, wie Verkehrswege, Anlagen zur Energieversorgung etc. sollen als Vorleistung für das in- und ausländische Großkapital vorangetrieben werden.

Die heute noch bestehenden Wälder unterscheiden sich nach geologischen und limnologischen Bedingungen. Für alle ist eine hohe Artenvielfalt von Flora und Fauna bei relativ niedriger Anzahl der einzelnen Individuen pro Hektar charakteristisch. Die Völker Amazoniens haben sich in ihrem Wirtschaften von jeher an dieser Komplexität ausgerichtet. Sie leben von der Vielfalt des Waldes, in dem sie für ihre Ernährung jagen, fischen und sammeln.

Außerdem wird ein Wanderfeldbau betrieben, bei dem Felder, die in der Regel nicht größer als ein Hektar sind, zunächst gerodet und abgebrannt und dann drei bis fünf Jahre mit Mischkulturen bepflanzt werden. Nach dieser Zeit werden sie dem Wald wieder überlassen. Es besteht kollektives Eigentum, welches wechselnden individuellen Nutzungen von Geschlechter- und Altersgruppen zur Verfügung steht. Familien bestellen ihre Gärten bzw. Felder in der Nähe des Dorfes. Jedes Volk hat dabei seine eigenen Regeln. Oft gehören diese Felder den Männern, solange diese darauf mit dem Roden beschäftigt sind, und wechseln dann während der Zeit des Pflanzens in den Besitz der Frauen über, denen diese Aufgabe zufällt, bei der sie sich allenfalls von Männern helfen lassen.

Hiervon zu unterscheiden ist die Tätigkeit des Jagens, zu der die Frauen die Männer auffordern, oder die des Sammelns, zu der die Männer die Frauen in den Wald schicken, wenn nichts mehr zu essen vorhanden ist. Gefischt wird an gut ausgewählten Orten nach verschiedenen Methoden und zu bestimmten Zeiten, ausgehend von der Kenntnis des Lebenszyklus' der Fische und ihrer Wanderungsbewegungen im Jahresrhythmus. Auf Ressourceninseln werden Honig und Früchte gesammelt. Zwischen der Waldbewirtschaftung und dem Anlegen von Feldern auf gesondert ausgewählten Böden besteht ein Kontinuum. Auf ehemaligen Feldern, entlang der Wege und im Wald um das Dorf herum werden gezielt bestimmte Bäume nachgepflanzt.

Das kollektive Eigentum ist also mehr als nur Produktionsmittel für wirtschaftliche Güter oder Anlage wertvoller angereicherter Naturbestände für zukünftige Generationen. Produktionsverhältnisse und Verteilungsstrukturen sind gemeinschaftlich und dienen dem Ziel der Versorgung aller. Man teilt die Arbeit und ihre Ergebnisse, die Ernte, den Fischfang und die Jagdbeute untereinander auf. Es gibt also keine Klassen, die Arbeitsteilung wird nach Geschlechtern und Altersgruppen vorgenommen. Dort, wo auf fruchtbaren Böden größere Überschüsse produziert werden können, dienen diese dem Tausch gegen Produkte, die im eigenen Ökosystem nicht vorhanden sind oder der Veranstaltung von Festen.

Die situationsangemessene Leistungsfähigkeit dieser Wirtschaftsweise fußt auf einer rationalen Ressourcennutzung, die wiederum auf umfassendem Wissen über die Zusammenhänge in dem jeweils spezifischen Ökosystem des tropischen Regenwaldes basiert. Diese Nutzung ist der kolonialen, ausbeuterischen direkt entgegengesetzt. Ihre Grenzen sind an der Gesamtheit der vorhandenen Mittel, am Interesse an der Erhaltung der Böden, an der Regeneration von Flora und Fauna und an der Erhaltung und Förderung einer größtmöglichen Vielfalt orientiert. Die Wahrung dieser Grenzen steigert die potentiellen Erträge. Pflanzen werden resistenter, Böden eher belastbar, und die Regeneration des Lebens sichert zukünftige Ernten. Die wirtschaftliche Rationalität ist auf die Kenntnisse über die Regeneration der Flora und Fauna, über kosmische Rhythmen und über die Gesamtheit des eigenen Ökosystems und die vielen Symbiosen, die in ihm existieren, gegründet. Ohne dieses Naturwissen kann kein adäquates Ressourcenmanagement im Sinne der Stärkung der Wirtschaft der Natur durchgeführt werden. Studien über die Entwicklung solcher Wälder, in denen frühere agrarische Nutzungsformen nachgewiesen werden konnten, haben gezeigt, daß es durch menschliche Nutzung zu einer Stärkung der Vielfalt der Natur kommen kann und die Häufung wertvoller Arten in nachgewachsenen Wäldern in diesen Gebieten besonders hoch sein kann.

Aus Untersuchungen wird deutlich, daß die Wissensaneignung der Menschen im tropischen Regenwald nicht beliebig ist, sondern auf direkter Erfahrung im spezifischen Ökosystem fußen muß, und daß die Aneignung und Verinnerlichung des Wissens, das den Weiterbestand der Lebensgrundlage und eine adäquate Nutzung garantiert, in die Wertvorstellungen der Gemeinschaft, ja in ihre Glaubenssätze übergeht, auf denen ihr kontinuierlicher Zusammenhalt entscheidend beruht. Die Aneignung von Wissen über Struktur und Funktion des Ökosystems ist eine Bedingung für die Aufrechterhaltung der Energieströme und des ökologischen Gleichgewichtes. Anders gesagt: Eingriffe in das System (Stressoren) und die Fähigkeit des Systems, regenerativ auf die Eingriffe zu reagieren (seine Elastizität), müssen in ihrem Verhältnis zueinander richtig abgeschätzt werden können. Das System erfordert eine ständig neue Balance und wird, ausgehend von einem breiten Wissen über natürliche Zusammenhänge und Lebensgemeinschaften, sorgsam reguliert. Dieses Wissen ist dabei in einem religiösen Normensystem verankert, das mit der sozialen und wirtschaftlichen Organisation fest verknüpft ist. Die Wirtschafts- und Lebensweise, die hier umrissen wurde, dient einem großzügigen Leben, der Stärkung und Stabilisierung eines eigentlich labilen Ökosystems und einer Gemeinschaft, die sich in den Festen stets erneut konstituiert. Privater Profit ist verpönt, Vielfalt der Produktion und des Konsums ist ein Bedürfnis. Das für das Ökosystem spezifische Wissen und seine Gründung auf die Geschichte der Vormütter und Vorväter bilden den Ausgangspunkt für das Interesse in der Wahrung der Natur für zukünftige Generationen.

Nachhaltiges Nutzen bzw. nachhaltiges Wirtschaften sind in diesem Zusammenhang zentrale Begriffe. Im vielfältigen Ökosystem des tropischen Regenwaldes versteht man darunter die Summe der Tätigkeiten, die erstens die tropischen Böden schützen und anreichern, zweitens die Regeneration von Flora und Fauna auf der Grundlage des Wissens über die natürlichen Zusammenhänge sowie über die Gesamtheit der Lebewesen und ihrer Lebenszyklen berücksichtigen und drittens die Vielfalt von Flora und Fauna achten und mehren. Nachhaltiges Wirtschaften dient so dem Erhalt und der Stabilisierung des tropischen Regenwaldes. Nachhaltige Nutzung will und soll natürlich ökonomischen Ertrag bringen, der bisher nur nicht in Marktwerten gemessen wurde, da die extraktive Nutzung in der Vergangenheit überwiegend Produktion für die Eigenversorgung der Produzenten war. Wissenschaftler schätzen, daß pro Hektar Tropenwald langfristig etwa 8.000 Dollar Verdienst pro Jahr erwirtschaftet werden könnte. Es ist also schon fast absehbar, ab welchem Zeitpunkt sich die nachhaltige Wirtschaftsweise auch als die ökonomisch ertragreichere erweist, da sie die Regenerationsfähigkeit des tropischen Regenwaldes nicht beeinträchtigt. Solange dieses „Tischlein deck dich"-Prinzip beachtet wird, ist eine Zukunftssicherung möglich. Das ist die Lehre auch für uns. Dagegen führt die zeitliche und räumliche Loslösung wirtschaftlicher Planung von Naturkreisläufen und jahreszeitlichen Rhythmen zu einer Vergeudung der natürlichen Ressourcen. Im Widerspruch dazu steht die einseitige Anbindung an die jeweilige Nachfrage auf dem Weltmarkt, die durch die Verpflichtung der Länder, jahraus jahrein Zinsen für unbezahlbare Schulden aufbringen zu müssen, bedingt ist. Waldflächen werden nach wie vor von Regierungen, Großunternehmen und Organisationen lediglich in Funktion ausbeutbarer Ressourcen gesehen, nicht jedoch in bezug auf den Wasserkreislauf, die Flußsysteme und die Wassereinzugsgebiete. Planungen werden entgegen ökologischen Gesetzmäßigkeiten vorgenommen. Ressourcennutzung geschieht ohne langfristiges Kalkül der irreversiblen Zerstörung von Ökosystemen. Schon allein daraus ergibt sich die Notwendigkeit der Herstellung einer gerechteren Weltwirtschaftsordnung, die auch eine ökologisch langfristig verträgliche sein muß.

Darüber hinaus erscheint es mir vor allem notwendig, die Rechte der „Völker des Waldes" anzuerkennen, d.h. die Respektierung ihres Landes, ihrer anderen Kultur- und Lebensweise. Bei den Bewohnern des Waldes sind verschiedene Gruppen voneinander zu unterscheiden: Auf der einen Seite stehen die „Eingeborenen", indianische Völker, die traditionell naturverbunden wirtschaften, ferner Menschen und Gruppen, die in den Wald zugewandert sind (Waldbauern, Sammler und Fischer) und sich dem Wald in ihren vielfältigen Wirtschaftsweisen im Jahresverlauf angepaßt haben. Daneben gibt es die kleinen Produzenten, die in den Wald gedrängt worden sind, da in ihren Ursprungsregionen kein Land für sie vorhanden war. Sie kennen das Waldökosystem nicht und wissen auch nicht, wie sie in den Grenzen der Regeneration dieses komplexen Ökosystems wirtschaften sollen. Bezüglich der Gruppe der kleinen, neu zugewanderten Produzenten sollte die Notwendigkeit eines aktiven Naturschutzes durch extraktive Produktion von internationalen Organisationen in vollem Umfang zur Kenntnis genommen werden. Die Menschen benötigen neben einer festen Landzuweisung eine ökologische Beratung, um nachhaltiges Wirtschaften zu erlernen. Eine solche ist dringend erforderlich, damit sie nicht weiter in den Primärwald vordringen, sobald auf ihrem Landstück die Erträge abnehmen. Spontane Zusammenschlüsse kleiner Siedler haben bereits begonnen, aus eigener Kraft derartige Lernprozesse in die Wege zu leiten und sich Kenntnisse von ökologisch wirtschaftenden Bauern bzw. Indianern und Kautschukzapfern anzueignen. Angesichts der großen Entfernungen verlangt ein derartiges Unternehmen jedoch Unterstützung. In Brasilien wird die Forderung nach Regierungsprogrammen für eine Einweisung der kleinen Siedler in die nachhaltige Bewirtschaftung des Waldes und der Flüsse öffentlich erhoben. Für die indianischen Völker und die anderen nachhaltig Produzierenden besteht u.a. die Notwendigkeit, daß ihr Land vermessen und ihr Eigentum daran als rechtmäßig anerkannt wird. So jedenfalls lautet die zentrale Forderung des Zusammenschlusses amazonensischer Völker, in dem Organisationen der amazonensischen Völker von sieben der acht Amazonasstaaten zusammengeschlossen sind. Der Nationale Rat der Kautschukzapfer fordert die Vermessung und Anerkennung weiterer Sammelreservate (extraktive Reserven) in Brasilien. Ein Bündnis von nachhaltigen Produzenten im Wald ist entstanden, das davon ausgeht, daß diejenigen, die den Wald schützen ohne ihn zu zerstören, zusammenhalten und ihre früheren Streitigkeiten überwinden wollen.

Ein weiteres Problem in dieser Region ergibt sich aus dem extremen Konflikt zwischen kleinen Produzenten und großen Nutzern. Ein Rechtsbeistand der kleinen Produzenten ist nur höchst unvollkommen gesichert. Die überwiegende Zahl der Streitfälle und Übergriffe wird von der Justiz nicht weiter verfolgt. Aus diesen Gründen ist ein stärkeres internationales Interesse für die Wahrung des Rechtes auf physische Integrität der kleinen Produzenten des tropischen Regenwaldes von unmittelbarer und entscheidender Bedeutung. Die dünne Besiedlung, die traditionellen Machtstrukturen und die geringen Kommunikationsmöglichkeiten der kleinen Produzenten vor Ort erfordern gezielte Überlegungen auch auf internationaler Ebene, um hier die Wahrung der Menschenrechte, die allererste Voraussetzung für eine menschliche Entwicklung, sichern zu helfen. Der bisher noch nicht aufgeklärte Mord an Chico Mendez, dem Führer der Kautschukzapfer Acres, einer Region Brasiliens, unterstreicht diese Notwendigkeit. Vorfälle dieser Art zeigen aber auch, daß es angesichts des Konfliktes zwischen den unterschiedlichen Nutzungssystemen in einzelnen Regionen keinerlei Gewähr für die Erhaltung der Lebensgrundlagen und physischen Integrität der kleinen Produzenten gibt. Daher erscheint es sinnvoll, Pufferzonen zum Schutz der einheimischen Völker, Sammler und kleinen Fischer in besonders gefährdeten Regionen einzurichten, um Leib und Leben der Menschen zu sichern, die Bewahrung ihrer Ökosysteme vor dem unmittelbaren Zugriff einer zerstörerischen Nutzung zu garantieren. Derartige Pufferzonen oder Naturschutzgebiete sind zu kennzeichnen, zu vermessen und per Dekret festzuschreiben. Ihre Respektierung muß überwacht werden.

Eine der Voraussetzungen für ein schnelleres Erlernen des ökologischen Wirtschaftens, für das Funktionieren einer Rechtshilfe und für eine Solidarisierung ist der Aufbau einer Kommunikation untereinander, die u.a. angesichts der großen Entfernungen äußerst mühsam ist. Eine Förderung der Kommunikation der Regenwaldbewohner untereinander würde eine direkte Stärkung ihrer nachhaltigen Wirtschaftsweisen bedeuten. Von der Organisation der Amazonensischen Völker wird außerdem wiederholt darauf hingewiesen, daß Mitglieder ihrer Gemeinschaften darin unterstützt werden möchten, selbst an einer Ausbildung für die Gesundheitsversorgung teilzunehmen. Gleichzeitig sind sie daran interessiert, ihre Kenntnisse von traditionellen Heilverfahren zu festigen. Die Ausbildung von Lehrerinnen und Lehrern in ihren eigenen Reihen, die dann in ihren Dörfern zweisprachigen Schulunterricht gemäß den Bedürfnissen vor Ort abhalten können, wird als erstrebenswert angesehen.

In den letzten Jahrzehnten hat die ethnobiologische Forschung bestätigt, wie umfangreich die Kenntnisse der Indianischen Völker Amazoniens über die Regenwaldökosysteme sind.[1] Einzelne Wissenschaftlerkongresse haben, dieser Tatsache Rechnung tragend, zu ihren Symposien bereits einheimische Experten eingeladen. Die Organisation der Amazonensischen Völker will dieses Wissen der Völker in Studien über die Ökologie des amazonensischen Beckens zusammenfassen und erweitern. Zu diesem Zweck soll eine Arbeitsgruppe gebildet werden. Zweifellos ist die eigenständige Verwaltung der Ressourcen in dem Maße möglich, in dem das vorhandene Wissen gesammelt, erweitert und verbreitet werden kann.

Gemeinsam durchgeführtes Dokumentieren und Forschen kann daher der Stärkung eines bewußten eigenständigen Ressourcenmanagements auf der Basis der umfassenden und kontinuierlichen Tradierung des Wissens dienen. Damit soll angestrebt werden, daß eine Verletzung der Grenzen, innerhalb derer die Ökosysteme sich regenerieren können, im Rahmen der von ihnen kontrollierten Gebiete in Zukunft vermieden und die Tradition in neuen Formen gestärkt wird.

Man kann also zusammenfassend feststellen: Die Gesellschaften, die in diesen Ökosystemen leben oder sich seit Generationen neu an sie angepaßt haben, besitzen eigene Zielvorstellungen, wobei sie die ökonomischen und technologischen Ziele nie unabhängig von der Regeneration der Natur gedacht haben. Die Selbstbestimmung und Kontrolle über das Land ist für sie lebensnotwendig. Ihre andersartige Form der Wissensakkumulation und -weitergabe verlangt uns Respekt ab und kann unseren überlieferten Fortschrittsglauben erschüttern. De facto sind sie die einzigen Garanten des Lebens in ihrer Region, der Vielfalt der Arten. Sie tragen dazu bei, das Klima auf dieser Erde zu stabilisieren.

Europäische Demokraten müssen den in ihrer Existenz bedrohten Völkern und Gruppen zur Seite stehen. Sie müssen die Utopien dieser Völker und Gruppen begreifen, die Existenz ihrer Andersartigkeit jetzt in umfassenden breiten Bündnissen verteidigen. Es sind ja diese Gesellschaften und Gruppen, die eine andersartige, die natürlichen Grenzen berücksichtigende Möglichkeit der Bedürfnisbefriedigung realisieren. Es geht dabei aber auch direkt um unsere eigenen Interessen. Schon heute wird bei uns intensiv nach den Bumerangwirkungen unverantwortlichen Raubbaus, der durch den schuldeninduzierten Exportzwang in den Ländern Afrikas, Asiens und Lateinamerikas zustandekam, gefragt. Auch Konsumenten sind verunsichert. Schrittweise, demokratisierende Veränderungen treffen also potentiell auf eine sensibilisierte Bevölkerung, die um die zukünftigen Arbeits- und Lebensbedingungen besorgt ist.

Angesichts der geschilderten Katastrophe ist vor allem das Verhalten ausländischer Institutionen, Unternehmen, Banken und Staaten zu kritisieren. Eine Kontrolle der Außenhandels- und Investitionsströme in das ökologisch labile Gebiet müßte in den Ursprungsländern – möglichst mit Hilfe einer unabhängigen „Clearingstelle" – gesetzlich geregelt werden. Zumindest müßte in bezug auf derartige Projekte und Transaktionen vollständige Öffentlichkeit vereinbart werden, da abzusehen ist, daß hier Folgekosten entstehen, die gesellschaftlich, wirtschaftlich und ökologisch nicht tragbar sind.

Gleichzeitig ist die Herstellung gerechterer Wirtschaftsbeziehungen zwischen Nord und Süd unabdingbar. Man sollte sich allerdings darüber im klaren sein, daß Veränderungen, die auch der verheerenden Selbstvernichtung des Lebens auf dem Planeten Einhalt gebieten könnten, einen radikalen Umbau der Beziehungen der Industriestaaten zu den Ländern der Dritten Welt, eine Revision der gewachsenen internationalen Arbeitsteilung, zur Voraussetzung haben.[2] Ein erster Schritt auf diesem Wege wäre ein Erlaß der Schulden, die zu einem unzulässigen Druck auf die Ressourcen und damit auf die zeitlich inadäquate nachhaltige Nutzung der Flächen führen. Im Laufe des Jahres 1988 wurde diese Forderung von kirchlichen Kreisen, von Menschenrechts- und Umweltgruppen erhoben. Die Bundesrepublik Deutschland hat ebenso wie eine Reihe anderer westlicher Industrienationen einigen der ärmsten Länder bereits den größten Teil der Schulden erlassen. Eine konsequente Schuldenstreichung entspräche der Einsicht, daß man als Kreditvergeber eine Fehleinschätzung des Kreditempfängers zur Kenntnis nehmen muß und so einen Motor der ökologischen Zerstörung abstellen kann und sollte. Sinnvoll könnte auch die Besteuerung von überdurchschnittlich hohen Emissionen sein, um den Ländern der Dritten Welt Kompensationszahlungen zusichern zu können, die sich um eine Konversion des bestehenden Wirtschaftssystems kümmern und die durch ökonomische Anreize für nachhaltige Nutzung der Zerstörung Einhalt gebieten wollen. Ein derartiger Schritt nach der Logik des Verursacherprinzips kann das Kernstück einer Klimakonvention bilden. Dazu gehört auch die Unterstützung der Selbstbestimmung der Völker des Waldes bzw. der lokalen direkten Produzenten.

Die europäischen Demokraten – unter ihnen die Sozialisten – müssen sich jetzt bewähren in der Kontrolle von Entscheidungen, die in unseren Ländern getroffen werden und Auswirkungen auf andere Gesellschaften und Ökosysteme haben. Sie müssen eine universale demokratische Verantwortung praktizieren.

Anmerkungen

1 Die wesentlichen Merkmale der nachhaltigen Wirtschaftsweise der Indianer werden von Ethnobiologen wie Darrell Posey und Warwick Kerr u.a. folgendermaßen umrissen:
  1. der kenntnisreichen Aufrechterhaltung der Vielfalt und dem damit verbundenen Interesse einer vielfältigen Nutzung vor Ort,
  2. dem bewußten Austausch von Arten über die Beziehung zwischen Völkern und Gruppen,
  3. der Züchtung von Arten durch die ansässigen Völker, die nach verschiedensten Methoden und Kriterien ausführlich beschrieben wurden und zur Vermehrung der Vielfalt beitragen,
  4. integrierten Strategien der Bodennutzung, etwa der natürlichen Düngung durch Hinzupflanzen von Leguminosen oder durch Zerreibung von Termitennestern etc., der Erhaltung der Bodenbedeckung Temperatur- und Feuchtigkeitskontrollen,
  5. der Anreicherung des Waldes durch gezieltes Nachpflanzen wertvoller Arten,
  6. natürlicher Schädlingsbekämpfung,
  7. guter Zeitplanung von Fruchtfolgen,
  8. gezielter Auswahl der Böden für die „roça",

9. Kentnissen von der vielfältigen Nutzung ein und derselben Plfanze und – ganz entscheidend –
10. auf der Aneignung und Tradierung von Wissen vor Ort anhand der direkten Erfahrungen im eigenen Ökosystem.

VI. Der Nord-Süd-Konflikt

Jean Ziegler

Die Prinzipien der Französischen Revolution und die Ausbeutung der Dritten Welt

Unter den wenigen, wirklich großen Staatsmännern der zweiten Hälfte unseres Jahrhunderts gehört Willy Bandt sicher zu jenen, die am konsequentesten die analytischen Kategorien, die Aktions-Prinzipien der französischen Revolution aufrecht erhalten und befördert haben. Der Gedanke der Universalität der Staatengesellschaft, der Solidarität zwischen Menschen und Völkern steht im Zentrum seines theoretischen und praktischen Wirkens.

Im Jahre 1977 gestand der damalige Präsident der Weltbank, Robert McNamara, seine Ratlosigkeit angesichts zunehmender Verarmung der 122 Entwicklungsländer ein. Immer deutlicher war geworden, daß die gesamte sogenannte Entwicklungspolitik der westlichen Staaten und auch der internationalen Organisationen in eine Sackgasse geraten war, aus der bis heute kein Ausweg gefunden werden konnte. Am schlimmsten und anscheinend unlösbarsten erscheint die Schuldenkrise, das heißt die horrende Auslandsverschuldung der Dritte-Welt-Länder. McNamara regte damals an, einen großen Staatsmann, dessen moralische autorität und politische Erfahrung international unbestritten sind, um Hilfe anzugehen. Die Wahl fiel ganz natürlich auf Willy Brandt. Schon Ende 1977 fand in Bonn die konstituierende Sitzung der „Brandt-Kommission" statt. Sie bestand aus 18 Intellektuellen und Politikern aus Nord und Süd, Ost und West, und war völlig unabhängig. Ein Exekutivsekretariat arbeitete in Genf. Zwei Jahre später lag der über 500 Seiten starke Bericht vor. Willy Brandt schrieb 1979 eine 50seitige persönliche Einleitung. In ihr werden die ökonomischen, aber auch die moralischen Prinzipien einer neuen Nord-Süd-Ordnung fixiert.[1] Seit 1980 gilt die Brandt-Analyse der internationalen Schuldenkrise als wegweisend, als die permanente intellektuelle und politische Referenz. Die Analyse hat sich inzwischen auch als prophetisch erwiesen.

Das Gipfeltreffen der sieben führenden westlichen Industrieländer vom 8. bis zum 9. Juli 1989 in Paris, der Hauptstadt von 1789, befaßte sich vorrangig mit dem Problem der Verschuldung der Dritten Welt. Die Verwaltung dieser Verschuldung, die mittlerweile die astronomische Höhe von 1.200.000 Milliarden Dollar erreicht hat, schafft ein neues Kolonialsystem, das gewaltträchtiger, zynischer und mörderischer ist als alle seine Vorgänger.

Dieses System funktioniert hervorragend: Es ist „naturalisiert", das heißt alle, Herren wie Sklaven, Gläubiger wie Schuldner bedauern die Lage zwar, klagen und beschwören ihren guten Willen, erklären aber das Problem für unlösbar. Seine Ursachen werden für böses Schicksal gehalten. Die armen Länder sind weder in der Lage, die jährlich anfallenden Zinsen zu zahlen, noch die Tilgungsraten aufzubringen. Das hindert den „Club von Paris" seinen Zusammenschluß von elf westlichen Regierungen, der mit der Verwaltung der höchsten Schulden befaßt ist und damit auch die Interessen der westlichen privaten und öffentlichen Banken vertritt, jedoch nicht daran, ihnen Fachleute des Internationalen Währungsfonds zu schicken, die sich wie Unglücksraben auf das unterjochte Land stürzen. Sie informieren sich über die wirtschaftliche Lage und schlagen dann in der Regel die gleichen „Strukturreformen" vor: Verringerung der Sozialausgaben, Schließung von Schulen, Krankenhäusern, Gehaltssenkung für die Beamten, Abschaffung von öffentlichen Subventionen für lebenswichtige Güter. Man nennt dies verschämt „die Echtheit der Preise wiederherstellen". Wenn die Regierung des betreffenden Entwicklungslandes die Vorschläge annimmt und entsprechende Maßnahmen einleitet, dann schlagen die „schwarzen Raben" aus Washington, der IWF, dem „Club von Paris" vor, dem Land zu ermöglichen, seine Schulden mit Hilfe eines neuen Kredits zu einem höheren Zinssatz zurückzuzahlen, so daß die alte Verschuldung durch eine neue ersetzt wird.

Die UNICEF, das Kinderhilfswerk der Vereinten Nationen, schätzt, daß die auf diese Weise erzwungene wirtschaftliche Anpassung in den 122 Ländern der Dritten Welt im Jahre 1988 500.000 Kinder unter 14 Jahren das Leben gekostet hat. Nie hat jedoch der IWF eine Reduzierung der Militärausgaben, die Einführung einer Steuer für die wohlhabenden Klassen, die sich in den Ländern der Dritten Welt der Besteuerung weitgehend entziehen, oder die Enteignung des großen Plantagenbesitzes empfohlen. Die einzige und stete Sorge des IWF ist die Einführung des sogenannten freien Marktes.

Auf dem 18. ordentlichen Kongreß der Sozialistischen Internationale in Stockholm wurde unter dem maßgeblichen Einfluß von Willy Brandt eine Plattform verabschiedet, die die einseitige Reduzierung der Schulden und die Schaffung eines Schuldnerkartells empfiehlt, das heißt, die armen Länder sollen sich zusammenschließen, um gemeinsam mit dem „Club von Paris" zu verhandeln.

Bei dem Gipfeltreffen der französischsprachigen Länder in Dakar im Jahre 1988 hat Präsident François Mitterand einen einseitigen Schuldenerlaß für die 27 ärmsten Länder angekündigt. Diese Länder versinken von Tag zu Tag tiefer in Armut. Sie werden nie wieder in der Lage sein, auch nur einen Pfennig zurückzuzahlen. Mitterands Initiative war zwar gut, beinhaltet aber ein gutes Stück Heuchelei. Die Verschuldung ist auf ganz bestimmte soziale und politische Ursachen zurückzuführen. Eine davon liegt in der Übernahme westlicher Entwicklungsmodelle – eine mörderische Maxime. Heute weiß man, daß die Industrialisierung der Dritten Welt mit Hilfe eines massiven Transfers von Kapital und Technologie sich als völliger Mißerfolg erwiesen hat. Sie hat Wirtschaftsweisen, die der Ernährung der einheimischen Bevölkerung dienten, verdrängt, sie hat das Handwerk zugrunde gerichtet, Bereiche relativer ökonomischer Autonomie und Selbstversorgung in der peripheren Wirtschaft zerstört. Eine andere Ursache ist in der weit verbreiteten Korruption zu sehen. Schweizer Banken, aber auch französische und amerikanische, sind mit Geldern vollgepfropft, die die Oberschichten der Entwicklungsländer den Völkern gestohlen haben. Eine anhaltend große Kapitalflucht erfolgt unter aktiver Mittäterschaft der europäischen und amerikanischen Privatbanken. So befinden sich nach Auffassung des ehemaligen argentinischen Präsidenten Raoul Alfonsin 20 Milliarden Dollar auf Nummernkonten in der Schweiz, das entspräche einem Drittel der argentinischen Auslandsverschuldung.

Wenn Frankreich dagegen, daß die armen Länder durch die Verschuldung allmählich erdrosselt werden, tatsächlich etwas unternehmen sollte, dann sollte es zunächst aufhören, die korruptesten Regimes in der Dritten Welt, wie das Marokko Hassans II., Mobutus Zaire oder das Brasilien der Latifundienbesitzer zu unterstützen. Es sollte auch sein neokoloniales Imperium aufgeben, seine Politik der wirtschaftlichen und militärischen Zusammenarbeit von Grund auf revidieren und zusammen mit den armen Ländern Verhältnisse herstellen, die zur Selbstversorgung im Bereich der Grundnahrungsmittel, zu einer autonomen Entwicklung, zu nationaler Unabhängigkeit führen, kurz gesagt, zu Würde und Gleichheit als ersten Schritten zur Freiheit. Von Robespierre stamt der Satz, daß kein Mensch frei sei, solange nicht alle Menschen frei seien. 1989 sind wir davon noch weit entfernt. Den revolutionären Kräften hier wie überall in der Welt obliegt die dringende Aufgabe, die neue Kolonialordnung zu bekämpfen und zwischen den Völkern der fünf Erdteile Beziehungen, die der Vernunft und den Werten von 1789 genügen, herzustellen.

Wenige Völker der Dritten Welt haben so viel gelitten, gekämpft und Menschenwürde gezeigt, wie das gepeinigte Volk von Nicaragua. Im Jahre 1961 gründeten drei Studenten in einem Vorort von Tegucigalpa die Sandinistische Front der nationalen Befreiung. Der Volksbefreiungskrieg gegen den Somoza-Clan dauerte acht Jahre und kostete 50.000 Menschen das Leben. Im Juli 1979 zogen die siegreichen Guerilleros in Managua ein. Tiefgreifende soziale Reformen im Bereich der Landwirtschaft, in der Steuergesetzgebung, im Schul- und Gesundheitswesen wurden unverzüglich eingeleitet, auf politischer Ebene setzten Veränderungen im Sinne einer Demokratisierung ein. US-Präsident Reagan unterstützte die in den Wäldern von Südhonduras operierenden ehemaligen Gardisten Somozas. So entstand die „Kontra", die mit Hilfe von „Experten" der nordamerikanischen CIA, israelischen „Beratern" und Exil-Kubanern im Jahre 1982 Nicaraguas zweiten Krieg eröffnete, der bislang 30.000 Tote und 170.000 Kriegsinvaliden und Schwerverletzte forderte.

Dieser Krieg ging mit einem neuen und glänzenden militärischen Sieg der Erben Augusto Sandinos zu Ende, auf den ein langer Waffenstillstand zwischen beiden Parteien folgte.

In Tela, einem kleinen Seehafen an der atlantischen Küste von Honduras, trafen die Staatsoberhäupter von fünf Staaten Zentralamerikas (Costa Rica, Honduras, Guatemala, El Salvador und Nicaragua) zusammen. Sie unterzeichneten ein Abkommen über die Befriedung der Region. Die Kontra sollte bis Ende November 1989 demobilisiert werden. Als Gegenleistung kündigte die Regierung von Nicaragua für den Februar 1990 Neuwahlen an, ferner die Abschaffung der Wehrpflicht und vor allem die Möglichkeit für 12.000 ehemalige Kontra-Angehörige, zurückzukehren und straffrei zu bleiben. Gerade dieser Punkt stellt für die Familien der von den Kontras Ermordeten und für immer Verstümmelten eine schwere Belastung dar. Eine Gefahr liegt darin, daß die Sandinistische Front nur etwa 30.000 aktive Mitglieder zählt. Dagegen agieren 22 Oppositionsparteien im Lande, darunter einige, die direkt von der CIA ins Leben gerufen wurden und von ihr finanziert werden. Gleichzeitig setzt der neue amerikanische Präsident, Georges Bush, die von Reagan eingeleitete Politik der wirtschaftlichen Erdrosselung, die man auch als milde „Blockade" bezeichnet, fort. Der später ermordete chilenische Präsident Salvador Allende sprach 1972, als amerikanische Bomben auf Hanoi und Haiphong fielen, von Nicaragua als einem „stillen Vietnam", wo ein ganzes Volk der Zerstörung seiner Wirtschaft, dem Hunger und der Agonie seiner Hoffnungen unter großen Blutopfern Widerstand leiste.

Einige Tage nach der Befreiung im Jahre 1979 schrieb US-Präsident Carter an Nicaraguas souveräne Regierung, daß die USA diese anerkennen würden, wenn sie eine Verfassung erlasse und ein Parlament wählen lasse. Thomas Borge, der älteste der neun Kommandanten, die heute noch die nationale Führung der Sandinistischen Front bilden, gab Carter folgende Antwort: „Unser Volk hat bereits abgestimmt ... mit seinem Blut." Als Bavordo Arce aus Nicaragua vor dem 18. Kongreß der Sozialistischen Internationale in Stockholm für sein Land warb, wurde aus den Reaktionen deutlich, daß die meisten Europäer, wie auch die meisten US-Amerikaner, sich nur eine auf Wahlen gegründete politische Legitimität vorstellen können. Sie betrachten das Modell einer republikanisch-parlamentarisch verfaßten Staatsform, wie sie am Ende des 18. Jahrhunderts aus den revolutionären und antifeudalen Kämpfen in Paris hervorging, als universell gültig.

Um nicht falsch verstanden zu werden: die demokratischen Prinzipien, vor allem der Grundsatz, der nur eine vom Volk delegierte Staatsgewalt zuläßt, aber auch die unbedingte Achtung aller Rechte und Freiheiten des einzelnen überall in der Welt, sind unantastbar. Daß aber die nord-amerikanische Großmacht, nachdem sie Terror, Sabotage und tausendfachen Mord gegenüber Nicaragua finanziert hat, diesem Land die Rückkehr der Mörder und gleichzeitig Wahlen aufzwingen kann, scheint unzulässig. Darüber hinaus behält Washington sich das Recht vor, bestimmen zu können, was „demokratische Wahlen" sind. Das bedeutet nichts anderes, als daß man sich die Möglichkeit vorbehält, den bewaffneten Kampf von neuem zu beginnen, wenn die Sandinisten die Wahl gewinnen.

Uns Europäern erteilt die Geschichte Nicaraguas eine wichtige Lektion: Wenn es stimmt, daß wir unseren kritischen Verstand nie aufgeben dürfen, so stimmt es auch, daß die bewaffneten Befreiungsbewegungen in der Dritten Welt und die neuen aus ihrem Kampf entstandenen Regierungen unter schwierigen Bedingungen und gegen gemeinsame Feinde die Prinzipien der Freiheit verteidigen, die auch unsere sind. Willy Brandt hat uns gelehrt, daß diese Bewegungen, diese Staaten unsere Solidarität brauchen und nicht nur unser kritisch-distanziertes und abstrakt-neutrales Urteil.

Die Grenze zwischen dem reichen Norden und dem armen Süden, zwischen Ausbeutern und Ausgebeuteten hat sich seit dem 16. Jahrhundert kaum verändert: Auf der einen Seite stehen Europa, Nordamerika und Japan, das nie Kolonialmacht war, sich aber am Anfang des 20. Jahrhunderts den imperialistischen Mächten angeschlossen hat. Auf der anderen Seite stehen die Länder des „Südens" mit heute 3,8 Milliarden von den insgesamt 5 Milliarden Menschen, die es auf dem Planeten gibt. Sie leisten einen immer schwächeren Widerstand gegen Ausbeutung und Repression. Diese beruht zunächst und vor allem auf einer kulturellen Unterdrückung: Um die Arbeitskraft eines Menschen ausbeuten und die Reichtümer seines Landes ausrauben zu können, muß man zunächst seinen Geist unterjochen. In der Dritten Welt stirbt, ähnlich wie im Westen, die Identität der einzelnen Völker und Staaten, es triumphiert die Warenfunktionalität. Die Instrumentalisierung der Menschen wird universell und raubt den Menschen ihre Substanz. Als Reservearmee des multinationalen Kapitals oder Rohstofflieferanten haben mehrere Völker der Dritten Welt aufgehört, Subjekte ihrer Geschichte zu sein.

Die demokratisch verfaßten Staaten des Westens berufen sich fast alle ausdrücklich auf die Menschen- und Bürgerrechtserklärung von 1789. Einer der wichtigsten Ahnherren dieser Erklärung ist Charles de Montesquieu. Er ging davon aus, daß das Universum von unveränderlichen Gesetzen einer ewigen Vernunft regiert wird. Der Geist der Gesetze beginnt mit diesen Sätzen:

„Die vernunftbegabten Einzelwesen können Gesetze haben, die sie selbst geschaffen haben, aber sie haben auch solche, die sie nicht selbst gemacht haben. Sie waren möglich, ehe es vernunftbegabte Wesen gab ... Zu behaupten, daß es kein Recht oder Unrecht gebe als das, was die positiven Gesetze befehlen oder verbieten, heißt soviel wie behaupten, ehe man den ersten Kreis gezogen habe, seien die Radien nicht gleich gewesen. Man muß also zugeben, daß es Grundsätze der Billigkeit gibt, die älter sind als die positiven Gesetze ..."[2]

Die Vernunft als sichtbare Ordnung des Universums, die in den Gesetzen ihren Niederschlag findet, geht allen positiven Gesetzen voraus. Nach Montesquieu ist das Gesetz die Bedingung für die Freiheit, diese allein ist unvollkommen. „Wenn ein Bürger tun könnte, was die Gesetze verbieten, so hätte er keine Freiheit mehr, weil die anderen ebenfalls diese Macht hätten."[3] Freiheit gibt Sicherheit, dies ist die grundlegende Errungenschaft des Gesetzes. Montesquieu kommt immer wieder darauf zurück. „Die politische Freiheit des Bürgers ist jene Ruhe des Gemüts, die aus dem Vertrauen erwächst, das ein jeder zu seiner Sicherheit hat. Damit man diese Freiheit hat, muß die Regierung so eingerichtet sein, daß ein Bürger den anderen nicht zu fürchten braucht."[4]

Jean Starobinski, der neben Victor Goldschmidt einer der fein- und scharfsinnigsten Exegeten Montesquieus ist, faßt die Analysen, die der modernen Theorie der Menschenrechte zugrundeliegen, folgendermaßen zusammen:

„Die Befreiung der Furcht ist das große Anliegen des 18. Jahrhunderts. Die Natur ohne Angst betrachten, Gott, der weder Furcht noch Zittern einflößt, (von weitem) seine Ehrerbietung darbringen, den Menschen die Vorstellung einer Gesellschaft, in der sie vor anderen nichts zu befürchten haben, vermitteln."

Das Gesetz, das die Bürger im Staate fessele, mache sie somit frei, sich anderen Zielen zuzuwenden. Die Selbstbehauptung des einzelnen stehe im Gleichklang mit der vom Gesetz regierten Gemeinschaft. Der einzelne verlange nach dem

Gesetz, das Gesetz verlange dafür nach dem einzelnen. So habe sich, bevor es das Gesetz gab, der „gewälttätige" Mensch als unmittelbar verstanden, das freie Individuum verstehe sich dagegen durch die Vermittlung des Gesetzes.[5]

Glücklich sein bedeutet, sich mit der Ordnung des Universums in Einklang zu befinden. Die Freiheit und Sicherheit, die sie verschafft und das Glück, das sie gibt, dürfen sich nicht auf ein einziges Land oder auf ein einziges Individuum beschränken. Niemand kann ohne die anderen glücklich sein; durch das Gesetz drückt sich die universelle Vernunft aus, verwirklicht sich das Gestaltungsprinzip des Universums, das damit sichtbar wird. Seine Anwendung zu begrenzen, es hier anzuwenden und dort nicht, hieße, die unbestreitbare Voraussetzung für die Verwirklichung der Freiheit und dadurch auch die Entfaltung des Glücks des einzelnen zu zerstören.

Montesquieu griff heftig jenes Europa an, das als „Tyrannin der drei anderen Erdteile" auftrete: „Zwei Welten sind zuviel." Damit meinte er, daß es nicht zweierlei Arten gebe, um die „Humanisierung" des Menschen zu erreichen. Das Gesetz sei der einzige Weg, die Freiheit das einzige Mittel.

In diesem Zusammenhang erhob Montesquieu Vorwürfe vor allem gegen die Spanier, die, nachdem sie riesige Gebiete mit unglaublicher Geschwindigkeit erobert hätten, die sie auch behalten wollten, dazu übergegangen seien, die dort lebende Bevölkerung zu vernichten und spanische Bevölkerung aus dem Mutterland anzusiedeln. Er wollte damit zeigen, daß ein Volk, das ein anderes ausbeutet und versklavt, das Gesetz zerstört und damit auch seine eigene Freiheit und sein eigenes Glück. Die gegen den anderen gerichtete Gewalt zerstört nicht nur die „Sicherheit" der Opfer, sondern auch die des Angreifers. Die verletzte Vernunft des anderen blutet, stirbt in mir. Meine Freiheit stirbt mit der meines Opfers.

Zur Zeit des schrecklichen Bombardements auf Hanoi und Haiphong während der Weihnachtstage des Jahres 1972 prägte der französische Politologe Maurice Duverger den Begriff des „äußeren Faschismus": Die meisten westlichen Demokratien, Duverger hatte dabei vor allem die USA im Visier, garantierten innerhalb ihrer Grenzen auf eine fast vollkommene Weise die Rechte und Freiheiten ihrer Bürger, die Unabhängigkeit der Justiz, das allgemeine Wahlrecht und die Trennung der Gewalten. Sie betreiben aber gleichzeitig außerhalb ihres Territoriums eine Militär- und Wirtschaftspolitik, die der des Faschismus verwandt sei, die durch Verachtung gegenüber Völkern anderer Kontinente gekennzeichnet sei. Diese Politik äußere sich in maßloser Ausbeutung, rücksichtslosem Abbau der Rohstoffe und in dem Versuch, sich fremde Völker zu unterwerfen. Die gegenwärtigen demokratisch verfaßten Staaten berufen sich auf die Menschenrechtserklärung von 1789. Die meisten von ihnen tun das zu Unrecht, weil sie ihre jeweiligen Gesetze und Verordnungen nicht nur den Einwohnern ihres eigenen Territoriums aufzwingen, sondern auch und vor allem den Menschen an der Peripherie der industrialisierten Welt. Hier sind diese Gesetze nicht, um mit Montesquieu zu sprechen, „dazu da, um die Ordnungen der Vernunft durchzusetzen", sondern sind alles andere als wohltuend und vernünftig. Der „äußere Faschismus," der von den westlichen demokratischen Staaten, aber auch von den noch totalitäreren Staaten des Ostens tagtäglich mit gutem Gewissen praktiziert wird, erzeugt eine Welt, die haargenau das Gegenteil der von Montesquieu gewollten vernünftigen Ordnung ist. Das Verhalten der westlichen Demokratien und die dem zugrundeliegende Rationalität ähneln jener „barbarischen Wut", jenem Eroberungsdrang, den Montesquieu bei den Spaniern des 16. Jahrhunderts anprangert. Ebenso wie Spanien unter der Herrschaft Philipp II. verursachen die Republiken Mitterands, Thatchers und Kohls in Übersee „Wüsten", wobei sie zugleich ihre Heimat in eine moralische „Wüste" verwandeln. Der Begriff Wüste kann im Hinblick auf die Entwicklungsländer in wörtlichem Sinne verwandt werden. Denn die neokoloniale Landwirtschaft und der extensive Landbau haben die Sahel-Katastrophe verursacht. Die Wüste gewinnt durchschnittlich 10 Kilometer jährlich in Mali, in Burkina, in Niger. In Lateinamerika sind die multinationalen Gesellschaften durch Holznutzung, durch Rodung zum Gewinn von Viehweiden und durch Erzabbau auf dem besten Wege, Amazonien, die wichtigste Biozone der Welt, in eine unfruchtbare Steppe zu verwandeln.

Die Menschen- und Bürgerrechtserklärung von 1789 galt allen Bewohnern unseres Planeten. Victor Hughes, Kommissar des Konvents, landete 1794 in Basseterre in Guadeloupe und setzte die Achtung der Rechte aller Inselbewohner, Schwarzer, Mischlinge, Indios, Weißer, durch. Auf seinem Schiff fuhr die Guillotine mit, um jeden, der sich der Anerkennung und Achtung der unveräußerlichen Rechte aller Menschen widersetzen würde, zu köpfen. Mit anderen Worten: die französischen Revolutionäre, auf welche sich die meisten zeitgenössischen demokratischen Verfassungen berufen, kannten nur den universellen Menschen. Ihr Vorhaben bestand darin, alle Menschen, ungeachtet ihrer Rasse, ihrer Heimat, ihrer Hautfarbe, ihrer Geschichte oder Volkszugehörigkeit, zu befreien und zu beschützen. Die modernen Demokratien behalten dagegen diese unveräußerlichen Menschenrechte und Freiheiten den Einwohnern ihrer Länder vor.

Eine innere Demokratie, wie sie in den Vereinigten Staaten, in Frankreich, in der Schweiz, in England und anderswo real und lebendig ist, ist eine Errungenschaft der Zivilisation, die jedoch ihrerseits durch die Praxis des „äußeren Faschismus" prekär wird. Die Volkssouveränität kann aber nicht innerhalb eines einzigen Landes verwirklicht werden, wenn gleichzeitig praktisch mit militärischer und wirtschaftlicher Gewalt den Nachbarn in Übersee das Recht auf Selbstbestimmung vorenthalten wird. Die westlichen Demokratien beruhen auf universellen Werten, deren Ausstrahlung vor den nationalen Grenzen halt macht, statt sich über den ganzen Planeten auszubreiten. Dies beraubt auch diese Werte ihrer Universalität, ihrer Glaubwürdigkeit und schließlich ihrer Kraft.

Es gibt einen Kausalzusammenhang zwischen der aktiven Unterstützung des rassistischen Südafrika durch die westlichen Demokratien und dem Aufstieg Le Pens in Frankreich und seiner Gesinnungsgenossen im übrigen Europa. Wenn man den menschenverachtenden Rassismus außerhalb seiner Grenzen unterstützt, darf man sich über die Entstehung von Fremdenfeindlichkeit im Inneren nicht wundern. Der Kampf für soziale Gerechtigkeit auf dem ganzen Planeten, für Gerechtigkeit und somit Gleichgewichtigkeit zwischen Europa und der Dritten Welt ist zugleich ein Kampf für die Verteidigung und die Wahrung dessen, was uns an Demokratie in Europa erhalten bleibt. Vom moralischen Standpunkt aus sind die heutige neue koloniale Weltordnung, die Warenrationalität und die Staatspraktiken, die sie legitimieren, radikal zu verwerfen. Sie sind auch theoretisch unerträglich: Es ist töricht, diese Weltordnung zu akzeptieren, aus der nichts Gutes kommen kann. Sie bringt nur Verzweiflung, Gewalt und Tod hervor. Es gibt langfristig kein sicheres Leben im Dschungel.

Die erste Aufgabe für den Westen, den Erben der Prinzipien der internationalen Solidarität und der gegenseitigen Hilfe unter den Völkern, besteht darin, die Fähigkeit des Sich-Entsetzens zu bewahren und diese zur Grundlage seiner täglichen Wahrnehmung zu machen. Dies scheint mir eine unerläßliche Vorbedingung für den Kampf gegen Warenrationalität und Staatsräson. Die Entdeckung des Verbrechens, das im Stillen am anderen verübt wird, muß ins allgemeine Bewußtsein gerückt und öffentlich zur Sprache gebracht werden. Man muß die Warenrationalität, die sich verselbständigt hat, bloßstellen und die ihr zugrundeliegenden globalen Gesetze durch den analytischen Verstand erfassen. Die Zerstörung des von der Warenrationalität auferlegten Warensystems ist heute vorrangig.

Anmerkungen

1 Brandt, W.: Das Überleben sichern. Der Brand-Report. Der Bericht der Nord-Süd-Kommission, Frankfurt/M., Berlin, Wien 1981
2 Montesquieu, Ch. de: Vom Geist der Gesetze. In einer neuen Übertragung eingeleitet und herausgegeben von Ernst Forsthoff. Erster Band, Tübingen 1951, S. 10
3 ders.: a.a.O., S. 213
4 ders.: a.a.O., S. 215
5 Starobinski, J.: Montesquieu, Paris 1953, S. 99 u. 104

Willy Brandt

Der Nord-Süd-Gegensatz als globale Herausforderung

Zunehmend werden wir mit Problemen und Gefahren konfrontiert, die die Welt als Ganzes berühren. Gorbatschow spricht von überaus komplizierten globalen Problemen, die nur von der vereinigten Menschheit gelöst werden könnten,[1] und Hans Jonas sieht sogar die Existenz der Gattung gefährdet.[2] Angesichts dieser Situation bedarf es erheblicher geistiger Anstrengung und einer politischen Orientierung, die über den Horizont nationaler Grenzen weit hinausreicht.

Zweifellos gehört die Nord-Süd-Problematik zu den großen globalen Herausforderungen. Es liegt im wohlverstandenen langfristigen Interesse der Industriestaaten, zum Nord-Süd-Ausgleich beizutragen. Bekanntlich versuchte die von mir geleitete Nord-Süd-Kommission, hierzu Anstöße zu geben. Doch wir erleben zu Beginn der 80er Jahre einen Rückfall in engstirnige Interessenpolitik – ohne Rücksicht auf die Länder der sogenannten Dritten Welt. Sicherlich war die erneute Ost-West-Konfrontation und der damit einhergehende forcierte Rüstungswettlauf zwischen den Weltmächten ein Grund dafür, daß der Nord-Süd-Dialog zum Stillstand kam, da alle Beteiligten – auch die jeweiligen Bündnispartner – dadurch in ihren außenpolitischen Handlungsspielräumen eingeengt wurden. Manchen der Verantwortlichen im Norden waren auch der „Maximalismus" der Dritt-Welt-Vertreter und die Verhandlungsmarathons der 70er Jahre zuwider. Sie haben dann mit Genugtuung den Differenzierungsprozeß zwischen den Entwicklungsländern registriert. Aber es gibt gewiß auch aus fortschrittlicher Sicht gute Gründe, von den Prozessen sehr unterschiedlicher Entwicklung Kenntnis zu nehmen: Daß die Interessen neureicher Erdölländer und bettelarmer afrikanischer Staaten auseinanderklafften, wurde offenkundig wie das zunehmende Entwicklungsgefälle zwischen einzelnen Ländern in Asien oder Lateinamerika. Weitere wesentliche Gründe für die Vernachlässigung der Nord-Süd-Beziehungen waren die nicht geringen wirtschaftlichen Schwierigkeiten in den OECD-Staaten und die Probleme der allseits spürbaren technologischen Revolution, die von der Mikroelektronik ausging. Überdies setzte Japans rasanter Aufstieg die anderen OECD-Staaten unter beträchtlichen Leistungsdruck. Verschiedene Spielarten der sogenannten „Angebotspolitik" lösten zwischen den Industrienationen einen rücksichtslosen Konkurrenzkampf um regionale und internationale Wettbewerbsvorteile aus. Die Kosten im EG-Raum bestehen in hoher Arbeitslosigkeit als Dauererscheinung; das soziale Netz wurde weitmaschiger, Gewerkschaften und sozialdemokratische Parteien gerieten in eine defensive Position. Verhängnisvoller aber war, daß das Nord-Süd-Verhältnis nun von einem atavistischen „Sozialdarwinismus" gekennzeichnet war. Während die Finanzwelt den reichen USA ein absurdes Wirtschaftsexperiment gestattete, wurde den armen und strukturschwachen Entwicklungsländern Konsumverzicht zugemutet, indem man ihnen bedeutete, umgehend „ihr Haus in Ordnung zu bringen". Daß dies unter ungünstigen weltwirtschaftlichen Rahmenbedingungen und angesichts horrender Schuldendienstleistungen nicht gelingen konnte, ist mittlerweile selbst für Bankiers offensichtlich. Gleichwohl wird weiterhin das schier Unmögliche eingefordert. Die den Entwicklungsländern von außen auferlegten Anpassungsleistungen gehen vor allem zu Lasten der ohnehin benachteiligten breiten Bevölkerung. Die Kräfte, die hier auf eine Reform ungerechter und unsozialer gesellschaftlicher Strukturen drängen, sind zu schwach, um daran etwas ändern zu können. Mittlerweile „leben" über 800 Millionen Menschen in absoluter Armut, vegetieren erbärmlich unterhalb des Existenzminimums, und ihre Zahl dürfte bei weiterhin hohem Bevölkerungswachstum noch zunehmen.

In unserem Bericht „Das Überleben sichern"[3] appellierten wir an längerfristig gemeinsame Interessen, daneben auch an mitmenschliche Solidarität. Erfreulicherweise ist die Fähigkeit zum Mitleiden noch nicht verschüttet. Die Bemühungen unzähliger Organisationen, nicht zuletzt solcher kirchlicher Provenienz, sollten nicht unterschätzt werden, und auch die sogenannten NGOs helfen nicht nur in Katastrophenfällen. Aber mit freiwilliger Hilfe, so begrüßenswert sie ist und so wünschenswert sie bleibt, ist es allein nicht getan. Wir forderten in unserem Report umfängliche und weitsichtige Entwicklungszusammenarbeit, setzten auf die Kooperationsbereitschaft der Staaten, Regionen und internationalen Organisationen, natürlich auch der betroffenen wirtschaftlichen Formationen. Rückblickend war es vielleicht ein Fehler, ökonomische Argumente zu sehr in den Mittelpunkt zu stellen. Wir haben den rapiden technologischen Wandel nicht vorausgesehen, der die ökonomische Bedeutung der Dritten Welt für die Industriestaaten deutlich verringert. Rohstoffsubstitution und neue Produktionsverfahren in den Industriestaaten, außerdem die eigene Verschuldung, die den außenwirtschaftlichen Spielraum der armen Länder drastisch einschränkt, haben zur Folge, daß der Anteil der Entwicklungsländer am Außenhandel der Industrieländer - jedenfalls zwischenzeitlich – Einbußen erleidet; auf die Bundesrepublik bezogen stagniert er seit Jahren und beträgt weniger als 10 Prozent.[4] Aus engem ökonomischen Blickwinkel sind gegenwärtig für die OECD-Staaten lediglich die „Exportwunderländer" in Asien und die großen Entwicklungsländer von besonderem Interesse. Nur diese wenigen Länder verfügen über eine gewisse Verhandlungsmacht, um bilateral ein Entgegenkommen zu erreichen. Doch ist vor der zynischen Option zu warnen, die Süd-Beziehungen auf wenige wirtschaftlich interessante und politisch wichtige Entwicklungsländer zu konzentrieren, dem „Rest" der Dritten Welt dagegen allenfalls bescheidene staatliche Entwicklungshilfe anzubieten und auf private Hilfsbereitschaft zu setzen. Das wäre Thatcherismus im Weltmaßstab. Ich warne davor aus Gründen der Moral, der wirtschaftlichen und politischen Fernwirkungen, aber auch – ebenso wie viele Wissenschaftler – mit dem Argument globaler Umweltgefahren. Denn allmählich wird nicht mehr bestritten, daß die globale Umweltzerstörung durch Unterentwicklung beschleunigt wird. Darauf hat vor allem die „Brundtland-Kommission"[5] hingewiesen. Fehlentwicklungen in einem Teil der Welt beschwören weltweite Umweltkatastrophen herauf, das Ozonloch und die befürchtete Erwärmung der Erdatmosphäre verdeutlichen die globale Herausforderung. Es ist nicht damit getan, auf Konferenzen das Fortschreiten der Wüsten zu beklagen und Sorge über den klimagefährdenden Verlust des tropischen Regenwaldes zu bekunden, vielmehr bedarf es der Erarbeitung von Entwicklungsstrategien im Weltmaßstab. Helfen kann dabei, daß die allgegenwärtigen Umweltgefahren einen explosiven Bewußtseinswandel bewirkt haben. Sehr viel Zeit zum Handeln bleibt uns nicht mehr. Sicherlich wäre schon viel erreicht, wenn „global gedacht und lokal vernünftig gehandelt" würde. Die Industriegesellschaften haben die finanziellen Mittel und technischen Möglichkeiten zu ihrer ökologischen Modernisierung. Ich bin sogar recht zuversichtlich, daß es gelingt, genügend politischen Willen zu mobilisieren, um kurzfristige Wirtschaftsinteressen in Zaum zu halten – hoffentlich nicht erst nach weiteren Schocks. Die globalen Umweltprobleme lassen sich jedoch nicht allein dadurch lösen, daß die Industriestaaten in West und Ost ihre hausgemachten Risiken abbauen. Es bedarf wirklich „globalen Handelns". Da alltägliche Armut Millionen Menschen zum Raubbau an der Natur geradezu zwingt, muß darauf hingewirkt werden, daß in den südlichen Regionen der Erde menschenwürdige und ökologisch verträgliche Entwicklung möglich gemacht wird.

Ich erkenne allerdings positive Anzeichen zu Verhaltensänderungen, da durch die Entkrampfung im Ost-West-Verhältnis endlich auch wieder Chancen für den Nord-Süd-Dialog bestehen. So signalisiert die östliche Führungsmacht Interesse und Bereitschaft, an der Bewältigung globaler Probleme mitzuwirken, und es ist zu hoffen, daß die Vereinigten Staaten sich nach den Präsidentschaftswahlen grundlegenderen Problemen zuwenden als den „Peanut-Themen" des Wahlkampfes. Die beiden Weltmächte sind zwar zunehmend weniger in der Lage, die Welt „im Alleingang" zu gestalten, aber sie können – was wichtig genug ist – den Rüstungswettlauf eindämmen und hoffentlich sogar beenden, außerdem ihre direkten und indirekten militärischen Engagements im Süden beenden – und haben damit zumindest ansatzweise begonnen. Wenn die militärische Rüstung gegeneinander an Bedeutung verliert und die hierfür erforderliche Verschwendung von Ressourcen abgebaut wird, dann können mit einem Male Dinge, die in den internationalen Beziehungen bislang eher eine Rolle am Rande gespielt haben, nun in den Mittelpunkt treten, wie Fragen internationaler Wirtschaftsbeziehungen, Fragen der Energieversorgung, der wissenschaftlichen und technischen Kooperation. West und Ost erhalten auf diese Weise neue Handlungsmöglichkeiten und Handlungsspielräume, die sie in die Lage versetzen, sich Entwicklungsaufgaben zuzuwenden und maßgeblich zu deren Lösung beizutragen.

Vorbei sind jedoch die Zeiten, da zwei Hegemonialmächte die internationalen „Spielregeln" bestimmen konnten. Selbstbewußt beanspruchen EG-Staaten, Japan und die VR China, aber auch Länder wie Indien oder Brasilien und Mexiko

Mitspracherechte. Und mitreden wollen auch andere, die in der Tat gehört werden müßten, wenn gemeinsames Handeln Erfolg bringen soll. Ich denke dabei an die Regierungen kleinerer Länder. Aber auch die mächtigen multinationalen Unternehmen gilt es in die Verantwortung zu nehmen, sie pauschal zu verurteilen führt zu nichts.

Bei der Suche nach Lösungsmodellen und Auswegen müssen wir darauf achten, daß wir nicht ungewollt in einen neuen Paternalismus hineingeraten. Wir mögen wichtige gedankliche Beiträge leisten können, aber wir können nicht die Modelle bestimmen, für wie auch immer zu definierende neue Wege wirtschaftlicher und sozialer Entwicklung. An der Diskussion darüber, wohin die Dritte Welt sich entwickeln soll, können wir uns nur mit erheblicher Bescheidenheit beteiligen. Es kann ohne Zweifel nicht das Ziel sein, daß überall so viele Autos fahren und mit Energie so verschwenderisch umgegangen wird wie in den USA und in den meisten Staaten der EG. Aber bei denen, um die es hier geht, also beim größten Teil der Menschheit, darf auch nicht der Verdacht entstehen, daß sich für sie nichts ändern wird und daß wir uns nur eine Sonderposition sichern wollen. Nein, auch wir müssen für unseren Teil der Welt Konsumverzicht und eine Umstellung der Art, wie wir mit Ressourcen umgehen, in unsere Überlegungen miteinbeziehen.

Wie kann aber bei der Vielzahl relevanter Akteure multilaterale Zusammenarbeit organisiert werden? Diese Frage stellt sich ja nicht nur im Nord-Süd-Zusammenhang. Die Schwierigkeiten einer internationalen Zusammenarbeit zeigen sich schon innerhalb der Europäischen Gemeinschaft: Im Umweltschutz, der Finanz- oder Sozialpolitik muß ein gemeinsamer Nenner gefunden werden, der kein unterer Minimalstandard sein darf. Hierüber allein Ministerräte und Technokraten entscheiden zu lassen, die nationale Parlamente lediglich „absegnen" dürfen, kann nicht in Ordnung sein. Hinsichtlich der Kompetenzen, der Legitimation und Kontrolle von Gemeinschaftsorganen sind auch in der EG noch viele Fragen offen. Ähnlich gelagerte Probleme werden in den 90er Jahren auch über Europa hinaus in multilateralen Gremien auf der Tagesordnung stehen, da die 90er Jahre ein Jahrzehnt internationaler und globaler Verhandlungen werden könnten, zumal auch die Weltmächte neuerdings mehr Interesse an internationaler Zusammenarbeit bekunden. Die Vereinten Nationen haben bereits eine „Aufwertung" erfahren, und die UdSSR scheint gewillt, in den nächsten Jahren Weltbank und IWF beizutreten – was dann dort anstehende Reformüberlegungen aktualisieren könnte. Wünschenswert wäre auch, daß die Entwicklungsländer in internationalen Organisationen an Gewicht gewinnen. Daß dies auch eine engere regionale Kooperation voraussetzt, wird in der Dritten Welt zunehmend erkannt.

Damit die absehbaren multilateralen Verhandlungen der 90er Jahre Erfolge aufweisen können, sollte in Politik und Wissenschaft intensiver darüber nachgedacht werden, welche Aufgaben noch national, welche regional gelöst werden können, welche Probleme dagegen international angegangen werden müssen.

Der Trend zu mehr „Weltinnenpolitik" verlangt gewiß auch von sozialdemokratischen bzw. sozialistischen Parteien ein neues Verständnis von „Internationalismus". Für die Vorväter blieb dieses weithin eurozentrisch, erst nach dem Zweiten Weltkrieg kam „der Rest der Welt" deutlicher ins Blickfeld. Jetzt wurden Entkolonialisierung und politische Unabhängigkeit Ziele einer von Solidarität getragenen Politik, denn in der nachkolonialen Phase galt die Solidarität Befreiungsbewegungen und ihren Auseinandersetzungen mit den Mächten, die überständige Gewaltherrschaft in unserem Teil der Welt meinten stützen zu müssen. Wir waren und sind gegen Fremdbestimmung, für Eigenverantwortung und Mitbestimmung – gerade auch in der internationalen Zusammenarbeit. Für die Sozialistische Internationale war dabei stets die Eigenständigkeit der Mitgliedsparteien oberstes Prinzip. Das soll auch so bleiben. Gleichwohl sind wir darum bemüht, die Zusammenarbeit zu intensivieren, da zunehmend gemeinsame Problemstellungen nach abgestimmtem politischen Vorgehen verlangen. Konsensbildung ist nicht einfach, nicht einmal in der Sozialistischen Fraktion des Europaparlaments. Dennoch können wir dort und international nur vorankommen, wenn Sonderinteressen zugunsten eines Interessenausgleichs – zumindest partiell – zurückgestellt werden. Ich glaube, das ist geboten, zumal längst andere – insbesondere die Wirtschaft – mittlerweile das Tempo der „Internationalisierung" bestimmen. Wir können uns also ein Schneckentempo nicht leisten. Angesichts der sich verändernden Handlungsspielräume ist konkrete und intensive internationale Zusammenarbeit für Sozialdemokraten zu einer gebieterischen Notwendigkeit geworden.

Anmerkungen

1 Michail Gorbatschow. Was ich wirklich will. Antworten auf die Fragen der Welt. Herausgegeben von Herbert Steiner und Maria Sparrer (Wien), 1987, S. 226
2 Jonas, H.: Das Prinzip Verantwortung. Versuch einer Ethik für die technologische Zivilisation, Frankfurt am Main 1979, S. 28
3 Das Überleben sichern. Der Brandt-Report. Bericht der Nord-Süd-Kommission, Frankfurt am Main, Berlin, Wien 1981
4 Zusammenfassende Übersichten für den Außenhandel 1982 und 1987, in: Außenhandel, Fachserie 7, Reihe 1. Herausgeber Statistisches Bundesamt Wiesbaden, jeweils S. 54/55
5 Unsere gemeinsame Zukunft. Der Brundtland-Bericht der Weltkommission für Umwelt und Entwicklung. Herausgegeben von Volker Hauff, Greven 1987

Elmar Altvater

Auf der Suche nach entwicklungspolitischen Alternativen

Von Eduardo Galeano stammt das Bonmot, daß Europa die einzige Direktinvestition in Lateinamerika getätigt habe, als Columbus seine erste Reise mit dem Ziel Indien unternahm, auf der er dann Amerika entdeckte. Bereits die zweite Mission sei mit den Gewinnen der ersten finanziert worden. Lateinamerikas Adern wurden vor 500 Jahren geöffnet, und sie bluten noch immer. Sicherlich haben in den vergangenen Jahrzehnten die Industrieländer entwicklungspolitische Anstrengungen unternommen und haben auch viel Geld bereitgestellt. Dennoch bleiben die Dimensionen gering. Die zu Beginn der 70er Jahre beschlossenen 0,7 % des Sozialprodukts für Entwicklungshilfe sind mit Ausnahme Schwedens (0,85 %) von keinem Industrieland erreicht bzw. eingehalten worden, auch nicht von der Bundesrepublik Deutschland (0,39 %). Demgegenüber fallen die etwa 5 % des brasilianischen oder die 8 % des mexikanischen Sozialprodukts, die für den Schuldendienst an transnationale Banken im Verlauf dieses Jahrzehnts transferiert worden sind, schon stärker ins Gewicht. Rechnet man die Leistungen der Industrieländer an die Dritte Welt und der Dritten Welt an die Industrieländer gegeneinander auf, dann dürfte die Bilanz für die Industrieländer ebenso profitabel wie blamabel sein: Die Reichen haben sich von den Armen noch unterstützen lassen.[1] Vielleicht sollte man daran denken, wenn 1992 der gemeinsame Europäische Markt Wirklichkeit werden soll. 1992 ist ja nicht nur ein Jahr, auf das ganz Westeuropa bereits mehrere Jahre im voraus hinfiebert. 1992 sind es genau 500 Jahre her, daß mit den großen Entdeckungsreisen nach Lateinamerika das moderne Kolonialsystem entstand. Damit begann das Zeitalter der Entdeckungen, der Herausbildung und Gestaltung eines kapitalistischen Weltsystems. Die europäische „Sucht der Weltbeherrschung", wie Max Weber dies nannte, eine expansive instrumentelle Rationalität, machten sich Zug um Zug die Erde untertan, durchdrangen fremde Länder und alte Kulturen und zerstörten mit der Innovation des Weltmarktes viele andere Formen der Kommunikation zwischen Menschen und Völkern. Auch vor 1492 hatte es bereits Entdeckungsreisen und Raubzüge gegeben, aber die moderne Zeit der Weltbeherrschung, die Unterordnung der Welt unter eine europäisch bestimmte Rationalität begann erst im von Fernand Braudel so genannten „langen 16. Jahrhundert".[2] Es ist sicherlich auch kein Zufall, daß Renaissance und Expansionismus zusammenfielen.[3] Dieser kurze Rückblick in die Geschichte zeigt, daß der Expansionismus der kapitalistischen Zentren und die Ausbeutung der erst nach der Konferenz von Bandung im Jahre 1955 so genannten „Dritten Welt" eine sehr lange Geschichte haben. Auf deren Hintergrund relativieren sich einerseits die gegenwärtigen Krisentendenzen im Verhältnis von Industrieländern und Dritter Welt, andererseits wird dadurch jedoch auch deutlich, wie radikal die Veränderungen dieses Verhältnisses in unserer „Einen Welt" sein müßten, wenn sich die Dinge zum Besseren wandeln sollen.

Wir haben sämtliche Konzeptionen in Frage zu stellen, mit denen wir bislang das Verhältnis von „Erster Welt" und „Dritter Welt" versucht haben zu begreifen. Die Modernisierungstheorien, die bis in die 60er Jahre hinein die akademischen Hörsäle, aber auch das Denken außerhalb der Universitäten in Nord und Süd bestimmten, müssen allesamt für gescheitert erklärt werden. Der Optimismus eines Walt Rostow hinsichtlich der ökonomischen Entwicklungsmöglichkeiten oder das Vertrauen in institutionelle Modernisierung sind enttäuscht worden. Dies waren jedenfalls nicht die Melodien, die die versteinerten Verhältnisse der Unterentwicklung hätten zum Tanzen bringen können. Die „Westernisation", also die Modernisierung im Sinne eines westlichen Industrie- und Lebensmodells, ist beinahe nirgendwo in der Dritten Welt, von enklavenartigen Sektoren in den jeweiligen nationalen Gesellschaften abgesehen, erreicht worden. Aber auch das Gegenstück, die Dependenztheorie, hat sich als unzulänglich erwiesen. Diese behauptet, daß Entwicklung lediglich als Entwicklung der Unterentwicklung möglich sei, also die externen Zwänge des Weltmarkts Entwicklungsländer auf Dauer intern kujonieren würden.[4] Eigentlich ist die Dependenztheorie die pessimistische Variante der Moderniesierungstheorie, bemißt sie doch wie diese Entwicklung an einem westlichen Standard der Produktivkräfte, der – anders als die Modernisierungstheorie annimmt – freilich wegen der Sachzwänge des kapitalistischen Weltmarktes nicht erreichbar sei. Dependenz wird zum Strukturmerkmal einer in Metropole und Peripherie gespaltenen kapitalistischen Weltwirtschaft.

Nun gibt es aber in Südostasien die „vier kleinen Tiger": Korea, Taiwan, Singapur und Hongkong. Das sind Staaten, die beachtliche Entwicklungserfolge aufzuweisen haben, wenn man ihre ökonomische „performance" an traditionellen Indikatoren bemißt. Ist also bei globalen Aussagen und großen Theorien nicht Vorsicht am Platze angesichts der Heterogenität der Realität in der modernen Welt? Zweifellos ist ein „Caveat!" immer angebracht, jedoch darf dies nicht dazu führen, daß man den theoretischen Anstrengungen einer den konkreten Fällen Rechnung tragenden Verallgemeinerung gänzlich entsagt bei gleichzeitigem Verzicht auf deren mögliche Gratifikationen und sich hauptsächlich auf Einzelfallstudien konzentriert. Denn alle Einzelfälle, die lediglich als solche analysiert werden, befinden sich innerhalb eines größeren Zusammenhangs, der allein ihnen schließlich die Charakteristik als einzelner Fall verleiht. Der Einzelfall existiert ja nicht als Monade, sondern immer nur im Plural. Also haben wir uns die Frage vorzulegen, wie die jeweiligen nationalen Bedingungen mit den Weltmarktkonstellationen „artikuliert", d.h. verbunden sind, welche Spielräume es für Entwicklungsstrategien von Nationalstaaten oder internationalen Institutionen im Rahmen des Weltmarktes gibt. Der Zusammenhang von Nationalität und Globalität ist heute neu zu durchdenken: Wie müssen nationale Verhältnisse beschaffen sein, damit die Autonomie des Staates gegenüber retardierenden Klassen, Schichten, Interessen im jeweiligen Lande, aber auch gegenüber internationalen Kapitalgruppen gesteigert wird? Wie ist das Verhältnis von Landwirtschaft und industriellem Sektor gestaltet? Welche inneren terms of trade zwischen Stadt und Land herrschen vor? Wie ist Qualifikationsstruktur und Qualifikationsbereitschaft der Arbeitsbevölkerung einzuschätzen? Wie ist das Arbeitsethos beschaffen? Mit welchen autoritativen Möglichkeiten ist die staatliche Bürokratie ausgestattet? Diese Fragen sind für Südkorea anders zu beantworten als im Falle irgendeines beliebigen lateinamerikanischen Landes. Fallstudien machen zur Betonung und Begründung der Differenz ihren Sinn. Die Bedeutung des Konfuzianismus für ökonomische Entwicklungsprozesse herausgearbeitet zu haben, ist Verdienst gerade solcher komparativen Fallstudien. Auf der anderen Seite jedoch ist entwicklungspolitischer Erfolg auch abhängig von Weltmarktkonstellationen, von Raum und Zeit der Integration in ein System der weltwirtschaftlichen Arbeitsteilung. Die Integration kann zu früh, oder auch zu spät erfolgen. Beides wird mit Entwicklungsblockaden negativ sanktioniert. Das „timing" ist wichtig, aber auch die Suche nach dem richtigen Ort innerhalb der internationalen Arbeitsteilung. Der Erfolg Südkoreas beispielsweise ist nicht zuletzt darauf zurückzuführen, daß mit vergleichsweise billiger Arbeitskraft industrielle Teilprozesse innerhalb des globalen Systems „fordistischer Industrialisierung" verfolgt werden konnten, als die Arbeitskraft in den bereits entwickelten Industrieländern teuer wurde und gleichzeitig die Zuwachsraten der Arbeitsproduktivität zurückgingen. Wenn es also auf Raum und Zeit der Integration in den Weltmarkt ankommt, können Entwicklungswege (trajectories), die erfolgreich verlaufen sind, nicht ohne weiteres zur Nachahmung empfohlen werden, es sei denn, die Formen der internationalen Arbeitsteilung ändern sich und damit auch das Koordinatensystem von Raum und Zeit. Dieses läßt sich aber nicht voluntaristisch verschieben, da es fest in den Bedingungen der Akkumulation der Industrieländer verankert ist. Die Chance für ein Land, ein Projekt nachholender Industrialisierung zu realisieren, besteht nur einmal und wiederholt sich für andere Länder in gleicher Weise nicht. Aber es gibt sicherlich alternative Entwicklungswege, deren Koordinaten jeweils räumlich und zeitlich zu verorten sind. Die Schlußfolgerung daraus lautet: Es gibt weder ein Schicksal der Unterentwicklung wie die Dependenztheorie behauptet, noch die Logik der Modernisierung bei Übernahme des westlichen Entwicklungsmodells, von der die Modernisierungstheorie ausgeht.

Im Vergleich zu diesen abstrakten Ausführungen sind die Projekte, die das Industriemodell verspricht und auf die Entwicklungspolitik sich danach zu konzentrieren hat, durchaus konkret. Sie bestehen in der Errichtung von Grundstoff-, Investitionsgüter- und Konsumgüterindustrien sowie in der Bereitstellung der materiellen und institutionellen Infrastruktur. Werden die Bedingungen des balanced growth erfüllt, dann folgt der take off, die Entwicklung angemessener Qualifikations- und Sozialstrukturen, institutionelle Modernisierung etc. In den vergangenen Jahrzehnten hat es sich aber gezeigt, daß die Konkretheit dieses Modells nur eine scheinbare ist, ja daß es schlechterdings abstrakt ist, da konkret nicht realisierbar. Nicht nur Theorien sind daher in eine Sackgasse geraten oder gar gescheitert, sondern auch Entwicklungsmodelle, Paradigmen, die neben den Theorien auch die praktischen Projekte, politischen Konzeptionen, ökonomischen Strategien, kulturellen Praktiken, ideologischen Denkmuster etc. umfassen.

Woran läßt sich die Krise dieses entwicklungspolitischen Paradigmas festmachen? Industrialisierungsstrategien sind in der Schuldenkrise in ihr Gegenteil, in die De-Industrialisierung in vielen Teilen der Welt, umgeschlagen. Dies ist allerdings nur ein Symptom tieferliegender Krisentendenzen, die die Arbeit, die Natur, das Geld und die politische Regulation ergriffen haben. Damit treten Dimensionen eines tiefen Umbruchs in den Entwicklungstendenzen zutage, die im folgenden nur kurz umrissen werden können.

1. Über die Krise der Arbeit und der Arbeitsgesellschaft sind ganze Bibliotheken zusammengeschrieben worden. Im Hinblick auf traditionelle Industrialisierungsstrategien in der Dritten Welt hat der Begriff „Krise der Arbeit" eine spezifische Bedeutung. Wenn Industrialisierungsprojekte durchgeführt werden, dann in der Regel – von den arbeitsintensiven „verlängerten Werkbänken" eines „bloody Fordism" abgesehen[5] – in kapitalintensiver Form. Wie sollte Industrialisierung, deren Produkte sich auf dem Weltmarkt wettbewerbsfähig vergleichen müssen, sonst wohl stattfinden? Also bringt Industrialisierung nicht unbedingt die erforderliche Anzahl direkter Arbeitsplätze mit sich, die zur Versorgung der Massen Arbeit suchender Menschen notwendig wären – von der Qualität der Arbeitsplätze ganz zu schweigen. Auch die Zahl der indirekten Arbeitsplätze ist in der Regel viel zu gering, als daß offene und verdeckte Arbeitslosigkeit durch Industrialisierung vermieden werden könnte. Europa hat im vergangenen Jahrhundert das mit Industrialisierung unweigerlich aufkommende Problem der Freisetzung von Arbeitskraft bewältigt, indem es die überschüssige Arbeitsbevölkerung in seine Kolonien oder in vermeintlich unbesiedelte Weltgegenden, vor allem in die beiden Amerikas, abschob. Das war immer ein Selbstbetrug, denn natürlich waren die Regionen, in denen Siedlerkolonien entstanden, nicht unbesiedelt; man hat die Indigena wie in Nordamerika massakriert oder ethnisch beseitigt. Diese Möglichkeit steht den Ländern der Dritten Welt heute nicht mehr offen, es sei denn auf illegalen Wegen, und die sind obendrein schmal. Auch der inneren Migration sind Grenzen gesetzt, selbst in Ländern von kontinentalen Ausmaßen wie Brasilien; wenn sie dennoch stattfindet, wie ins Amazonasgebiet, dann geschieht dies mit verheerenden ökologischen Auswirkungen. Industrialisierung heute schafft folglich Überschußbevölkerung, die im formellen Sektor keine Chancen auf Beschäftigung findet. Urbanisierung, die Begleiterscheinung der Industrialisierung, produziert Favelas. Also erzeugt am Ende des 20. Jahrhunderts eine Industrialisierungsstrategie das Gegenteil von dem, was beabsichtigt worden war, nämlich Erwerbslosigkeit und den informellen Sektor. Dieser verlangt ganz andere Qualifikationen und politische Regulation durch öffentliche Institutionen als die formelle Arbeit im industriellen Sektor und den ihm zugeordneten, zuarbeitenden und mit ihm verflochtenen Branchen bzw. Berufsgruppen. Für dieses Problem sind bislang keine Lö-

sungen gefunden worden, die überzeugend wären. Man überläßt den informellen Sektor in der Regel sich selbst und die Menschen ihren Subsistenzstrategien, die sie entwickelt haben, um das Überleben zu sichern. Daß in diesem Kontext auch eine politisch wesentliche Verschiebung in der geschlechtsspezifischen Arbeitsteilung stattfindet, gelangt langsam in den Blickpunkt sozialwissenschaftlicher Forschung, ist aber bei weitem noch nicht ausreichend ins Fadenkreuz politischer Regulation geraten.

2. Die Krise des Geldes, die normalerweise als mehr oder weniger hohe Inflationsrate, also als Geldentwertung, erscheint, hat in der Dritten Welt das Gesicht der Schuldenkrise, die – so kann man ohne Übertreibung sagen – das Desaster für Drittweltländer überhaupt darstellt. Das Geld ist für die verschuldeten Länder zu einer Fessel der Entwicklung geworden, wo es doch als „Schmiermittel" zur Beschleunigung von Entwicklung eingesetzt worden war. Als sich die Länder der Dritten Welt in den 70er Jahren bei privaten Banken verschuldeten, dachten sie, durch Rückgriff auf die „externe Ersparnis" die Industrialisierung vorantreiben zu können und das Eintrittsbillet in den Club der reichen Industrieländer auf diese Weise finanziert zu bekommen. Auch in den internationalen Institutionen ging man davon aus, daß Verschuldung eine sinnvolle Strategie der Entwicklungsfinanzierung sein könnte. Entsprechend der „Hypothese vom Schuldenzyklus", die in den 60er Jahren von der Weltbank aufgestellt wurde, sollte ein armes Schuldnerland den monetären Weg bis zum „reifen Gläubigerland" durchschreiten können, wenn es gleichzeitig seine reale Ökonomie ausbaue. Noch im Weltentwicklungsbericht von 1986 vertritt die Weltbank diese These, und zwar entgegen allen Erfahrungen mit der Schuldenkrise in diesem Jahrzehnt. Ironischerweise benutzt die Weltbank das US-amerikanische Beispiel des vergangenen Jahrhunderts, um die Möglichkeit und Sinnhaftigkeit der äußeren Verschuldung zur Finanzierung von Entwicklung zu belegen. Von niemandem wird angezweifelt, daß die Schuldenkrise der Länder der Dritten Welt diesen in den 80er Jahren ein entwicklungspolitisch „verlorenes Jahrzehnt" beschert hat. Verarmung ist in manchen Regionen der Dritten Welt in Verelendung umgeschlagen. Statt Industrialisierung hat De-Industrialisierung stattgefunden. Die Folgen dieses „verlorenen Jahrzehnts" werden die kommenden Generationen zu tragen haben. Auch wenn die Schuldenkrise gelöst werden sollte, werden die verschuldeten Länder an deren Folgen noch Jahre, wenn nicht Jahrzehnte herumlaborieren müssen.

Die Lösung der Schuldenkrise, die durchaus möglich, wenn nicht sogar wahrscheinlich ist, beschränkt sich regelmäßig nur auf das Problem der Altschulden. Die alles entscheidende Frage lautet aber: Wie soll es danach weitergehen? Auf der Jahrestagung des Internationalen Währungsfonds und der Weltbank im September 1988 in Berlin haben die Vertreter der Industriestaaten und Michel Camdessus, der Geschäftsführende Direktor des Internationalen Währungsfonds, den Entwicklungsländern auch weiterhin die Strategie des „growth cum debt" vorgeschlagen. Die diversen Pläne von Brady bis Herrhausen laufen ebenfalls darauf hinaus, die Strategie der verschuldeten Industrialisierung, die das Problem erst erzeugt hat, fortzusetzen. Nach der letzten Schuldenkrise Lateinamerikas in den 30er Jahren haben die international operierenden privaten Banken etwa 40 Jahre benötigt, um erneut Ausleihungen in großem Maßstab an Länder der Dritten Welt zu vergeben. Heute scheint alles unter Bedingungen internationaler politischer Regulierung und bei Übernahme eines Teils der bereits eingetretenen Verluste durch offizielle Institutionen und verstärkter Garantie seitens IWF, Weltbank und Regierungen der Industrieländer schneller zu gehen. Ein weiteres Festhalten an diesem „subalternen Modell" der Industrialisierung wird in den 90er Jahren oder im ersten Jahrzehnt des neuen Jahrtausends eine neue Schuldenkrise auslösen. Dies dürfte insbesondere dann der Fall sein, wenn die Weltwirtschaft, die von den Industrieländern dominiert wird, nicht aus der Stagnationsperiode heraustritt. Schon die Debatte um das deutsche Transferproblem Ende der 20er und Anfang der 30er Jahre hat deutlich gezeigt, daß Schulden im monetären Bereich nur real, d.h. durch entsprechende Exportüberschüsse von Waren abgelöst werden können, es sei denn man versteht sich auf den vorsichtig von Keynes geäußerten Vorschlag, die Schulden zu erlassen. (Keynes verpackte diesen Vorschlag damals in das Plädoyer für die Beibehaltung einer „Transferschutzklausel", die es Deutschland ermöglicht hätte, die Reparationsleistungen einzuschränken, wenn die Währung in Gefahr sei, und dies war fast immer der Fall.) Damit Exportüberschüsse aber möglich werden, muß die Nachfrage nach Waren entsprechend der Steigerungsrate des Schuldendienstes zunehmen können. Stagnierende oder nur geringfügig zunehmende Wachstumsraten des Welthandels sind ebenso kontraproduktiv wie nichttarifäre Handelshemmnisse, also protektionistische Maßnahmen, die gerade in den Industrieländern in verstärktem Maße in den vergangenen Jahren eingeführt worden sind. Für das internationale Schuldenmanagement ist es von höchster Dringlichkeit, daß die Errichtung des gemeinsamen Marktes in Europa im Jahre 1992 nicht als Konstruktion einer „Festung Europa" stattfindet.

Über Alternativen wäre gründlicher und grundsätzlicher nachzudenken, zumal die Verschuldung von Ländern der Dritten Welt nicht die einzige Ausdrucksform der Krise des Geldes ist. Die noch immer wachsende externe und interne Verschuldung der Hegemonialmacht USA – derzeit an die 600 Mrd. Dollar externe Verpflichtungen – erzeugt auch in Zukunft finanzielle Instabilitäten, die jeden „Schuldenzyklus" mit einem hohen Maß an Unsicherheit belasten, insbesondere was die Höhe des Schuldendienstes anbelangt, aber auch hinsichtlich der erzielbaren Preise auf dem Weltmarkt bei heftig schwankenden Wechselkursen und daher hohem Währungsrisiko, zumal im Falle von Ländern mit nicht kontraktfähiger Währung.

3. Auch die Beschleunigung der Naturzerstörung, also der Lebensgrundlage aller Erdenbürger ist eine Ausdrucksform der Krise des Entwicklungsmodells am Ende des 20. Jahrhunderts. Diese Naturzerstörung in Ländern der Dritten Welt hat unmittelbar mit der Krise des Geldes und der Arbeit zu tun. Diejenigen, die auf Subsistenzstrategien angewiesen sind, zerstören die Natur, weil ihnen häufig gar nichts anderes übrigbleibt. Dies ist im Sahel nicht anders als im Feuchtwald

am Amazonas. Die indirekten Wirkungen von Verschuldung und Wirtschaftskrise sind freilich gravierender. Ein guter Teil der Migration aus dem brasilianischen Süden und Nordosten in die Amazonienregion ist durch Arbeitslosigkeit und die Unmöglichkeit, ökonomisch den Lebensunterhalt zu verdienen, bedingt. Die 500.000 Goldsucher in der Amazonasregion würden mit Sicherheit wieder verschwinden, wenn ihnen in ihrer Heimat im Süden oder Nordosten angemessene Arbeitsplätze und Lebensbedingungen geboten würden. Abgesehen von den internen Verteilungsproblemen, der ungleichen Verteilung von Einkommen und Vermögen, der nicht durchgeführten Agrarreform etc., hat auch die Schuldenkrise das Ihre zur wilden Migration in ein ökologisch fragiles Gebiet beigetragen. Also sind auch die Industrieländer in die Verantwortung einbezogen. Doch nicht nur die Armut ist ökologisch prekär, sondern auch der Reichtum. Spekulativer Landbesitz in Brasilien beispielsweise ist zu einem großen Teil für die jährlichen katastrophischen Brandrodungen verantwortlich. Die Spekulation wird aber durch die galoppierende Inflation angeheizt. Diese wiederum ist durch das hohe Staatsdefizit mitbedingt. Dieses und die wachsende interne Verschuldung sind aber die Kehrseite der äußeren Verschuldung und der Übernahme externer Verpflichtungen von Privaten durch den Staat. Die Ausbeutung von mineralischen und agrarischen Rohstoffen, darunter auch der Holzeinschlag in Tropenwäldern, erfolgt fast nirgendwo an die natürlichen Bedingungen angepaßt. Und dort, wo dies ansatzweise versucht wird, entstehen Enklaven, die für das Umfeld nur um so negativer wirken, da sie als Attraktionspunkte für Migranten wirken. Verschuldete Länder müssen Rohstoffe ausbeuten, um beinahe zu jedem Preis Devisen auf dem Weltmarkt zu verdienen. Selbst die primitivsten ökologischen Vorsichtsmaßnahmen werden nicht ergriffen, weil das Geld dafür fehlt. Obwohl die Einsicht in die ökologische Problematik, also das Umweltbewußtsein in den Ländern der Dritten Welt mindestens genauso stark ist wie bei uns, wird weniger danach gehandelt. Um einen Ausdruck aus der Umweltökonomie zu benutzen: Zahlungsbereitschaft ist zwar vorhanden, die Zahlungsfähigkeit für die Naturerhaltung aber fehlt, und das liegt nicht allein in der Verantwortung von Ländern der Dritten Welt, sondern auch in unserer.

Daß die Umweltkrise der Imitation des Industriemodells heute Grenzen setzt, ist geläufiges Argument geworden. Die Automobildichte der Bundesrepublik Deutschland kann man der Volksrepublik China oder einem anderen Land der Dritten Welt nicht empfehlen. Das Automobil ist das Paradebeispiel für ein „positionelles Gut". Sein Gebrauchswert ergibt sich aus der Begrenztheit seiner Verbreitung bei beschränkter Verfügung der Ressourcen. Wenn dem so ist – und nichts spricht dafür, daß die für nationale Gesellschaften durchgeführte Analyse von Fred Hirsch auf die globale Gesellschaft nicht anwendbar sei[6] –, dann müssen aber mindestens zwei Schlußfolgerungen gezogen werden: Die erste besteht darin, daß Industrialisierungsstrategien, die sich sozusagen um das Automobil als zentralem Produkt herumranken („Fordismus"), in Ländern der Dritten Welt nicht erfolgreich implementiert werden können. Welche anderen Industrialisierungs- und Entwicklungsstrategien aber gibt es? Auf diese Frage sind bis heute keine überzeugenden Antworten vorhanden. Müssen also nicht sämtliche entwicklungspolitischen Konzepte neu und radikal durchdacht werden? Die zweite ergibt sich aus einfachen Gerechtigkeitsnormen. Wie ist es zu rechtfertigen, daß die bereits entwickelten Industrieländer sich den Luxus einer sehr hohen Automobildichte mit dem entsprechenden Schadstoffausstoß und dessen Negativkonsequenzen für die gesamte Erdatmosphäre leisten, während man wegen der Begrenztheit der Ressourcen Ländern der Dritten Welt anempfiehlt, ihre Automobildichte von vornherein zu begrenzen? Diese Fragen zielen auf die Notwendigkeit, in den Industriegesellschaften des „reichen Nordens" Entwicklungsmodelle zu verändern, um Räume für die Entwicklung im „armen Süden" zu schaffen.

4. Nach meinem Dafürhalten drückt sich die Krise auch in einer Krise der globalen Hegemonialordnung aus. Das weltwirtschaftliche (oder weltgesellschaftliche) Regelsystem funktioniert nicht mehr so wie noch in den 50er und 60er Jahren. Es finden keine „Positivsummenspiele" mehr statt, bei denen alle „Partner" der Weltwirtschaft – wenn auch ungleich – gewinnen können. In Nullsummenspielen aber gewinnen in der Regel die Stärksten, und die Schwächsten verlieren entsprechend. Die Stärksten auf dem Weltmarkt, das sind die Industrieländer, allen voran die Vereinigten Staaten von Amerika, die sich, wie es Susan Strange ausgedrückt hat, inzwischen zu einem „depredatory hegemon", zu einer räuberischen Hegemonialmacht, gewandelt haben.[7] Hier ist ein Finanzmechanismus wirksam, der es einem Land wie den USA ermöglicht, bei einer Sparquote von wenigen Prozent der Bevölkerung ein hohes Konsumniveau zu bescheren und sich sowohl die Rüstung als auch eine überschießende Spekulation finanzieren zu lassen. Die Finanzmittel stammen aus der ganzen Welt, auch aus Ländern der Dritten Welt, deren Bevölkerung – die Daten der Weltbank sprechen Bände – darunter zu leiden haben.

Welche Konsequenz ist daraus zu ziehen? Ist es möglich und sinnvoll, angesichts der Krise der Hegemonialordnung den Ländern der Dritten Welt eine „Abkopplungsstrategie" zu empfehlen? Zunächst muß in Rechnung gestellt werden, daß Abkopplung in der Dritten Welt diese auch in der „Ersten Welt" erforderlich macht. Zum Beispiel impliziert eine solche Strategie auch die Auflösung von Nummernkonten in der Schweiz. Man müßte also, wenn der Dritten Welt derartige Empfehlungen gemacht werden, auch den Schweizer Bürgern sagen, was dies für sie bedeutet.

Die Zerschneidung der monetären Fesseln läuft auf eine totale und nicht nur partielle Schuldenentlastung hinaus, damit aber auch bei den Gläubigerbanken auf einen ebenso totalen Forderungsverzicht. Ein anderer, vom Weltmarkt abgekoppelter Entwicklungsweg in den Ländern der Dritten Welt würde somit auch in den Industrieländern strukturelle Anpassung notwendig machen. Dies kann hier nur angedeutet werden, um die komplexen Effekte einer Abkopplungsstrategie auch für die Teile der Welt zu benennen, die eventuell das genaue Gegenteil, nämlich eine verstärkte Weltmarktintegration, zu betreiben versuchen.

Diesen Überlegungen steht die Strategie der Errichtung einer neuen Hegemonialordnung entgegen. Danach kann angesichts der neuen Technologien (insbesondere der Informations- und Kommunikationstechnologien), angesichts der tendenziellen Entstehung einer globalen Kultur und angesichts der „Warenrationalität" und der damit „überdeterminierten Weltgesellschaft" eine Abkoppelung nur mit gewaltigen finanziellen, sozialen und politischen Kosten verbunden sein. Wenn man dies nicht will, gibt es als Alternative nur die politische Orientierung auf die Wiederherstellung der alten oder auf die Errichtung einer neuen hegemonialen Ordnung mit anderen Prinzipien als denen der „pax americana", die die Nachkriegsepoche charakterisierte. Ein neues Gleichgewicht zwischen Ost und West – die Chancen dafür sind ja heute besser als jemals zuvor in der Nachkriegsgeschichte – und neue Formen, Institutionen und Medien der Regulation der westlichen Hemisphäre und der Nord-Süd-Beziehungen können einen Beitrag zur Lösung der Krisenprozesse des Entwicklungsmodells leisten.

Im Rahmen einer neuen hegemonialen Ordnung könnte auch die Abkopplung – partiell und temporär – einen Sinn machen, als die eine Seite eines alternativen Entwicklungsmodells kontrollierter Integration in den Weltmarkt. Die andere Seite bestünde dann in nationalen Strategien, die den jeweiligen sozialen, ökonomischen, kulturellen Bedingungen in jedem einzelnen Lande Rechnung tragen.

Anmerkungen

1 Altvater, E.: Sachzwang Weltmarkt. Verschuldungskrise, blockierte Industrialisierung, ökologische Gefährdung – der Fall Brasilien, Hamburg 1987
  Altvater, E.; Hübner, K.; Lorenzen, J.; Rojas, Raúl: Die Armut der Nationen. Handbuch zur Schuldenkrise von Argentinien bis Zaire, Berlin 1987
2 Braudel, F.: Sozialgeschichte des 15. bis 18. Jahrhunderts. Aufbruch zur Weltwirtschaft, München 1986
3 Amin, S.: Ansätze zu einer nicht eurozentrischen Kulturtheorie, in: Prokla, Heft 75, 1989, S. 97-108
4 Frank, A.G.: Kapitalismus und Unterentwicklung in Lateinamerika, Frankfurt am Main 1969
5 Lipeitz, A.: Mirages and Miracles, London 1988
6 Hirsch, F.: Die sozialen Grenzen des Wachstums. Eine ökologische Analyse der Wachstumskrise, Reinbeck 1980
7 Strange, S.: States and Markets. An Introduction to International Political Economy, London 1988

Detlev Albers

Der Nord-Süd-Gegensatz und die Linke in der Ersten Welt

Es kann kein Zweifel daran bestehen, daß wir uns mit einem unerträglichen, weiter wachsenden Reichtumsgefälle zwischen den westlichen Industrieländern und den Ländern der Dritten Welt konfrontiert sehen. Willy Brandt hat in diesem Zusammenhang von „der sozialen Frage" am Ausgang des 20. Jahrhunderts gesprochen. Dabei sind nicht allein die Ursachen für das Zustandekommen dieser Situation von Bedeutung, vielmehr stellt sich hierbei auch ein Problem, das auf den ersten Blick zweitrangig erscheinen mag, jedoch bei näherem Hinsehen sich als die eigentliche politische Frage oder, wie Hans Jonas einmal formuliert hat, als „das politische Präliminarproblem" des Nord-Süd-Gegensatzes in den Metropolen herausstellt.[1] Es geht um die Frage, über welche Antworten, Konzepte und Lösungsvorschläge wir, die Linken in der Ersten Welt, verfügen, um hier in Westeuropa verständlich zu machen, welcher Beitrag allen Teilen der hiesigen Bevölkerung zur Lösung des Nord-Süd-Gegensatzes abverlangt werden muß. Von Interesse ist dabei, auf welche Erklärungswege zurückgegriffen werden kann, welche Argumentationsketten zur Verfügung stehen, was die Linke sich und anderen drinnen und draußen zuzumuten hat, um angesichts der Verelendungsprozesse im Süden von Solidarität zu sprechen.

1. Willy Brandt hat sich in seinem Buch: „Der organisierte Wahnsinn – Wettrüsten und Welthunger" gründlich mit der hier anstehenden Problematik befaßt. Seine Befunde zur Realität der Lebensbedingungen im Süden und zum skandalösen Mißverhältnis gegenüber jenen im Nordwesten sind geeignet, hierzulande einer breiten Öffentlichkeit die Augen zu öffnen und politikfähige Auswege zumindest in Umrissen aufzuzeigen. Brandt weist darauf hin, daß diejenigen, um deren Aufgeschlossenheit er sich bemühe, sich subjektiv nicht als Ausbeuter verstünden und sich mit zweifelhaften Argumenten kein schlechtes Gewissen einreden lassen wollten. Die allermeisten Menschen in den Industrieländern seien eben keine „Blutsauger"; viele hätten dagegen die Bedeutung sozialer Reformen auf internationaler Ebene durchaus verstanden und wollten wissen, welche Bedeutung, welche Folgen diese für sie hätten. Brandt folgert daraus, und dies ist seine eigentliche These, daß eine neue Nord-Süd-Politik nur dann eine breite Unterstützung finde, wenn sie – über den Appell an Mitmenschlichkeit hinaus – ein Element gesunden Eigeninteresses zum Inhalt habe.[2] Gegenüber dieser Auffassung sind jedoch eine Reihe von Einwänden geltend zu machen, da sie den Anforderungen des uns heute abverlangten globalen Denkens, des Wissens um die immer stärker gewordenen weltweiten Wechselwirkungen zwischen den Teil-Welten auf der einen Erde nicht gerecht werden kann. Denn

es muß doch gefragt werden, woher nehmen wir in den Industrieländern das Recht, die Verantwortung für das Massenelend, das wir in den Ländern der Dritten Welt angerichtet haben, gerade dort enden zu lassen, wo es unserem Eigeninteresse zuwiderläuft. Hat nicht der gesellschaftliche Vorrang dieses Eigeninteresse, so ist weiter zu fragen, eben jener kapitalistischen Wirtschaftsordnung zum Durchbruch verholfen, gegen deren „Konstruktionsfehler" die Arbeiterbewegung in den Industrieländern seit jeher gekämpft hat. Muß nicht dieser Wirtschaftsordnung, die in den Ländern der Dritten Welt zu unvorstellbarem Massenelend geführt hat, gerade dort auch ein noch entschiedenerer Widerstand entgegengesetzt werden? Und was die künftige Politik der Sozialdemokratie oder allgemein der Arbeiterbewegung des Westens angeht: Kann diese Moral und Solidarität mit den Menschen in der Dritten Welt nicht erst dann wieder zurückgewinnen, wenn sie die Bereitschaft zum Verzicht auf Privilegien und Sondervorteile, die ihr infolge der heutigen ökonomischen Machtverteilung in der Welt zufließen, in den gemeinsamen Kampf um deren Veränderung mit einbringt?³

Die Schwierigkeiten der Vermittlung, die auch in Willy Brandts These vom Eigeninteresse zum Ausdruck kommen, sind nur allzu offenkundig. Wem wäre nicht schon der Einwand begegnet: „Du bist zu Opfern bei den Armen in den reichen Ländern bereit, das nützt doch nur den Superreichen in der Ersten und der Dritten Welt." Solange es keine wirklich gerechte internationale Wirtschaftsordnung gebe, solange verfehle jeder Solidarbeitrag der auch nicht im Überfluß lebenden Arbeitnehmerschichten der Ersten Welt zugunsten der Völker des Südens seinen Adressaten. Aber – so müßte doch zurückgefragt werden – ist ein solcher damit überflüssig oder auch nur aufschiebbar geworden? Niemand stellt doch mittlerweile mehr in Frage, daß der Weg zu einer Neuen Weltwirtschaftsordnung einen eher längeren als kürzeren, aber deshalb nicht weniger einschneidenden Umbauprozeß größter Dimension verlangt. Bleibt es dann nicht dennoch richtig, daß die Linke der Ersten Welt diesen Prozeß nur in dem Maße beschleunigen und aktiv mitgestalten kann, in dem sie Beiträge zu leisten bereit ist, die über das bloße Fortschreiben von „Eigeninteressen" hinaus gehen?

2. Auch Hans Jonas legt in seinem „Prinzip Verantwortung" einen äußerlich ähnlichen Argumentationsweg zugrunde, gibt ihm aber anschließend eine andere Wendung. Auch er ist sich der begrenzten Wirkungen eines bloßen „Appells des Elends an die Menschlichkeit" bewußt. Denn es sei eine Tatsache, daß „Entfernung genügend verhärtet, um das Hungern ferner Bevölkerungen hingehen zu lassen. Das durchaus legitime „Charity begins at home" führt leider dazu, daß es hier auch Ende macht; und direkte Verantwortlichkeit hat für das Gefühl ihre Grenzen im Nahen". Einen Ausweg sieht er darin, „aufgeklärtes Selbstinteresse" und „Weitsicht" in der Ersten Welt zu aktivieren. „Woran es bei den im Nationalmaßstab ‚Besitzenden' fehlt, ist nicht so sehr selbstlose Güte, sondern Aufgeklärtheit und Weitsicht." Jonas fährt dann fort: „Das weitsichtige Selbstinteresse wäre hier zwiefach: die à la longue bessere Rückwirkung einer gesunden Weltwirtschaft auf die eigene; und die Furcht vor einer Explosion der

aufgespeicherten Not in internationaler Gewalttätigkeit." Die so postulierte Weitsicht erlaubt es Jonas dann auch, auf der Suche nach ethischen Bewertungsmaßstäben über die Orientierung am unmittelbaren Eigeninteresse hinauszugehen. Denn geboten sei „in der Tat nicht nur palliative Linderung fremder Not durch Abgabe von Überschuß, sondern sogar Daueropfer an Eigenbefriedigung zugunsten einer Behebung der Weltarmut von den Ursachen her." Aber wie, so könnte nun gefragt werden, gelangt man dahin? Wie ist, um es noch einmal mit den Worten von Jonas auszudrücken, „die Zustimmung dafür im Binnenraum der gebenden Seite (zu) gewinnen, solange eine Situation der Freiwilligkeit vorliegt?"⁴ Da uns Jonas selbst im „Prinzip Verantwortung" keine genaueren strategischen Zwischenschritte zum Erlangen der „Weitsicht" benennt, könnte der Politiker versucht sein, sich auf die pragmatische Formel des doch nicht überschreitbaren Eigeninteresses zurückzuziehen. Die Kernfrage nach den konsensfähigen Vermittlungsstücken zwischen weitsichtig unvermeidlichen Daueropfern und wirksamer politischer oder gewerkschaftlicher Interessenvertretung in der Ersten Welt geriete damit aus dem Blickfeld.

3. Mit einem ganz anderen strategischen Schlüsselbegriff hat Enrico Berlinguer, der langjährige Vorsitzende der italienischen Kommunisten, vor reichlich zehn Jahren große Aufmerksamkeit und bisweilen vehementen Widerspruch nicht zuletzt aus den Reihen der eigenen Partei herausgefordert. Im Frühjahr 1977, also in jener Zeit, als sich die KPI mit ihrer indirekten Regierungsbeteiligung und der Linie des „Eurokommunismus" auf dem Höhepunkt ihres bislang erreichten Einflusses befand, versuchte Berlinguer, das Konzept einer linken oder „revolutionären Sparpolitik" zum Kern der politischen Praxis seiner Partei zu machen. Etwa zeitgleich mit den Ausarbeitungen von Jonas hätte damit ein Beispiel realisierter „Weitsicht" für die Linke der Ersten Welt entstehen können. „Sparsamkeit (oder: Austerität) sei heute ein Imperativ, dem sich niemand mehr entziehen könne, formulierte Berlinguer in einer Grundsatzrede vor den betrieblichen Vertrauensleuten der KPI. Den wichtigsten Grund für das Einschlagen eines solchen Kurses, der allen gewohnten Denkbahnen zuwiderlief, sah Berlinguer darin, daß sich die Völker und Staaten der Dritten Welt immer selbstbewußter gegen Mechanismen wehren, die sie zu Reichtumsproduzenten für die Erste Welt degradieren. Nach innen gerichtet, für Italien wie die anderen westlichen Länder, folgerte er daraus: „Austerität bedeutet per definitionem Einschränkung gegenüber gewissen Möglichkeiten, an die wir uns gewöhnt haben, Verzicht auf bestimmte überkommene Vorteile. Aber es ist überhaupt nicht gesagt, daß die Ablösung von bestimmten uns heute geläufigen Gewohnheiten durch andere, sparsamere, keine Vergeudung enthaltende zu einer Verschlechterung der Lebensqualität führt. Eine sparsamere Gesellschaft kann zugleich eine gerechtere, weniger Ungleiches hinnehmende sein; sie kann in Wirklichkeit freier, demokratischer, menschlicher sein."⁵

Gegenüber den beiden zuvor diskutierten Positionen eröffnete Berlinguer mit der Einführung des strategischen Schlüsselbegriffs „Sparsamkeit" ein von der Linken bisher gemiedenes Argumentationsfeld. Die im Weltmaßstab unabweisbare Umverteilung des Reichtums zugunsten der Dritten Welt kann dann auch Einbußen für den Lebensstandard der abhängig Beschäftigten der Ersten Welt einschließen, wenn es hier der politischen, gewerkschaftlichen und gesellschaftlichen Aktion gelingt, in der Einschränkung bisheriger Lebens- und Konsumgewohnheiten so viele Veränderungen der vorhandenen innergesellschaftlichen Machtverteilung, ihrer Privilegien oder an bisher unbeachteter, niemandem nützender Vergeudung vorzunehmen, daß sie schließlich bewußt und deshalb „freiwillig" von der Mehrheit akzeptiert werden. War die bisher betriebene Sparpolitik in der Regel dadurch gekennzeichnet, daß sie gesellschaftlich höchst ungleich Gestellte äußerlich gleich behandelte und dabei die Schwächsten am stärksten traf, so hätte sich „linke Sparsamkeit" dadurch zu qualifizieren und überhaupt erst für die Bevölkerungsmehrheit konsensfähig zu machen, daß sie durch Veränderungen der Konsumstruktur mehr allgemeine Lebensqualität und zugleich ein höheres Maß an innergesellschaftlicher Verteilungsgerechtigkeit zustande brächte.

Zehn Jahre später kann gewiß nicht die Rede davon sein, daß sich die Überlegungen Berlinguers weder in seiner eigenen noch in den anderen Parteien der westeuropäischen Linken durchgesetzt haben. Zwar ist uns die ökologische Krise, die weltweite Unterminierung der menschlichen Lebensgrundlagen von Jahr zu Jahr bewußter geworden. Auch gegen den Zusammenhang von ökologischer Krise, kapitalistischer Überentwicklung und Vergeudung in der Ersten Welt und Verelendung in der Dritten Welt wird heute auf der Linken kaum noch jemand seine Stimme erheben. Die Gründe, die für eine Politik der Austerität sprechen, weil die natürlichen Grenzen der Belastbarkeit der Umwelt sowohl vor der eigenen Haustür als auch global immer sichtbarer werden, haben durchaus zugenommen. Aber es ist auch deutlich geworden, daß sich die Linke, von den Konservativen ganz zu schweigen, überall schwertut, wenn es darum geht, über den Preis für ökologische Krisenbewältigung und für die Lösung des Nord-Süd-Gegensatzes zu reden, oder – anders ausgedrückt – wenn sie das Prinzip Sparsamkeit nicht nur als Gegensatz zu kurzsichtig mißverstandenen Eigeninteressen, sondern letztlich als Konsequenz gemeinsamer Lebensinteressen aller Menschen in Nord und Süd verständlich zu machen sucht.

4. Das zuletzt erörterte Konzept hätte gegenüber den Positionen von Willy Brandt und Hans Jonas den Vorzug, daß es die Akzeptanzfrage, das „politische Präliminarproblem", für globale Umverteilungsvorschläge von seiten der Linken in der Ersten Welt im Sinne einer übergreifenden strategischen Richtungsangabe zu beantworten erlaubt, so schwierig seine Umsetzung auch immer bleiben wird. Spätestens hier taucht jedoch die Frage auf, ob sich der Kompliziertheit eines solchen Ansatzes nicht viel einfacher, effizienter und zugleich radikaler dadurch begegnen ließe, daß man die gigantischen Rüstungsausgaben in West und Ost drastisch verminderte, verbunden mit einer entsprechenden Kursänderung auch in den Ländern des Südens, um die so gewonnenen Ressourcen zugunsten der Völker in der Dritten Welt zu verwenden. Tatsächlich gehören doch die Forderungen nach Abrüstung und Entwicklung seit Jahrzehnten zu

den wichtigsten Zielen der Vereinten Nationen.[6] Angesichts von Perestroika und Glasnost in der Sowjetunion haben sich zudem die Chancen für weitreichende Rüstungsabkommen zwischen den Militärblöcken deutlich verbessert.

Betrachten wir die Grundidee der Entwicklung (des Südens) durch (weltweite) Abrüstung einmal unabhängig von den einzelnen Varianten ihrer Konzeptualisierung und beziehen sie lediglich auf ihre Vermittlungsfähigkeit hinsichtlich der eingangs diskutierten Parameter „Eigeninteresse" und „Weitsicht" in der Ersten Welt, dann scheint sich hier auf den ersten Blick ein glänzender Ausweg zu eröffnen. Der Verzicht auf Rüstung bedeutet im Nuklearzeitalter auf dem heute erreichten schwindelerregenden Niveau zwischen den Supermächten ja nicht weniger Sicherheit; er führte, eingebettet in entsprechende Abkommen gegenseitiger Nicht-Angriffsfähigkeit, geradewegs heraus aus einem tödlichen Menschheitsrisiko. Zudem kann niemand bezweifeln, daß die gegenwärtig für militärische Zwecke verwandten Ressourcen in allen Teilen der Welt eine solche Größenordnung angenommen haben, daß schon die tatsächliche Umwidmung eines großen Teiles davon den Süden ganz erheblich entlasten könnte.

Dennoch muß bei gründlicher Betrachtung davor gewarnt werden, das Prinzip der Entwicklung durch Abrüstung gegen jenes der Sparsamkeit in den Strategien der Linken in der Ersten Welt auszuspielen, das eine als Ersatz für das andere verwenden zu wollen. Die Gründe dafür seien nur mit wenigen Überlegungen angedeutet: Selbst wenn in den neunziger Jahren wesentliche Fortschritte im Abrüstungsprozeß erreicht werden können, wird dies für die Länder der Zweiten Welt, die Sowjetunion und ihre Verbündeten, unter so zugespitzten Begleitumständen geschehen, daß ein vollständiger oder auch nur überwiegender Transfer der dadurch freigesetzten Mittel zugunsten der Dritten Welt ausgeschlossen erscheint. Wer selbst vor gravierenden Engpässen im Versorgungsniveau der eigenen Bevölkerung steht, wird erst einmal froh sein, die Probleme im eigenen Haus zu bewältigen. Natürlich gilt das für die hochindustrialisierten Länder des Westens nicht in gleichem Maße. Doch auch hier muß bezüglich aller vorliegenden Ansätze und Konzepte zur Rüstungskonversion vor allzu großem Optimismus gewarnt werden, als sei die abzugsfreie Umwandlung ersparter Militärausgaben für Transferleistungen zugunsten der Dritten Welt realiter einzulösen. Je mehr es dabei um die Umwandlung hochspezialisierter Forschungs- und Technologiebereiche geht, umso weniger wird mit Faustformeln wie „Baut Traktoren statt Panzer und verschenkt sie an den Süden" auszurichten sein. Anders ausgedrückt: Rüstungskonversion kann, ja muß eine Vorreiterrolle für die Umbauprozesse in der Ersten Welt übernehmen; aber das übergreifende Erfordernis einer akzeptablen Reichtumsverteilung zwischen Nord und Süd muß sämtliche volkswirtschaftlichen Sektoren der Ersten Welt in den dazu benötigten Umverteilungsprozeß einbeziehen. Hierzulande kann so das Fazit sinnvollerweise nur lauten: Abrüstung für Entwicklung plus Sparsamkeit.

5. Damit ergeben sich aber wieder gesamtgesellschaftliche Fragestellungen. Wie lassen sich, so können wir jetzt präziser fragen, national und weltweit solche

volkswirtschaftlichen und völkerrechtlichen Rahmenbedingungen schaffen, daß bewußte und freiwillige Verzichtsleistungen der Ersten Welt gegenüber den „naturwüchsigen" Verteilungsmechanismen des kapitalistischen Weltmarkts nicht als ein „Faß ohne Boden" zugunsten ihrerseits fehlgelenkter Dritte-Welt-Ökonomien wirken; anderenfalls wird ihre Annahme hierzulande nur schwerlich erreichbar sein.

Trotz mancher Widersprüche im Detail hat dazu die „UN-Kommission für Umwelt und Entwicklung", die sogenannte Brundtland-Kommission, in ihrem 1987 veröffentlichten Abschlußbericht das bisher umfassendste Konzept vorgelegt. Sie fordert ein „UN-Programm für dauerhafte Entwicklung zu erstellen". Es basiert auf der Einsicht, daß „Umwelt und Entwicklung unerbittlich miteinander verknüpft" sind, und zwar in allen Teilen der Welt. In den Industrieländern gehe es darum, die „Lebensgewohnheiten – beispielsweise hinsichtlich des Energieverbrauchs – in einer Weise zu verändern, die den ökologischen Möglichkeiten unseres Planeten angemessen ist". Für die Kontinente des Südens komme es demgegenüber darauf an, zunächst einmal die Grundbedürfnisse aller Menschen zu sichern, ohne die Belastungsgrenzen der Umwelt zu durchbrechen. Dauerhafte, ökologisch und sozial verträgliche Entwicklung wird somit insgesamt als ein Wandlungsprozeß verstanden, „in dem die Nutzung von Ressourcen, das Ziel von Investitionen, die Richtung technologischer Entwicklung und institutioneller Wandel miteinander harmonieren und das derzeitige und künftige Potential vergrößern, menschliche Bedürfnisse und Wünsche zu erfüllen".[7] Der Fortschritt dieses Konzepts besteht darin, daß er die Umstellungsbeiträge aller Teil-Welten miteinander verknüpft und zugleich die zentralen Entwicklungsziele und -instrumente, hier wie dort, benennt. Es ist deshalb zu begrüßen, daß sich der Zweite Entwurf für das neue Grundsatzprogramm der SPD ausdrücklich das Konzept „Dauerhafter Entwicklung" zu eigen gemacht hat.[8] Dennoch wird die Linke auch damit nur auskommen, wenn sie das ganze Potential an Veränderungen von Strukturen und Lebensweise, das darin eingeschlossen ist, zutage fördert. Das beginnt mit dem ökologischen Umbau, von dem kaum ein Bereich der heutigen industriellen Produktionsverfahren auszunehmen ist. Um die dafür notwendige Technik und die erforderlichen Investitionen bereitstellen zu können, um Wachstum und Schrumpfungsprozesse national, regional und schließlich weltweit verbindlich aufeinander zu beziehen, zu lenken und zu kontrollieren, werden einschneidende institutionelle Veränderungen, das heißt im Kern ökonomische Machtveränderungen durchzusetzen sein, die wiederum nicht ohne Elemente einer weltstaatlichen Ordnung herzustellen und abzusichern sein werden. Je mehr uns die Wirklichkeit der Krise von Umwelt und Entwicklung das Denken und Handeln in der Logik der einen Welt, die wir haben, der Weltgesellschaft aufnötigt, umso mehr müssen wir bereit sein, um es noch einmal mit Begriffen des sozialdemokratischen Programmentwurfs zu formulieren, die Grundsätze der Wirtschaftsdemokratie jenen des Marktes, und sei es des Weltmarktes, überzuordnen.

269

Anmerkungen:

1 Jonas, H.: Das Prinzip Verantwortung (1979), Frankfurt 1984, S. 322
2 Brandt, W.: Der organisierte Wahnsinn. Wettrüsten und Welthunger, Köln 1985, S. 30
3 Vgl. hierzu Albers, D.: Global denken – aber auch handeln, in: Neue Gesellschaft/ Frankfurter Hefte 7/1986, S. 634 ff, auch in: ders., Sozialismus im Westen; Berlin, Hamburg 1987, S. 238
4 Jonas, a.a.O., S. 320/321
5 Berlinguer, E.: Austeritá: Occasione per trasformare l'Italia, Rom 1978, S. 49/50
6 Ausführliche Belege zum Diskussionsstand liefert die Schrift von Herbert Wulf: Abrüstung und Entwicklung. Konkrete Utopie oder utopische Erwartung; Vorwort von Willy Brandt; Reihe: Interdependenz der Stiftung Entwicklung und Frieden, Bonn 1987
7 Hauff, V. (Hrsg.): Unsere gemeinsame Zukunft. Der Brundtland-Bericht der Weltkommission für Umwelt und Entwicklung, Greven 1987, S. 10, 27, 42, 49 der deutschen Ausgabe des Berichts
8 Das Neue Grundsatzprogramm der SPD, Entwurf März 1989, Textziffern 104-117

VII. Zur negativen Identität deutscher Sozialisten

Peter Brandt

Die deutsche Linke, die Arbeiterklasse und die nationalsozialistische „Volksgemeinschaft" in der Kriegs- und frühen Nachkriegszeit

> „... wir sind Söhne unseres Volkes und wir müssen heute den schweren Weg unseres Volkes gemeinsam mit ihm gehen."
> Der linkssozialistische Kölner Widerstandskämpfer Ludwig A. Jacobsen am 18.9.1946 in einem Brief an Erna und Joseph Lang in New York[1]

1. Die NS-Diktatur und der von ihr entfesselte Zweite Weltkrieg, die größte Katastrophe in der Geschichte der internationalen Arbeiterbewegung, wirken sich bis heute lähmend auf die Entfaltung sozialistischer und radikaldemokratischer Politikansätze in Deutschland aus, dessen parteipolitische und gewerkschaftliche Organisationen einmal die Bewunderung der Sozialisten auf der ganzen Welt erregt hatten. Die Nachkriegsentwicklung, die mit der Rekonsolidierung kapitalistischer Strukturen in Westeuropa und der Ausdehnung des sowjetischen Systems einschließlich seiner stalinistischen Deformationserscheinungen auf die südost- und ostmitteleuropäischen Staaten, mit der Teilung des Kontinents und dem Kalten Krieg eine jahrzehntelange Blockierung einer gesamteuropäischen demokratisch-sozialistischen Perspektive mit sich brachte, ist mittelbar eine Folge der Zerstörung der deutschen Arbeiterbewegung als der größten antifaschistischen Potenz durch den Nationalsozialismus.

Als die sich neu konstituierenden SPD-, KPD- und Gewerkschaftsführungen 1945 vor den Trümmern jahrzehntelanger sozialistischer Aufbau- und Erziehungsarbeit standen, steckten sie in einem fast unlösbaren Dilemma. Die Tatsache, daß sie wieder tätig werden konnten, verdankten sie nicht ihrem eigenen Erfolg, sondern dem militärischen Sieg der Alliierten. Damit war ihre Legitimität doppelt in Frage gestellt: Erstens waren sie für viele ihrer Landsleute Nutznießer der deutschen Kriegsniederlage mit ihren verheerenden Folgeerscheinungen. Zweitens durften sie nach den Schrecken der vorausgegangenen Kriegsjahre nicht darauf rechnen, in den Staaten der Anti-Hitler-Koalition und bei den alliierten Militärregierungen besonderes Verständnis zu finden. Auch die ausländischen Genossen, die ihrerseits vor 1941 nicht immer die gebotene Festigkeit gegenüber dem Imperialismus Hitler-Deutschlands gezeigt hatten, zögerten, die deutschen Sozialisten als Vertreter eines „anderen Deutschland" zu akzeptieren.

Die deutsche Sozialdemokratie scheint bis heute die Auseinandersetzung mit der Frage zu scheuen, mit was für einer Bevölkerung sie es nach Kriegsende zu tun hatte und welche Konsequenzen sich – auch längerfristig – für sie aus der Gemengelage mit den anderen Segmenten ihres Volkes ergaben. Die kommunistische Geschichtsschreibung hat diese Schwierigkeiten auf ihre Weise seit jeher thematisiert, dabei aber das eigentliche Problem, die Rückwirkung der Mentalität der Bevölkerungsmehrheit auf die sozialistische Avantgarde, allenfalls verschlüsselt angesprochen. Nonkonforme Äußerungen zeugen andererseits nicht selten von einem selbstgerechten und ignoranten Moralismus Nachgeborener. Meine Gedankenskizze versucht, systematischer, als das hier und dort schon gelegentlich geschehen ist, zur Diskussion über die spezielle unbewältigte Vergangenheit der Linken in Deutschland anzuregen.

2. Obwohl die Hoffnung darauf, daß die deutschen Werktätigen analog den Ereignissen von 1918 den alliierten Armeen zuvorkommen würden, im Verlauf des Kriegs zunehmend schwand, hatten doch fast alle Oppositionsgruppen – vor allem im Exil, im Inland sah man das realistischer – bis in die Endphase hinein gehofft, daß die Deutschen wenigstens mitwirken würden an der militärischen Niederringung des Hitlerregimes. Tatsächlich kam es aber nur vereinzelt zu kleineren Selbstbefreiungsaktionen; häufiger waren dagegen Initiativen, die am jeweiligen Ort Verteidigungshandlungen zu verhindern suchten. Gewiß hatte seit der Vernichtung der Stalingrad-Armee eine Ablösung großer Teile der Bevölkerung von der nationalsozialistischen Führungsschicht eingesetzt, die aber, da man keine Alternative sah, diskontinuierlich verlief. Bereits in der Phase der siegreichen Blitzkriege hatte ein Geschäftsmann aus dem neutralen Ausland die Einschätzung formuliert, die Deutschen folgten Hitler nicht, weil sie den Parolen des NS-Regimes ohne weiteres glaubten, „sondern weil sie darum bangen, hinter ihm und mit ihm im großen Nichts zu versinken".[2]

Daß die Nationalsozialisten große Teile des deutschen Volkes – bis in die frühere Wählerschaft der Arbeiterparteien hinein – hatten an sich binden können, war unverkennbar. Doch liegen die Dinge nicht so eindeutig, wie es auf den ersten Blick scheint. Trotz der in die Zehntausende gehenden Opfer des Terrors, unter denen sich naturgemäß gerade die entschlossensten Elemente der Linken befanden, stand 1945 eine Schicht vorwiegend proletarischer Basiskader bereit, die zwar nur teilweise in irgendeiner Form Widerstand geleistet hatten, auf jeden Fall aber unbelastet waren und darauf warteten, mit „den Nazis" abzurechnen und den Neuaufbau Deutschlands auf antifaschistischer Grundlage in die Hand zu nehmen. Zu diesen „Aktivisten der ersten Stunde", die mit ihrem Engagement im Chaos des Umbruchs die wichtigste gesellschaftsstiftende Kraft bildeten, zählten je nach den Kriterien, die man anlegt, immerhin einige zehntausend bis mehrere hunderttausend Personen. Es war diese Gruppe, aus deren Bestand sich die direkt nach der Besetzung fast überall in Deutschland spontan gebildeten, aber meist nach wenigen Wochen von den Besatzungsmächten oder ihren Auftragsverwaltungen wieder aufgelösten „Antifaschistischen Ausschüsse", die provisorischen Betriebsräte sowie die Gründungszirkel von Gewerkschaften und Linksparteien rekrutierten. Diese, zunächst auf die elementare Wieringangsetzung des sozialen Lebens und die Rekonstruktion der Orga-

273

nisationen gerichteten Aktivitäten waren nicht Ausdruck einer revolutionären Massenbewegung, sondern ein Minderheitenphänomen. Immerhin wird man das vor allem von alliierten Beobachtern beschriebene Bild vollständiger politischer Apathie im nachfaschistischen Deutschland modifizieren müssen (das gilt auch für die bürgerliche Seite). Ob es ohne die politische Quarantäne der Besatzungsmächte, die dann, zuerst in der SBZ, durch die Wiederzulassung der Gewerkschaften und Parteien schrittweise aufgehoben wurde, zu der vom Großbürgertum befürchteten, von vielen Inhaftierten und Exilierten erwarteten nachträglichen Revolution gekommen wäre, ist allerdings durchaus fraglich. Die Vorstellung, die Alliierten hätten den deutschen Antifaschisten zur Abrechnung mit den Nationalsozialisten die „Straße freigeben" sollen, scheint weniger in der breiteren Anhängerschaft als bei einem Teil der unteren und mittleren Kader der sich reorganisierenden Arbeiterbewegung verbreitet gewesen zu sein.

Welche Faktoren waren dafür verantwortlich, daß die Klasse der Lohnabhängigen bzw. ihr industrieller Kern sich nicht einmal dann fähig zeigte, über den betrieblichen und lokalen Rahmen hinaus kollektiv zu handeln, als mit dem Zerfall des „Dritten Reiches" bei Kriegsende der repressive Druck von außen an Bedeutung verlor? Die NS-Ideologie war mit dem unrühmlichen Ende des Regimes für die meisten Deutschen entzaubert. Amerikanische Repräsentativumfragen zeigten, daß rechtsextremistische Auffassungen von einer deutlichen Mehrheit zurückgewiesen wurden; den harten nationalsozialistischen Kern bildete nach 1945 etwa ein Sechstel der Deutschen. Das hervorstechende Merkmal der Bewußtseinsverfassung der deutschen Bevölkerung in der unmittelbaren Nachkriegszeit war hingegen ihre Fragilität und Diffusität. Die einzigen intakten Großorganisationen, die Kirchen, die durch Selbstbehauptung im Kirchenkampf nach 1933 und angesichts des allgemeinen psychischen Elends eine Aufwertung erfuhren, boten in der Regel ausgeprägt konservative, ja restaurative und antiaufklärerische Leitbilder an. Von „ideologischem Chaos" spricht ein DDR-Autor. Eine neuere Westberliner Untersuchung diagnostiziert eine „disparate Form des Reflektierens".³ Die Orientierungslosigkeit fand Nahrung in den politisch-gesellschaftlichen Verhältnissen: in den unübersehbar erscheinenden materiellen Zerstörungen, den sozialen Verwerfungen der Kriegs- und Nachkriegsjahre, in der Versorgungsnot und der Primitivisierung der Ökonomie mit ihren „schwarzen" und „grauen" Märkten, auch in der in letzter Instanz diktatorischen Herrschaft der Besatzungsmächte. Die Klassenstruktur der kapitalistischen Gesellschaft bestand zwar ebenso wie die ihr zugrunde liegenden Eigentumsverhältnisse fort; Faktoren wie die (im Westen nur vorübergehende) Suspendierung von Eigentümerrechten, politisch bedingte Entlassungen, Verluste durch Kriegseinwirkungen, Verbindungen zu den Okkupationsstreitkräften (und damit zu Lebensmitteln) überlagerten sie in der Wahrnehmung jedoch weitgehend. Diese, zumindest teilweise, klassenunspezifischen Vorgänge knüpften indessen an Erfahrungen an, die in der Zeit des „Dritten Reiches" gemacht worden waren.

3. Die proletarisch-sozialistische Widerstandsbewegung, auf die sich die Linke vor und nach 1945 berief, umfaßte etliche Zehntausende, konnte aber bereits um die Mitte der 1930er Jahre überwiegend zerschlagen werden, ohne jemals ganz zerstört werden zu können. Die übrigbleibenden kleineren Widerstandsgruppen, aber auch die reduzierten Formen getarnter Illegalität, wie sie vielfach von Sozialdemokraten praktiziert wurden, gerieten zunehmend in eine politische Isolierung von der Mehrheit der Arbeiter. Dafür war nicht nur der historisch einmalige und immer weiter perfektionierte Terror einschließlich des ausgedehnten Spitzelwesens verantwortlich, auch nicht allein der riesige Manipulationsapparat. Damit dieser erfolgreich arbeiten konnte, waren objektive soziale Veränderungen nötig, die von den zeitgenössischen Antifaschisten nicht in ihrer ganzen Tragweite begriffen werden konnten.

Das Gefühl, eine schwere, überdies kampflose und insofern besonders demoralisierende Niederlage erlitten zu haben, herrschte 1933 wohl nicht nur bei den Funktionären, sondern auch bei den Mitgliedern und in der Wählerschaft der sozialistischen Arbeiterorganisationen vor. Da sich das Regime stabilisierte und die Mehrheit der Gesamtbevölkerung unverkennbar mehr oder weniger mit dem Nationalsozialismus sympathisierte, blieb den SPD- und KPD-Anhängern nichts anderes übrig, als ihre persönliche Lebensplanung und -führung von ihren ursprünglichen politischen Positionen abzukoppeln. Bei der durch die Umstände erzwungenen Anpassung darf nicht vergessen werden, daß der neueren historischen Wahlforschung zufolge mindestens ein Drittel der Arbeiterschaft, vor allem außerhalb der industriellen Zentren, für die sozialistische Bewegung niemals ansprechbar gewesen war. Und auch von den in den beiden Reichstagswahlen des Jahres 1932 gut 13 Millionen sozialistischer Wähler (35,9 bzw. 37,3 % der Stimmen) war eine große Zahl nur lose mit dieser verbunden. Die weitgehende Stabilität des gesamtsozialistischen Wählerpotentials per saldo während der Endphase der Weimarer Republik täuscht zudem darüber hinweg, daß auch die Parteien der Linken, namentlich die SPD, mehr als nur marginal an die NSDAP verloren. Die Arbeiter waren zwar in der Wähler- und Mitgliedschaft der NSDAP unterrepräsentiert, aber bei weitem nicht in dem Maß, wie die Forschung lange angenommen hat.[4] Bereits vor 1933 war die politische Bindekraft der organisierten Arbeiterbewegung mit ihrem Geflecht von Vereinen und Verbänden schwächer, als diejenigen annahmen, die sich nur in diesem Milieu bewegten. Bei der Einschätzung des Widerstandspotentials der Arbeiter ist zudem an die pauperisierenden, desillusionierenden und entsolidarisierenden Wirkungen der Arbeitslosigkeit (bis zu 8 Millionen) – auch für die Vertiefung der sozialdemokratisch-kommunistischen Spaltung – in den Endjahren der Weimarer Republik zu denken.

Zwar gelang es den Nationalsozialisten – jedenfalls vor dem Krieg – nicht, das spezifisch proletarische Milieu in den Betrieben und Wohngebieten zu zerstören, aber es konnte doch zunehmend entpolitisiert werden, nachdem die Arbeiter ihrer Kommunikationsmedien, ihrer Organisationen und ihres breitgefächerten Vereinswesens beraubt worden waren. In allen ihren Strömungen hatte die traditionelle Arbeiterbewegung Millionen die Fähigkeit vermittelt, aus häufig widersprüchlichen persönlichen Erfahrungen und den unterschiedlichen äußeren Einflüssen gesellschaftliche Zusammenhänge, vielfach gar eine gesellschaftliche Totalität wahrzunehmen. Seit 1933 vollzog sich eine Partikularisierung oder „Dissoziierung" (T. Mason) des Arbeiterbewußtseins. Obwohl die großbetrieblichen Industriearbeiter – neben einem Teil der gläubigen, vor allem katholischen Christen, enttäuschten Konservativen und einer nonkonformistischen Minderheit der Jugend – in relativer Distanz zum Regime blieben, wurden die Grenzen zu den übrigen Klassen und Schichten des Volkes hinsichtlich der politischen Einstellung doch zunehmend undeutlicher. Manche Kritikpunkte, die die Versorgungs-, Einkommens- und Arbeitsverhältnisse betrafen, behielten eine klassenspezifische Ausprägung, andere wie die Klagen über die nationalsozialistische „Bonzenwirtschaft", vor allem aber die positiven Wertungen, die sich namentlich auf die Revision des Versailler Friedens und – in enger Verbindung damit – auf die Person des „Führers" bezogen, deckten sich tendenziell mit den Meinungen der Gesamtbevölkerung. Selbst dezidierte Sozialisten, die sich ansonsten nicht opportunistisch verhielten, blieben von den „nationalen" Erfolgen in der Außenpolitik nicht immer unberührt. Auch der massive Einsatz neuer Medien, der Massensport und die Freizeit- und Ferienangebote der „Kraft durch Freude"-Organisation wirkten in Richtung auf die Erosion proletarisch-sozialistischen Bewußtseins.

Außerhalb der politischen Sphäre wurde die zweite Hälfte der 1930er Jahre überwiegend als Periode steigenden Wohlstands und sozialer Ruhe erlebt. Trotz der staatlichen Niedriglohnpolitik stiegen die Reallöhne dem Konjunkturverlauf entsprechend, wenn der Anstieg des Familieneinkommens auch insgesamt weniger steil verlief, als die offiziellen Statistiken suggerierten, branchenspezifisch erheblich differierte und zum überwiegenden Teil auf die Erhöhung der Wochenarbeitszeit und der Erwerbstätigenzahl zurückging. Für die Wahrnehmung war indessen mindestens so bedeutsam, daß nach Jahrzehnten Krieg, Inflation und Wirtschaftskrisen – mit der Prosperitätsphase vor 1929 lediglich als Zwischenspiel – endlich Aussicht auf anhaltenden Wirtschaftsaufschwung unter stabilen gesellschaftlichen Verhältnissen zu bestehen schien. Die Arbeitslosigkeit ging allmählich, für Facharbeiter wesentlich schneller, zurück, und der früher sozialdemokratische oder kommunistische qualifizierte Arbeiter konnte – trotz Rationalisierungsoffensive und, dem Regime auch aus politischen Gründen erwünschter, Umschichtung der Belegschaften – durch „Wertarbeit" und ein gutes Verhältnis zu den Vorgesetzten seine Stellung sichern. So entsprach dem Rückzug in die familiäre Privatsphäre eine zunehmende berufs- und betriebspatriotische Orientierung in der Arbeitswelt, die durch die symbolische „Ästhetisierung von Politik" (W. Benjamin) von der Propaganda außerordentlich geschickt verstärkt wurde. Differenzierungsprozessen innerhalb der Arbeiterschaft, die nur zum geringeren Teil Ergebnis politischer Eingriffe waren, standen verbesserte Aufstiegschancen gerade für Angelernte und eine planmäßige Nivellierung des Arbeiter-Angestellten-Gegensatzes gegenüber.

Die Rüstungskonjunktur wirkte auf die Haltung der Arbeiter allerdings durchaus nicht nur im Sinne der Machthaber: Zu wiederholten Rebellionen auf

Großbaustellen und in Lagern des Arbeitsdienstes oder der „Organisation Todt", zu epidemischer „Bummelei" und Überstundenverweigerung namentlich seitens der unteren Arbeiterschichten traten vermehrt kleinere industrielle Abteilungsstreiks und vor allem das individuelle Ausnutzen der Marktgesetze durch gezielten Arbeitsplatzwechsel von Facharbeitern in bestimmten Branchen, so daß mit dem Lohngefüge ab 1938 das gesamte nationalsozialistische Akkumulationsmodell aus den Fugen zu geraten drohte. Dieses interessenadäquate Verhalten beunruhigte zwar die Behörden, die marxistische Umtriebe witterten, signalisierte aber den Facharbeitern auch, daß die Unternehmer ihnen bei günstiger Arbeitsmarktlage selbst unter dem Nationalsozialismus und trotz des Widerspruchs von Staatsseite entgegenkommen mußten, ja sogar, daß die „Deutsche Arbeitsfront" (DAF) genötigt wurde, partiell eine quasi gewerkschaftliche Rolle einzunehmen. Auch die „Vertrauensräte" scheinen für die Arbeiter nicht durchweg vollkommen funktionslos und ohne Ansehen gewesen zu sein, zumal wenn frühere Gewerkschafter in ihnen mitwirkten. Es ist bezeichnend für die Diskrepanz zwischen Widerstandselite und spontaner, realer Arbeiteraktivität, daß etwa die linkssozialistische "Deutsche Volksfront" in den Aktionen der Arbeiter hauptsächlich Entsolidarisierungsvorgänge und somit eine Zersplitterung der Arbeiterklasse zu sehen vermochte.[5] In der Tat war deren Effekt ambivalent: Sie schwächten den totalitären Anspruch des NS-Staates, aber vermittelten zugleich den Eindruck zunehmender gesellschaftlicher Normalität.

Bis zum Beginn des Polenfeldzugs und vielleicht sogar bis zum Scheitern des Blitzkriegskonzepts, das in Erinnerung an den Ersten Weltkrieg eine friedensähnliche Versorgung sichern sollte, wäre es im Fall eines Umsturzes den sozialistischen Parteien wohl gelungen, an ihre Tradition in der vorfaschistischen Zeit und im Widerstand unmittelbar anzuknüpfen. Indessen griff der „totale Krieg", je länger er dauerte, bis in die Wurzeln hinein die Kontinuitätsstränge der Arbeiterbewegung an. Das geschah erstens durch Integration von Millionen, insbesondere jüngerer, Arbeiter in die Wehrmacht oder auch in die Waffen-SS, wo sie – hierarchisch abgestuft – an riesigen Beutezügen beteiligt waren und in wachsender Zahl auch in Kriegsverbrechen verwickelt wurden. Die Wahrnehmung von Verbrechen, indirekt auch in der Heimat, vermittelte den Eindruck, mit der politischen Führung in einem Boot zu sitzen und verstärkte das Gefühl der Alternativlosigkeit. Die Forderung nach bedingungsloser Kapitulation, der Bombenkrieg der Westalliierten und die harte Behandlung deutscher Kriegsgefangener in der UdSSR sowie das Verhalten der Roten Armee bei der Eroberung Ostdeutschlands trugen von der anderen Seite dazu bei, Oppositionsregungen zu paralysieren. Währenddessen blieb die Versorgung durch die Ausplünderung der eroberten Länder bis wenige Monate vor der Kapitulation im Vergleich zum Ersten Weltkrieg erträglich. Die Verausgabung der Industriearbeiter in zehn- bis zwölfstündigen Schichten bei naturgemäß schlechter werdender Versorgung stachelte – ebenso wie die Flächenbombardements – nicht zum Aufruhr an, sondern förderte ein Klima der passiven Resignation. Hinzu kam aber noch etwas anderes: Die Großdeutsche Wehrmacht hatte im Vergleich mit dem kaiserlichen Heer und der Reichswehr nicht nur einen neuen völkischen Geist eingepflanzt bekommen, sondern wurde auch von einem – deutlich weniger privilegierten und kastenmäßig abgeschlossenen – Offizierskorps neuen, stärker bürgerlichen Typs geführt, in das auch Männer aus der Bauernschaft, dem Kleinbürgertum und sogar der Arbeiterschaft, vor allem ab 1941/42, mehr und mehr aufstiegen. Und schienen nicht die Leistungen der Wehrmacht die nationalsozialistische Weltanschauung in ihren Grundannahmen zu bestätigen?

Den zweiten entscheidenden Gesichtspunkt bildete die Spaltung der Arbeiterklasse durch den Fremdarbeitereinsatz, der sich aus der Einziehung immer neuer Arbeitergruppen zum Militär ergab. Bis zum Herbst 1944 stieg die Zahl der ausländischen Zivilarbeiter und zur Zwangsarbeit herangezogenen Kriegsgefangenen auf 7,7 Millionen, mehr als ein Viertel aller in der deutschen Wirtschaft Beschäftigten. In einigen Branchen lag ihr Anteil über 50 %, hier und dort bis zu 90 %. Vom Kriegsdienst als „unabkömmlich" freigestellt wurden außer den Älteren ohnehin vorwiegend Fach- und Spezialarbeiter, die jetzt in erheblicher Anzahl zu Meistern und Vorarbeitern aufsteigen konnten, während die Ausländer untergeordnete und körperlich schwere Arbeiten übernahmen. Damit entstand eine neue betriebliche Hierarchie, in der nach Lebens- und Arbeitsverhältnissen noch einmal zwischen den verschiedenen Nationalitäten differenziert wurde. Eine Solidarisierung der deutschen Arbeiter mit den in vielerlei Hinsicht unterdrückten Ausländern, die über individuelle Hilfe hinausgegangen wäre, war die große Ausnahme. Auch war jede Verbrüderung streng untersagt. Der Nationalsozialismus bündelte und verstärkte gezielt die in der Gesellschaft, auch unter Arbeitern, latent vorhandenen Aggressionen gegen das als bedrohlich wahrgenommene Fremde, zu dem neben den Ausländern auch die „gemeinschaftsfremden" Deutschen gehörten. Die lange unterschätzte „rassenhygienische" Aussonderung und Einweisung von Homosexuellen, „Asozialen" und „Arbeitsscheuen" in Konzentrations- und Arbeitserziehungslager hatte schon in den 1930er Jahren begonnen und wurde während des Krieges in verstärktem Umfang, jetzt vor allem auch gegen Ausländer, fortgesetzt.

Schließlich kam es – drittens – noch in der letzten Kriegsphase mit den, vor allem die Arbeiterviertel treffenden, Bombenangriffen und Bodenkämpfen, mit der kriegsbedingt ständig fortschreitenden territorialen Zersplitterung des Reichsgebiets in autonome Einheiten, mit den Massenwanderungen von „displaced persons", Flüchtlingen (später Vertriebenen), Evakuierten, rückflutenden Soldaten (und später entlassenen Kriegsgefangenen) zu einer Unterbrechung der überlokalen Kommunikation und gleichzeitig zu einer gewaltigen Durchmischung der Bevölkerung, die viele tradierte Milieubindungen radikal zerstörte. Die Erhebung der Deutschen gegen Hitler, die schon aus Gründen der physischen und nationalen Selbsterhaltung immer nötiger wurde, wurde gleichzeitig immer schwerer möglich.

Die hier angeführten Tendenzen setzten sich nicht überall in gleichem Maße durch und beeinflußten das Bewußtsein aller deutschen Arbeiter nicht auf gleiche Weise. Viel kam darauf an, welches lokale und betriebliche Klima herrschte, wie hoch im konkreten Fall der Ausländeranteil war und wie sich die Meister und Vorarbeiter – vielfach immer noch wegen ihrer Befähigung geschätzte alte Sozialdemokraten – äußerten und verhielten. Es gab Betriebe, wo offen über die Nachrichten-Sendungen von BBC und Radio Moskau diskutiert wurde, Nationalsozialisten keine Chance hatten und auch nicht vom Management unterstützt wurden. Ein amerikanischer Autor schätzte 1948 aufgrund von Befragungen den Anteil der eindeutig nationalsozialistisch orientierten Arbeiter während des Dritten Reiches auf 15-20 % und den der eindeutigen NS-Gegner auf 20-25 %, während die restlichen 60 % die Verhältnisse passiv akzeptiert hätten.[6] Vieles spricht dafür, daß die Unterstützung für den Nationalsozialismus vor der Wende des Krieges eher noch breiter war.

4. Die Reaktion der Antifaschisten auf die Dissoziierung des Arbeiterbewußtseins war nicht einheitlich. Ein gewisses Mißtrauen gegenüber den Deutschen insgesamt oder jedenfalls ihrer Mehrheit verband in den 1940er Jahren jedoch fast alle deutschen Sozialisten. Sogar diejenigen, die – wie Julius Leber – ganz frei von antiplebiszitären Affekten waren, hielten eine autoritäre Lenkung der Demokratie im nachfaschistischen Deutschland für geboten. Autoritäre und sogar erziehungsdiktatorische Elemente fanden sich auf unterschiedliche Weise in den Konzepten fast aller linken Exil- und Widerstandsgruppen; bisweilen waren sie mit basisdemokratischen Ansätzen kombiniert wie etwa bei Hermann Brill.[7] Die Neuordnungspläne des linken Widerstands – und das gilt selbstverständlich noch mehr für den bürgerlich-konservativen – mit den Maßstäben des liberalen, rechtsstaatlichen Parlamentarismus des Westens zu messen, ginge an der Gedankenwelt und den Existenzbedingungen der deutschen NS-Gegner vorbei.

Im Exil und im Lande selbst standen neben denen, die versuchten, nüchtern zu analysieren und politische Schlußfolgerungen zu ziehen, solche, die aus Enttäuschung nun die Existenz jeder nennenswerten Opposition überhaupt leugneten. Viele, vor allem in den sozialdemokratisch-sozialistischen Auslandsgruppen, sahen die Gefahr eines alliierten Gewaltfriedens, der auch der Linken alle Arbeitsmöglichkeiten entziehen würde, bestanden über 1945 hinaus energisch auf der Existenz des „anderen Deutschland" und warben um Verständnis für die Bedingungen, unter denen die deutschen Genossen zu kämpfen hatten. Demgegenüber behauptete die KPD-Gruppe in London um Wilhelm Koenen im Januar 1945, „die gewaltige Mehrheit des deutschen Volkes" stehe immer noch mit „Enthusiasmus" hinter Hitler und kämpfe „hartnäckiger und fanatischer denn je" gegen die alliierten Streitkräfte. Die „faschistische und nationalistische Verseuchung des deutschen Volkes, die deutsche Arbeiterklasse nicht ausgenommen", müsse endlich aufgedeckt werden.[8] Möglicherweise glaubte der Londoner KPD-Zirkel, daß seine – sicher nicht nur taktisch gemeinten – Ausführungen auf der zu diesem Zeitpunkt von der Sowjetunion vertretenen Linie einer hauptsächlich punitiven Besatzungspolitik lägen. Daß die deutschen Kommunisten mit einer solchen Analyse ihre eigene Legitimität in Frage stellten, machte demgegenüber Koenens Genosse Paul Merker von Mexiko aus deutlich. Auch Merker gab zu, daß Hitler eine Massenanhängerschaft bis in die Arbeiterschaft hinein – wenn auch nicht in dem behaupteten Ausmaß – hatte gewinnen können. Die Mehrheit der Bevölkerung stehe aber inzwischen, kurz vor Kriegsende, „teils bewußt, teils gefühlsmäßig gegen Hitler und sein Gangsterregime". Statt einen vermeintlichen Verrat deutscher Arbeiter an ihren historischen Aufgaben zu denunzieren, sollten die Antifaschisten über eigene Fehler nachdenken, die sie vor 1933 begangen hätten. Ohne eine maßgebliche Beteiligung der Deutschen selbst werde es eine demokratische Umwälzung in Deutschland nicht geben. „Wie ... kann unsere Bewegung die Regierungsverantwortung in Deutschland übernehmen, wenn angeblich nur eine winzige demokratische Minderheit vorhanden ist?" Die deutschen Antifaschisten könnten nur dann das Vertrauen der Volksmassen gewinnen und mit den „nazistischen Verbrechern" aufräumen, wenn sie „Schulmeisterei, Überheblichkeit, Oberflächlichkeit und Herzlosigkeit gegenüber dem Volke" ausschalteten.⁹

Die Exil-Führung der KPD in Moskau hatte bei der Arbeit unter deutschen Kriegsgefangenen und bei ihrer Frontpropaganda seit 1941 ernüchternde Erfahrungen gemacht, hatte mit der Gründung des betont patriotischen „Nationalkomitees Freies Deutschland" und des „Bundes Deutscher Offiziere" aber immerhin einige bemerkenswerte Erfolge erzielt, allerdings kaum gegenüber der noch kämpfenden Truppe. Das Zentralkomitee der KPD betonte nach Kriegsende besonders nachdrücklich die Verstrickung der Deutschen insgesamt in den Nationalsozialismus und ihre – im Grundsatz auch von anderen NS-Gegnern kaum bestrittene – Pflicht zur Wiedergutmachung, schloß sich aber letztlich eher der Merkerschen Argumentationslinie an.

Den Hintergrund der innerkommunistischen Kontroverse bildete die in allen Fraktionen des Antifaschismus ausgetragene Debatte über die kollektive Schuld und Verantwortung des deutschen Volkes für den Krieg und die nationalsozialistischen Verbrechen. Die Debatte hatte eine machtpolitische Seite, weil mit der Kollektivschuldthese, die teilweise mit einem deutschen – auch die Arbeiterbewegung prägenden – Volkscharakter in Verbindung gebracht wurde, jede Unterdrückungs-, Zerstückelungs- und Reparationsmaßnahme gerechtfertigt werden konnte. Zugleich war damit aber die Identität der deutschen Linken im Innersten berührt, die sich doch, mit unterschiedlichem Nachdruck, als die besseren Deutschen begriffen und darstellten. Standpunkte, die auf die, meist historisch-kulturell hergeleitete, Schuld des ganzen deutschen Volkes abhoben, wie sie in Frankreich (schon vor dem Krieg) Henri de Kerillis, in England Lord Robert Vansittart, in Amerika Henry Morgenthau und in Rußland Ilja Ehrenburg vertraten, wurden von der großen Mehrheit des politischen Exils wie der Antifaschisten in Deutschland abgelehnt. Die „Vansittartisten" waren eine kleine, lautstarke Minderheit innerhalb der deutschen Linken, gesellschaftspolitisch meist eher auf dem rechten Flügel angesiedelt. Gleichzeitig waren sich die Antifaschisten jedoch fast durchweg darin einig, daß es nicht angehe, die Deutschen ausschließlich als das erste Opfer der braunen Machthaber darzustellen, sondern daß es gelte, die zumindest zeitweilige Zustimmung und Mitwirkung des deutschen Volkes kritisch zu reflektieren. Lediglich über die Einschätzung des Grades der Massenloyalität und über ihre Ursachen gab es Meinungsverschiedenheiten. Die große Mehrheit der deutschen Bevölkerung hingegen lehnte, jedenfalls in der US-Zone, die These der Gesamtverantwortung von vornherein ab.[10]

Willy Brandts Aussage wäre wohl unter deutschen Linken allenfalls in den Formulierungen strittig gewesen. Brandt schrieb in einem an ein norwegisches Publikum gerichteten Reportage-Buch über das erste Nachkriegsjahr: „Die Deutschen müssen Verantwortung tragen. Verantwortung ist jedoch nicht dasselbe wie Schuld ... Die Nazis – in Deutschland und anderen Ländern – sind schuldig ... Die Nazigegner ... sind nicht schuldig. Sie können sich jedoch nicht der Mitverantwortung dafür entziehen, daß Hitler an die Macht kam. Sie kommen auch nicht um die Folgen der nazistischen Mordpolitik herum ... Zwischen den Nazis und den Nazigegnern steht die große Masse der mehr oder weniger Indifferenten. Ihre Verantwortung ist groß. Es hat aber keinen Sinn, ihnen eine übermäßige Schuld aufzuladen ... Nun kommt es zunächst darauf an, daß neuerworbene Erkenntnisse nicht deshalb verloren gehen, weil die Bevölkerung in nationale und soziale Verzweiflung gerät."[11]

Im „Aufbau", einer hektographierten Zeitschrift der Bremer „Kampfgemeinschaft gegen den Faschismus", wurde im Juli 1945 gegenüber einer pauschalen Verurteilung der Deutschen auf die soziale Zusammensetzung der NSDAP sowie auf ihre Unterstützer und Nutznießer aus der sozial herrschenden Klasse und den konservativen Eliten verwiesen. Das Versagen der Führungen der Arbeiterbewegung und der bürgerlich-demokratischen Kräfte wurde ebenso benannt wie der staatliche Terror als Beweis für die Existenz einer Opposition. Auch hier bestritt man nicht, daß die „naziverseuchten Massen" einen Großteil des deutschen Volkes ausmachten.[12]

Kurt Schumacher, der die Wiedergründung der SPD in den Westzonen betrieb, akzeptierte ebenfalls eine kollektive Verantwortung der deutschen Nation: "Die Mitschuld großer Volksteile ... liegt an ihrem Diktatur- und Gewaltglauben. Weil die Deutschen sich die Kontrolle über ihre eigene Regierung haben entziehen lassen, deshalb werden sie heute von anderen kontrolliert." Die eigentliche Schuld liege aber bei der NSDAP, der „Partei der nationalistischen Unternehmerknechte" aus „Lumpenbourgeoisie" und „Lumpenproletariat" und ihren kapitalistisch-militaristischen Geburtshelfern. Nicht akzeptabel sei es für die demokratischen Sozialisten, „die eigentlichen Gegenspieler des Nazitums", jedoch, „mit anderen in einen Topf geworfen zu werden".[13]

Insbesondere von einer marxistischen Position aus war die Kollektivschuldthese indiskutabel; bereits die These von der kollektiven Verantwortung der Deutschen entsprach nicht unbedingt dem klassenanalytischen Zugang des Marxismus, so daß gezielt nach dem qualitativ Neuen in der Entwicklung des deutschen Imperialismus als eines „totalitärem Monopolkapitalismus" (F.L. Neumann) gefragt wurde. Verstärkt wiesen Sozialisten seit Kriegsbeginn auf die vermeintliche antiliberale Sonderentwicklung Deutschlands mit dem Fehlen einer bürgerlich-demokratischen Revolution hin, die die notorische Neigung der Deutschen zu „Untertänigkeit" und „Unterwürfigkeit" erklären sollte.[14] Gesellschaftliche Strukturreformen kraft revolutionären Rechts neben der Aburteilung von NS-Verbrechern und gründlicher Personalsäuberung sollten – darin stimmte praktisch die gesamte deutsche Linke einschließlich des rechten Flügels der Sozialdemokratie überein – auch die Aufgabe einer nachholenden demokratischen Revolution lösen, die unter den gegebenen Bedingungen auch gegen das Großkapital gerichtet sein müsse und somit zugleich eine sozialistische Perspektive eröffne.

5. Damit ist ein zentrales Problem sozialistischer Politik in Deutschland nach 1945 angesprochen, nämlich das Verhältnis antifaschistischer und antikapitalistischer Umwälzung, eines klassenspezifischen, hauptsächlich in der Tradition des Marxismus stehenden und eines popular-demokratischen, auf möglichst breiten Konsens orientierenden Ansatzes. Die KPD/SED konnte das Problem für sich durch den Rückgriff auf die Konzeption der Volksfront und die Erfahrungen des „Nationalkomitees Freies Deutschland" grundsätzlich lösen, wurde aber in der Praxis trotzdem mit dem Spannungsverhältnis von antifaschistischen und antikapitalistischen Zielen konfrontiert, etwa durch das eigenmächtige offensive Vorgehen von radikalen Betriebsräten. Die ersten Schritte im Transformationsprozeß sollten, der kommunistischen Linie im ganzen befreiten Europa entsprechend, im festen Bündnis („Block") mit den bürgerlich-demokratischen Parteien gemeinsam gegangen werden und wurden deshalb ausdrücklich als nichtsozialistisch deklariert. Die Festigung der neuen "antifaschistisch-demokratischen Staatsmacht" und der Wiederaufbau der KPD bzw. der SED als hegemoniale und sozial breit verankerte Massenpartei würden dann die Voraussetzungen für den späteren Übergang zum Sozialismus sowjetischen Typs schaffen.

Die SPD- und Gewerkschaftsführer gingen im Unterschied dazu überwiegend von einem Zusammenbruch des kapitalistischen Systems in Deutschland aus und verlangten, den Neuaufbau unter „sozialistischen" Vorzeichen vorzunehmen; dabei war in der Regel eher an eine „mixed economy" nach dem Vorbild der damaligen britischen Labour-Regierung gedacht. Das Programm der Linken sollte allerdings, zumindest nach der Meinung Schumachers, nicht durch All-Parteien-Konsens, sondern durch kämpferische parlamentarische Parteienkonkurrenz verwirklicht werden, auf deren politisierenden Effekt man setzte. Durch die Not und Verarmung der großen Masse des Volkes, neben den Lohnabhängigen hauptsächlich der Ostflüchtlinge und -vertriebenen und der weitgehend depossedierten Mittelschichten, habe objektiv eine Annäherung aller nichtkapitalistischen Klassen und Schichten stattgefunden, so daß die SPD ohne Aufgabe ihrer Programmatik zu einer Art Volkspartei mit industrieproletarischem Kern werden sollte – eine bemerkenswerte Parallele zum Selbstverständnis der KPD.

Das Eintreten der Bevölkerungsmehrheit für die teilweise Enteignung oder Entmachtung des Großkapitals – durch Volksabstimmungen in Sachsen, Hessen und Bremen objektiviert –, ein öffentlich eher progressives Meinungsklima, Sozialisierungsforderungen bei Hungerrevolten: all dem stand nach 1945 die mit gewissen Schwankungen immer wiederkehrende Aussage einer großen Zahl (um 50 % mit steigender Tendenz) der sich bei Umfragen Äußernden gegenüber, der Nationalsozialismus sei „eine gute Idee" gewesen, die „schlecht ausgeführt" worden sei.[15] Was bei dieser Antwort konkret gemeint war, unterliegt der Spekulation, da nicht versucht wurde, dies durch Nachfragen zu klären. Offenbar empfand die Mehrheit der Deutschen in den ersten Nachkriegsjahren – über die Arbeiterschaft hinaus – Abscheu über Kriegsverbrecher, Denunzianten, „Schinder" und „Goldfasanen", wünschte ihre Ausschaltung und Bestrafung und wollte auch großbourgeoise Profiteure und andere Konjunkturritter des NS-Regimes nicht ungeschoren davonkommen lassen. Die Frage lautet nun, inwieweit in die antigroßkapitalistische Grundstimmung auch – um in der entsprechenden Terminologie zu bleiben – ein „antiplutokratischer" Affekt, zumindest aber eine Verinnerlichung des – so meinte man wohl, lediglich pervertierten – Leitbilds einer sozialstaatlich organisierten Volksgemeinschaft mit einging. Diese Deutung würde auch erklären helfen, daß im Sommer und Herbst 1947 bei einer unter Bewohnern der britischen Zone durchgeführten Umfrage die SPD-Sympathisanten häufiger als die CDU-/Zentrumsanhänger und die KPD-Anhänger (selbst unter den Kommunisten waren es rund zwei Fünftel) die Frage nach der guten, aber schlecht ausgeführten Idee des Nationalsozialismus zustimmend beantworteten. Und im amerikanischen Besatzungsgebiet lagen die entsprechenden Anteile im April 1948 bei einem Durchschnittswert für die US-Zone von 54 % gerade in Hochburgen der Sozialdemokratie wie Bremen (72 %) und West-Berlin (62 %) eklatant hoch.[16]

6. Wie aber stand es mit dem eigentlich sozialistischen Potential? Berliner Umfragen der Amerikaner machten deutlich, daß ein sozialistischer Klassenstandpunkt, sei es in der sozialdemokratischen, sei es in der kommunistischen Version, auch unter Arbeitern explizit nur noch von einer Minderheit geteilt wurde. Auf Selbsttätigkeit der Lohnabhängigen und auf Partizipation gerichtete Positionen, konkretisiert in Meinungen über Koalitionsfreiheit, Streikrecht und Tarifhoheit, Mitbestimmung und in der Beurteilung der Rolle der DAF, fanden unter abhängig Beschäftigten nicht unbedingt Mehrheiten, selbst unter Gewerkschaftern.[17] Bremer Linkssozialisten hatten schon gleich nach Kriegsende in einem internen Papier das Fehlen „politischer Stoßkraft und Aktionsfähigkeit der Arbeitermassen" und einer „klaren politischen Willensbildung" diagnostiziert. Daher müsse zunächst alle Energie auf den „Aufbau lebendiger, zielklarer und moderner Arbeiterorganisationen" konzentriert werden. In einem ähnlichen Sinn stellte Otto Brenner noch drei Jahre später fest: „Wenn wir bis 1933 mit einem vorhandenen Klassenbewußtsein bei einem Teil der Arbeiterschaft rechnen konnten, so muß dieses jetzt erst wieder langsam herausgebildet werden."[18]

Walter Ulbricht hatte mit der Formel vom „weitgehend verschütteten" Klassenbewußtsein 1945 eine für einen Großteil der Arbeiter sachlich zutreffende Formulierung gefunden, der allerdings auch die politische Funktion zukam, innerhalb der KPD den Führungsanspruch des ZK gegenüber den im Inland gebliebenen und nicht unbedingt mit der vorgegebenen Parteilinie einverstandenen Altkommunisten durchzusetzen. Außer einer sofortigen Prüfung der Tätigkeit der Illegalen und nach 1933 nicht für die Partei tätig gewordenen Ex-Genossen bei der Wiederaufnahme wurde bei früheren „Abweichlern", die etwa der SAP oder KPD-Opposition angehört hatten, aber auch bei früheren Sozialdemokraten eine strenge Selektion verlangt, wenn sie der KPD beitreten wollten. Bei ganz neu rekrutierten Antifaschisten, etwa solchen mit religiöser Bindung, wurde hingegen Großzügigkeit angeordnet. Gemeinsam mit den „sektiererischen" Altkommunisten sollten sie in intensiver Schulungsarbeit mit der „Weiterentwicklung der marxistisch-leninistischen Theorie" und Strategie seit Mitte der 1930er Jahre vertraut gemacht werden. Nach dem „Trommelfeuer faschistischer Irrlehren" müsse „in diesen Köpfen erst einmal Klarheit geschaffen werden".[19]

Eine solche zentralistisch-kadermäßige Ausrichtung entsprach nicht der Organisationsform und dem Selbstverständnis der SPD, aber auch für die Sozialdemokratie stellte sich das Problem, nach welchen Gesichtspunkten Aufnahmeanträge zu bearbeiten seien. Kurt Schumacher wollte Neumitglieder nur aufnehmen, „wenn ihr Verhalten gegenüber Nazismus und Reaktion sie als passend für uns erscheinen läßt". „Einwandfrei" müßten sich auch solche gehalten haben, die früher schon einmal der SPD angehört hätten. Belastete Exmitglieder, „mag ihre Stellung vorher noch so bedeutend gewesen sein", seien „unbedingt abzulehnen".[20] In Berlin wurden alle Beitrittswilligen und solche mit NS-Mitgliedschaften besonders penibel überprüft. 11 % der bis zum Frühjahr 1946 im Bezirk Schöneberg Aufgenommenen waren inhaftiert gewesen oder hatten organisierten Widerstand geleistet. Unter den sozialdemokratischen Stadträten und Parlamentskandidaten lag dieser Anteil dreimal so hoch.[21]

Die sozialdemokratischen Problemfälle waren weniger die regelrechten Überläufer, deren Zahl sich in engen Grenzen hielt, als diejenigen früheren Amtsträger meist des rechten Parteiflügels, die, wie Carl Severing, Wilhelm Kaisen, Erich Roßmann und Wilhelm Keil, nicht verfolgt worden waren, sich auch von jeder illegalen Verbindung ferngehalten und in Zurückgezogenheit von ihrer Pension gelebt hatten. Paul Löbe hatte zwar zum Umkreis der Verschwörer des 20. Juli gehört, die ihn wieder zum Reichstagspräsidenten hatten machen wollen, war aber – wie in besonders krasser Form Roßmann und Keil – mit dem Anpassungs- bzw. Kapitulationskurs eines Teils der SPD-Führung im Frühjahr 1933 identifiziert. Gustav Noske, den man weithin für das mehrheitssozialdemokratische Bündnis mit der militärischen Gegenrevolution in den Jahren nach dem Ersten Weltkrieg verantwortlich machte, gehörte ebenfalls in mancher Hinsicht zu dieser Gruppierung. Schumacher, der die Gruppe aus prinzipiellen wie aus Konkurrenz-Erwägungen stark beargwöhnte, konnte indessen nicht verhindern, daß einige der Genannten aufgrund alter Loyalitäten und teilweise über ihre Funktionen in den von den Besatzungsmächten installierten Auftragsverwaltungen auch in der Partei wieder in führende Positionen gelangten.

Eindeutiger als auf seiten der KPD mit ihren rund 20.000 Blutopfern bestand die erste Rekrutierungswelle der SPD aus vierzig- bis sechzigjährigen Mitgliedern der Zeit vor 1933 – meist mit Facharbeiterausbildung –, von denen die meisten integer und dem sozialdemokratischen Gedankengut treu geblieben waren, aber auch tatenlos auf das Ende der Hitler-Diktatur gewartet hatten. Was die Sache so kompliziert machte: ein solches abwartendes Verhalten konnte durchaus sachlich begründet sein, galt es doch – so ließ sich argumentieren –, bei einem gegen Hitler gerichteten Putsch oder einem Sturz des Regimes von außen bereit zu stehen, um dem demokratischen Neuaufbau dienen zu können, statt die Kräfte der Sozialdemokratie in aussichtslosen Widerstandsaktionen zu verausgaben. In der Tat wissen wir, daß die am 20. Juli (der mehr war als ein Rettungsversuch reaktionärer Generäle) beteiligten Zivilisten, vor allem die Gewerkschafter und Sozialdemokraten, ein in konzentrischen Kreisen angelegtes Netz von Vertrauensleuten gespannt hatten. Allein im Main-Neckar-Gebiet sollen rund 1.000 Personen direkt und mindestens 10.000-15.000 indirekt in dieses Netz eingebunden gewesen sein,[22] die, um das geplante Unternehmen nicht zu gefährden, jeden Anschein von offenem Widerstand oder Konspiration zu vermeiden hatten und die Zusammenhänge größtenteils gar nicht kennen durften. Die Grenzen zwischen Anpassung und Widerstand waren fließend, wenn Sozialdemokraten den menschlichen Zusammenhalt, vor dem Krieg häufig noch in organisierter, scheinlegaler Form, wahrten oder über geschäftliche Verbindungen – als Selbständige nach der Entlassung aus dem Staatsdienst oder der Gewerkschafts- bzw. Parteianstellung – den Kontakt aufrechterhielten.

Für die Minderheit der Widerstandsaktivisten, Verfolgten und Emigranten war es auch in den ab 1945 neu entstehenden Organisationen der Arbeiterbewegung nicht leicht, Verständnis zu finden, wichen ihre Erfahrungen doch von denen der meisten Genossen und Kollegen ab, deren ganze Energie nach 1945 wie auf andere Weise schon in der zweiten Kriegsphase vom nackten Existenzkampf absorbiert wurde. Die Schrecken, die der Krieg ab 1941/42 auch für die Deutschen, ob nationalsozialistisch orientiert oder nicht, mit sich gebracht hatte, bewirkten offenbar eine gewisse Abstumpfung gegenüber dem Unvorstellbaren, das Juden, Zigeunern und Angehörigen unterjochter Völker, aber auch politischen NS-Gegnern und „Gemeinschaftsfremden" deutscher Nationalität angetan worden war. Eindringliche moralische Belehrungen seitens der Besatzungsbehörden und gelegentlich auch deutscher Antifaschisten provozierten eher Abwehr und Trotz.

Schumacher, der zehn Jahre im Konzentrationslager gesessen hatte, betonte die Pflicht der Deutschen (und der deutschen Sozialdemokraten im besonderen) zur Selbstreinigung, verlor aber in der Öffentlichkeit kaum ein Wort über seine eigenen Leiden, die ja auch daraus resultierten, daß andere nicht seine Kühnheit besessen hatten. Von den Märtyrern der Arbeiterbewegung war zwar bei Schumacher und anderen öfters die Rede, aber meist im Sinne der Legitimierung des eigenen Führungsanspruchs und des Verlangens nach Schonung und Gleichberechtigung des neuen, demokratischen Deutschland. Die besondere Hervorhebung einer heroischen Widerstandshaltung von Individuen schien die Gefahr in sich zu bergen, die psychologische Kluft zur Mehrheit der breiteren Anhängerschaft noch zu vergrößern.

Die Sozialdemokratie reproduzierte in der Folgezeit das Desinteresse der westdeutschen Gesellschaft an konkreten Informationen über Widerstand und Verfolgung, das mit dem offenen Ausbruch des Kalten Krieges und dem Bruch des antifaschistischen Nachkriegskonsenses kaum noch zu durchbrechen war. Eine im Februar 1946 vom Londoner Exil-Vorstand der SPD veröffentlichte „Erste Zusammenstellung ermordeter, hingerichteter oder zu Freiheitsstrafen verurteilter Gegner des Nationalsozialismus" wurde nicht weitergeführt. Der antifaschistische Widerstand tauchte unter dem Rubrum des Antitotalitarismus bald fast nur noch in einem Atemzug mit der Distanzierung vom stalinistischen System in der SBZ/DDR auf. Man legte zwar Wert auf die Beteiligung der eigenen Leute an der Erhebung des 20. Juli 1944, die jetzt als „Aufstand des Gewissens" deklariert wurde, wagte aber erst seit den 1970er Jahren wieder, offensiv auf den Arbeiterwiderstand und damit indirekt zugleich auf die bedeutende Rolle, die Kommunisten darin spielten, hinzuweisen.

Die KPD/SED schlug einen anderen Weg ein, indem sie sich – und später die ganze DDR – in die Traditionslinie des antifaschistischen Kampfes stellte. Militanter Antifaschismus wurde Partei- und Staatsdoktrin. In mancher Hinsicht hatte das Vorteile, weil es gerade den Nachwachsenden ermöglichte, sich positiv mit dem „anderen Deutschland" zu identifizieren und damit deprimierenden Schuldgefühlen zu entgehen. Die antifaschistische Erziehungsdiktatur der SED bestärkte jedoch andererseits autoritäre Verhaltensdispositionen, indem sie Anpassung belohnte und somit als unproblematisch erscheinen ließ.

7. Übereinstimmung herrschte nach 1945 auf der Linken darüber, daß man der Jugend eine Chance geben müsse. Dabei ging man bei der Definition der aufgrund ihres Alters, falls nicht beweisbare Verbrechen vorlägen, automatisch Unbelasteten teilweise bis zum Jahrgang 1913 zurück. In der Tat handelte es sich hier um den Teil des deutschen Volkes, der am stärksten nationalsozialistischer Indoktrination ausgesetzt gewesen war und in der Kinderlandverschickung, dem Jungvolk bzw. den Jungmädeln, der HJ bzw. dem BDM, dem Reichsarbeitsdienst bzw. dem Pflichtjahr und der Wehrmacht oder der Waffen-SS spezifische, auf die Psychologie junger Menschen ausgerichtete und in gewisser Weise klassenübergreifende Lebensformen kennengelernt hatte. Vielfach war die Mitgliedschaft in diesen Organisationen – verstärkt durch den nationalsozialistischen Jugendkult – als Entlastung von der „reaktionären" Enge familiärer Bindungen empfunden worden. In der Konfrontation mit Eltern, Nachbarn, Lehrern und Pfarrern konnte der „Dienst" speziell in den Jugendorganisationen regelrecht antiautoritäre Züge annehmen. Nicht zu unterschätzen sind ferner die Aufstiegsmöglichkeiten, die die NS-Organisationen schon ganz jungen Menschen boten. Selbst in überzeugt kommunistischen und sozialdemokratischen Elternhäusern hatte man meist nicht gewagt, den Kindern explizit eine alternative Orientierung anzubieten.

Während relevante Teile der älteren Generationen, namentlich in der Arbeiterschaft, das Kriegsende als „Befreiung vom Faschismus" empfanden, scheint das bei den Jungen kaum der Fall gewesen zu sein. Restbestände der nationalsozialistischen Ideologie fanden sich, wie alle demoskopischen Umfragen zeigten, überproportional bei der jungen Generation. Abgesehen davon, kehrten diejenigen, die bereits im Krieg gewesen waren, fast alle mit einem beschädigten Selbstbild zurück und litten darunter, jahrelang Opfer gebracht zu haben, die jetzt als „sinnlos" galten. Sie registrierten auf seiten der Zivilisten immer wieder Unverständnis und Ablehnung. Die, gerade bei den Gläubigsten, mit dem Zusammenbruch des NS-Regimes platzgreifende Desillusionierung äußerte sich in einer, vielfach zynischen, Verweigerungshaltung. „Entwurzelt, rechtlos, verbittert schauen wir zu, wie man uns alles nimmt und außer einer neuen Phraseologie nichts dafür gibt", hieß es 1947 in einem Leserbrief an die Sozialistischen Monatshefte.[23] Die junge Generation „schweigt, weil man sie nicht verstehen will, sie schweigt, weil sie nicht verstehen kann", schrieb Hans Werner Richter.[24] Man nahm indes aus dem „Dritten Reich" die individualistische Leistungs- und Aufstiegsorientierung mit in die neue Zeit, die die nationalsozialistische Gesellschaftspolitik trotz der atavistischen Propagandabilder befördert hatte, und akzeptierte die Autorität der Älteren so wenig wie überkommene Klassenunterschiede.

Hier und dort gab es bemerkenswerte Beispiele für erfolgreiche Neuorientierung. Nicht selten scheint die Abwendung vom Nationalsozialismus schon vor 1945 begonnen zu haben, wobei etwa Diskussionen in den Kriegsgefangenenlagern – wie verschiedentlich berichtet – eine bewußtseinserweiternde Rolle spielen konnten. Die möglicherweise bedeutendste nonkonformistische linke Zeitschrift der frühen Nachkriegszeit, „Der Ruf", ging aus einer Kriegsgefangenenzeitschrift in den USA hervor. „Der Ruf" formulierte eine klare Abwehrposition gegen die Siegermächte und verteidigte insbesondere auch die deutschen Soldaten gegen vermeintlich ungerechtfertigte Anklagen. Theo Pirker, trotz kommunistischer Familientradition im Weltkrieg begeisterter Fallschirmjäger, gehörte nach seiner Verwundung 1943 einem illegalen Münchener Studentenzirkel an, der nach Kriegsende weiterdiskutierte, sich gewerkschaftlich engagierte und sich dann nach einem Zwischenstadium des christlichen Sozialismus im sozialdemokratisch-kommunistischen Richtungsstreit auflöste.[25] Von auskunftsbereiten 45 Delegierten der 2. SDS-Konferenz im August 1947 hatten 40 aktiv am Krieg teilgenommen, davon 14 in Offiziersrängen vom Leutnant bis zum Major. Insofern sollte man Helmut Schmidts Ex-post-Äußerung, „daß viele Soldaten im Grunde aus dem spezifischen Kameradschaftserlebnis des Krieges und der Kriegsgefangenschaft ... eigentlich prädisponiert waren für den Sozialismus, wenn dessen Träger das bloß richtig begriffen und ausgenutzt hätten",[26] insofern ernst nehmen, ohne die problematische Seite dieser angenommenen Affinität zu übersehen.

Faktisch waren ja auch beide großen Parteien der Linken, die SPD wie die KPD/SED, in ihrer Außendarstellung bemüht, dem diffusen Volkssozialismus, der der Mentalität der HJ- und Kriegsteilnehmergeneration entsprach, entgegenzukommen. Im Westen warb Schumacher nachdrücklich um Großzügigkeit bei der Aufnahme junger Menschen in die SPD, unterstützte die sozialen Forderungen der Kriegsopfer und setzte sich für die Rückkehr der Kriegsgefangenen ein. Er warnte 1951 sogar ausdrücklich davor, die 900.000 Angehörigen der Waffen-SS in eine „Pariarolle" zu drängen. Es gelte, „einer großen Menge von Menschen den Fluch einer Kollektivdiffamierung abzunehmen".[27] Für die Bundestagswahl 1953 habe Schumacher, so wird berichtet, die Kandidatur einer Reihe von ehemaligen HJ-Führern auf der Liste der SPD vorbereitet, die dann nach seinem Tod wegen der Vorbehalte von Angehörigen des Parteiapparats nicht zustande gekommen sei.[28] Fritz Erler, wegen illegaler Arbeit für die Gruppe „Neu Beginnen" jahrelang inhaftiert, der das irregeleitete Engagement der jungen Nationalsozialisten höher bewertete als das indifferente Abseitsstehen, unterstützte ein von Carlo Schmid mitbegründetes „Jugendsozialwerk" für berufs- und heimatlose Jugendliche gerade aus den Reihen der HJ.[29]

Auf dem ersten Nachkriegsparteitag der Westzonen-SPD im Mai 1946 entstand eine engagierte Debatte über den Resolutionsentwurf, der eine allgemeine Jugendamnestie forderte (die dann, allerdings nur einschließlich des Jahrgangs 1919, auch zustande kam). „Wir können den Zustand nicht ertragen, daß einfach junge Menschen vom politischen Leben ausgeschlossen sind", formulierte Herbert Kriedemann, Schumachers enger Mitarbeiter, das Motiv der Antragsteller. Man wolle „den minderbelasteten, den verführten Mitgliedern" der NS-Organisationen Gelegenheit geben, „auch in unseren Reihen mitzuarbeiten". Es gelte, meinte Andreas Gayk aus Kiel, eine Zerklüftung des deutschen Volkes in frühere Nationalsozialisten und deren Gegner zu verhindern und die „besten Elemente", insbesondere der Jungen, mitzureißen. Diese Intention war jedoch einer Reihe Delegierter schwer verständlich zu machen, die darauf bestanden, daß sich unter den damals 25- bis 31-jährigen, die die Parteispitze unbedingt einbezogen wissen wollte, die aktivsten und nach wie vor unbelehrten Nationalsozialisten befänden.[30]

Eine ähnliche Kontroverse spielte sich zwei Jahre danach auf dem Landesparteitag der Berliner Sozialdemokraten ab, als sich insbesondere die jüdische Delegierte Jeanette Wolff vehement dagegen aussprach, die Opfer von Krieg, Flucht und Vertreibung mit den „Opfern des Faschismus" auf eine Stufe zu stellen, wie sie es in einem Entschließungsantrag zu erkennen meinte. Willy Brandt plädierte demgegenüber – unter dem Protest eines Teils der Delegierten – für die „große ... versöhnende Geste" und den „offenen Appell an die Jugend", um „die breiten Massen" in einer „Volksbewegung" für Demokratie und Sozialismus zu mobilisieren. Mit einer Auffassung, der zufolge „jeder Landser, der entweder aus falscher Erziehung oder aus mißverstandenem Idealismus ein guter Soldat war", als politischer Gegner anzusehen sei, drohe die SPD den Anschluß an die Jugend zu verpassen.[31]

Es liegt auf der Hand, daß ein solches kalkuliertes Herangehen die Masse der sozialdemokratischen Funktionäre und Mitglieder überforderte – und das galt ähnlich auch für die Kommunisten. Man war stolz darauf, daß man Abstand zum NS-Regime gehalten und sich weder materiell noch ideologisch hatte korrumpieren lassen. Nun fand man es nicht akzeptabel, daß die Partei den vielfach nicht einmal schuldbewußten „Nazibengeln" und „Militaristenjünglingen" Avancen machte. Wenn den führenden Genossen auch nur vereinzelt offen widersprochen wurde, so ließ man die politisch „völlig unreifen" jungen Leute, selbst wenn sie nur pro forma zur HJ oder zum BDM gehört hatten, spüren, daß man Demut von ihnen erwartete. Umgekehrt kam es vor, daß Sprecher der jüngeren Generation – wie ein Delegierter auf dem ersten Kongreß des hessischen Gewerkschaftsbundes 1946 – den älteren Gewerkschaftern, die keinen Grund zur Selbstkritik sahen, ihr Versagen vorhielten: „Wer hat uns in diese Situation gebracht? (...) Wer so maßlos getroffen wurde wie wir, der glaubt nicht mehr vorbehaltlos."[32]

In der gewerkschaftlichen Jugendarbeit, wo man aufgrund des Allgemeinheitsanspruchs der Gewerkschaften bei der Aufnahme von neuen Mitgliedern nicht wählerisch sein konnte, akzeptierte man zwar die Jugendlichen mit ihren noch vom Nationalsozialismus geprägten Vorurteilen, ging aber unreflektiert von den – schon vor 1933 nur für eine kleine Minderheit verbindlichen – idealistischen Werten der alten Arbeiterjugendbewegung aus, zu denen man die „naziverseuchte" Nachkriegsjugend bekehren wollte. Die Sozialisten und Gewerkschafter suchten den Zugang zur Jugend, wenn sie sie nicht durch ihr Mißtrauen von vornherein abschreckten, meist pädagogisch. Nur ausnahmsweise war man bereit und imstande, einen wirklichen Dialog in Gang zu setzen. Eberhard Holtmann hat für die Kamener SPD aufgezeigt, wie es wenigen jüngeren Funktionsträgern, die als Frontoffiziere die seelische Verfassung des jugendlichen Erfahrungskollektivs kannten, gelang, mit einer ganzen Gruppe früherer HJ-Führer teilweise aus bürgerlichen Elternhäusern ins Gespräch zu kommen und die meisten von ihnen in einem längeren Diskussionsprozeß für die SPD zu gewinnen. Die ehemaligen HJler fühlten sich von dem sozialen Profil der SPD im allgemeinen und Schumachers lassalleanischem Patriotismus im besonderen angesprochen, während die klerikale und besitzbürgerliche Befangenheit der CDU sowie der dogmatische Marxismus und die „Sowjethörigkeit" der KPD abstoßend wirkten. Von dem Kamener Zirkel („Bergheimer Kreis") wurde eine breite und offenbar niveauvolle Bildungsarbeit entfaltet, die auch marxistische Texte und Fragestellungen einschloß, insgesamt aber eine Kritik am arbeiterparteilichen Traditionalismus der SPD beinhaltete. Holtmann sieht in diesem Vorgang nur das spektakulärste Ergebnis einer Bereitschaft der Kamener SPD zur Öffnung, die einen im Vergleich zur Endphase der Weimarer Republik dramatischen Anstieg der Mitglieder- und Wählerzahlen ermöglichte.[33] Fraglos blieb die Umkehr neu rekrutierter Mitglieder der SPD, SED oder KPD, die früher nationalsozialistischen Organisationen angehört hatten, zunächst häufig an der Oberfläche und wurde erst im Lauf der Jahre ideologisch und ethisch fundiert.

8. Mit der Problematik der „schweigenden Generation" eng verknüpft und teilweise sogar damit identisch war die Frage der Behandlung nomineller NS-Parteigenossen (PGs), der sogenannten „kleinen Nazis". Im Unterschied zu den bürgerlichen Parteien, die auch die Angehörigen der Herrschaftseliten in Wirtschaft und Verwaltung darunter faßten, wenn sie nicht als politische Aktivisten in Erscheinung getreten waren, verstanden Kommunisten und Sozialde-

mokraten unter einem „kleinen Nazi" in der Regel proletarische oder kleinbürgerliche Mitglieder nationalsozialistischer Organisationen, die nicht als Funktionsträger oder in anderer Weise besonders hervorgetreten waren. Das „einfache nationalsozialistische Parteimitglied" sei „selbst ein Ausbeutungsobjekt" gewesen, meinte ein kommunistischer Parlamentsredner 1946.[34] Man war sich darüber im klaren, „daß die Herrschaft in Deutschland auf die Dauer nur die Ideen und Organisationen behaupten können, denen es gelingt, die führerlos gewordenen Massen an sich zu ziehen, die vorher aus den verschiedensten Motiven und in verschiedener Stärke Anhänger des dritten Reiches waren oder sich als solche gaben".[35]

Die Diskrepanz zwischen dem Bedürfnis der ehemaligen Verfolgten, mit ihren Peinigern abzurechnen, und dem strategischen Postulat einer massenfreundlichen, popular-demokratischen Politik brachte manchen Antifaschisten in tragikomische Argumentationsschwierigkeiten. So behauptete ein Vertreter des „Komitees ehemaliger politischer Häftlinge" im Nordwestdeutschen Rundfunk – angesichts von (1945) 8,5 Millionen NSDAP-Mitgliedern –, „daß der Prozentsatz der Parteigenossen zur Gesamtzahl des deutschen Volkes, ja, sogar zur Gesamtzahl der durch das vergangene System besonders Geschädigten, derart gering ist, daß Deutschlands Wiederaufbau durch ihre Ausmerzung nicht gefährdet wird".[36]

In der SBZ war die „Nazi-Frage" jahrelang zwischen der Führung und einem großen Teil der Basis der SED umstritten. Nachdem man schon im Herbst 1945 – häufig gegen Widerstand der Mitglieder in den Betrieben – begonnen hatte, nominelle PGs wieder beruflich einzugliedern, begann die SED bereits ein Jahr nach Kriegsende den Wettlauf um die Gunst der „ehrlichen und aufbauwilligen Kräfte" unter ihnen. Maßnahmen unterer SED-Parteiinstanzen gegen frühere NSDAP-Mitglieder vor allem aus den Mittelschichten wie etwa Wohnraumbeschlagnahmung für Flüchtlinge (analog den Eingriffen der Antifa-Ausschüsse aller Besatzungszonen im Frühjahr 1945) störten natürlich die Bemühungen der Parteispitze um die Loyalität möglichst breiter Schichten. „Es würde aber diese Aufgabe sehr erschweren", meinte Wilhelm Pieck im Februar 1947, wenn gegen die nominellen PGs "auch jetzt noch mit Strafmaßnahmen, Entlassung aus der Arbeit, Beschlagnahme ihres Eigentums oder Verächtlichmachung vorgegangen wird".[37] Gleichzeitig mußte die Parteiführung auf der Hut sein, daß die Linie auf den mittleren und unteren Ebenen nicht zu großzügig ausgelegt wurde.

Eine neue Qualität bekam die Politik der inneren Aussöhnung in der SBZ/DDR dann beim offenen Ausbruch des Kalten Krieges. In diesem Zusammenhang wurde 1948 die NDPD als Sammelbecken für frühere Nationalsozialisten, Nationalkonservative und Berufsoffiziere gegründet. Diese, auch gesamtdeutsch motivierte Politik der „Nationalen Front" führte insbesondere zu Konflikten mit der „Vereinigung der Verfolgten des Naziregimes". „Von der Bewegung der Nationalen Front des demokratischen Deutschland soll keiner ausgeschlossen werden, der bereit ist, für die berechtigten nationalen Interessen des deutschen Volkes einzutreten einschließlich der früheren Beamten, Soldaten, Offiziere und Generale der deutschen Wehrmacht sowie der früheren

Nazis", formulierte der SED-Parteivorstand wenige Tage vor der Staatsgründung der DDR. Die Stellungnahme „in dem großen nationalen Befreiungskampf des deutschen Volkes" gegen die Westmächte und die Adenauer-Regierung müsse der entscheidende Gradmesser für die Beurteilung jedes Deutschen sein und nicht die frühere Organisationszugehörigkeit.[38] Auch die SED als Partei war schon seit 1946, örtlich in erheblichem Umfang, dazu übergegangen, ihre Reihen um nominelle PGs zu erweitern.

In der SPD war dieses Problem weniger umstritten, was aber nicht bedeutet, daß es nicht auch dort örtlich bedenkliche Konzentrationen früherer NSDAP-Mitglieder geben konnte. Schumacher hatte im Sommer 1945 gemeint, solche Personen dürften in die SPD aufgenommen werden, die einen „unwiderstehlichen Zwang" zum NSDAP-Beitritt nachweisen könnten oder sich wegen ihrer Fehler auf überzeugende Weise einsichtig zeigten.[39]

Ab Sommer 1950 führten Schumacher und Erler Gespräche mit ehemaligen hohen Wehrmachtsoffizieren über die Bedingungen einer eventuellen Wiederbewaffnung, die dann in regelmäßigen Tagungen unter Beteiligung einer größeren Zahl von Sozialdemokraten fortgeführt wurden. Daneben öffnete sich die SPD-Spitze auch den sozialen Anliegen der früheren Waffen-SS-Angehörigen und sprach mit deren Vertretern. Alle diese Kontakte, die auch aus Gründen der innenpolitischen Konkurrenz mit den bürgerlichen Parteien erfolgten, standen bereits im Zeichen des Kalten Krieges. Gerade auch die SED bemühte sich ja nun im Zuge ihrer „nationalen" Opposition gegen die Westintegration der Bundesrepublik um teils verdeckte, teils offene Bündnisse mit national-neutralistischen Kräften auf der Rechten. 1947/48 hatten beide Arbeiterparteien noch übereinstimmend die militaristisch-antidemokratische Traditionslinie des deutschen Offizierskorps gebrandmarkt.

Die von den Westalliierten, in erster Linie von den Amerikanern, mit riesigem bürokratischen Aufwand zwecks Durchleuchtung und Kategorisierung der Gesamtbevölkerung in Gang gesetzte „Entnazifizierung" entsprach aufgrund ihres Zwittercharakters zwischen Strafmaßnahme und politischer Säuberung von vornherein nicht den Vorstellungen der deutschen Linken. Deren Vertrauensleute beteiligten sich zunächst engagiert, wurden aber in diesen Verfahren verschlissen und waren später in ihrem Lebensbereich gesellschaftlich beinahe einer Verfemung ausgesetzt. Die KPD begann ihre Vertreter schon seit dem Frühjahr 1947 aus den Spruchkammern zurückzuziehen und schloß sich damit der volkstümlichen, im nachhinein offenbar sogar von den Mitgliedern der Spruchkammern weitgehend geteilten Kritik an, nach der die Kleinen gehängt und die Großen laufengelassen würden. In der Tat war die Idee einer Entnazifizierung anfangs von der Mehrheit der deutschen Bevölkerung, vor allem in den unteren Einkommens- und Bildungsschichten, Meinungsumfragen zufolge positiv bewertet worden, doch war diese Einstellung schon seit 1946 überwiegender Skepsis und Ablehnung gewichen, was die konkrete Durchführung betraf.[40]

Zwar teilten auch die Sozialdemokraten partiell die kommunistische Kritik an der üblichen Vorgehensweise, nach der die klassenkämpferisch akzentuierten Sprüche gegen Angehörige des Besitz- und Bildungsbürgertums in der von Juristen besetzten Berufungsinstanz abgeschwächt oder sogar aufgehoben wurden, ferner die Fälle der schwerer Belasteten erst einmal zurückgestellt wurden (bis sie beim Ausbruch des Kalten Krieges unter dem Rehabilitierungsdruck der Amerikaner und angesichts des Überdrusses der Bevölkerung allzu schnell und milde abgehandelt wurden), außerdem an der „Fragebogenmentalität" und an der Kompetenz der zuständigen Ministerien und Spruchkammern. Doch versuchten die Sozialdemokraten, die Entnazifizierung ungeachtet ihrer Verfahrensmängel zu einem geordneten Abschluß zu bringen. Dabei hatten die SPD-Repräsentanten – stärker als die KPD mit ihrer viel eindeutiger auf die Nutznießer und vermeintlichen Auftraggeber aus dem Monopolkapital zielenden Faschismus-Theorie – auch Gefolgsleute Hitlers aus dem Kleinbürgertum und der Intelligenz im Blick. Die Ansicht Ernst Tillichs jedoch, die er im „Sozialistischen Jahrhundert" äußerte, daß nämlich die Entnazifizierung letzten Endes an der „nationalsozialistischen Gesinnung des Volkes als ganzem" gescheitert sei[41], beschrieb auch in der Sozialdemokratie keineswegs die Mehrheitsmeinung und wäre in einer kommunistischen Zeitschrift wohl gar nicht erst gedruckt worden.

In der SBZ erfolgte mit voller Zustimmung und Mithilfe der KPD/SED eine radikale personelle Auswechselung früherer Nationalsozialisten und „Reaktionäre" in der Verwaltung, der Justiz und dem Erziehungswesen. In der Wirtschaft stand nicht die Personalsäuberung, sondern die Entmachtung und Enteignung des Großgrundbesitzes, des Bankwesens und der Großindustrie (als Maßnahme gegen „Nazi- und Kriegsverbrecher") im Vordergrund. Nach einer etwas chaotischen Frühphase konnte durch den Verzicht auf die Verfolgung der nominellen PGs und parallel zu deren schrittweiser Gleichstellung und Wiedereingliederung die Entnazifizierung in Ostdeutschland zügig durchgeführt und im Frühjahr 1948 noch vor den anderen Besatzungszonen abgeschlossen werden. In Mißkredit geriet der Säuberungsvorgang hier deswegen, weil die Entlassung früherer Nationalsozialisten aus ihren beruflichen Stellungen sowie Inhaftierung und Verurteilung nationalsozialistischer Straftäter Hand in Hand ging mit der zunehmend verschärften Bekämpfung politischer Opposition, namentlich von Sozialdemokraten, und mit willkürlichen Verhaftungen ohne jede erkennbare politische Begründung.

9. Die einmalig komplizierte Situation, in der sich die deutsche Linke nach der Kapitulation der Wehrmacht befand, hatte mehrere Aspekte. Dabei ist an erster Stelle an die gespaltene Ökonomie, das Nebeneinander von Bewirtschaftung und Schwarzmarkt bzw. Kompensationshandel zu denken, die zwar den Arbeitern und namentlich den Betriebsräten gewisse Einflußmöglichkeiten bot, aber zugleich gesamtgesellschaftliche Lösungen, zumal eine kapitalismusüberwindende Perspektive, immer weniger zuließ. Ihre für die Arbeiterbewegung destruktive Wirkung konnte die „währungslose Wirtschaft" in vollem Maß aber erst auf der Grundlage der besonderen deutschen Nachkriegsverhältnisse entfalten.

Im Unterschied zu den von Deutschland besetzten Ländern, wo die Résistance einen nationalen Befreiungskrieg geführt hatte und nach der militärischen Wende des Krieges zur Massenbewegung angeschwollen war, war Deutschland in den Augen der meisten seiner Bewohner „erobert, nicht befreit"[42] worden, und dem entsprach die Grundlinie der Besatzungspolitik. Die Siegermächte wollten ihre unterschiedlichen Interessen gegenüber dem besiegten Deutschland wie gegeneinander durchsetzen. Sofern sich diese Interessen mit denen der deutschen NS-Gegner deckten, wurden deren Bemühungen gefördert, ansonsten hatten namentlich die linken Parteien, in erster Linie die KPD/SED in der SBZ, die Hypothek ihrer Kooperation mit den Siegern zu tragen, auf die sie ihrerseits kaum Einfluß ausüben konnten. Fraglos überschätzten fast alle Sozialisten, die Emigranten wie die im Lande gebliebenen, die antifaschistischen Motive in der Kriegsführung der Alliierten und in ihrer Deutschlandpolitik nach 1945. Die bis zu einem gewissen Grad sicherlich unvermeidliche Unterordnung unter die Okkupationsmächte behinderte jede eigenständige antifaschistische Aktion. Alfred Kantorowicz meinte schon vor Kriegsende in New York konstatieren zu können: „Der Reinigungsvorgang der Selbstbefreiung ist entmutigt, wo nicht unterdrückt worden." Es wurde die meist bedingslose Anpassung an die Militärregierungen durch den zutreffenden Eindruck, im Volk über eine zwar nicht schmale, aber höchst labile Basis zu verfügen. Die Forderung des nach Kuba emigrierten KPD-O-Theoretikers August Thalheimer vom September 1945, den Kampf um die soziale Emanzipation mit dem Kampf um die „nationale Freiheit des eigenen Volkes" zu verbinden,[43] hätte die Bereitschaft zum offenen Bruch mit den Alliierten und damit zu einem Risiko verlangt, das außerhalb der Vorstellungskraft der allermeisten dem Terrorregime Entkommenen lag.

Wenn aber die Möglichkeit ausschied, daß die in Teilen noch vom Nationalsozialismus beeinflußten, demoralisierten und verwirrten Volksmassen den gewünschten Lernprozeß in Form einer revolutionär-demokratischen Massenbewegung durchmachten, blieb nur das mühselige Werben der Linken um Unterstützung unter den nun einmal gegebenen, denkbar ungünstigen Verhältnissen. Die deutschen Sozialisten konnten ihr Volk 1945 nicht auflösen und sich ein neues wählen, um Brechts auf den 17. Juni 1953 gemünztes Diktum abzuwandeln. Ihre Aufgabe bestand auch nicht darin, unter allen Umständen saubere Hände zu behalten, sondern sie mußten versuchen, ihrer nationalen und internationalen Verantwortung, das Wiederaufkommen einer Rechtsdiktatur zu verhindern, so gut es eben ging gerecht zu werden. Daß sich die erneute Zuspitzung der sozialdemokratischen-kommunistischen Spaltung – wie immer die Verantwortung verteilt werden muß – bereits ab 1946 dabei verheerend auswirkte, kann hier nur beiläufig festgestellt werden. Ungeachtet dessen darf keinesfalls aus dem Blick geraten, daß beide parteipolitischen Formationen der Linken bei allem Bemühen um die „Mitläufer" des Nationalsozialismus gegen die NS-Apologie, gegen chauvinistische und antisemitische Ressentiments, die bis in die eigenen Reihen reichten, einen ständigen ideologischen Kleinkrieg zu führen hatten. Insbesondere die SPD stand schon bald unter dem Druck, der von dem Erstarken „abendländisch"- und „national"-konservativer Kreise ausging.

In den Nachkriegsjahren blieb den deutschen Sozialisten gar nichts anderes übrig, als an das real vorhandene Bewußtsein anzuknüpfen. Dazu gehörten Restbestände der Ideologie des Nationalsozialismus, dessen, dort antidemokratisch und antisozialistisch artikulierte, populäre Elemente aus ihrem reaktionären Kontext herauszulösen und in einen progressiven Sinnzusammenhang zu integrieren waren. Dazu, wie man sich anschickte, dieser Aufgabe gerecht zu werden, wäre auch Kritisches zu sagen. Der Grat zwischen opportunistischer Anpassung an majoritäre Stimmungen einerseits, verbissenem Bekehrungseifer und sektiererischer Abkapselung andererseits war aber aus objektiven Gründen äußerst schmal. Vor jeder Kritik an dem Umgang auch der Linken mit dem nationalsozialistischen Erbe in der Nachkriegszeit müssen – und hier setzt die aufklärerische Funktion professioneller Historiker ein – die Analyse der Bedingungen des Handelns und die Darstellung der Motive der Handelnden stehen.

Anmerkungen

1 Abgedruckt in: H. Grebing (Hg.), Lehrstücke in Solidarität, Briefe und Biographien deutscher Sozialisten 1945-1949, Stuttgart 1983, S. 58
2 Deutschlandberichte der Sozialdemokratischen Partei Deutschlands (Sopade), Jahrgang 7, 7.3.1940, S. 161, ND Frankfurt am Main 1980
3 S. Thomas, Entscheidung in Berlin. Zur Entstehungsgeschichte der SED in der deutschen Hauptstadt 1945/46, Berlin (Ost) 1967(2), S. 27; H. Hurwitz, Demokratie und Antikommunismus in Berlin nach 1945, Bd. 1: Die politische Kultur der Bevölkerung und der Neubeginn konservativer Politik, Köln 1983, S. 154
4 J.W. Falter / D. Hänisch, Die Anfälligkeit von Arbeitern gegenüber der NSDAP bei den Reichstagswahlen 1928-1933, in: Archiv für Sozialgeschichte 26 (1986), S. 179-216; P. Manstein, Die Mitglieder und Wähler der NSDAP 1919-1933. Untersuchungen zu ihrer schichtmäßigen Zusammensetzung, Frankfurt am Main u.a. 1988
5 R. Griepenburg, Volksfront und deutsche Sozialdemokratie. Zur Auswirkung der Volksfronttaktik im sozialistischen Widerstand gegen den Nationalsozialismus, Marburg o.J., S. 84 f
6 D. Rodnick, Postwar Germans. An Anthropologist Account, New Haven 1948, S. 12
7 Siehe F. Moraw, Die Parole der „Einheit" und die Sozialdemokratie. Zur parteiorganisatorischen und gesellschaftspolitischen Orientierung der SPD in der Periode der Illegalität und in der ersten Phase der Nachkriegszeit 1933-1948, Bonn 1973; H. Brill, Gegen den Strom, Offenbach 1946
8 Freie Tribüne, London, 7 (1945), No. 1, S. 1 f
9 Freies Deutschland, Mexiko, 4 (1945), Nr. 6, S. 6-8. Die Kontroverse Koenen/Merker ist verschiedentlich in der Literatur angesprochen. Siehe zuletzt: L. Maas, „Unerschüttert bleibt mein Vertrauen in den guten Kern unseres Volkes". Der Kommunist Paul Merker und die Exil-Diskussion um Deutschlands Schuld, Verantwortung und Zukunft, in: T. Koebner u.a. (Hg.), Deutschland nach Hitler. Zukunftspläne im Exil und aus der Besatzungszeit, Opladen 1987, S. 181 ff
10 A.J. und R.L. Merritt (Hg.), Public Opinion in Occupied Germany. The OMGUS Surveys, 1945-1949, Urbana u.a. 1970, S. 36
11 W. Brandt, Draußen. Schriften während der Emigration, hg. v. G. Struwe, München 1966, S. 129 ff
12 Aufbau Nr. 6, S. 1 f. ND Frankfurt am Main 1978

13 K. Schumacher, Wir verzweifeln nicht!, in: ders. / E. Ollenhauer / W. Brandt, Der Auftrag des demokratischen Sozialismus, Bonn 1972, S. 3 ff
14 Siehe etwa F.L. Neumann, Wirtschaft, Staat, Demokratie. Aufsätze 1930-1954, Frankfurt am Main 1978; Zitat von R. Küstermeier, Widerstand, in: Geist und Tat, 3/1948, S. 205
15 Merritt / Merritt (Hg.), Public Opinion, S. 32 f
16 E. Holtmann, Die neuen Lassalleaner. SPD und HJ-Generation nach 1945, in: M. Broszat u.a. (Hg.), Von Stalingrad zur Währungsreform, München 1988, S. 209; Merritt / Merritt (Hg.), Public Opinion, S. 225
17 Hurwitz, Demokratie, Bd. 1, S. 191 ff
18 Das Bremer Papier zit. nach P. Brandt, Antifaschismus und Arbeiterbewegung. Aufbau – Ausprägung – Politik in Bremen 1945/46, Hamburg 1976, S. 244; O. Brenner an J. und E. Lang v. 16.6.1948, in: H. Grebing (Hg.), Lehrstücke, S. 157
19 Zitate bei W. Ulbricht, Zur Geschichte der deutschen Arbeiterbewegung. Aus Reden und Aufsätzen, Bd. II: 1933-1946, Berlin (Ost) 1963, S. 435; H. Matern, Kampf für Frieden, Demokratie, Sozialismus. Ausgewählte Reden und Schriften, Bd. 1: 1926-1936, Berlin (Ost) 1963, S. 140
20 K. Schumacher, Politische Richtlinien für die SPD in ihrem Verhältnis zu den anderen politischen Faktoren, in: D. Dowe / K. Klotzbach (Hg.), Programmatische Dokumente der deutschen Sozialdemokratie, Berlin / Bonn 1973, S. 278
21 H. Hurwitz, Demokratie und Antikommunismus in Berlin nach 1945, Bd. 2; Autoritäre Tradierung und Demokratiepotential in der sozialdemokratischen Arbeiterbewegung, Köln 1984, S. 203 ff
22 E. Henk, Die Tragödie des 20. Juli 1944. Ein Beitrag zur politischen Vorgeschichte, Heidelberg 1946 (2), zit. nach M. Geis u.a., Widerstand und Exil der deutschen Arbeiterbewegung 1933-1945, Bonn 1982, hier S. 341
23 H.E. Schmid, Das Gesicht der Jugend, in: Sozialistische Monatshefte, Jg. 3 (1947), Nr. 3, S. 23
24 H. W. Richter, Warum schweigt die junge Generation, Der Ruf 1 (1946), H 2, S. 1 f
25 M. Jander, Theo Pirker über „Pirker". Ein Gespräch, Marburg 1988, S. 29 ff
26 Zit. nach T. Fichter, SDS und SPD. Parteilichkeit jenseits der Partei, Opladen 1988, S. 69; ebd., S. 67, auch die Angaben über die SDS-Konferenz
27 K. Schumacher an L. Hersch v. 30.10.1951, in: K. Schumacher, Reden – Schriften – Korrespondenzen 1945-1952, hg. v. W. Albrecht, Berlin/Bonn 1985, hier S. 898
28 Mdl. Auskunft W. Brandt. Der, m.W. nicht schriftlich überlieferte, Gedanke liegt vollkommen auf Schumachers Linie
29 H. Soell, Fritz Erler – Eine politische Biographie, Bd. II, Berlin/Bonn 1976, S. 143 ff; Schumacher, Reden – Schriften – Korrespondenzen, Einleitung von W. Albrecht, S. 176 ff
30 Protokoll der Verhandlungen des Parteitages der Sozialdemokratischen Partei Deutschlands vom 9. bis 11. Mai 1946 in Hannover, Hamburg 1947, S. 172 ff
31 Sozialdemokratische Partei Deutschlands, Landesverband Groß-Berlin, 3. Landesparteitag 8. und 9. Mai 1948 (MS), S. 213 ff., in: Archiv der sozialen Demokratie, LV Berlin, Nr. 65
32 Niederschrift der Verhandlungen des 1. Hessischen Gewerkschaftskongressses, Frankfurt am Main – Enkheim, am 24. und 25. August 1946, S. 36
33 Zit. nach L. Kamp, Geschichte der Gewerkschaftsjugend 1945-1956, unveröffentlicher Projektbericht, Frankfurt/Main 1986, S. 38 f
34 Zit. nach P. Brandt, Antifaschismus und Arbeiterbewegung, S. 216
35 K. Schumacher, Politische Richtlinien, in: Dowe/Klotzbach (Hg.), Programmatische Dokumente, S. 279
36 „Entnazifizierung". Notbrücken zum Verstehen, in: Nordwestdeutsche Hefte, 1 (1946), H. 4, S. 13
37 W. Pieck, Reden und Aufsätze, Bd. II, Berlin (DDR) 1952, S. 125

38 Zit. nach P. Brandt / U. Schulze-Marmeling (Hg.), Antifaschismus – Ein Lesebuch. Deutsche Stimmen gegen Nationalsozialismus und Rechtsextremismus von 1922 bis zur Gegenwart, Berlin (West) 1985, S. 313 f
39 Wie Anm. 35
40 Merritt / Merritt (Hg.), Public Opinion, S. 79 f, 163, 304 f
41 E. Tillich, Die Bereitschaft zum Faschismus, in: Das Sozialistische Jahrhundert 1947/48, S. 222
42 So der Titel einer kritischen Broschüre der Linkssozialisten P. Hagen (i.e. Karl Frank), die 1946 in New York erschien.
43. A. Kantorowicz, Deutsches Tagebuch. Erster Teil, München 1959, S. 71
44 Zit. nach Brandt / Schulze-Marmeling (Hg.), Antifaschismus, S. 298

Literaturhinweise

W. Albrecht, Kurt Schumacher. Ein Leben für den demokratischen Sozialismus, Bonn 1985.
M. Broszat / E. Fröhlich (Hg.), Bayern in der NS-Zeit, 6 Bde., München / Wien 1977-1983.
M. Broszat / K.-D. Henke / H. Woller (Hg.), Von Stalingrad zur Währungsreform, München 1988.
U. Herbert, Arbeiterschaft im „Dritten Reich". Zwischenbilanz und offene Fragen, in: Geschichte und Gesellschaft 15 (1989), S. 320-360 (neueste und bislang beste Zusammenfassung und Problematisierung).
U. Herbert, Fremdarbeiter. Politik und Praxis des „Ausländer-Einsatzes" in der Kriegswirtschaft des Dritten Reiches, Berlin/Bonn 1985.
L. Herbst (Hg.), Westdeutschland 1945-1955. Unterwerfung, Kontrolle, Integration, München 1986
H. Hurwitz, Demokratie und Antikommunismus in Berlin nach 1945, bisher 4 Bde., Köln 1983-1989.
I. Kershaw, Der Hitler-Mythos. Volksmeinung und Propaganda im Dritten Reich, Stuttgart 1980.
C. Kleßmann, Die doppelte Staatsgründung. Deutsche Geschichte 1945-1955, Göttingen 1982.
A. Klönne, Jugend im Dritten Reich. Die Hitler-Jugend und ihre Gegner, Düsseldorf 1982.
T. Koebner / G. Sautermeister / S. Schneider (Hg.), Deutschland nach Hitler. Zukunftspläne im Exil und aus der Besatzungszeit 1939-1949, Opladen 1987.
W. Meinicke, Die Entnazifizierung in der sowjetischen Besatzungszone 1945 bis 1948, in: Zeitschrift für Geschichtswissenschaft 32 (1984), S. 968-979.
L. Niethammer/U. Borsdorf/P. Brandt (Hg.), Arbeiterinitiative 1945. Antifaschistische Ausschüsse und Reorganisation der Arbeiterbewegung in Deutschland, Wuppertal 1976.
L. Niethammer, Entnazifizierung in Bayern. Säuberung und Rehabilitierung unter amerikanischer Besatzung, Frankfurt a.M. 1972.
L. Niethammer (Hg.), Lebensgeschichte und Sozialkultur im Ruhrgebiet, 3 Bde., Berlin/ Bonn 1983-1985.
W. Röder, Die deutschen sozialistischen Exilgruppen in Großbritannien 1940-1945, Hannover 1968.
J. Schmädecke / P. Steinbach (Hg.), Der Widerstand gegen den Nationalsozialismus, München 1985.
F.T. Stößel, Positionen und Strömungen in der KPD/SED 1945-1954, Köln 1985.
A. Sywottek, Deutsche Volksdemokratie. Studien zur politischen Konzeption der KPD 1935-1946, Düsseldorf 1971.
W.F. Werner, „Bleib übrig". Deutsche Arbeiter in der nationalsozialistischen Kriegswirtschaft, Düsseldorf 1983.

Die Autoren

DETLEV ALBERS
geboren 1943 in Goslar; Professor im Studiengang Politikwissenschaft an der Universität Bremen; Mitherausgeber der spw (Zeitschrift für Sozialistische Politik und Wirtschaft); Mitglied der 2. Programmkommission der SPD und des Parteirats; Arbeitsschwerpunkte: Theoriegeschichte des westlichen Marxismus, Gewerkschaften in Westeuropa.

ELMAR ALTVATER
geboren 1938 in Kamen/Westf.; Professor für Politische Ökonomie an der FU in Berlin; Arbeitsschwerpunkte: Krisentheorie, Staatstheorie, Verschuldungsproblematik der Dritten Welt, Hegemonialkrise der USA.

PETER BENDER
geboren 1923 in Berlin; politischer Publizist; Arbeitsschwerpunkte: Deutschland, Ostpolitik.

PETER BRANDT
geboren 1948 in Berlin; z.Zt. Lehrstuhlvertreter im Arbeitsbereich Neuere Geschichte der Fernuniversität in Hagen; Arbeitsschwerpunkte: Bürgertum, bürgerliche Umwälzung und bürgerliche Emanzipationsbewegung im 18. und 19. Jahrhundert, Geschichte der Arbeiterbewegung.

WILLY BRANDT
geboren 1913 in Lübeck; Friedensnobelpreisträger, Bundeskanzler a.D., Präsident der Sozialistischen Internationale und Vorsitzender der Nord-Süd-Kommission.

FRANK DEPPE
geboren 1941 in Frankfurt/Main; Professor für Politikwissenschaft an der Universität Marburg; Arbeitsschwerpunkte: Geschichte und Theorie der Arbeiterbewegung, Gewerkschaften, Europäische Integration.

IRING FETSCHER
geboren 1922 in Marbach/N.; emeritierter Professor für Politikwissenschaft an der Universität Frankfurt/M.; Stellvertretender Vorsitzender der Grundwerte-Kommission beim Parteivorstand der SPD; Arbeitsschwerpunkt: Geschichte der politischen Theorien.

JOHAN GALTUNG
geboren 1930 in Oslo; Gründer des Instituts für Friedensforschung; Professor für Konflikt- und Friedensforschung an der Universität Oslo.

ANDRÉ GORZ
geboren 1924 in Wien; Mitarbeiter der Zeitschrift „Les Temps Modernes"; seit den 70er Jahren Verfechter der politischen Ökologie.

HELGA GREBING
geboren 1930 in Berlin; Professorin für Vergleichende Geschichte der Internationalen Arbeiterbewegung in Bochum; Mitglied der Grundwertekomission und der historischen Kommission beim Parteivorstand der SPD; Geschäftsführende Leiterin des Instituts zur Erforschung der Europäischen Arbeiterbewegung an der Ruhr-Universität in Bochum; Arbeitsschwerpunkte: Geschichte und Theorie der Europäischen Arbeiterbewegung, soziale Lage der Arbeiterschaft, Sozial-und Kulturgeschichte Westdeutschlands.

FRIGGA HAUG
geboren 1938 in Mülheim/Ruhr; Dozentin an der Hochschule für Wirtschaft und Politik in Hamburg; Mitherausgeberin der Zeitschrift „Das Argument"; Arbeitsschwerpunkte: Automationsforschung, Arbeitspsychologie, soziologische und psychologische Frauenforschung.

WOLFGANG FRITZ HAUG
geboren 1936 in Eßlingen/N.; Professor für Philosophie an der FU in Berlin; Gründer und Herausgeber der Zeitschrift „Das Argument"; Arbeitsschwerpunkte: Ideologietheorie, Warenästhetik, praktische Philosophie, Erneuerung der marxistischen Theorie.

GUDMUND HERNES
geboren 1941 in Trondheim; Professor für Soziologie an der Universität Oslo; Direktor des Trade Union Social Research Center (FAFO) in Oslo; Arbeitsschwerpunkte: Ökonomische und politische Soziologie.

MARTIN JÄNICKE
geboren 1937 in Buckow; Professor für Politikwissenschaft an der FU in Berlin; Arbeitsschwerpunkt: Vergleichende Analyse politischer Systeme.

HEINZ-DIETER KITTSTEINER
geboren 1942 in Hannover; Privat-Dozent für Geschichte an der Universität Bielefeld; Arbeitsschwerpunkte: Geschichtsphilosophie, Geschichtstheorie, Mentalitäts- und Kulturgeschichte.

JIŘÍ KOSTA
geboren 1921 in Prag; Professor für Volkswirtschaftslehre an der Universität Frankfurt/M.; Konzeptionelle Mitarbeit an der Reform des Prager Frühlings; Arbeitsschwerpunkte: Sozialistische Wirtschaftssysteme, Reformen in sozialistischen Ländern.

ANDREI S. MARKOVITS
geboren 1948 in Timisoara (Rumänien); Professor für Politikwissenschaft im Center of European Studies, Havard Universität, in Cambridge.

JURI MAZIKIN
geboren 1954 in Charkow; Korrespondent der sowjetischen Presseagentur Nowosti in West-Berlin.

GÜNTER MINNERUP
geboren 1949 in Bremen; Dozent für deutsche Politik an der Technischen Hochschule in Portsmouth; Herausgeber der Zeitschrift „Labor Focus on Eastern Europe"; Arbeitsschwerpunkte: Deutsche Frage, DDR, Osteuropa.

KLAUS MISGELD
Mitarbeiter im Archiv und Bibliothek der Arbeiterbewegung in Stockholm.

CLARITA MÜLLER-PLANTENBERG
geboren 1943 in Imshausen; Professorin für Soziologie an der Gesamthochschule/Universität in Kassel; Arbeitsschwerpunkte: Ökologie, Lateinamerika, Entwicklungspolitik.

GEORGIO NAPOLITANO
geboren 1925 in Neapel; Direktionsmitglied der PCI; Mitglied der italienischen Abgeordnetenkammer; Außenminister im Schattenkabinett der PCI.

SVETOZAR STOJANOVIĆ
geboren 1931; Professor für Philosophie und Sozialtheorie an der Universität in Belgrad.

WOLFGANG TEMPLIN
geboren 1948 in Jena (Thüringen); 1983 Austritt aus der SED, Berufsverbot; 1986 Mitbegründer der Initiative für Frieden und Menschenrechte in Ostberlin; 1988 Verhaftung und Ausweisung in die BRD.

BRUNO TRENTIN
geboren 1926 in Frankreich; Generalsekretär der Confederazione Generale Italiana del Lavoro (CGIL).

JEAN ZIEGLER
geboren 1936 in Genf; Professor an der Universität Genf; Mitglied der Schweizerischen Sozialistischen Partei und Vize-Präsident der sozialistischen Internationale.